JOHANN AMOS COMENIUS

GROSSE DIDAKTIK

Herausgegeben und mit einem Vorwort von
Jürgen Overhoff
Aus dem Lateinischen übersetzt von
Andreas Flitner
unter Mitarbeit von
Sonia Flitner-Christ

KLETT-COTTA

Klett-Cotta
www.klett-cotta.de
© 2022 by J. G. Cotta'sche Buchhandlung Nachfolger GmbH,
gegr. 1659, Stuttgart
Alle Rechte vorbehalten
Cover: Rothfos & Gabler, Hamburg
unter Verwendung einer Abbildung von © Shutterstock, AstroStar
Gesetzt von C.H.Beck.Media.Solutions, Nördlingen
Gedruckt und gebunden von CPI – Clausen & Bosse, Leck
ISBN 978-3-608-98660-0
E-Book ISBN 978-3-608-11895-7

Bibliografische Information der Deutschen Nationalbibliothek
Die Deutsche Nationalbibliothek verzeichnet diese Publikation in der
Deutschen Nationalbibliografie; detaillierte bibliografische Daten
sind im Internet über http://dnb.d-nb.de abrufbar.

INHALT

Vorwort von Jürgen Overhoff
— 9 —
Johann Amos Comenius: Große Didaktik
— 45 —
Gruß an den Leser
— 47 —
Einleitung
— 53 —
Vom Nutzen der Lehrkunst
— 67 —
Der Mensch ist das höchste, vollkommenste
und vortrefflichste der Geschöpfe
— 71 —
Das letzte Ziel des Menschen liegt außerhalb dieses Lebens
— 73 —
Dieses Leben ist nur eine Vorbereitung
auf das ewige Leben
— 79 —
Die drei Stufen der Vorbereitung auf die Ewigkeit:
Sich selbst (und damit alles andre) erkennen, beherrschen
und zu Gott hinlenken
— 83 —

Der Mensch besitzt von Natur aus die Anlagen
zu diesen drei Dingen: zur gelehrten Bildung,
zur Sittlichkeit und Religiosität
— 87 —
Der Mensch muss zum Menschen erst gebildet werden
— 101 —
Die Bildung des Menschen kann am besten – und muss deshalb
auch – im frühsten Alter vorgenommen werden
— 107 —
Die Jugend muss gemeinschaftlich
in Schulen gebildet werden
— 113 —
Die gesamte Jugend beiderlei Geschlechts muss den Schulen
anvertraut werden
— 119 —
Der Unterricht in den Schulen muss alles umfassen
— 125 —
Schulen, die ihrem Zweck vollkommen entsprechen,
hat es bisher nicht gegeben
— 133 —
Die Schulen können reformiert werden
— 139 —
Richtige Ordnung in allem als Grundlage einer Schulreform
— 153 —
Die rechte Ordnung der Schule, die alle Schwierigkeiten
überwindet, muss der Natur entnommen werden
— 159 —
Grundsätze für die Verlängerung des Lebens
— 165 —
Grundsätze zu sicherem Lehren und Lernen, bei dem der Erfolg
nicht ausbleiben kann
— 173 —
Grundsätze zu leichtem Lehren und Lernen
— 189 —

Grundsätze zu dauerhaftem Lehren und Lernen
— 205 —
Grundsätze für die Schnelligkeit und Abkürzung beim Lernen
— 223 —
Die besondere Methode für die Wissenschaften
— 247 —
Die Methode für die Künste
— 259 —
Die Methode für die Sprachen
— 269 —
Die Methode für die Sittenlehre
— 279 —
Die Methode, zur Frömmigkeit hinzuführen
— 287 —
Die Benutzung heidnischer Bücher in der Schule
— 303 —
Von der Schulzucht
— 325 —
Die vierfache Abstufung der Schule
nach Alter und Fortschritt
— 333 —
Die Mutterschule
— 339 —
Die Muttersprachschule
— 347 —
Die Lateinschule
— 357 —
Die Universität
— 367 —
Die vollkommene allgemeine Schulordnung
— 373 —
Erfordernisse zur praktischen Anwendung
dieser Universalmethode
— 383 —

Anmerkungen
— 393 —
Editorische Notiz
— 417 —
Literaturverzeichnis
— 421 —
Register
— 425 —

VORWORT
VON JÜRGEN OVERHOFF

DIDAKTIK ALS EXISTENTIELLE SUCHE NACH FRIEDEN – DIE UNIVERSALE UNTERRICHTSKUNST DES BÖHMISCHEN FLÜCHTLINGS UND EXILANTEN JOHANN AMOS COMENIUS

Der böhmische Pädagoge Johann Amos Comenius (1592–1670), der bis ins Schüleralter Jan Segeš hieß, bevor er sich dann Jan Amos Komenský nannte und diesen selbstgewählten Namen im Moment seines aufkeimenden Ruhmes als Universalgelehrter noch einmal latinisierte, gilt als Erfinder der Didaktik der Neuzeit. Sein kühner Entwurf einer allumfassenden Unterrichtslehre, den er in der Mitte des 17. Jahrhunderts entwickelte, unterscheidet sich mit seinem Anspruch auf moderne Wissenschaftlichkeit sowohl von den mittelalterlichen Denkmodellen der Scholastik als auch von den ausgefeilten Rhetorikkonzepten der Renaissance und bereitet der Aufklärungspädagogik die Bahn. Die von ihm mit Bedacht entfaltete Systematik und gute Ordnung einer klar konturierten Methode des Lernens wirkt dabei so überzeugend, als habe sich ihr Verfasser mit der größtmöglichen äußeren Ruhe und inneren Ausgeglichenheit an sein schriftstellerisches Werk gemacht. Doch das genaue Gegenteil ist der Fall: Die didaktischen Überlegungen des Comenius, der sich nicht ohne Grund mit seinem zweitem Vornamen nach dem alttestamentlichen Friedenspropheten Amos benannte, sind die erstaunliche literarische Summe eines unsteten, nach

Frieden und Harmonie dürstenden Lebens, das von Kriegen und Seuchen heimgesucht wurde sowie von permanenter Flucht, dauerhafter Vertreibung und einem immerwährenden Exil gekennzeichnet blieb.

Dieser krisengeschüttelte Lebenslauf war keinesfalls abzusehen, als Comenius in der Nähe von Ungarisch Brod (Uherský Brod), wohl im südmährischen Dorf Nivnitz (Nivnice), am 28. März 1592 das Licht der Welt erblickte. Seine Heimat gehörte damals als habsburgisches Land zum deutschen Reich, das sich seit dem segensreichen Augsburger Religionsfrieden von 1555 einer außergewöhnlich langen Periode der ungestörten Waffenruhe und des Ausgleichs zwischen den Konfessionen erfreute. Beide Eltern waren Mitglieder der evangelischen Brüderunität, der wichtigsten Religionsgemeinschaft der Böhmischen Reformation, einer besonders in Mähren verbreiteten und dort auch wohlgelittenen protestantischen Glaubensrichtung. Nach dem frühen Tod von Vater und Mutter, die unmittelbar nacheinander starben, kümmerte sich die Gemeinde um den Waisenjungen, der ab 1608 in Prerau an der Betsch (Přerov/Bečva) bei Ölmütz (Olomouc) die Lateinschule der Brüderunität besuchte. Von dort wechselte er 1611 in den Westen des Reiches an die Hohe Schule Herborn in Nassau-Dillenburg und anschließend weiter in die Kurpfalz zum Studium an der Universität Heidelberg. Als hervorragend gebildeter Mann kehrte er 1614 als Schulleiter nach Prerau zurück, heiratete mit Magdalena Vizovská eine Frau aus angesehener Familie, zeugte mit ihr zwei Söhne und übernahm im nordmährischen Fulnek zusätzlich das Amt des Predigers seiner Gemeinde. Dann setzte – am strahlenden Beginn einer vielversprechenden Karriere – in der behüteten Welt seiner Heimat die Katastrophe ein.

Mit dem Prager Fenstersturz begann am 23. Mai 1618 der Dreißigjährige Krieg, der in Böhmen einer kompromisslosen Rekatholisierung die Bahn bereitete: Als der kurzzeitige evangelische Herrscher Böhmens, Friedrich V. von der Pfalz, nach der verlorenen Schlacht am Weißen Berg im Kampf gegen das Heer Kaiser Ferdinands II. 1620 das Land verließ, wurden die protestantischen Gemeinden unnachgiebig verfolgt. Auch Comenius floh, um im Gebiet seiner Geburt nie mehr sesshaft zu werden. Zu allem Unglück wurden in dieser Zeit auch noch seine Frau und beide Kinder Opfer der todbringenden Pest, die in der kriegsverheerten Landschaft grassierte. Als 1627 alle Nichtkatholiken per Dekret aus Böhmen verwiesen wurden, siedelte der Pädagoge, der sich bis dahin an wechselnden Orten versteckt gehalten hatte, ins benachbarte Königreich Polen über, wo der großmütige Monarch Zygmunt III. Wasa den Mitgliedern der Brüderunität in der Stadt Lissa (Leszno) Asyl gewährte.

Erst im polnischen Exil, wo er als Gymnasiallehrer wirkte und sich einen schon bald durch ganz Europa eilenden Ruf als hochbegabter Gelehrter erwarb, erkannte der Flüchtling seine große Lebensaufgabe, an der er in den folgenden Jahrzehnten unbeirrt festhielt: Ab 1628 begann er in Lissa mit der Arbeit an seiner wahrhaft großen Didaktik, die er als eine völkerverbindende Unterrichtslehre konzipierte, auf deren Grundlage alle Menschen lernen sollten, ein für ein frommes und glückliches Leben unverzichtbares Wissen zu erlangen, um fortan friedlich und verträglich miteinander auszukommen. Er, der in Polen auch zum Senior seiner Brüderunität und zu ihrem Wortführer gewählt wurde (später amtierte er dann auch als Bischof), betrachtete die Didaktik als universale Unterrichtskunst und existentielle Suche nach dauerhaftem Frieden in der Welt. Zugleich verband er mit der Arbeit an der Didaktik die Hoffnung auf eine Rückkehr nach Böhmen, weshalb er den ersten Entwurf der großen Unterrichtslehre, der 1633 zu einem Abschluss kam, als *Didaktika česká* in der tschechischen Muttersprache verfasste und mit einer Widmung an das böhmische Volk versah. Erst 1638 erweiterte er diese Didaktik ins Allgemein-Menschliche und übertrug sie ins Lateinische, sah von einer Veröffentlichung jedoch ab, weil der mit ihm befreundete brandenburgische Historiker

Joachim Hübner Einwände gegen ihre – wie er meinte – überambitionierte Zielsetzung vortrug.

Während Comenius im Folgejahrzehnt weiter an seiner *Großen Didaktik* feilte, wurde er von verschiedenen Seiten aufgerufen, an ganz unterschiedlichen Orten als schulpolitischer Berater zu wirken. Eine vom Harvard College ausgehende ehrenvolle Einladung nach Nordamerika in die englische Kolonie Massachusetts nahm er nicht an. Auch schlug er eine Offerte des französischen Kardinals Richelieu zur Neustrukturierung des französischen Bildungssystems aus. Doch ging er 1641 für viele Monate nach England, bevor er im Folgejahr in das schwedisch verwaltete Elbing nach Westpreußen weiterzog, wo er für den dort residierenden Reichskanzler von Schweden, Axel Oxenstierna, an einer Schulreform des nordischen Königreichs arbeitete.

Als nach dem Ende des Dreißigjährigen Krieges mit dem Westfälischen Frieden von 1648 endgültig festgelegt wurde, dass die Brüderunität im Reich ohne den ersehnten Status einer anerkannten Kirche auskommen musste, schwanden für Comenius auch die letzten Hoffnungen auf eine Rückkehr nach Böhmen. Noch einmal wagte er einen neuen Aufbruch. 1649 heiratete er Jana Gajusová, mit der er vier weitere Kinder hatte und die bis zu seinem Tod an seiner Seite blieb. Nur ein Jahr nach der erneuten Eheschließung quittierte er die schwedischen Dienste und ging nach Ungarn, wo er die Lateinschule von Sárospatak reformierte. Dort begann er auch mit der Arbeit an seinem *Orbis sensualium pictus*, einem Bilderbuch, das alle Erscheinungen der sichtbaren Welt in eingängigen Illustrationen für Kinder und Jugendliche präsentierte.

Kurz vor der Veröffentlichung seines neben der *Großen Didaktik* berühmtesten Buches kehrte er 1654 für kurze Zeit nach Polen zurück, um dort allerdings in Folge des Zweiten Nordischen Krieges von schlimmer Brandschatzung betroffen zu werden: Haus, Hab und Gut des Comenius fielen in Lissa als Folge des militärischen Konfliktes zwischen Schweden und Polen den

Flammen zum Opfer, weshalb er noch einmal auswanderte und in Holland Zuflucht suchte. In Amsterdam ließ er im Rahmen seiner gesammelten Werke endlich auch 1657 seine lateinische Didaktik unter dem Titel *Didactica magna* in den Druck gehen. Als Comenius dort am 15. November 1670 in seinem nunmehr letzten Exil starb, hatte dieses Werk einen internationalen Bekanntheitsgrad errungen, der ihm auch in den Folgejahrhunderten erhalten blieb. Im dritten Jahrzehnt des 21. Jahrhunderts, in dem laut Bericht des UN-Flüchtlingshilfswerks mit weit über 80 Millionen Flüchtlingen weltweit so viele Menschen auf der Flucht vor Krieg und Verfolgung sind wie niemals zuvor, ist die friedenssuchende *Große Didaktik* des Emigranten und Flüchtlings Comenius allerdings von größerer Bedeutung denn je.

DER MENSCH IST ZUM LEBEN IN FREIHEIT UND WÜRDE BESTIMMT: DIESES *PLUS ULTRA* WIEGT MEHR ALS GESUNDHEIT UND MATERIELLES WOHL

Wiewohl Comenius in seinem von Kriegen und Seuchen geprägten Leben unentwegt auf der Suche nach einem friedlichen Zuhause war, das ihm dauerhafte Ruhe und auch Wohlstand versprach – vorzugsweise in der böhmischen Heimat –, war er dennoch nicht der Mann, der sich nach räumlicher Sicherheit und körperlicher Unversehrtheit um jeden Preis sehnte. Wie er schon in den Anfangskapiteln der Großen Didaktik ausführt, gibt es nämlich eine höhere Bestimmung der menschlichen Existenz, die weit mehr ist und die viel mehr umfasst als die bloße Befriedigung der nur vegetativen oder rein animalischen Bedürfnisse. So wünschenswert es auch ist, dass die Körperfunktionen intakt und stabil sind oder dass die Gesundheit gestärkt wird, so kann es im Leben doch nicht allein oder auch nur in übertriebener Weise darum gehen, vor allem physisch gesund zu bleiben. »Gesundheit (sanitas)«, »Kraft (robur)« und »langes Leben (longaevitas)« sind als Ausweis der leiblichen Robustheit eines Menschen letztlich eben »nichts als Zugabe und äußere Verschönerung«. Sie sind niemals Selbstzweck. Werden sie aber, im Gegensatz dazu, als wichtigstes Lebensziel ausgegeben – gleichsam als Nonplusultra der menschlichen Existenz –, verkommen sie zu einem falschen, ja geradezu perversen Ideal, das Comenius geringschätzend als »nutzlose Last und böses Hindernis« beschreibt, vor allem dann, wenn man »es sich selbst in gierigem Streben anhäuft und sich, unter Vernachlässigung jener höheren Güter, nur damit beschäftigt und darein vergräbt.«

Was aber wiegt nun im Leben mehr als Gesundheit und körperliches Wohl? Für Comenius ist das höchste Gut, nach dem ein Mensch verlangen kann, das intellektuell reiche oder spirituell ausgefüllte Leben, dass sich durch die andauernde und unbeschränkte Tätigkeit eines Geistes auszeichnet, der sich in Freiheit entfaltet. Dieser freie Geist soll sich vor allem im öffentlichen Raum ungehindert artikulieren können, immer auch im Austausch mit anderen Menschen – auf der Suche nach vollendetem Wissen und reifer Erkenntnis des Wahren, Guten und Schönen. Dieses im Laufe eines Lebens zu erlangende Wissen, die eigentliche Lebensweisheit, nach der jeder einzelne unablässig trachten sollte, ist im Ergebnis eine »gelehrte Bildung (eruditio)«, welche allerdings zu keinem einzigen Zeitpunkt ohne einen ganz deutlich von tugendhafter »Sittlichkeit« und lauterer »Frömmigkeit« gesteckten ethischen Rahmen auskommen darf.

Freies Geistesleben bedeutet deshalb auch im Entscheidenden sehr viel mehr als den bloßen Erhalt der Gesundheit, es handelt sich um Größeres als den schieren Genuss von »Reichtum« oder einem wie auch immer gearteten »Glückserfolg« nach den Maßgaben der »hiesigen« Welt. Der freie Geist zielt auf »etwas darüber hinaus (plus ultra)« ab. Dieses plus ultra, das Comenius den gegenteiligen Reden über das angebliche Nonplusultra der Salubrität und des körperlichen Wohlseins in aller Schärfe und in fundamentaler Gegensätzlichkeit gegenüberstellt, erinnert die Leser gleich zu Beginn der *Großen Didaktik* daran, dass ein Leben im risikoreichen Einsatz für die Freiheit des Intellekts, welches im Erkenntnisstreben in erster Linie der Aufrichtigkeit und der Wahrheit verpflichtet ist, letztlich auch nicht vor Leid zurückschrecken und davon in seinen Ansprüchen nicht eingeschränkt werden darf – ganz gleich ob dieses Elend durch politische Verfolgung, Hunger oder drohende Krankheit hervorgerufen werden mag.

Nur im Festhalten an diesem höchsten Bestreben, das die Quintessenz der Menschlichkeit ist, beweist sich die Haltung eines wahrhaft freien Menschen. Allein darin besteht also auch »die Würde (dignitas), die uns zugestanden ist«, wenn wir ein Leben mit Anstand führen wollen. Es muss daher das Leben des Menschen und entsprechend auch sein Bildungsgang »in allem frei (omnibus libere)« von lästigen Ängsten vor dem etwaigen Verlust der materiellen Sicherheit oder der Gesundheit sein, damit seine geistige Integrität in ihrer unverzichtbaren Rolle für ein würdevolles Leben hinreichend anerkannt wird. Dass dieses Postulat vielen immer noch nicht klar genug ist oder überhaupt fraglich scheint, liegt nach den Worten des Autors der *Großen Didaktik* nicht zuletzt daran, dass »die Frage nach dem rechten Leben in den Schulen gar nicht angerührt wird« und Eltern und Lehrern den Kindern und Jugendlichen nur ganz selten einmal die überragende Bedeutung von »Menschlichkeit, Würde, Geduld« als Grundlage der guten Lebensführung vor Augen halten.

Comenius selbst hat das, was er in seiner Großen Didaktik so beredt als unerschrockenes Bestehen in der Wahrheit beschreibt, über viele Jahrzehnte hinweg tapfer vorgelebt, als er trotz Verfolgung und auch ungeachtet der Pest für seine Überzeugungen fest eintrat. Und auch von Comenius nachhaltig inspirierte Menschen, die seine *Große Didaktik* noch Jahrhunderte nach ihrer Erstveröffentlichung lasen und sehr ernst nahmen, stellten in ihrer eigenen Biographie entschlossen unter Beweis, wie unendlich viel das Wort des böhmischen Exilanten aus der Zeit der Glaubenskriege selbst ihnen galt. Ein besonders beeindruckendes Beispiel bietet das mutige und von einem wachen Geist erfüllte Leben eines prominenten Landsmannes des Pädagogen, namentlich des tschechischen Philosophen Jan Patočka, der einer der wichtigsten Denker des 20. Jahrhunderts war. Patočka, ein politisch unbeugsamer Verfechter der liberalen Demokratie und des Rechtsstaates, trat während und nach dem gescheiterten Prager Frühling von 1968 als führender Dissident und entschiedener Gegner des repressiven kommunistischen Staatssystems der Tschechoslowakei in Erscheinung, insbesondere zu dem Zeitpunkt, als er gemeinsam mit dem Dramatiker Václav Havel am 1. Januar 1977 die Menschenrechtsinitiative Charta 77 begründete. Er berief sich dabei immer wieder auf Comenius – über den er sich übrigens auch in deutscher Sprache in verschiedenen Publikationen zu äußern wusste.

Der aufrechte Patočka starb nur wenige Wochen nach Gründung der Charta 77 – nachdem er ein mehrstündiges Verhör durch die Geheimpolizei des kommunistischen Staates über sich ergehen lassen musste – an einem Schlaganfall. Über den Sinn seines Widerstandes in der Bürgerrechtsbewegung hatte er zuvor gesagt, »dass es Dinge gibt, für die es sich lohnt zu leiden. Dass die Dinge, für die man eventuell leidet, gerade die Dinge sind, für die es sich lohnt zu leben.« Auch wenn Patočka die Samtene Revolution von 1989 nicht mehr erlebte, die zur friedlichen Demokratisierung seines Landes führte – und zur Wahl seines frühen Mitstreiters Havel zum weltweit bekannten Präsidenten der Tschechischen Republik –, hatte er doch mit seinem Handeln seinen unverzichtbaren, vorbereitenden Beitrag zu dieser erstaunlichen politischen Wendung geleistet, die sich als eine der Sternstunden der jüngeren Zeit in die Freiheitsgeschichte der Menschheit eingeschrieben hat. Treffend wurde Patočka denn auch von der tschechischen Comenius-Forscherin Věra Schifferová im Jahr 1991 als der »bedeutendste Comeniologe ihres Landes« bezeichnet, hatte er doch die politische Lektion der *Großen Didaktik* in bemerkenswerter Weise verinnerlicht und praktiziert.

MIT DER VERNUNFT IN HARMONIE – VOM WEISEN GEBRAUCH DER LEBENSZEIT

Es ist also nicht die Dauer der Lebenszeit, die eine gelungene Existenz kennzeichnet, oder die weitgehende Abwesenheit von Leid oder Krankheit, sondern der von Weisheit gekennzeichnete Gebrauch, den jeder Mensch von der ihm beschiedenen Spanne des Daseins macht. Zwar schließt diese Feststellung nicht aus, dass man durch bewusste Ernährung (»Gemüse und Wasser«), guten und ausreichenden Schlaf in der Nacht und dazu auch regelmäßige Ruhe- und Erholungsstunden am Tage einen entscheidenden Beitrag dazu leisten kann, die ohnehin recht begrenzte Lebenszeit ein wenig zu verlängern. Wichtig ist in diesem Zusammenhang auch, im Leben einen wohltätigen Rhythmus von Arbeit und Entspannung herzustellen, einen beständigen Austausch von sinnvoller »Bewegung und Regsamkeit« einerseits sowie »Ruhe« andererseits. Diesen steten Wechsel der Aktivitäten vergleicht Comenius mit dem allernatürlichsten und verlässlichsten Taktmaß des Lebens, »der Atmung (Transpiratio)«, die ja von der Geburt bis zum Tod wie nichts sonst die Zeit einteilt und gliedert. Trotz der bescheidenen Möglichkeiten, das Leben durch einen achtsamen Lebenswandel zu verlängern, darf die Qualität eines individuellen Lebens aber eben dezidiert »nicht nach Zeit« gemessen werden, sondern immer nur nach gelungenen »Taten«: »Das Leben ist lang, wenn man es zu nutzen versteht«, betont Comenius, so dass etwa auch Menschen, die vor Vollendung ihres dreißigsten oder vierzigsten Jahres aus dem Leben scheiden, dennoch ausreichend wirken können, »um Schätze für die Ewigkeit zu sammeln«.

Taten und Handlungen, die darüber entscheiden, ob ein auch noch so kurzes Leben ein gutes Dasein auf Erden war, sind nun diejenigen, die ein Mensch mit dem größten Maß an Selbstbeherrschung auf der Grundlage des rechten Gebrauchs der Vernunft verrichtet hat. Da der Mensch im Unterschied zu allen anderen Kreaturen »von Geburt her« mit einem »hellen Verstand« ausgestattet ist, mit einer »vernünftigen Seele (anima rationalis), die in uns wohnt«, kommt es darauf an, dass er schon im frühesten Kindesalter von den Eltern und in der Schule lernt, sich von der Vernunft leiten und führen zu lassen. Die Vernunft bildet sich zwar erst im Verlauf eines Lebens allmählich zur vollen Reife aus, doch ist sie schon in einem Kind in einem so ausreichenden Maß vorhanden, dass es im logischen Denken geschult werden kann. Ein Kind ist also nicht einfach nur vernunftbegabt, sondern auch immer schon in seiner Eigenschaft als rationale Kreatur vernünftig. Folglich ist der Mensch schon von klein auf nicht nur »befähigt«, sondern auch »dazu bestimmt«, sich mit Hilfe seines Verstandes »zur Erkenntnis der Dinge« zu bilden. Zusätzlich überzeugt durch die neuesten anatomischen Studien, die ab der Mitte des 17. Jahrhunderts eine zuvor nicht gekannte Dimension erlangten – der Oxforder Medizinprofessor Thomas Willis begründete in dieser Zeit die moderne Gehirnforschung –, weiß Comenius auch, dass die »Masse des Gehirns ausreicht«, um die unzähligen im Leben gesammelten Eindrücke und Erfahrungen mit Hilfe des komplexen Nervensystems gut und sicher zu verarbeiten. Und je wissbegieriger und gebildeter ein Mensch ist, um so klügere und bessere Vernunftschlüsse kann er ziehen.

Ein der Vernunft gehorchendes Leben zielt auf Selbstbeherrschung. Der Verstand hat nun dann die Herrschaft über alle

Dinge erlangt, wenn er »aller Dinge kundig« ist, was bedeutet, dass er die Bildung mit der Moral in einen überzeugenden Einklang zu bringen versteht. Darin besteht ja auch die Würde des Menschen, dass er sich keinem anderen Geschöpf »und auch der eigenen Fleischlichkeit nicht« – also keinem falschen und unvernünftigem Begehren – in unkluger und sittenverletzender Weise preisgibt oder unterwirft. In einer längeren, sehr präzisen Definition einer durch die Vernunft geleiteten Selbstbeherrschung führt Comenius aus, dass diese anzustrebende rationale Lebensweise vor allem bedeutet, »alles frei zu seinem Dienste benutzen« zu können und dabei stets genau zu wissen, »wo, wann, wie und wieweit man ein jedes Ding klug anwenden – wo, wann, wie und wieweit man dem Körper nachgeben – wo, wann, wie und wieweit man dem Nächsten willfahren muss; mit einem Worte: die äußeren und inneren, die eigenen und fremden Regungen und Taten klug zu lenken wissen«. Jede Form der von einem Menschen ausgeübten Herrschaft – ob in der Politik, im Beruf oder auch in der Verfügung über »alles Getier, das auf der Erde sich regt« – muss sich deshalb in jedem Fall als das Gegenteil von Missbrauch, Ausbeutung, Versklavung, Tyrannei oder Diktatur verstehen, weil ihr die Selbstbeherrschung als gewissenhafter Gebrauch der Vernunft voranzugehen hat. Sie ist auch der genaue Gegensatz von Macht um der Macht Willen oder zügelloser Willkür.

Einen solchen Zustand, in dem der Mensch gemäß den Vorgaben der hellen Vernunft ein auf friedlichen Ausgleich mit allen anderen Mitgliedern der Gesellschaft bewusst gestaltetes Leben herbeiführt – in dem auch der Frieden der internationalen Staatengemeinschaft ein Ziel ist – beschreibt Comenius als die »Harmonie (harmonia)« schlechthin. Eine Wohlgestimmtheit in allen Angelegenheiten zu erreichen, angetrieben vom Wunsch, dass sich alles so fügen möge, wie es ethisch und moralisch recht beschaffen sein sollte, ist die Sehnsucht, die alle Menschen vereint. Je mehr Menschen sich davon treiben und bestimmen lassen, desto besser. Comenius setzt dabei auf die von Natur gegebene Neigung, einen harmonischen Zustand als Lebensziel in allen Bereichen des menschlichen Tuns anzustreben: »Der Mensch freut sich offensichtlich an der Harmonie und geht ihr mit Eifer nach.« Hinreichende Belege sind für den Verfasser der *Großen Didaktik* die allgemein verbreitete Freude an harmonischer Musik, am Genuss eines ausbalanciert gewürzten Essens oder am Anblick eines wohlgestalteten Tieres. Darauf sollten Menschen schauen und vertrauen: »Wahrlich wir sind blind, wenn wir nicht einsehen, dass die Wurzeln aller Harmonie in uns liegen.«

GEWALTFREIE ERZIEHUNG – GESPRÄCHE, FREUDE UND SPIEL IM UNTERRICHT

Als Grundannahme des Entwurfs einer völkerversöhnenden Didaktik, die nach einem Leben in Freiheit und Würde strebt, das sich von einem auf Harmonie zielenden Gebrauch der Vernunft leiten lässt, ist für Comenius ausgemacht, dass alle Bildung ohne Zwang und ohne den Einsatz von Mitteln der körperlichen Züchtigung zu erfolgen hat. Erziehung muss per se und prinzipiell gewaltfrei sein. Disziplin, Konzentration und Aufmerksamkeit, ohne die das Lernen nicht gut von statten geht, sollen durch Lehrer zwar jederzeit hergestellt werden können, doch »folgt daraus nicht, dass in der Schule Geschrei, Prügel und Schläge herrschen müssen«. Belehrungen und deutliche Ermahnungen, ohne die der Unterricht nicht immer auskommt, können schon dann ihre Wirkung entfalten, wenn ein Lehrer bei passender Gelegenheit »durch ein raues Wort und einen öffentlichen Tadel, oder auch indem man andere lobt« für Ruhe im Schülerkreis sorgt. Deshalb fordert Comenius auch, die in Europa zu seiner Zeit leider noch ganz selbstverständlich Verwendung findenden Züchtigungsmittel »Rute und Stock, diese

Sklavenwerkzeuge«, aus den Schulen rasch zu entfernen, weil sie »für Freie nicht passen«.

Erstaunlich ist nicht nur, dass Comenius im Unterschied zur Alltagspraxis des 17. Jahrhunderts bereits illusionslos erkennt, dass züchtigende Prügel und Schläge »nicht die Kraft haben, den Gemütern Liebe zur Wissenschaft einzuflößen«, sondern dass auch niemals und unter keinen Umständen die Schüler verantwortlich zu machen sind, wenn im Unterricht einmal nicht die nötige Disziplin herrscht. Falls über einen zu langen Zeitraum hinweg öder Verdruss und ausgeprägter Widerwille gegenüber den notwendig zu erörternden Unterrichtsgegenständen bei den Schülern vorherrscht, sollten sich Lehrer zwingend immer als erstes fragen, ob die Ursache dafür nicht bei ihnen selbst und der von ihnen in Anschlag gebrachten Methode besteht. Denn wenn Studien in der Schule nicht von selbst ihren eigenen Reiz entfalten und bei Schülern auf Interesse stoßen, was doch eigentlich der Fall sein sollte, »so sind daran nicht die Lernenden, sondern die Lehrenden schuld«, wie Comenius so lakonisch wie apodiktisch feststellt. Eine derart selbstkritische, ja geradezu moderne Philosophie des reflektierenden Unterrichtens lässt sich als Regelfall erst im pädagogischen Diskurs des Aufklärungszeitalters wiederfinden.

Wie kann ein Lehrer nun vermeiden, dass Schüler nicht willens sind, dem Unterricht zu folgen? Zunächst darf er nicht selbst ein schlechtes Beispiel abgeben und mürrisch oder auch nur sehr verhalten dozieren, eine Lustlosigkeit ausstrahlen, die wenig Begeisterung weckt. Hingegen sollte er stets »als lebendiges Vorbild« allen Lernenden vor Augen führen, dass er selbst gerne und mit Begeisterung unterrichtet, dabei auch stets die eigene Wissenserweiterung anstrebt, um das Feuer der Lernlust bei den Schülern zu entfachen. Dabei soll ein Lehrer vor allem Milde walten lassen, Nachsicht und »durch gutes Beispiel, sanfte Worte und stete, sichtbare und aufrichtige Zuneigung« die Herzen der ihm anvertrauten Zöglinge für das Studium gewinnen. Insgesamt lässt sich sagen, dass Lehrende in erster Linie für eine gutes Lernklima sorgen müssen, für eine angenehme Stimmung, die das Begehren der Lernenden entfacht, sich selbst am Erkenntnisstreben zu beteiligen. Ein besonders schönes Bild, mit dem Comenius für diese Ansicht wirbt, ist der Vergleich eines Lehrers, der seine Schüler auf das Lernen so einstimmt, wie ein Musikant sein Instrument zu intonieren weiß: »Auch der Musiker schlägt nicht mit der Faust oder einem Knüppel in die Saiten seiner Harfe, Leier oder Zither, wenn sie verstimmt sind, noch wirft er das Instrument an die Wand, sondern er stimmt es so lange kunstgerecht, bis die Harmonie wieder hergestellt ist«.

Ganz entsprechend müssen nun diejenigen Pädagogen, die mit Kindern im Unterricht täglichen Umgang haben, noch selbst an die uninteressierten jugendlichen »Gemüter, die wir wieder ins Gleichgewicht und zur Liebe zu den Studien bringen wollen, herantreten, wenn wir nicht aus Gleichgültigen Widerspenstige und aus Langsamen Dummköpfe machen wollen«. An der guten Laune hängt alles. Diese stellt sich am ehesten dann ein, wenn beim Lernen aufmunternde Gespräche das Stimmungsbild prägen. Die gekonnte und fröhliche Dialektik einer Unterhaltung steht wie nichts anderes für die Kunst der Vernunft, die bereits dann ihre ersten Keime treibt, wenn sich der freundliche Austausch mit dem Lehrer in lebendigen und ungekünstelten Fragen und Antworten abwickelt. Dabei sollen sich die Schüler von Anfang an couragiert angewöhnen, »auch selbst zu fragen«, und zwar so unvermittelt wie »geschickt« und »gradheraus«, doch immer mit Respekt und Interesse an der Sache.

Ist die gute Stimmung im zugewandten Miteinander von Lehrenden und Lernenden gegeben, ähnelt der Unterricht, wie Comenius hervorhebt, im besten Fall sogar einem mit Freude und Phantasie ausgeführtem Spiel. Der Vergleich mit einem Spiel sollte dabei niemanden unnötig beunruhigen, der erwartet, dass in der Schule Ernsthaftigkeit vorherrschen sollte, denn gerade und vor allem »im Spiel kann gelernt werden, was im Ernstfall nützlich ist, wenn die Umstände es verlangen«. In gewisser Weise kommt man dem Ernst des Lebens sogar erst richtig auf eine spielerische Art und Weise nahe und auf die Spur, weshalb Comenius die Schule auch in einer trefflichen und auf diesen Gedankengang bezogenen Formulierung geradezu als »ein Vorspiel (praeludia) des Lebens« bezeichnet. So verwundert es nicht, dass er sich bei der konsequenten Anwendung einer milden Unterrichtsmethode von den Kindern erhofft, »nicht weniger gern in die Schule« zu streben, »als sie sonst auf Jahrmärkte« gehen, wo sie häufig »den ganzen Tag mit Nüsseschießen« hinbringen und »immer etwas Neues zu sehen« erhoffen.

SINNLICHE BILDUNG DURCH ANSCHAUUNG – WIE AUS EINEM FLOH EIN SPANFERKEL WIRD

Der Hinweis darauf, dass Kinder und Jugendliche gerne ständig etwas Neues sehen möchten, das ihnen Unterhaltung verspricht, verbindet sich in der *Großen Didaktik* mit der Forderung, im Unterricht soviel Anschauungsmaterial wie möglich zur Verfügung zu stellen. Intellektuelle und geistige Bildung kann nicht ohne Schulung der Sinneswahrnehmung erfolgen – und der Sehsinn ist für Comenius der vornehmste aller Sinne. Die Gegenstände des Unterrichts sollen in allen Fachgebieten immer wieder »mit Abbildungen«, die schön, reizvoll und anregend sind, vor Augen geführt werden. So sollen in der Schule idealerweise als Lernraum ein »Zimmer, das rundherum mit Bildern geschmückt« ist, auf denen berühmte Persönlichkeiten, »geschichtliche Ereignisse«, »Landkarten« oder auch »irgendwelche Embleme« zu sehen sind, die Neugierde wecken und somit die Wissbegierde entfachen, die dargestellten Begebenheiten zu betrachten und besser zu verstehen.

Comenius hegt die Auffassung, dass alles, was sich Schülern in einer bildlichen Vorstellung gut zeigen lässt, nicht nur das Lernen angenehmer macht, sondern auch den zu bearbeitenden Stoff sehr viel besser begreiflich macht und »leichter einprägt«. Die Sinne sind »die treuesten Sachwalter des Gedächtnisses« und so wird jede Veranschaulichung der Dinge bewirkten, das jeder Schüler das, was er gesehen hat, auch behält. Deshalb kann auch jeder beobachten, dass Kinder sich gute und interessant illustrierte Geschichten vor allem aufgrund der den Text begleitenden »bildlichen Darstellung leicht einprägen« können, vor allem wenn es sich um wenig alltägliche oder gar exotische Berichte über Menschen, Tiere und Dinge aus fremden Ländern handelt: »Leichter könnte sich jeder von uns ein Rhinozeros vorstellen und im Gedächtnis behalten, wenn er einmal eines wirklich oder auch nur auf einem Bild gesehen hätte.« Daher verweist Comenius auch auf den Ausspruch, dass ein guter Beobachter, der selbst Betrachtungen vorgenommen hat, über sicherere Kenntnisse verfügt als jemand, der sich über Berichte aus zweiter Hand verlässt: »Mehr gilt stets ein Augenzeuge, als zehn, die nur vom Hörensagen wissen.«

Wie schon bei seinen Ausführungen über den menschlichen Verstand und das Gehirn erweist sich Comenius auch im Rahmen seiner Gedanken zur Bedeutung des Sehsinns als Kenner der neuesten wissenschaftlichen Erkenntnisse seiner Zeit. Wieder hebt er hervor, dass er bereits einige Male »mit Aufmerksamkeit die Anatomie des menschlichen Körpers studiert hat«, weshalb er weiß, eine wie wichtige Rolle das Auge, das über die Nervenstränge mit dem Gehirn verbunden ist, beim Lernen spielt. Auch deshalb darf im naturkundlichen Unterricht die Nachbildung eines menschlichen Skelettes und den nachgebildeten »Sehnen, Nerven, Venen und Arterien« nicht fehlen, damit auch hier die Anschaulichkeit des Modells das Verständnis der menschlichen Physiologie festigt. Derartige Anschauungsmittel müssten dann auch für alles andere Wissenswerte in den in der Schule angesprochenen Wissensgebieten angefertigt werden und in allen Klassenzimmern zur Hand sein. Um dieses bedeutende Ziel zu erreichen, darf weder Geld, noch Arbeit noch Mühe gescheut werden.

Comenius selbst hat seine in der *Großen Didaktik* mit Vehemenz vorgetragene Forderung nach Produktion von geeignetem Anschauungsmaterial für den Unterricht auch in beeindruckender Weise gegen Ende seines Lebens durch die bahnbrechende Veröffentlichung des oben bereits erwähnten *Orbis sensualium pictus* erfüllt. In diesem voluminösen Bilderbuch, das sich rasch in allen Schulen Europas verbreitete und dann im Aufklärungszeitalter zum bei allen Kindern und Jugendlichen mit Abstand beliebtesten Lehrwerk avancierte, zeigte der Autor packende Bilder vom Himmel mit seinen Gestirnen und von der Erde, von ihren Pflanzen und Früchten, von zahmen und wilden Tieren sowie von vertrauten und fernen Landschaften, von Körperbau und Physiognomie des Menschen wie auch von seinem kulturellen Schaffen in höchst detailreichen historischen Aspekten, Verrichtungen und Berufsfeldern. Sogar Goethe erinnerte sich im fortgeschrittenen Alter in seinen Memoiren *Dichtung und Wahrheit* gerne daran zurück, wie er als lernbegieriger Knabe in der Mitte des 18. Jahrhunderts, als »außer dem Orbis pictus des Amos Comenius« mit seinen zahlreichen Illustrationen noch »kein Buch dieser Art in die Hände« junger Leser gelangt war, die »sinnlich-methodischen Vorzüge« dieses Bilderbuchs begeistert zu schätzen wusste: »So war mein junges Gehirn schnell genug mit einer Masse von Bildern und Begebenheiten, von bedeutenden und wunderbaren Gestalten und Ereignissen angefüllt, und ich konnte niemals Langeweile haben, in dem ich mich immerfort beschäftigte, diesen Erwerb zu verarbeiten, zu wiederholen, wieder hervorzubringen.«

Eine der Abbildungen im Orbis sensualium pictus zeigt mit dem Teleskop und dem Mikroskop zwei erst im frühen 17. Jahrhundert zu neuer Leistungsfähigkeit gebrachte Sehhilfen, mit denen der menschliche Blick auf die Welt noch weiter als jemals zuvor geschärft werden kann. Mit einem Vergrößerungsglas lassen sich etwa noch die kleinsten Insekten so nahe ans Auge heranführen und dann in nachgerade aufgeblähter Dimension eingehend betrachten, dass – wie es scherzhaft im lateinischen Original heißt – *Pulex apparet ut Porcellus*, also »ein Floh wie ein Spanferkel erscheint«. Mit dem Galilei-Fernrohr, das der Holländer Jan Lipperhey 1608 zu einem auch für die astronomische Wissenschaft professionell-tauglichen Instrument fortentwickelte, lässt sich dann perspektivisch auch von interessierten Kindern der Horizont und der Himmel auf Vögel, Wolken oder Planeten absuchen, die so klar zu sehen sind wie es das bloße Auge niemals ermöglichen würde. So sind Teleskop und Fernglas besonders innovative Geräte, die wie keine anderen technischen Neuerungen des Barockzeitalters ganz exemplarisch für die Aufforderung des Comenius stehen, solide wissenschaftliche Erkenntnis durch die Schulung des Sehens zu befördern.

GEMEINSAMES LERNEN IN VIELFALT – UNTERRICHT IN HETEROGENEN GRUPPEN

Das sinnlich-anschauliche Lernen soll nun, damit es möglichst ertragreich ist, laut Comenius in kleineren Gruppen geschehen, die am besten heterogen zusammengesetzt sind. Diese Regel gilt sowohl im Klassenzimmer wie auch im außerschulischen Unterricht, der ja auch durchaus von Eltern angeleitet werden kann, gerne auch bei Ausflügen in die Natur und unter freiem Himmel. Möchte man diesen didaktischen Grundsatz etwa anhand des gerade genannten Beispiels vom beobachtenden Studium mit dem Fernrohr veranschaulichen, dann müsste man es wohl für sehr wünschenswert halten, wenn ein älterer Erwachsener mit seinen kleinen Kindern – etwa einem noch ganz jungen Knaben und einem einige Jahre älteren Mädchen – gemeinsam im freien Feld mit Teleskop und Fernglas astronomische oder ornithologische Studien betreiben würde. Dabei könne jeder in dieser an Erfahrung, Alter und Geschlecht deutlich gemischten Gruppe dem anderen etwas zeigen, was dieser bislang noch nicht in gleicher Weise erblickt und gesehen hat – und umgekehrt. Auch müssten ein warmherzig-freundliches Gespräch und ein spielerisch-vergnügter Austausch über die mit den Ferngläsern deutlicher gesehenen Phänomene in der anschließenden dialogischen Reflexion den Ton angeben, um eben jene fröhliche Stimmung zu generieren, die für das erfolgreiche Lernen so wichtig ist. Ein Vater würde zudem allein schon durch seine Haltung der freundlichen Zuwendung dazu beitragen, im neugierigen und lebhaften Gemüt der Kinder die entspannte Ruhe und Konzentration zu erzeugen, ohne die aufmerksames Beobachten nicht gelingt. Soviel zum privaten Lernen im Zusammenhang von Ausflügen und Exkursionen im Rahmen der Familie.

In der Schule bedeutet eine entsprechende Haltung zum Lernen, dass der Gruppenunterricht im Mittelpunkt steht und die Interaktion der Schüler, die zwar vom Lehrer angeleitet werden, zentral ist, indem sie sich beim Erarbeiten der Unterrichtsinhalte das Wissen gemeinsam erschließen. Ideal ist eine Lerngruppe von zehn Schülern. Einmal macht es jedem Menschen Freude, »beim Schaffen Genossen zu haben«, und zum anderen ist es schön, »wenn man sich gegenseitig anspornen und helfen« kann. Denn ein jeder Geist kann sich am besten am anderen entzünden, weiß Comenius, und auch »ein Gedächtnis am anderen«. Ein Lehrer sollte in einer Klasse deshalb auch immer wieder neue Gruppen bilden, dabei aber darauf Wert legen, dass diese Lerngruppen von einem geeigneten »Aufseher« aus dem Schülerkreis angeleitet werden, der darauf achtet, dass die Gruppenarbeit gut und konzentriert vorangeht, so dass der ermittelte Ertrag des gemeinsamen Lernens danach im Forum vor der gesamten Klasse und dem Lehrer zum Nutzen aller vorgestellt werden kann. Es können auch zusätzlich innerhalb der Gruppe Paare gebildet werden, die sich dann zu zweit befragen und überprüfen.

Die Betonung des gemeinsamen Lernens ist für Comenius auch mit einem klaren Bekenntnis zur Mädchenbildung verbunden. Denn wie nur die wenigsten Denker des 17. Jahrhunderts bezieht er das sogenannte »schwächere Geschlecht« in seine didaktischen Überlegungen mit ein. Mädchen und junge Frauen sollen in seinen Augen in keiner Weise vom Unterricht in der Gruppe ausgeschlossen werden, sondern von ihm im gleichem Maße wie die bislang bevorzugten Jungen profitieren. »Fürchten wir etwa die weibliche Unbedachtsamkeit«, fragt er zunächst rhetorisch, bevor er die traditionelle Auffassung zurückweist, dass Frauen sich angeblich weniger gut für das Lernen eignen. Er überrascht seine Zeitgenossen stattdessen mit der Feststellung, dass Mädchen nicht nur »in gleicher Weise« talentiert sind wie die Jungen, sondern häufig noch sehr viel »mehr als unser Geschlecht mit einem lebhaften und für die Weisheit empfänglichen Geiste« glänzen. Erst vierzig Jahre nach Erscheinen der *Großen Didaktik* fordert auch der Engländer Daniel Defoe in seiner Schrift *An Essay upon Projects* von 1697, den Frauen »alle Vorzüge der Gelehrsamkeit« zuzubilligen.

Das gemeinsame Lernen umfasst nach Comenius aber nicht nur die gemischte Gruppenarbeit von sich gegenseitig helfenden Mädchen und Jungen. Die Heterogenität einer Lerngruppe geht weit über den Unterschied der Geschlechter hinaus: Sie bedeutet, dass Kinder unterschiedlichen Alters in ihr genauso gut aufgehoben sind wie der exakt gleichberechtigte Nachwuchs aus wohlhabenden und ärmeren Elternhäusern; dass Jugendliche aus hochherrschaftlichen Familien und Arbeiterhaushalten nicht voneinander getrennt werden; und dass Städter und Landleute ebenfalls in den Klassen in gleicher Stärke zusammenkommen sollen. Der Autor der *Großen Didaktik* drückt das so aus: »Nicht nur die Kinder der Reichen und Vornehmen sollen zum Schulbesuch angehalten werden, sondern alle in gleicher Weise, Adlige und Nichtadlige, Reiche und Arme, Knaben und Mädchen aus allen Städten, Flecken, Dörfern und Gehöften«.

Schließlich beziffert er die Zeit des gemeinsamen Schulbesuchs auf mindestens sechs Jahre. Vielleicht sind sogar auch sieben oder acht gemeinsame Schuljahre sinnvoll – Comenius legt sich da nicht mit letzter Präzision fest. Doch je nach Umständen und Möglichkeiten sollte es eben Zweck und Ziel der Schule sein, »dass die gesamte Jugend zwischen dem 6. und 12. (oder 13.) Altersjahr« gemeinsam lernt. Auch wenn anschließend eine Aufteilung erfolgen kann, weil der eine auf eine Gelehrtenschule wechselt oder der andere mit einer Ausbildung im Handwerk beginnen möchte, darf die Separierung der Schüler nicht zu früh erfolgen. Keinesfalls werden nur die Kinder der Reichen zu solchen Würden geboren, »dass ihnen allein die Lateinschule offenstünde, während die anderen hoffnungslos ausgeschlossen wären«. Als Begründung dafür führt er ein Argument an, dass auch den heutigen Verfechtern einer langen gemeinsamen Grundschulzeit sowie den Befürwortern der Gesamtschule gewiss sehr vertraut vorkommt: Es scheint dem böhmischen Pädagogen »sehr voreilig, schon im sechsten Lebensjahr bestimmen zu wollen, zu welchem Beruf sich ein Kind eignen wird, ob für die Wissenschaft oder für ein Handwerk«, denn »weder die Kräfte des Geistes noch seine Neigungen sind in diesem Alter genügend zu erkennen; später tritt beides besser zutage«. Man kann eben nicht daran vorbeisehen: »Der Geist weht, wo er will, und lässt sich die Zeit nicht setzen.«

ALLGEMEINE MENSCHENBILDUNG – UNTERRICHTSSTOFF, DER DIE WELT VERBINDET

Es sollen aber nicht nur ausnahmslos »alle Menschen« gemeinsam zur Schule gehen, sondern es soll beim Unterricht zugleich das Ziel sein, diese heterogene, geschlechtergemischte und alle Schichten übergreifende Schülerschar dann auch »alles zu lehren«. *Omnes omnia*, alle sollen alles lernen: Das ist das in der lateinischen Originalsprache besonders klingende und als griffige Formel verkündete anspruchsvolle Motto, das als Kernforderung über der *Großen Didaktik* geschrieben steht. Es geht um den Erwerb »einer Allgemeinbildung (universalis eruditio)«. Dabei ist diese Losung gar nicht so großsprecherisch und überambitioniert gemeint – wie es Joachim Hübner, der mit Comenius sehr gut bekannte brandenburgische Historiker – es 1639 in einer ersten Durchsicht dieses Werkes offenbar empfand und monierte. Deutlich wird das beispielsweise in den Abschnitten der *Großen Didaktik*, in denen es um das Erlernen von Sprachen geht. Der Verfasser, der einerseits dazu ermuntert, neben der Muttersprache auch andere Sprachen beherrschen zu wollen – speziell die für den Verkehr mit den Nachbarvölkern notwendigen Idiome –, weiß andererseits ganz genau, dass ein Lernender deswegen nun »nicht alle Sprachen« erlernen soll, »was unmöglich« ist, nicht einmal »viele«, weil dies »unnütz« ist, sondern nur eine von ihm auch anwendbare Auswahl. Auch diese ausgewählten Sprachen sind wiederum »nicht alle in ihrem ganzen Umfang bis zur Vollkommenheit zu lernen«, sondern »nur so weit, als die Notwendigkeit es erfordert«. Wichtig ist aber nun, überhaupt zu verstehen, was die allgemeinen Bestandteile einer Sprache sind, dass es etwa ganz unterschiedliche Grammatiken gibt oder dass jede Sprache eine Etymologie ihres Vokabulars aufweist, eine Wort- und Begriffsgeschichte. Wer dies versteht, erfährt dann allerdings auch: »Alle Sprachen lassen sich also nach ein und derselben Methode lernen.« Wer zwei oder drei Sprachen in ihren Grundzügen und bis zu einem bestimmten Kommunikationsniveau vergleichend studiert hat, hat also in dieser Hinsicht wirklich alles an Wissen erworben, was es auf dem Gebiet des Sprachgebrauchs und der Linguistik zu verstehen gibt.

Ganz ähnlich verhält es sich dann auch mit Blick auf alle anderen Fachgebiete, die Comenius in der Schule unterrichtet wissen will. Jedes Kind soll in der »Grundschule«, wo ja »die gesamte Jugend beiderlei Geschlechts« vom sechsten bis zum zwölften Lebensjahr unterwiesen werden soll, mit der Zielvorgabe einer allgemeinen Menschenbildung den kompletten Unterrichtsstoff in sich aufnehmen, der die ganze Welt verbindet. Dieser sehr umfassende Stundenplan der gemeinsamen Grundschule, dessen Inhalte überall und in allen Ländern von Bedeutung sind, beinhaltet gemäß den Ausführungen der *Großen Didaktik* neben dem bereits erwähnten Sprachstudium (mit den Teildisziplinen Dialektik, Grammatik, Rhetorik und Poesie) zu gleichen Anteilen die ebenso unverzichtbaren Fächer Philosophie, Ethik, Politik, Physik, Optik, Astronomie, Erdkunde, Mathematik, Mechanik, Ökonomie und Religion. In allen diesen Fächern heißt »alles« lehren, dass hier die jeweils die elementaren Grundkenntnisse erworben werden, die zum grundlegenden Verständnis des Faches befähigen, um dieses dann selbständig immer weiter erforschen zu können. Der Anspruch, in den Schulen »alles« zu vermitteln, was man in der Welt des Wissens im Rahmen der wichtigsten Fächer erkennen kann, ist also nicht vermessen, sondern schlicht unerlässlich. In maßvoll gewählten, aufeinander aufbauenden Unterrichtseinheiten lässt sich dieses allumfassende Wissen im Verlauf einer strukturierten sechsjährigen Schulzeit auch realistisch an alle Schüler weitergeben.

Eines darf allerdings nicht übersehen werden: Comenius konzipiert seine Große Didaktik für den überkonfessionellen

Gebrauch in den öffentlichen Schulen des christlichen Abendlandes. Auch wenn er sich als evangelischer Christ immer wieder auf den Reformator Martin Luther bezieht, so fehlen in seinem Buch doch alle Seitenhiebe gegen Katholiken. Auch der Zwist zwischen Lutheranern, Calvinisten und der Böhmischen Brüderunität kommt nicht zur Sprache. Comenius möchte die zerstrittene Christenheit zusammenführen. Das erklärt auch, warum seine Lern- und Unterrichtsmethode überall anerkannt wird: Anglikaner in England, Puritaner in Massachusetts, Katholiken in Frankreich, Lutheraner in Schweden oder Calvinisten in Ungarn finden an seinem Werk gleichermaßen Gefallen. Deutlich sichtbar und spürbar ist, dass hier ein Versöhner und Friedensstifter schreibt, der an den für alle Christen verbindlichen pazifistischen Kern des Evangeliums erinnert. Doch wen er gar nicht anspricht, das sind die Muslime, die ja immerhin im Osmanischen Reich unter der Regierung des Sultans Mehmed IV. auch Teile Südosteuropas beherrschen und bewohnen, in denen auch Comenius sich eine Zeitlang aufhält – wie etwa Ungarn. Ebenfalls ignoriert wird die Tatsache, dass auch die Juden – gerade in Böhmen und in Holland – in ihren Schulen eine vortreffliche Bildungstradition außerhalb des Bereiches des christlichen öffentlichen Schulwesens ausgebildet haben. Es lassen sich zwar keinerlei Invektiven oder Schmähungen gegen Muslime oder Juden in der *Großen Didaktik* finden – und an zwei Stellen wird die »Synagoge« sogar mit Achtung erwähnt. Aber Comenius bezieht die außerhalb des Christentums stehenden Menschen auch nicht explizit in die Formel des *Omnes omnia* ein. Und das ist ein – aus damaliger wie heutiger Sicht – blinder Fleck seiner ansonsten mit universalem Anspruch ausgestatteten Unterrichtslehre.

AUF DIE VERKNÜPFUNG KOMMT ES AN – ORDNUNG, REIHENFOLGE UND ZUSAMMENHANG

Um allen Schülern eine grundlegende Kenntnis wirklich aller in den sechs verbindlichen Schuljahren vorgegebenen Fachgebiete vermitteln zu können, ist das beständige Nachdenken über eine gute Ordnung der Unterrichtseinheiten und über ihre sinnvolle Abfolge und Reihung für Comenius unverzichtbar. »Ordnung« (ordo) ist für ihn sogar derart zentral, dass sich der Leser mitunter des Eindrucks nicht erwehren kann, es hier mit einem peniblen Pädagogen zu tun zu haben, der in übertriebener Weise versessen ist auf schablonenhafte Stufenfolgen, feste Lernkategorien, Wissensschubladen oder auch nur mechanisch wirkende Reihungen. So klingt es jedenfalls, wenn er insistiert, dass die genaue Ordnung »die Seele der Dinge (anima rerum)« ist, denn alles was geordnet ist, erhält seinen Zustand so lange »unversehrt«, als es diese seine lebenswichtige Ordnung aufrechtzuerhalten vermag. Das Preisgeben der soliden Ordnung zieht hingegen höchst dramatische Folgen nach sich, denn wenn etwas seine wohldurchdachte und gut arrangierte Ordnung verliert, »so erschlafft es, wankt, fällt und stürzt zusammen«.

Das gilt auch für den Unterricht, wo ein Lehrer sich intensiv darum bemühen muss, ein richtiges Verständnis vom »Früheren und Späteren, Obern und Untern, Größern und Kleinern, Ähnlichen und Unähnlichen nach Ort, Zeit, Zahl, Maß und Gewicht, wie es jedem zusteht und angemessen ist« zu bekommen. Wer in der Struktur des Unterrichts »nichts als die Ordnung« vor Augen hat, ist laut Comenius ein besonders befähigter und ernsthafter Lehrer, weil er eben die wichtigsten didaktischen »Gesetze« mit treuem »Gehorsam« und Kurs haltend befolgt. Er weiß auch, die Gegenstände des Unterrichtsstoffes, der in der Schule behandelt werden soll, »wie in einer Kette ein

Glied dem anderen« anzufügen, so dass alles an seinem richtigen Platz ist. Es wirkt, als würde hier ein Lehrer dazu aufgerufen, seinen Unterricht ganz schematisch so aufzubauen, als müsste er die Regeln eines Lehrbuchs immer ohne jede Abweichung beachten. Nur: Wo bleibt da die Spontaneität und die Kreativität?

Bei genauer Lektüre der *Großen Didaktik* fällt jedoch auf, dass die vielgepriesene Ordnung keinen fundamentalen Widerspruch zum freien Gebrauch von Phantasie und Flexibilität darstellt, da diese im Unterricht mit den dort ja anzuregenden lebendigen Gesprächen zwischen Lehrenden und Lernenden unbedingt ihren Raum haben müssen. Denn neben dem doch sehr starr klingenden Oberbegriff *ordo* benutzt Comenius im Originaltext auch noch zwei weitere, andersgemeinte lateinische Begriffe für seine Vorstellung von guter Ordnung, die gerade beim Hinweis auf konkrete Beispiele des Herstellens einer hilfreichen Unterrichtsstruktur ganz andere Akzente setzen. Offenbar zielt der böhmische Pädagoge doch deutlich auf die Freiheit des Lehrenden, eine in sich schlüssige Zuordnung oder Anordnung der Unterrichtsgegenstände ganz selbständig und nach Bedarf zu treffen, spontan und sehr bewusst aus der Situation heraus, wenn er neben *ordo* eben auch von *dispositio* oder *proportio* spricht.

Mit dieser Wortwahl zeigt Comenius zum einen an, dass Ordnung durchaus disponibel sein muss, vielseitig im Gebrauch und somit veränderbar. In diesem Sinne muss ein Lehrer, wenn die von ihm vorgesehene Unterrichtsanordnung (*dispositio*) nicht zum erwünschten Ziel führt, stets ›umdisponieren‹ können, um durch eine überraschend neue Verknüpfung von bestimmten Wissenszusammenhängen den angestrebten Erkenntnisgewinn effektiver zu fördern. Schon eine ungewohnte Perspektive auf bekannte Gegenstände einnehmen zu lernen heißt in diesem Sinne eben auch, eine neue Anordnung der Dinge schaffen zu können. Zum anderen wird mit dem zweiten Begriff *proportio* die Symmetrie des Unterrichtsaufbaus angesprochen, die ebenfalls nicht unverrückbar feststeht. Die Ausgewogenheit der in einer Schulstunde jeweils zu behandelnden Inhalte, oder etwa das rechte Verhältnis von Stillarbeit und Gespräch, muss sich in einem allemal passenden Verhältnis auch nach der Aufnahmefähigkeit der Schüler richten, die nicht an allen Tagen gleich ist. Ordnung schaffen heißt daher für einen didaktisch versierten Pädagogen, mit Verstand und Feingefühl gute Verknüpfungen zwischen bereits vorhandenem Wissen und den zusätzlich ganz neu zu vermittelnden Gegenständen herzustellen. Auf das Schaffen eines schlüssigen Zusammenhanges kommt es an.

Diese Kunst des Lehrens im Rahmen einer guten Ordnung erfordert bei genauer Betrachtung und in erster Linie also nur eine geschickte Anordnung und Zuordnung von »Zeit, Stoff und Methode«. Das betrifft auch die Gestalt eines Unterrichtsrhythmus, der ebenfalls eine Form von Ordnung ist. Gelingt es dem Pädagogen, die »alles beherrschende Ordnung, d. h. die Kraft der richtigen Anordnung aller zusammenwirkenden Teile«, dann auch noch »richtig in Zahl, Maß« und Verhältnis zu bestimmen, »finden sich die richtigen Größenverhältnisse der einzelnen Teile« des Stundenplanes sowie im Schülergespräch auch noch »der nötige Zusammenhang eines jeden mit seinem Arbeitspartner« fast von allein. Und so kommt Comenius am Ende seiner Reflexionen über Zuordnungen und Anordnungen zu dem optimistischen Verdikt über die überragende Bedeutung der Ordnung im Allgemeinen: »Können wir die richtig treffen, so ist es nicht schwer, eine beliebig große Schülerzahl alles zu lehren«.

DIE NATUR ALS LEHRMEISTERIN – FORTSCHRITT BRAUCHT ENTWICKLUNGSZEIT

Im steten Verweis auf die rechte Ordnung im gesamten Unterrichtsablauf wird von Comenius an entscheidenden Stellen wiederholt hervorgehoben, wie wichtig doch das Verständnis für den sensiblen Gebrauch der Zeit ist. Auch wenn er sich für das Konzept eines lebenslangen Lernens erwärmt, weil die Schätze des Wissens unermesslich sind und es sich daher immer lohnt, »das ganze Leben mit Lernen zubringen« zu wollen, so sollte die Kindheit doch nicht verstreichen, ohne die Jugend »so früh wie möglich« dem Lernen zuzuführen. Es ist die frühe Jugendzeit, in der der Mensch am aufnahmefähigsten ist. Deshalb sollte er bereits »im zarten Alter« einen Unterricht erhalten, »solange der Eifer noch brennend, der Geist noch behende, das Gedächtnis noch zuverlässig ist«. Wo immer das möglich ist, sollten Kinder auch schon vor dem Eintritt in die Grundschule, der ja im Alter von sechs Jahren zu erfolgen hat, noch in der Geborgenheit der Familiengemeinschaft – gleichsam im Mutterschoß (gremium maternum) – zum Lernen angeregt werden. Auf spielerische Weise können ihnen in dieser Vorschulzeit von Vater, Mutter oder Vorschullehrern schon alle Wissensgebiete systematisch nahegebracht werden, die danach auch in der Grundschule eine Rolle spielen werden. Besonders gut gelingt das, wenn man ein thematisch passendes und ästhetisch ansprechendes »Bilderbuch« aussucht, das man dann »den Kindern selbst in die Hand« drückt, um sie selbständig in diesem frühen Alter die »Übungen in dieser Mutterschule« ausführen zu lassen.

Da für den jederzeit gut beobachtenden Pädagogen Comenius die »Lehrmeisterin Natur« immer die vortrefflichste Anschauung bietet, scheint ihm die »Bildung des Menschen«, die »im Frühling des Lebens begonnen werden« muss, am besten in

Analogie zum Gedeihen der Pflanzen zu erfolgen. Denn die Natur führt jedem vor Augen, dass die verschiedenen Pflanzenarten, die zwar alle zugleich im Frühjahr mit ihrem Wachstum beginnen, mit ganz unterschiedlicher Geschwindigkeit zur Blüte gelangen. Jedes Kraut, jede Blume, jedes Holz benötigt die ihm gemäße Reifezeit. Genauso verhält es sich mit dem Verstand der Kinder. Jedes lernt unterschiedlich schnell oder langsam. Es gibt diejenigen, »welche scharfsinnig, eifrig und lenkbar sind« und daher besonders rasch neues Wissen erwerben können. Dann gibt es Mädchen und Knaben, die zwar »willfährig, aber langsam« dem Unterricht folgen und so eines größeren »Ansporns« bedürfen. Drittens gibt es noch andere Kinder, die zwar wissbegierig sind, aber zugleich »wild und unbiegsam« – was ihren Lehren oft den letzten Nerv raubt, obwohl gerade energiegeladene junge Wesen im späteren Leben zu »größten« Taten befähigt sind. Schließlich gibt es noch Kinder, die nur sehr »schwer« lernen und überdies noch über ein Temperament verfügen, das allzu »lässig und träge« ist. Doch so unterschiedlich die natürlichen Begabungen und Charaktere der Jungen und Mädchen auch sind, sie alle werden gewiss etwas lernen, »denn man findet keine so unglückliche Geistesanlage, dass sie durch Pflege nicht verbessert werden könnte«. Nur benötigt jedes Kind nun einmal unabänderlich beim Lernen die ihm individuell zustehende eigene Lernzeit. So will es die Natur.

Für Lehrer bedeutet dies, den ihnen anvertrauten Kindern diese Zeit als eine von der weisen Naturordnung vorgegebene und unterschiedlich bemessene Entwicklungsspanne zuzubilligen. Niemand darf vorschnell oder unter Druck zu etwas genötigt werden, was er nicht leisten kann. Ob ein junger Mensch nun wild, ungebärdig, langsam im Begreifen, schwerfällig oder auch mit einem ungewöhnlich schnellen Verstand ausgestattet ist, so muss ein gewiefter Didaktiker, der immer auch ein menschenfreundlicher Lehrer sein sollte, damit umzugehen wissen und jedem die ihm gebührende Zeit schenken. Erforderlich sind im pädagogischen Umgang mit Kindern daher ein Wissen um diese Zusammenhänge und Zeitabfolgen, weshalb zu schließen ist, dass »Güte und Duldsamkeit« und dazu auch noch »Klugheit« den Lehrer anleiten müssen, um zu erkennen, wieviel Zeitraum jedes Kind für sein Fortschreiten beim Lernen benötigt. Die von Comenius geforderte Methode des freundlichen und spielerischen Anschauungsunterrichts, in dem auch Gespräche eine große Rolle spielen, kann allerdings nichtsdestotrotz – oder auch gerade deswegen – bei allen Kindern in gleicher Weise angewendet werden, so unterschiedlich sie auch sind. Denn »alle Menschen, sosehr sie sich auch in ihren geistigen Anlagen voneinander unterscheiden, haben doch die gleiche Natur«.

Wer versteht, dass jeder Fortschritt eine ihm eigentümliche Entwicklungszeit beansprucht, wird im Unterricht auch »Beharrlichkeit« und die nötige »Sorgfalt« an den Tag legen, um nichts in unpassender Weise zu überspringen, sondern mit Abwarten und klugen Wiederholungen dem Reifeprozess die Bahn zu bereiten. Zu vermitteln ist schon den Kleinsten der Glaube daran, dass derjenige, der Dinge nicht beim ersten oder zweiten Mal begreift, bei einem der nächsten Anläufe mehr Erfolg hat. Wichtig ist es, Kinder dazu zu ermuntern, immer weiterzumachen und sie schon für kleine Lernfortschritte zu loben, denn ein durchaus »bedeutendes Stück kann jeder in dieser Zeit vorwärtskommen, der, wenn auch nur langsam, voranschreitet«. Wenn man zunächst tiefstapelt und in einer Unterrichtsstunde nur den Anspruch hat, »einen einzigen Satz aus einem Wissensgebiet« oder »eine einzige Geschichte oder einen Sinnspruch« dazuzulernen, was offensichtlich nahezu jeder vermag, wie Comenius ohne jegliche Zweifel feststellt, »was für ein Schatz von Gelehrsamkeit wird da zusammenkommen«.

LEARNING BY DOING (AGENDA AGENDO DISCANTUR) – SCHULEN SIND »WERKSTÄTTEN DER MENSCHLICHKEIT«

Aus all dem folgt, dass auch die gelehrteste Bildung nicht ohne »häufiges und geschickt angelegtes Wiederholen und Üben Erfolg haben wird«, denn auch der am schnellsten Lernende wird nicht alles gleich beim ersten Mal begreifen. Damit sich auch die anspruchsvollsten Unterrichtsgegenstände dauerhaft einprägen und tief von Geist und Gemüt aufgenommen werden können, sind eigenständig durchgeführte Überprüfungen des Gelernten in Form von Rekapitulationen unabdingbar. Jeder muss sich dieser Aufgabe stellen, am besten mit Freude, denn auch Wiederholungen sind ganz natürliche Bestandteile des Lernens und sollten einen spielerischen Aspekt niemals vernachlässigen. Wieder verweist Comenius auf die von ihm verehrte Lehrmeisterin Natur, die hier besonders charmante Anschauungsbeispiele bereit hält, wie man »leicht an Gänsen, Hühnern und Tauben beobachten« kann, »die auf unseren Höfen ihre Jungen ausbrüten«, denn das ausgekrochene Jungvögelchen übt »mit häufigem Bewegen des Schnabels und der Füße, mit Ausbreiten und Schwingen der Flügel, mit Emporflattern und verschiedenen Gang- und Flugversuchen, bis es kräftig geworden ist«.

Es ist also offensichtlich, dass beim Lernen eine Offenheit für das Fehlgehen und den Irrtum gegeben sein muss sowie die Bereitschaft zur beständigen Selbstkorrektur. Auf dem Weg zum Wissen kann man in Sackgassen des Denkens geraten, die zur Umkehr nötigen und zum erneuten Ansetzen, bis ein Schüler endlich das gewünschte Etappenziel erreicht hat. Danach beginnt die nächste Wegstrecke mit ihren wiederum neuen Herausforderungen. Versuche, sich neue Erkenntnis anzueignen, können nach einigem Probieren gelingen, sie können aber auch einstweilen scheitern. Wichtig ist es, den Misserfolg zuzugeben und auch immer wieder zuzulassen, wenn nur die Bereitschaft zum Neuanfang immer wieder gegeben ist. Eine Schule mit einer offenen Fehlerkultur ist der menschlichen Natur gemäß – und sie hat zudem immer Werkstattcharakter. Menschlichkeit, Maß und Nachsicht muss einen von aufrichtiger Suche nach Wahrheit gekennzeichneten Unterricht, der Umwege nicht scheut, immer pflegen. Aus diesem Grunde prägt Comenius zur Bezeichnung einer guten Schule eine Formel, die zu den bekanntesten Wendungen der *Großen Didaktik* zählt, wenn er sagt: »Die Schulen sollen nichts anders sein als Werkstätten«, um dann noch präzisierend ein entscheidendes Wort hinzuzufügen: »Werkstätten der Menschlichkeit (humanitatis officinae)«. In dieser als Werkstatt verstandenen menschlichen Schule muss ein Schüler gewiss sein, dass er, »wenn er irrt«, »sich verbessern lassen« darf, auf milde, ruhige und freundliche Weise, bis »er endlich »fehlerlos, sicher und gewandt arbeiten kann«.

Auch wenn die Beherrschung eines theoretischen Wissens in der Schule stets auch angestrebt wird – ob in der Arithmetik, in der Physik oder in der lateinischen Grammatik –, erweist es sich aber erst in der praktischen Anwendung, etwa beim konzentrierten Ausrechnen von mathematischen Aufgaben oder beim Schreiben von grammatikalisch korrekten Texten, ob ein Schüler ein jeweiliges theoretisches Prinzip gut genug verstanden hat. Der praktische Versuch des Lösens von Aufgaben entscheidet letztlich mehr als jedes theoretische Wissen über den bleibenden Lernerfolg. Man lernt demnach erst dann etwas, wenn man etwas Konkretes ausprobiert, wenn man also etwas ganz praktisch tut. Im pädagogischen Jargon unserer Tage wird dieses Lernprinzip mit der englischen Formel Learning by doing benannt, einer Wendung, die sich – so oder in ähnlich lautenden Worten – zu Beginn des 20. Jahrhundert an vielen Stellen des Werkes des amerikanischen Philosophen und Pädagogen John Dewey findet, der sie populär machte und zum didaktischen

Allgemeingut erhob. Doch der Ursprung dieses wichtigen didaktischen Prinzips der Moderne findet sich als folgenreiche pädagogische Empfehlung eben bereits in der *Großen Didaktik*, wo sie im Originaltext – gemäß der Tatsache, dass damals nicht das Englische die Sprache der internationalen Gelehrten war, sondern das Lateinische – einen noch viel klassischeren Klang hat. Learning by doing heißt in der Großen Didaktik nämlich *Agenda agendo discantur*, zu deutsch: »Tätigkeit soll durch Tätigkeit erlernt werden«.

Gut ist es für die Schüler, wenn sie beim Erlernen der Tätigkeit tätig sind und sich dabei an ihrem versierten Lehrer orientieren können, der ihnen als erfahrener Praktiker immer wieder zeigt und vormacht, wie es gehen kann. Wenn dieser Lehrer dann sieht, dass Schüler fehlgehen, ermahnt er sie immer mehr durch sein »Beispiel als durch Worte; und die Praxis zeigt, dass solche Nachahmung leicht gelingt«. Zum Beleg dafür dient Comenius die Tatsache, dass es ein darauf zielendes deutsches Sprichwort gibt, dass er auch in seinem lateinischen Text in der deutschen Originalsprache und in Frakturschrift zitiert: »Ein guter Vorganger findet einen guten Nachganger.« Eigentlich ist das Prinzip des *Agenda agendo discantur* also schon sprichwörtliches Gemeingut der Weisheit der Völker an allen Orten der Welt – und tatsächlich finden sich ähnlich lautende Überlegungen auch schon Jahrtausende vor der *Großen Didaktik* in der *Nikomachischen Ethik* des Griechen Aristoteles. Umso enttäuschter zeigt sich Comenius über die betrüblich stimmende Tatsache, dass die allermeisten öffentlichen Schulen in Europa das Learning by doing nicht beherzigen: »Aber ach, wie wenig denken die gewöhnlichen Schulen an diese Mahnung«, klagt er, denn mit »Vorschriften und Regeln, Ausnahmen von den Regeln und Einschränkungen der Ausnahmen überhäufen sie mit der Grammatik schon die Anfänger, dass sie meist gar nicht mehr wissen, was eigentlich vorgeht, und mehr durcheinanderkommen als verstehen«. Die Realität des Schulalltags ist allzu oft entfernt von dem pädagogischen Wissen, dass Didaktiker wie Comenius für sie bereithalten.

DIE VERBESSERUNG DES UNTERRICHTS IST EINE AUFGABE, DIE ALLEN MENSCHEN ZU JEDER ZEIT GESTELLT IST

Comenius ist genauso überzeugt davon, mit seiner *Großen Didaktik* eine Darstellung der besten Unterrichtsprinzipien, die überhaupt zur Verfügung stehen, zum sofortigen Gebrauch für den Unterricht in aller Welt vorgelegt zu haben, wie er illusionslos konzediert, dass die Schulen seine Vorschläge wohl nur sehr zögerlich und langsam aufgreifen werden. Zwar haben schon vor der Veröffentlichung seiner Hauptschrift einige besonders weitsichtige europäische Staatsmänner wie der französische Kardinal Richelieu oder der schwedische Reichskanzler Oxenstierna versucht, ihn in ihre Dienste zu ziehen, was dann dem nordischen Politiker auch für viele Jahre gelang. Doch lässt sich auch die politische Agenda eines reformorientierten Staates nicht über Nacht durchsetzen. Das Beispiel des Reformators Luther, der schon ein volles Jahrhundert vor Comenius eine grundlegende Neugestaltung des Unterrichts in den protestantischen Städten und Dörfern des Reiches eingefordert hat, steht dem Bischof der Böhmischen Brüderunität lebhaft vor Augen. Denn er stellt fest: »Wahrlich ein verständiger und eines so großen Mannes würdiger Rat! Doch wer sieht nicht, dass er bisher nur Wunsch geblieben ist?«

Hoffnung gibt dem Flüchtling und Exilanten Comenius trotz der Kriege und Vertreibungen, die er in seinem Leben erdulden muss, und trotz des Starrsinns vieler Schulmänner, dessen Zeuge er immer wieder wird, dass er immerhin in einem besonderen Jahrhundert lebt, in welchem der Geist der Innovation dem Reformwillen in der Gesellschaft neuen Auftrieb gibt. So verweist er darauf, dass sowohl die Entdeckung Amerikas, die Entwicklung technologischer Neuerungen als auch die Befunde der modernen Wissenschaft gleich in ganz unterschiedlichen Bereichen Neuland erschlossen haben. Gerade die Niederländer, die ihm im Moment der Veröffentlichung seiner *Großen Didaktik* ja großzügig Exil gewähren, sind in ihrer Entdecker- und Reformfreude in Europa führend. An der amerikanischen Ostküste gründen die Holländer eine Kolonie und legen dort auf einer von den indigenen Einwohnern »Manhattan« genannten Halbinsel die Siedlung »Nieuw Amsterdam« an; in Holland werden auch die besten Teleskope hergestellt; und der holländische Mediziner Lucas Schachtius, der an der Universität Leiden lehrt, gehört zu den gefragtesten Ärzten seiner Zeit. Gerade dieser niederländische Kontext, in dem die auch von dem Amsterdamer Gönner Laurentius de Geer mitfinanzierte und betriebene Publikation der *Großen Didaktik* erfolgt, ist vielversprechend. Manchmal glaubt Comenius, »das Morgenrot eines neuen Zeitalters heraufziehen« zu sehen. Dessen pädagogischer Prophet und didaktischer Wegbereiter möchte er denn auch selber sein. Und doch hat er so gute Geschichtskenntnisse und so viel im Leben erworbenen Realitätssinn entwickelt, dass er sehr gut weiß: Es ist auch zukünftig mit weiteren Frustrationen und Rückschlägen zu rechnen.

Letztlich ist aber nicht die Erwartung ausschlaggebend, ob sich eine grundlegende Schulreform, wie er sie vorschlägt, schon bald einstellt oder erst nach vielen Jahrzehnten. Entscheidend ist vielmehr das Wissen, dass die Verbesserung des Unterrichts eine Aufgabe ist, die wirklich allen Menschen zu jeder Zeit gestellt ist. Im Schlussabschnitt seiner *Großen Didaktik*, dem 33. Kapitel, führt er diesen Gedanken näher aus. Es sind nicht nur die Lehrer und auch nicht nur die Menschen, die selbst Kinder gezeugt haben, die sie nun als Vater und Mutter ernähren und aufziehen müssen, sondern alle Mitglieder der Gesellschaft, auch die Ledigen und Kinderlosen, die sich darum bemühen müssen, den Schulen eine gute Form zu geben. Es muss der als Republik verstandene Staat (respublica), in welchem – wie schon zu Lebzeiten des Comenius in der Republik der Vereinigten Niederlande – sich alle Menschen als Bürger partizipatorisch am politischen Geschick des Gemeinwesens beteiligen, mit seiner »Autorität und Freigiebigkeit« alles daran setzen, dass es gute Schulen gibt. Auch private Initiative kann hier helfen und immer wieder einmal den Anstoß geben. Niemand ist »des gemeinsamen Strebens nach Verbesserung der Schulen enthoben« und keiner glaube mit Blick auf das Schulwesen, »es gehe ihn nichts an«. So ist für Comenius entscheidend, dass zu jeder Zeit der globalen Bildungsgeschichte der Wunsch der weltweit besten Schulreformer seine Gültigkeit hat, »dass solche nie fehlen, die nach uns dasselbe tun werden«.

GROSSE DIDAKTIK
DIE VOLLSTÄNDIGE KUNST, ALLE MENSCHEN ALLES ZU LEHREN
oder

Sichere und vorzügliche Art und Weise, in allen Gemeinden, Städten und Dörfern eines jeden christlichen Landes Schulen zu errichten, in denen die gesamte Jugend beiderlei Geschlechts ohne jede Ausnahme

RASCH, ANGENEHM UND GRÜNDLICH

in den Wissenschaften gebildet, zu guten Sitten geführt, mit Frömmigkeit erfüllt und auf diese Weise in den Jugendjahren zu allem, was für dieses und das künftige Leben nötig ist, angeleitet werden kann; worin von allem, wozu wir raten,
die GRUNDLAGE in der Natur der Sache selbst gezeigt,
die WAHRHEIT durch Vergleichsbeispiele aus den mechanischen Künsten dargetan,
die REIHENFOLGE nach Jahren, Monaten, Tagen und Stunden festgelegt und schließlich
der WEG gewiesen wird, auf dem sich alles leicht und mit Sicherheit erreichen lässt.

ERSTES UND LETZTES ZIEL UNSERER DIDAKTIK SOLL ES SEIN, die Unterrichtsweise aufzuspüren und zu erkunden, bei welcher die Lehrer weniger zu lehren brauchen, die Schüler dennoch mehr lernen; in den Schulen weniger Lärm, Überdruss und unnütze Mühe herrsche, dafür mehr Freiheit, Vergnügen und wahrhafter Fortschritt; in der Christenheit weniger Finsternis, Verwirrung und Streit, dafür mehr Licht, Ordnung, Friede und Ruhe.

Gott sei uns gnädig und segne uns. Er lasse sein Angesicht bei uns leuchten und erbarme sich unser, auf dass man auf Erden seinen Weg erkenne, unter allen Völkern sein Heil. Ps. 67, 1/2.

GRUSS AN DEN LESER

1. »Didaktik« bedeutet Kunst des Lehrens. Fähige Männer haben in jüngster Zeit, voll Erbarmen mit der Sisyphus-Arbeit in den Schulen, diese Kunst zu erforschen unternommen, doch mit ungleichem Mut und ungleichem Erfolg.

2. Manche haben sich mit irgendeiner Sprache befasst und versucht, sie durch Handbücher leichter zu vermitteln. Andere waren bestrebt, irgendeine Wissenschaft (scientia) oder Kunst (ars) rascher und auf kürzerem Wege zu lehren; andere versuchten noch anderes. Fast alle aber gingen von äußeren, aus erleichterter Praxis, d. h. a posteriori gewonnenen Erfahrungen aus.

3. Wir wagen es, eine »*Große Didaktik*« zu versprechen: nämlich die vollständige Kunst, alle Menschen alles zu lehren; und zwar *zuverlässig* zu lehren, sodass der Erfolg nicht ausbleiben kann; und *rasch* zu lehren, ohne Beschwerde und Verdruss für Lehrer oder Schüler, vielmehr zu beider größtem Vergnügen; und *gründlich* zu lehren, nicht oberflächlich und nur zum Schein, sondern so, dass echte Wissenschaft (literatura), reine Sitten und innerste Frömmigkeit vermittelt werden. Schließlich wollen wir alles dieses a priori dartun, aus der eigenen und unveränderlichen Natur der Dinge, gleichsam aus dem lebendigen Quell, welcher nimmer versiegende Bäche speist; indem wir diese wie-

derum in *einem* Flusse sich sammeln lassen, begründen wir die eine universale Kunst, universale Schulen zu errichten.

4. Wahrlich große und dringend wünschbare Dinge also werden hier versprochen. Das wird manchem eher als schöner Traum denn als Darlegung einer zuverlässigen Angelegenheit erscheinen, wie sich leicht voraussehen lässt. Halte jedoch dein Urteil zurück, wer immer du bist, bis du der Sache auf den Grund gekommen; dann steht es dir frei, dein Urteil zu bilden und überall kundzutun. Denn ich kann nicht wünschen noch erstreben, jemanden durch unsere Überredung zu verleiten, einer halbgeprüften Sache seine Zustimmung zu geben. Vielmehr bitte, ermahne und beschwöre ich dringend jeden, der sich damit auseinandersetzt, seine eigenen, wohlgeschärften Sinne mitzubringen und sich durch keinerlei bloßes Gerede umgarnen zu lassen.

5. Es geht hier wahrhaftig um eine ernste Sache, die von allen ehrliches Streben, abwägendes Urteil und gemeinsame Arbeit erheischt. Es geht um das Heil der gesamten Menschheit. »Welches größere und bessere Geschenk könnten wir dem Gemeinwesen (rei publicae) machen, als die Jugend zu belehren und wissenschaftlich zu bilden? Besonders zur Zeit gegenwärtiger Sitten, da sie so tief gesunken ist, dass sie nach der Ansicht eines jeden in Zaum und Ordnung gehalten werden muss« – so sagt Cicero. Und Philipp Melanchthon schreibt, die Jugend recht bilden, sei etwas mehr als Troja erobern. Darauf geht auch das Wort Gregors von Nazianz: Den Menschen gestalten, dieses unbeständigste und komplizierteste aller Lebewesen, sei die Kunst aller Künste.

6. Diese Kunst aller Künste darzulegen ist eine schwierige Sache und verlangt das schärfste Urteil, und zwar nicht nur das eines einzelnen, sondern das vieler Menschen; denn einer allein ist nie so scharfsichtig, dass ihm nicht vieles entginge.

7. Mit Recht ersuche ich darum meine Leser und beschwöre beim Heil des Menschengeschlechts alle, die dieses hier sehen,

zum Ersten es nicht für Tollkühnheit zu erachten, dass jemand die Lösung einer so schwierigen Aufgabe nicht nur zu versuchen, sondern fest zuzusagen wagt – um des hohen Zieles willen, dessentwegen das geschieht; *zum Zweiten* nicht alsbald zu verzweifeln, wenn nicht gleich der erste Versuch Erfolg hat und das Erstrebte uns nicht ganz nach Wunsch gelingt. Zuerst nämlich muss die Saat keimen und dann stetig aufgehen und wachsen. Wie unvollkommen also unser Vorschlag immer sein, wie wenig er auch sein Ziel erreichen mag: Die Sache selbst wird doch lehren, dass schon eine höhere Stufe erklommen und man dem Ziele näher gerückt ist. *Endlich* bitte ich die Leser, so viel Aufmerksamkeit, Fleiß, Urteilsfreiheit und Scharfsinn mitzubringen, wie es für die schwerwiegendsten Dinge erforderlich ist. Ich werde erst kurz den Anlass meines Vorhabens andeuten, dann seine wichtigsten Neuerungen aufzählen und darauf mein Werk mit vollem Vertrauen dem redlichen Sinn und der genauen Prüfung aller Urteilsfähigen übergeben.

8. Diese Kunst des Lehrens und Lernens (ars docendi et discendi), und zwar in der Vollkommenheit, zu der sie sich nun zu erheben scheint, war früheren Jahrhunderten weitgehend unbekannt. Die wissenschaftlichen Studien (res literaria) und die Schulen waren dermaßen belastet mit Mühe und Qual, mit Zweifel und Fantasterei, mit Fehlern und Irrtum, dass nur die mit übermenschlichen Kräften Begabten zu einer gründlichen wissenschaftlichen Bildung gelangen konnten.

9. In jüngster Zeit aber ließ Gott das Morgenrot eines neuen Zeitalters heraufziehen und berief in Deutschland einige ausgezeichnete Männer, welche, der Verwirrungen in den bisherigen Schulmethoden überdrüssig, auf einen leichteren und kürzeren Weg sannen, die Sprachen und Künste zu lehren; einige früher, einige später – daher die einen mit weniger, die anderen mit mehr Erfolg, wie sich aus den didaktischen Büchern und Abhandlungen, die sie veröffentlicht haben, ersehen lässt.

10. Ich denke an Leute wie Ratke, Lubin, Helwig, Ritter,

Bodin, Glaum, Vogel, Wolfstirn und andere, die uns vielleicht nicht bekannt geworden sind. Vor allem aber ist hier Johann Valentin Andreae zu nennen, der in seinen herrlichen Schriften nicht nur die Krankheiten in Kirche und Staat, sondern auch im Schulwesen aufgezeigt und auch die Mittel für ihre Heilung anzugeben gewusst hat. Doch auch in Frankreich gerieten die Dinge in Bewegung, als Janus Caecilius Frey im Jahre 1629 in Paris seine gescheite Didaktik veröffentlichte unter dem Titel »Neuer und leichter Weg zu den edlen Wissenschaften und Künsten, zur Philologie und Rhetorik«.

11. Ich nutzte jede Gelegenheit, diese Autoren zu studieren, und es ist kaum zu sagen, welch große Freude ich empfand und wie sehr diese Freude meinen Schmerz über den Niedergang meiner Heimat und über den schlimmen Zustand in ganz Deutschland linderte. Denn ich begann nun zu hoffen, dass die Vorsehung des Allmächtigen nicht ohne Absicht den Niedergang der alten und die Errichtung neuer Schulen nach neuen Ideen habe in die gleiche Zeit fallen lassen. Denn wer vorhat, einen neuen Bau zu errichten, pflegt zuvor den Boden auszuebnen und das frühere, weniger taugliche oder baufällige Gebäude abzuräumen.

12. Diese Gedanken weckten in mir die besten und fröhlichsten Hoffnungen, die aber bald wieder zu schwinden begannen, weil ich glaubte, dass diese große Sache nicht wirklich von Grund auf neu entwickelt werde.

13. Ich wünschte mich deshalb über einiges näher belehren zu lassen und zu diesem oder jenem auch selbst meine Ansicht zu äußern und schrieb Briefe an verschiedene der genannten Männer, jedoch vergeblich; teils deshalb, weil mancher seine Entdeckungen allzu ängstlich behütet, teils auch, weil die Briefe die Empfänger nicht erreichten und unbeantwortet zurückkamen.

14. *Einer* jedoch von ihnen, jener vortreffliche J. V. Andreae nämlich, schrieb mir freundlich zurück, er wolle die Fackel wei-

tergeben, und ermunterte mich, sie mutig vorwärts zu tragen. Auf diese Weise angespornt begann ich mich in Gedanken mehr und mehr damit zu beschäftigen, bis mein leidenschaftlicher Wunsch für das öffentliche Wohl (publicus profectus) mich dazu trieb, die Sache von Grund auf zu versuchen.

15. Ich setzte also alle Entdeckungen, Erwägungen, Beobachtungen und Regeln anderer beiseite und begann, die Sache selbst unvoreingenommen zu durchdenken und Ursachen, Methoden, Wege und Ziele der Lernkunst (»Discentia«, wie sie nach Tertullian bezeichnet werden mag) zu untersuchen.

16. Daraus ist nun diese Abhandlung erwachsen, welche, wie ich hoffe, dem Gegenstand gründlicher zu Leibe rückt, als das bisher geschah. Sie wurde zunächst zum Gebrauch meiner Landsleute in meiner Muttersprache verfasst, nun aber auf den Rat etlicher achtenswerter Männer ins Lateinische übersetzt, damit sie, wenn möglich, der Allgemeinheit von Nutzen sei.

17. Die Nächstenliebe gebietet uns, so sagt Lubinus in seiner Didaktik, der Menschheit nichts vorzuenthalten von dem, was Gott uns zum Wohl unseres Geschlechts gelehrt hat, sondern es vielmehr vor aller Welt auszubreiten. Das nämlich ist das Wesen alles Guten, fährt er fort, dass es allen mitgeteilt werden soll und dass es umso mehr und umso besser allen zugutekommt, je mehr Menschen daran teilhaben können.

18. Wenn aber jemand für die Plagen des Nächsten Hilfe weiß, so gebietet ihm die Menschlichkeit, diese Hilfe auch zu bringen; besonders wenn es, wie in diesem Falle, nicht um die Sache eines oder einzelner Menschen, sondern um die vieler, um Städte, Provinzen, Reiche, ja um die ganze Menschheit geht.

19. Sollte aber jemand so pedantisch sein zu glauben, dass ein Theologe seinem Berufe nach sich nicht um Schulangelegenheiten kümmern solle, so sei ihm gesagt, dass mich selbst dieser Zweifel bis ins Innerste angefochten hat; dass es aber schließlich keine andere Lösung für mich gab, als Gott zu gehor-

chen und für das Gemeinwohl das anzugreifen, was die göttliche Eingebung mir riet.

20. Erlaubt mir, vertraulicher mit Euch zu reden, meine christlichen Brüder. Die mich näher kennen, wissen, dass ich ein Mann von schwachem Verstande und geringer Gelehrsamkeit bin, ein Mann voll Trauer jedoch über die Missstände unserer Zeit und voll eifrigen Strebens, die Lücken auszufüllen, wo immer es möglich ist, sei es mit eigenen, sei es mit anderer Leute Entdeckungen, die ja alle nur Gaben unseres gnädigen Gottes sind.

21. Wenn also etwas von diesem Werke als richtig befunden wird, so gehört das nicht mir, sondern IHM, der aus dem Munde der Kinder sein Lob bereitet, und der sich als treu, wahrhaftig und gütig erweist, indem er den Bittenden gibt, den Klopfenden auftut und die Suchenden finden lässt (Luk. 11, 10), weshalb auch wir seine guten Gaben freudig andern weitergeben sollen. Christus weiß, dass mein Sinn so einfältig ist, dass ich es für gleich erachte, ob ich lehre oder Belehrung empfange, mahne oder gemahnt werde, ob ich (wenn es mir irgendwo zustände) Lehrer der Lehrer oder (wo ich mir einen Fortschritt erhoffe) Schüler der Schüler bin.

22. Was also Gott mir zu verwahren gegeben, das lege ich in der Öffentlichkeit nieder, das sei gemeines Gut.

23. Wenn einer Besseres entdeckt, so halte er es ebenso und verwahre sein Pfund nicht in einem Schweißtuch, dass ihn der Herr nicht schuldig spreche – er, der will, dass seine Knechte handeln und dass eines jeden Pfund auf die Bank getragen werde und andre Pfunde gewinne (Luk. 19, 13 ff.).

Großes zu wollen steht frei, wie heut so in allen Zeiten;
Nie ist vergeblich getan, was man im Herren beginnt.

[EINLEITUNG]

Vergleich des Menschen mit dem Paradiese (1–3), der Sündenfall (4/5), Gottes Gnade errichtet ein neues Paradies in der Kirche (6/7), neue Verderbnis (8–12), Hoffnung auf Wiederherstellung der Kirche (13/14); bei den Kindern muss mit dieser Wiederherstellung begonnen werden (15–19); das bezeugt Gott selbst in der Bibel (20–25); die heutige Jugendverderbnis (26), Unverstand und Niedergang in der Erziehung (27–29); Aufruf an die Pädagogen, an die Behörden und an die Geistlichkeit (30–35), Verheißung künftigen Lohns (36).

All' denen, welche die menschlichen Dinge ordnen und beschirmen, den Lenkern der Staaten, den Hirten der Kirchen, den Leitern der Schulen, den Eltern und Erziehern der Kinder Gnade und Friede von Gott, dem Vater unseres Herrn Jesu Christi im Heiligen Geiste.

1. Als Gott im Anfang aus dem Staube den Menschen geschaffen hatte, setzte er ihn in sein gen Osten gelegenes Paradies der Freude. Er sollte es nicht nur bewahren und bebauen (1. Mos. 2, 15), er sollte selbst für seinen Gott ein Freudengarten sein.

2. Wie nämlich das *Paradies* der lieblichste Teil der Welt, so war der *Mensch* das feinste der Geschöpfe. Das *Paradies* ward gegen Sonnenaufgang angelegt – der *Mensch* ward erschaffen nach dem

Bilde dessen, der vom Anfang an, von aller Ewigkeit her aufgegangen war. Im *Paradiese* ließ Gott von allen Bäumen, die über die ganze Erde hin verstreut waren, diejenigen wachsen, die am schönsten anzusehen waren und die süßeste Frucht trugen. Im *Menschen* sind alle irdischen Stoffe und alle Formen und ihre Abstufungen gleichsam zu einem Meisterwerk vereinigt, auf dass die ganze Kunst der göttlichen Weisheit offenbar werde. Im *Paradies* stand der Baum der Erkenntnis des Guten und Bösen; im *Menschen* liegt der Verstand, zu unterscheiden, und der Wille, zu wählen, was gut und böse ist. Im *Paradies* stand der Baum des Lebens, aber im *Menschen* steht der Baum der Unsterblichkeit: die Weisheit Gottes nämlich, die ihre ewigen Wurzeln in den Menschen gesenkt hat (J. Sir. 1, 14). Ein Fluss ging hervor aus jenem Garten, das *Paradies* zu bewässern, und teilte sich darauf in vier Arme (1. Mose 2, 10); in das Herz des *Menschen* ergießen sich die vielfachen Gaben des Heiligen Geistes und speisen ihn. Und von seinem Leibe fließen wiederum Ströme lebendigen Wassers (Joh. 7, 38); denn im Menschen und durch den Menschen breitet sich auf verschiedenen Wegen die Weisheit Gottes aus, wie in Flüssen, die sich in alle Richtungen zerteilt haben. Das bezeugt auch der Apostel, wenn er sagt, dass durch die Kirche den Gewalten und Mächten des Himmels sich die vielfältige Weisheit Gottes kundtue (Ephes. 3, 10).

3. Wahrhaftig, ein jeder Mensch ist für Gott ein Paradies der Freude, wenn er dort bleibt, wohin er gestellt worden. Gleichermaßen wird auch die Kirche, die Gemeinschaft der Gott Ergebenen, in der Heiligen Schrift oft dem Paradiese, einem Garten oder einem Weinberg Gottes verglichen.

4. Aber wehe uns Unglücklichen! Wir haben das Paradies der leiblichen Wonnen verloren, in dem wir waren – und mit ihm das Paradies der geistigen Wonnen, *das* wir waren. Verstoßen sind wir in die Einöde der Erde. Zur Einöde sind wir selbst geworden, zur leeren, abscheulichen Wüste. Denn wir waren undankbar für die Fürsorge Gottes im Paradies, für seine Gaben des

Leibes und der Seele. Mit Recht also wurden sie uns entzogen, wurden Leib und Seele dem Leide ausgesetzt.

5. Hören wir darüber den Propheten, der von dem stolzen und zur Strafe verdammten König von Tyrus sagt: »In den Freuden des göttlichen Paradieses warst du, warst bedeckt mit allerlei Edelsteinen: Karneol, Topas und Jaspis, Chrysolith, Onyx und Beryll, Saphir, Rubin, Smaragd und Gold. Die Pauken und Pfeifen waren am Tage, da du geschaffen wurdest, für dich bereit. Ein Cherub warst du, deshalb habe ich dich zum Schützer und Herrn aller Kreatur gesalbt und dich an die Spitze gestellt. Du warst auf dem heiligen Berge Gottes und gingst immerdar umher inmitten feuriger Steine. Und du wandeltest unsträflich vom Tage deiner Erschaffung an, bis Unrecht an dir gefunden ward. Bei der Menge deiner Geschäfte füllte sich dein Inneres mit Frevel und du versündigtest dich. Da stieß ich dich hinab vom Berge Gottes und richtete dich zugrunde. Da dein Herz sich überhoben ob deiner Schönheit, hast du deine Weisheit eingebüßt, habe ich dich zur Erde hinabgeschleudert« (Ezech. 28, 13ff.). Zu Boden geworfen und zersprengt hat er uns in seinem gerechten Zorn. Wir waren wie der Garten Eden und sind zur öden Wüstenei geworden.

6. Lob, Preis und Ehre in alle Ewigkeit unserm barmherzigen Gott. Er hat uns zwar eine Zeit lang verlassen, aber nicht in ewige Einsamkeit verstoßen; denn er hat uns seine Weisheit gesandt, durch die Himmel und Erde und alle Dinge geschaffen sind, und hat sein verlassenes Paradies, das Menschengeschlecht, aufs Neue mit seiner Barmherzigkeit umfangen. Die abgestorbenen, verdorrten Bäume unserer Herzen hat er zunächst mit Axt, Säge und Messer seines Gesetzes beschnitten und abgeschält, dann aber neue Reiser des himmlischen Paradieses aufgepfropft, und damit sie anwachsen und treiben konnten, sie mit seinem eigenen Blute benetzt und ohne Unterlass mit den vielfältigen Gaben seines Heiligen Geistes wie mit Bächen lebendigen Wassers begossen; und er hat seine Arbeiter,

seine geistlichen Gärtner gesandt, die sich dieses neuen Gottesgartens getreulich annehmen sollten. Denn so hat Gott zu Jesaja und damit zugleich zu anderen gesagt: Ich habe meine Worte in deinen Mund gelegt und habe dich geborgen im Schatten meiner Hände, auf dass du den Himmel ausspannst, die Erde gründest und zu Zion sprichst: Du bist mein Volk (Jesaja 51, 16).

7. Aufs Neue grünt also der Garten der Kirche zur Freude des göttlichen Herzens. So heißt es wiederum bei Jesaja: Der Herr hat Erbarmen mit Zion, hat Erbarmen mit all ihren Trümmern, ihre Wüste macht er zum Paradies und ihre Steppe gleich dem Garten des Herrn. Freude und Wonne findet man dort, Lobpreis und Liederklang (Jes. 51, 3). Und bei Salomo: Ein verschlossener Garten ist meine Schwester und Braut, ein verschlossener Garten mit versiegeltem Quell. Dein Schoß ist ein Park von Granatbäumen mit allerlei köstlichen Früchten, Cypertrauben samt Narden usw. (Hohelied 4, 12 u. 13). Darauf antwortet die Kirche als Braut: O du Gartenquell, Brunnen lebendigen Wassers, das vom Libanon strömt. Erwache Nordwind, und komme, Süd, durchwehe meinen Garten, dass seine Balsamdüfte strömen; auf dass mein Geliebter komme in seinen Garten und esse von seinen köstlichen Früchten (Ebd. 4, 15 u. 16).

8. Gedeiht nun aber dieser neue Paradiesgarten Gottes wirklich nach Wunsch? Gehen alle Keime glücklich auf? Tragen alle Bäume der jungen Pflanzung Narden und Safran, Zimmet und Myrrhen, Gewürze und köstliche Früchte? Hören wir das Wort Gottes, das er zu seiner Kirche spricht: Ich habe dich gepflanzt als edle Rebe, ein Setzling ohne Fehl, wie bist du mir geraten zu einem bittern und entarteten Weinstock (Jer. 2, 21)? So klagt Gott über den Niedergang auch dieses neuen Paradiesgartens.

9. Solcher Klagen ist die Heilige Schrift voll. Und lauter Verwirrung bietet sich dem Auge derer, die es je unternommen haben, die Geschichte der Menschheit oder auch der Kirche selbst zu betrachten. Salomo, der weiseste aller Menschen, der alles Geschehen unter der Sonne und auch seine eigenen Gedan-

ken, Worte und Taten sorgfältig prüfte, brach in Klagen aus: Siehe, alles ist nichtig und ein Haschen nach Wind. Was krumm ist, kann man nicht gerade machen, und was unzureichend ist, nicht voll (Pred. 1, 14f.). Ja, selbst die Weisheit wird zu einer Betrübnis für den Geist und bringt Verdruss und Mühsal (Ebd. 1, 18).

10. Wer seine Krankheit nicht kennt, der sorgt sich nicht; wer keinen Schmerz empfindet, der seufzt nicht; und wer die Gefahr nicht sieht, der schrickt nicht zurück, wenn er auch über dem Abgrund schwebt oder am steilsten Hange steht. Darum ist es nicht verwunderlich, dass der, welcher die Wirren nicht sieht, die Menschheit und Kirche verzehren, sich auch nicht um sie kümmert. Wer aber an sich und anderen zahllose Flecken auftreten sieht, wer bemerkt, wie seine und anderer Leute Wunden und Geschwüre mehr und mehr zu eitern beginnen, und wem ihr Gestank in die Nase steigt, wer sich und andere an den gefährlichsten Abgründen und Schluchten stehen, überall zwischen ausgelegten Fallstricken einhergehen, ja sogar dem ewigen Verderben zueilen und den einen oder andern schon stürzen sieht, der kann schwerlich umhin, zu erschrecken, zu erstarren vor Schreck und vor Schmerz zu vergehen.

11. Denn was befindet sich bei uns und dem Unsrigen eigentlich in Ordnung und an seinem gehörigen Platze? Nichts, gar nichts. Alles stürzt ein und liegt in wildem Durcheinander. Anstelle der Verständigkeit (intelligentia), in der wir den Engeln gleich sein sollten, herrscht eine solche Dummheit, dass die Leute in den wichtigsten Dingen unwissend sind wie das liebe Vieh. Anstelle der klugen Vorsorge (prüdentia), mit der wir uns unserer Bestimmung gemäß für das ewige Leben bereit machen sollten, herrscht eine solche Unbekümmertheit nicht nur in den Fragen des ewigen, sondern auch in denen des zeitlichen Lebens, dass die meisten Menschen sich den irdischen und vergänglichen Dingen und schließlich dem sicheren Tode hingeben. An die Stelle der himmlischen Weisheit (sapientia), durch

die es uns vergönnt war, das höchste Gut zu erkennen, zu verehren, sich an ihm zu erquicken, treten schmähliche Abkehr von jenem Gott und törichte Erbitterung gegen die heilige Allmacht dessen, in dem wir doch leben, weben und sind. Anstelle der Liebe und Lauterkeit herrschen Hass unter uns und Feindschaft, Krieg und Mord. Anstelle der Gerechtigkeit herrschen Unterdrückung, Unrecht, Schimpf, Diebstahl und Räuberei. Anstelle der Keuschheit regieren Schmutz und Unflat die Gedanken, Worte und Taten; statt Einfachheit und Wahrheitsliebe – Lug und Trug und böse Listen, statt Demut – Stolz und gegenseitige Verachtung.

12. Weh dir, unglückliches und verkehrtes Geschlecht! »Der Herr schaut vom Himmel herab auf die Menschenkinder, dass er sehe, ob ein Verständiger da sei, der nach Gott frage. Alle sind sie entartet und miteinander verdorben. Da ist keiner, der Gutes tut, nicht ein einziger« (Ps. 14). Auch die, welche sich als Führer ausgeben, *ver*-führen und gehen schlechte Wege; welche Träger des Lichts sein sollten, verbreiten selbst die Finsternis. Wo wirklich Gutes und Wahres sich findet, da ist es verstümmelt, gelähmt, abgetrennt, ja meist nur ein Schatten, ein blasses Abbild dessen, was es wirklich sein sollte. Wer das nicht sieht, der wisse, dass er im Dunkeln tappt. Die Verständigen jedoch kommen zu dieser Einsicht, indem sie ihre und ihrer Mitmenschen Angelegenheiten nicht durch die Brille überlieferter Meinungen, sondern im klaren Lichte der Wahrheit betrachten.

13. Doch bleibt uns ein zweifacher Trost. Zum Ersten, dass Gott für seine Erwählten ein ewiges Paradies bereitet, wo die Vollkommenheit zurückkehren wird, und zwar reicher und sicherer als jene erste war, die uns verloren ging. In dieses Paradies ging Christus ein, als er aus dem leiblichen Leben schied (Luk. 23, 43), dorthin wurde Paulus entrückt (2. Kor. 12, 4), und seine Herrlichkeit durfte Johannes schauen (Offb. 21, 10).

14. Zweitens liegt darin ein Trost, dass Gott von Zeit zu Zeit das Paradies der Kirche erneuert und die Wüstenei wieder in

einen Garten der Wonne verwandelt, wie die oben erwähnten göttlichen Verheißungen zeigen. Wir haben gesehen, dass das schon mehrmals feierlich geschehen ist: nach dem Sündenfall, nach der Sintflut, nach dem Einzug Israels in das Land Kanaan, unter David und Salomo, nach der Rückkehr aus Babylon und dem Wiederaufbau Jerusalems, nach der Himmelfahrt Christi und der Verkündigung des Evangeliums unter den Heiden, unter Konstantin und sonst noch. Wenn uns vielleicht auch jetzt, nach dem Schrecken so grässlicher Kriege, nach der Verheerung so vieler Länder, der Vater der Barmherzigkeit mit gnädigeren Augen ansehen will, so sollen wir ihm dankbar entgegenkommen und selbst unserer Sache zu Hilfe eilen auf den Wegen und in der Weise, die uns der allwissende, alles auf seinen Wegen lenkende Gott zeigen wird.

15. Das aber gehört zum wichtigsten, was uns die Hl. Schrift lehrt: dass es keinen wirksameren Weg zur Besserung der menschlichen Gebrechen gibt als die *rechte Unterweisung* (institutio) *der Jugend.* Salomo z. B., der doch alle Labyrinthe menschlichen Irrens durchgangen und der beklagt hat, dass sich die Verkehrtheiten nicht bessern, die Übel nicht mehr zählen lassen, wendet sich schließlich an die Jugend und beschwört sie, sich schon in ihren jungen Tagen ihres Schöpfers zu erinnern, ihn zu fürchten, seine Gebote zu halten. Denn das sei die ganze Aufgabe des Menschen (Pred. 12f.). Und an anderer Stelle sagt er: Gewöhne den Knaben an das, was sein Weg erheischt, so geht er auch im Alter nicht davon ab (Spr. 22, 6). Daher sagt auch David: Kommt her, ihr Kinder, hört mir zu, die Furcht des Herrn will ich Euch lehren (Ps. 34, 12). Aber auch der himmlische David, der wahre Salomon, der ewige Gottessohn, der uns neu zu gestalten vom Himmel gesandt wurde, weist uns mit ausgestrecktem Finger auf den gleichen Weg, indem er spricht: Lasset die Kindlein zu mir kommen und wehret ihnen nicht, denn solchen gehört das Reich Gottes (Mark. 10, 14). Und zu uns anderen sagt er: Wenn ihr nicht umkehrt und werdet wie die

Kinder, so werdet ihr nicht in das Himmelreich kommen (Matth. 13, 3).

16. Was sollen nun diese Reden? Merkt auf und hört alle her, was unser aller Herr und Meister verkündet. Nur die Kinder hält er für des Reiches Gottes würdig, ja, er erklärt sie zu Erben dieses Reichs. Und nur *die* lässt er noch an diesem Erbe teilhaben, welche wie die Kinder geworden sind. O möchtet ihr doch, liebe Kinder, dieses euer himmlisches Privileg erkennen! Seht, euer ist, was unserm Geschlecht noch an Zierde und an Recht auf das himmlische Vaterland geblieben ist; euer ist Christus, euer die Heiligung des Geistes, euer die Gnade Gottes, euer das Erbe der künftigen Zeit; euer ist alles dies, euer vor allem und gewisslich, ja allein für euch bereitet oder für solche, die euch gleich werden. Wir Erwachsenen also, die wir uns allein für wirkliche Menschen halten und euch für Nachäffer, die wir uns allein für weise halten und euch für töricht, uns allein für mündig und euch für kindisch, wir werden zu euch in die Schule geschickt! Ihr seid uns zu Lehrern gegeben, euer Tun soll uns Vorbild und Beispiel sein!

17. Will einer ergründen, warum Gott die Kinder so hochstellt und so preist, so wird er keinen andern Grund finden als den, dass die Kinder in allem einfacher sind und besser befähigt, die Arznei, welche die göttliche Barmherzigkeit der traurigen menschlichen Situation darbietet, aufzunehmen. Wenngleich nämlich vom Fall Adams her die Verderbnis unser Geschlecht vollständig durchsäuert, so hat doch der zweite Adam, Christus, von Neuem das Menschengeschlecht sich, dem Baume des Lebens, einverleibt; und niemand ist darum ausgeschlossen, der sich nicht selbst durch seinen Unglauben ausschließt (Mark. 16, 16) – was ja bei Kindern nicht vorkommen kann. Daher werden die Kinder, die sich nicht von Neuem mit Sünden und Unglauben beschmutzen, zu Universalerben des Gottesreiches erklärt, soweit sie sich diese empfangene Gottesgnade zu erhalten und sich von der Welt unbefleckt zu be-

wahren wissen. Drum können die Kinder auch leichter als alle andern unterrichtet werden, da sie von üblen Gewohnheiten noch nicht besessen sind.

18. Aus diesem Grunde befiehlt Christus uns Erwachsenen, umzukehren und zu werden wie die Kinder; das Üble nämlich, das wir aus verkehrter Erziehung geschöpft und aus bösen Beispielen dieser Welt gelernt haben, wieder zu verlernen und zu unserem früheren Zustand der Einfachheit, der Milde, der Demut, der Keuschheit und des Gehorsams usf. zurückzukehren. Nichts allerdings ist schwieriger, als jemanden des Gewohnten wieder zu entwöhnen; denn die Gewohnheit wird zur zweiten Natur, und Natur lässt sich mit keinem Mittel mehr austreiben. Daher ist nichts schwieriger, als einen schlecht unterwiesenen Menschen wieder auf den rechten Weg zu bringen. Denn wie der Baum gewachsen ist, hoch oder niedrig, mit geraden oder verknorrten Ästen, so bleibt er auch in späteren Jahren und lässt sich nicht mehr umgestalten. Und wenn die hölzerne Felge eines Rades in ihrer Form einmal hart geworden ist, bricht sie eher, wie die Erfahrung lehrt, als dass sie sich zurückbiegen ließe. So sagt Gott auch von den Menschen, die gewohnt sind, schlecht zu handeln: Vermag wohl ein Mohr seine Haut zu ändern, oder ein Panther seine Flecken? Dann freilich könnt auch ihr Gutes tun, die ihr des Bösen gewohnt seid (Jer. 13, 23).

19. Daraus geht mit Notwendigkeit hervor: Wenn es für das verderbte Menschengeschlecht eine Heilung gibt, dann liegt sie vor allem in einer vorsichtigen und sorgfältigen Erziehung (educatio) der Jugend, genau wie zur Erneuerung eines Gartens neue Sträucher gepflanzt und die Setzlinge, damit sie wachsen und gedeihen, sorgfältig gepflegt werden müssen. Denn die Möglichkeiten sind nicht groß, alte Bäume zu verpflanzen oder fruchtbar zu machen. Ein einfacher Geist (mentes simplices), der von den nichtigen Vorstellungen und Gewohnheiten dieser Welt noch nicht befleckt und besessen ist, ist für Gottes Zwecke am geeignetsten.

20. Das zeigt Gott selbst durch den Propheten, der die allgemeine Verderbnis beklagt und sagt, niemand sei da, den er die Einsicht lehren, niemand, dem er die Offenbarung verständlich machen könne außer denen, die gerade der Milch entwöhnt und von den Brüsten genommen sind (Jes. 28, 9).

21. Dasselbe hat offenbar unser Herr gleichnishaft dartun wollen, als er auf seinem Wege nach Jerusalem befahl, dass ihm eine Eselin und ihr Füllen gebracht werden, und dann nicht auf der Eselin, sondern auf dem Füllen einritt. Der Evangelist setzt noch hinzu, der Herr habe ein Füllen gefordert, auf dem noch nie ein Mensch gesessen (Luk. 19, 30). Sollen wir glauben, das sei ohne Absicht geschehen und überliefert? Niemals! In allen Taten und Worten Christi, den kleinsten wie den größten, und darum in jedem Pünktchen der Hl. Schrift liegen geheime Wahrheiten zu unserer Belehrung. Deshalb ist es sicher, dass, wenn auch Christus Greise und Kinder zu sich ruft und beide gerne mit sich zum himmlischen Jerusalem führt, doch die Jüngeren, welche die Welt noch nicht unterjocht hat, eher imstande sind, sich an das Joch Christi zu gewöhnen, als die, welche die Welt mit ihren Lasten gebrochen und verdorben hat. Deshalb ist es recht und billig, unsere Jugend Christus zuzuführen. Christus freut sich, ihnen sein sanftes Joch und sich selbst aufzuerlegen (Matth. 11, 30).

22. Die Jugend sorgfältig erziehen heißt dafür sorgen, dass ihr Sinn vor der Verderbnis der Welt bewahrt bleibe und dass der Same der Tugend, der in ihr liegt, durch dauernde lautere Beispiele und Ermahnungen zu glücklichem Aufkeimen angeregt werde; ferner ihren Sinn zu durchtränken mit der wahren Erkenntnis Gottes, Kenntnis ihrer selbst und der mannigfaltigen Dinge, dass sie sich gewöhne, im Lichte Gottes das Licht zu sehen und den Vater des Lichts über alles zu lieben und zu verehren.

23. Wenn das geschähe, würde sich an der Sache selbst die Wahrheit des Psalterwortes bewähren: Gott hat sich aus dem

Munde der Unmündigen und Säuglinge sein Lob bereitet um seiner Widersacher willen, dass er seinen Feind und den Rachgierigen vernichte (Ps. 8, 3). Damit ist die Vernichtung des Satans gemeint, der sich für seine Verdammung rächen will und darum unter Gottes jungen Bäumchen, unter der Jugend, mit seinen trügerischen Listen Schaden anrichtet und sie mit seinem höllischen Gift (mit Beispielen aller Gottlosigkeit und mit bösen Trieben) von der Wurzel her verseucht, sodass sie völlig verdorren und eingehen oder doch jedenfalls verkümmern und kraft- und nutzlos werden.

24. Darum gibt Gott den Kindern nicht nur ihre Schutzengel mit (Matth. 18, 10), sondern setzt auch ihre Eltern als Erzieher ein und befiehlt ihnen, die Kinder in der Zucht und Ermahnung zum Herrn zu erziehen (Eph. 6, 4), und hält alle andern ernsthaft an, die Jugend nicht durch übles Beispiel zu verführen und zu verderben, und droht denen, die es dennoch tun, mit ewigem Fluch (Math. 18, 6f.).

25. Wie aber können wir das leisten in dieser Flut irdischer Verwirrung? Zur Zeit der Erzväter war die Sache leichter: Diese heiligen Männer lebten abgeschieden von der Welt; sie waren nicht nur Häupter ihrer Familien, sondern zugleich Priester, Meister und Lehrer. Ihre Kinder wurden am Umgang mit schlechten Menschen gehindert, sie selbst gaben das leuchtende Beispiel der Tugendhaftigkeit und führten die Ihren mit Zuspruch, leichter Mahnung, nötigenfalls auch einmal mit strengem Tadel auf ihrem Wege mit. Gott selbst bezeugt, dass Abraham es so gehalten habe, wenn er sagt: Ich habe ihn erkoren, dass er seinen Söhnen und seinem Hause nach ihm befehle, den Weg des Herrn zu beobachten und Gerechtigkeit und Recht zu üben (1. Mose 18f.).

26. Aber heute leben wir untereinander vermischt, die Guten mitten unter den Bösen. Und die Zahl der Bösen ist unendlich viel größer als die der Guten. Durch das böse Beispiel wird die Jugend so sehr mitgerissen, dass die Anleitungen zur Tugend,

die ihr als Mittel gegen das Böse gereicht werden, gar keine oder nur geringe Wirkung haben.

27. Wie steht es aber erst, wenn diese Anleitungen zur Tugend nur ganz selten erteilt werden! Wenige Eltern nur sind überhaupt imstande, ihre Kinder etwas Rechtes zu lehren. Teils haben sie das selbst nicht gelernt, teils setzen sie es beiseite, weil ihr Sinn nach andern Dingen steht.

28. Auch unter den Lehrern gibt es nur wenige, welche der Jugend das Gute auf rechte Weise eingeben (instillare) können. Und wenn es einmal einen gibt, so holt ihn ein Seigneur fort und er muss allein dessen Kindern seine Kräfte widmen, statt dass solcher Reichtum der Öffentlichkeit zugutekäme.

29. Daher wächst die übrige Jugend ohne die gehörige Fürsorge auf, wie wild wachsende Bäume, die niemand anpflanzt, bewässert, stutzt und geradezieht. Drum erobern wilde und zügellose Sitten und Gewohnheiten die Welt, die kleinen und großen Städte, alle Häuser und alle Menschen; ihre Leiber und Seelen quellen über von toller Verwirrung. Wenn heute Diogenes, Sokrates, Seneca oder Salomo wieder unter uns erschienen, sie würden nichts anderes vorfinden als zu ihrer Zeit. Wenn Gott vom Himmel zu uns sprechen wollte, er würde nichts anderes sagen als damals: Sie sind alle abgefallen und untüchtig geworden in allen ihren Anschlägen (Ps. 14, 3).

30. Wer immer darum – woher er auch kommt – einen Rat geben, sich irgendetwas ausdenken oder mit Flehen, Seufzen und Weinen von Gott erbitten kann, wodurch die aufwachsende Jugend so gut als möglich gefördert wird, der verschweige es nicht, sondern rate, denke und bete. »Verflucht, wer den Blinden auf den falschen Weg führt«, spricht Gott (5. Mos. 27, 18). Verflucht also auch, wer einen Blinden von seinem Irrwege zurückführen könnte und es nicht tut. »Wehe dem, der eins dieser Kleinsten zum Bösen verführt«, sagt Christus (Matth. 18, 6). Wehe also auch dem, der das Böse beseitigen kann und es nicht tut. Gott will nicht, dass ein Esel oder ein Rind durch Feld und

Wald irren oder unter ihrer Last erliegen und im Stich gelassen werden, sondern dass man ihnen zu Hilfe eile, auch wenn man nicht weiß, wessen sie sind und auch wenn sie einem Feinde gehören (2. Mos. 23, 4; 5. Mos. 22, 1). Sollte es dann Gott gefallen, wenn wir nicht unvernünftige Tiere, sondern die vernünftigen Geschöpfe, und zwar nicht bloß das eine oder andere, sondern die ganze Welt im Irrtum sehen und sorglos daran vorbeigehen, ohne Hand anzulegen? Nimmermehr!

31. Verflucht, wer das Werk des Herrn lässig treibt, und verflucht, wer sein Schwert vom Blute Babylons zurückhält (Jer. 48, 10). Dürfen wir hoffen, unschuldig zu bleiben, wenn wir das abscheuliche Babylon unserer Verwirrungen mit ruhigem Gemüt ertragen? Es ziehe sein Schwert, wer eines am Gurte trägt oder wer weiß, wo eines verborgen in einer Scheide steckt. Hilf mit, Babylon zu zerstören, auf dass Jahwe dich segne.

32. Betreibt dieses Werk des Herrn, ihr *Obrigkeiten*, Diener des höchsten Gottes. Mit dem Schwerte, mit dem euch Gott umgürtet hat, mit dem der Gerechtigkeit, vernichtet die Unordnungen, deren die Welt voll ist und mit denen sie Gott beleidigt.

33. Betreibt auch ihr dieses Werk, ihr *Geistlichen*, treue Diener Jesu Christi. Vernichtet das Böse mit dem zweischneidigen Schwert der Rede, das euch gegeben ist. Denn ihr seid berufen, das Böse auszureißen, niederzureißen, zu verderben und zu zerstören; das Wahre aufzubauen und das Gute zu pflanzen (Jer. 1, 10; Ps. 101; Rom. 13, 4). Ihr habt ja schon eingesehen, dass man dem Übel im Menschen nie besser begegnen kann als im frühsten Kindesalter, dass auch die Bäume, die eine Ewigkeit überdauern sollen, am besten als junge Reiser eingepflanzt und gezogen werden; und dass Zion am besten an Babels Stelle erbaut werden kann, wenn die lebendigen Steine Gottes, die Kinder, frühzeitig gebrochen, behauen, geglättet und dem himmlischen Bau eingefügt werden. Wenn wir also wohlgeordnete und blühende Kirchen, Staats- und Hauswesen wollen, so müssen wir vor allem unsere Schulen zu Ordnung und Blüte bringen,

dass sie zu wahren und lebendigen Werkstätten der Menschheit, zu Pflanzstätten der Kirchen, Staaten und Hauswesen werden. Nur so und auf keinem andern Wege werden wir unser Ziel erreichen.

34. Auf welche Weise das nun angepackt und zu dem gewünschten Erfolg gebracht werden soll, wollen wir, deren Geist der Herr berufen hat, nun vor Augen führen. Wem Gott Augen gegeben hat zu sehen und Ohren zu hören und einen Verstand zu urteilen, der sehe her, höre zu und merke auf.

35. Wenn einem hier ein Licht aufleuchtet, das er bisher nicht gesehen hat, so gebe er Gott die Ehre und neide unserer neuen Zeit nicht diese neue Helligkeit. Wenn du aber in diesem Licht eine Trübung findest, sei sie auch noch so klein, so beseitige sie und putze sie weg oder sorge dafür, dass sie beseitigt werde. Viele Augen sehen mehr als eines.

36. So wollen wir uns gegenseitig helfen, das Werk Gottes einträchtig anzupacken. So werden wir dem Fluch über alle die, welche das Werk des Herrn vernachlässigen, entrinnen. So werden wir das kostbarste Kleinod der Welt, die Jugend, aufs Beste hüten. So werden wir teilhaben am Glanz, der denen verheißen ist, welche ihre Mitmenschen zur Gerechtigkeit weisen (Dan. 12, 3).

Gott erbarme sich unser und lasse uns in seinem Lichte das Licht sehen. Amen.

VOM NUTZEN DER LEHRKUNST

An der richtigen Begründung einer Didaktik müssen interessiert sein:

1. die Eltern, welche bisher meistens nicht wussten, was sie von ihren Kindern erhoffen durften. Sie stellten Lehrer an, taten ihnen schön mit Bitten und Geschenken, ersetzten sie wohl auch durch andere. Doch waren ihre Mühen meist vergeblich und ohne irgendwelchen Nutzen. Wenn aber die Unterrichtsmethode zu unfehlbarer Sicherheit entwickelt ist, wird mit Gottes Hilfe der erhoffte Erfolg nicht mehr ausbleiben können.

2. die Lehrer; sie hatten meistens keine Ahnung von der Kunst des Unterrichtens. Sie rieben sich darum auf, wenn sie doch ihrer Pflicht genügen wollten, und zermürbten ihre Kräfte durch Anstrengung und Fleiß. Oder sie wechselten die Methode, suchten bald auf diese, bald auf jene Weise Erfolg; hatten Verdruss und vergeudeten Zeit und Mühe.

3. die Schüler; denn sie können ohne Mühen, Überdruss, Schimpfen und Schläge gleichsam durch Spiel und Scherz auf die Höhen der Wissenschaften geführt werden.

4. die Schulen; sie können dank der verbesserten Methode in ständiger Blüte erhalten, ja unendlich ausgebreitet werden. Sie werden Stätten des Spiels, der Freude und voll Anziehungskraft sein. Und da mit dieser unfehlbaren Methode aus jedem Schüler

ein – größerer oder kleinerer – Gelehrter werden kann, so kann es den Schulen nie an tauglichen Lenkern fehlen und können die Studien nie mehr welken.

5. die Gemeinwesen, wie Cicero in dem erwähnten Zitat bezeugt. Der Pythagoräer Diogenes sagt, dem Bericht des Stobaeus nach, das gleiche: »Was ist denn die Grundlage des ganzen Staates? Die Erziehung der Jugend. Nie haben Reben gute Frucht getragen, die nicht gut gezogen waren«.

6. die Kirche; denn nur der richtige Aufbau der Schulen vermag zu bewirken, dass den Kirchen nie die gut ausgebildeten Lehrer und diesen Lehrern nie die geeigneten Hörer fehlen.

7. Der Himmel schließlich hat ein Interesse daran, dass die Schulen zu Stätten sorgfältiger und umfassender Geistesbildung umgestaltet werden, damit auch die vom Glanz göttlichen Lichts aus der Finsternis befreit werden, welche der Klang der göttlichen Posaunen nicht zu wecken vermag. Zwar wird allerorten das Evangelium verkündet, und wir hoffen, dass es bis ans Ende der Welt gepredigt wird. Doch es geht nun einmal in der Welt zu wie bei einem Fest, auf dem Markte, im Wirtshaus oder bei sonst einem lärmigen Volksauflauf: Nicht allein der – und nicht einmal hauptsächlich der – wird gehört, der das beste zu sagen hat, sondern jedermann so wie er gerade mit einem andern ins Gespräch kommt, neben ihm steht oder sitzt und ihn mit seinem Gerede einnimmt und überzeugt. Die Diener des Worts mögen ihr Amt mit noch so großem Eifer versehen, sie mögen reden, rufen, mahnen, beschwören – der größere Teil der Menschheit wird doch nicht auf sie hören. Viele kommen ja nur bei besonderem Anlass in die heiligen Versammlungen. Andere kommen zwar, aber mit geschlossenen Augen und Ohren, meist mit anderen Fragen und mit sich selbst so beschäftigt, dass sie kaum darauf achten, was hier vorgeht. Und wenn sie auch darauf achten und begreifen, was diese heiligen Ermahnungen bewirken wollen, so werden sie doch nicht so wie sie sollten beeindruckt und ergriffen: Ihr träge gewordener Geist

und ihre lasterhaften Gewohnheiten schwächen, bannen und verhärten ihren Verstand, sodass sie sich aus ihrer Trägheit nicht loswinden können. Sie hängen also fest in ihrer gewohnten Blindheit und in ihren Sünden, wie mit Fesseln gebunden, und niemand kann sie aus ihrem alten Verderben retten außer Gott allein. Darum sagt einer der Väter, es sei beinahe ein Wunder, wenn ein alter Sünder umkehre und Buße tue. Wo aber Gott die Mittel in die Hand gibt, hieße es ihn versuchen, wollte man Wunder fordern; und das ist hier der Fall. Wir sehen es deshalb als unsere Pflicht an, über die Mittel nachzudenken, durch welche die ganze christliche Jugend zur Stärkung des Geistes und zur Liebe des Himmlischen angefeuert werden kann. Wenn wir das erreichen, werden wir sehen, wie der Himmel mit Gewalt erstrebt wird wie vor Zeiten.

Niemand entziehe darum einem solchen heiligen Unterfangen seine Gedanken und Wünsche, seine Kräfte und seine Mittel. Wer das Wollen gab, wird auch das Vollbringen geben. Das sollen alle von der göttlichen Barmherzigkeit im Gebet erflehen und in Hoffnung erwarten. Denn es geht hier um das Heil der Menschen und um den Ruhm des Höchsten.

Joh. Val. Andreae:
»Unrühmlich ist es, am Erfolg zu verzweifeln,
unrecht, die Ratschläge anderer zu verschmähen«.

1. Kapitel

DER MENSCH IST DAS HÖCHSTE, VOLLKOMMENSTE UND VORTREFFLICHSTE DER GESCHÖPFE

»Erkenne dich selbst« – ein Wort des Himmels (1/2); die Erhabenheit der menschlichen Natur (3) muss allen Menschen ins Bewusstsein gebracht werden (4).

1. Als Pittacus einst seinen berühmten Ausspruch »Erkenne dich selbst« getan hatte, wurde dieser von den Weisen mit solchem Beifall aufgenommen, dass sie ihn als vom Himmel gefallen bezeichneten, um ihn dem Volke zu empfehlen. Sie ließen ihn mit goldenen Buchstaben am Apollotempel in Delphi anschreiben, wo stets eine große Menschenmenge zusammenströmte. Letzteres war klug und fromm gehandelt, Ersteres zwar erdichtet, entsprach aber doch in höherem Sinne der Wahrheit, wie es uns noch mehr als jenen Alten deutlich ist.

2. Denn was sagt uns die Stimme des Himmels, die uns in der Hl. Schrift entgegentritt, anderes als: Erkennst du mich, o Mensch, und erkennst du dich? *Mich*, die Quelle der Ewigkeit, der Weisheit, der Seligkeit; und *dich*, mein Geschöpf, mein Ebenbild, meine Wonne.

3. Denn dich habe ich mir ausersehen, teilzuhaben an der Ewigkeit; zu deinem Nutzen habe ich den Himmel und die Erde und alles, was darinnen ist, bereitet. Dir allein habe ich alles

zusammen gegeben, was ich den anderen Geschöpfen nur einzeln zugeteilt habe: Wesen und Leben, Sinn und Vernunft (essentia, vita, sensus, ratio). Dich setzte ich zum Herrscher über das Werk meiner Hände, alles habe ich Dir unter die Füße gelegt, Schafe und Rinder und die Tiere des Feldes, die Vögel des Himmels, die Fische im Meer. So habe ich dich mit Ehre und Hoheit gekrönt (Ps. 8, 6-9). Und schließlich habe ich, damit nichts mehr fehle, mich selbst dir gegeben und in wesenhafter Verbindung meine Natur mit der deinigen auf ewig vereint. Keinem der anderen Geschöpfe, der sichtbaren oder der unsichtbaren, ist derartiges zuteilgeworden. Denn welches von den Geschöpfen im Himmel oder auf Erden kann sich rühmen, Gott habe sich in *seinem* Fleische offenbart und den Engeln gezeigt (1. Tim. 3, 16)? Und zwar nicht bloß, damit sie den, den sie zu sehen wünschten, sähen und staunten (1. Petr. 1, 12), sondern dass sie den im Fleische geoffenbarten Gott, Gottes und des Menschen Sohn, anbeteten (Hebr. 1, 6; Joh. 1, 51; Matth. 4, 11). Erkenne also, dass du der Schlussstein meiner Schöpfung bist, eine wundervolle Zusammenfassung meiner Werke, Stellvertreter Gottes unter ihnen und Krone meines Ruhms.

4. Möchte doch dies alles nicht an den Türen der Tempel, in den Titeln der Bücher, nicht auf Mund, Ohren und Augen der Menschen geschrieben stehen, sondern ihren Herzen eingeprägt sein. Wer immer sich dem Amt der Menschenbildung widmet, sollte unbedingt danach trachten, alle dahin zu bringen, dass sie dieser Würde und der eigenen Vortrefflichkeit eingedenk leben, und sollte alle seine Kräfte daransetzen, dieses erhabene Ziel zu erreichen.

2. Kapitel

DAS LETZTE ZIEL DES MENSCHEN LIEGT AUSSERHALB DIESES LEBENS

Das höchste Geschöpf ist zu Höchstem bestimmt (1/2); Zeugnisse dafür in der Schöpfungsgeschichte (3), in unsrer Beschaffenheit (4), in unserm ganzen Tun und Leiden (5), das zwar Steigerungen, aber kein hiesiges Endziel hat (6/7). Auch der Tod setzt unseren Anliegen kein Ende (8), denn die Menschen sind für die Ewigkeit bestimmt (9). Die drei Aufenthaltsorte des Menschen: Mutterleib, Erde und Himmel (10/11). Vergleich mit dem Volke Israel (12).

1. Dass ein so ausgezeichnetes Geschöpf zu Höherem bestimmt ist als alle anderen Geschöpfe, sagt uns schon die Vernunft: Dazu nämlich, mit Gott, dem Gipfel der Vollkommenheit, Herrlichkeit und Seligkeit vereint, an seiner vollkommenen Herrlichkeit und Seligkeit auf ewig teilzuhaben.

2. Wenn dies nun auch schon genügend aus der Hl. Schrift hervorgeht und wir daran glauben, dass sich alles so verhält, so wird es doch keine verlorne Mühe sein, wenigstens kurz zu berühren, auf wie vielfache Weise Gott in diesem Leben das, was wir voraushaben (ein »plus ultra«), bei uns ausgebildet hat.

3. Zunächst im Akt der Erschaffung selbst: Er hieß den Menschen nicht wie alles Übrige einfach sein (existere), sondern bildete seinen Körper nach vorangegangener feierlicher Überlegung gleichsam mit den eigenen Fingern und hauchte ihm aus seinem eigenen [Geiste] die Seele (anima) ein.

4. Unsere Beschaffenheit zeigt uns, dass die Wirklichkeit dieses Lebens unsere Bestimmung noch nicht erfüllt. Denn unser hiesiges Leben ist dreifach: vegetativ, animalisch und intellektuell oder spirituell. Das Erste beschränkt sich ganz auf die Körperfunktionen. Das Zweite breitet sich durch die Tätigkeit der Sinne und durch die Bewegung auf die Umwelt (ad objecta) aus. Das Dritte kann auch für sich allein bestehen, wie es sich bei den Engeln erweist. Weil nun offensichtlich bei uns dieser höchste Grad des Lebens von den vorher genannten überschattet und beeinträchtigt wird, so folgt daraus notwendig, dass einst eine Zeit kommen werde, in der er zu seiner ganzen Höhe gelangt.

5. Alles, was wir in diesem Leben tun und leiden, zeigt, dass wir hier unser letztes Ziel nicht erreichen, sondern dass alles an uns und unser ganzes Selbst einem andern Ziel zustrebt. Denn alles, was wir sind und tun, denken und sprechen, planen, erwerben und besitzen, bringt uns nur eine gewisse Steigerung: Wir kommen zwar immer weiter voran, erklimmen stets höhere Stufen, aber erreichen doch die höchste nie. Im Anfang nämlich ist der Mensch nichts, so wie er von Ewigkeit her nichts war. Erst im Mutterschoße nimmt er seinen Ursprung aus einem Tropfen väterlichen Blutes. Was ist der Mensch also zuerst? Ein gestaltloser, roher Klumpen. Dann nimmt er die Formen eines Körperchens an, doch ohne Sinne und ohne Regung. Später beginnt er sich zu bewegen und bricht durch die Kraft der Natur ans Tageslicht hervor; allmählich öffnen sich Augen, Ohren und die übrigen Sinne. Im Laufe der Zeit stellen sich Empfindungen ein, wenn er sich des Sehens, Hörens und Fühlens bewusst wird. Später bildet sich der Verstand (intellectus) aus und unterscheidet die Merkmale der Dinge. Schließlich ergreift der Wille das Amt eines Steuermanns, indem er zu einigen Dingen hin- und von anderen fortlenkt.

6. Aber auch innerhalb jener Stufen zeigt sich eine deutliche Steigerung. Denn das Verständnis (intelligentia) der Dinge

bricht mehr und mehr durch, so wie aus dem tiefen Dunkel der Nacht das Licht der Morgenröte hervorbricht. Und solange das Leben währt, kommt für den, der nicht völlig abstumpft, immer neues und neues Licht hinzu bis zum Tode. Unsere Handlungen desgleichen sind erst schwach, kraftlos, ungeschickt und völlig verworren. Allmählich erst entfalten sich mit den Kräften des Körpers auch die Fähigkeiten des Geistes, sodass wir – wenn wir nicht in Stumpfheit versinken und somit lebendig zu Grabe steigen – zeit unsres Lebens etwas zu tun, vorzunehmen und ins Werk zu setzen haben. Und in alledem trachtet ein hochherziger Geist immer höher, aber ohne zum Ziel zu kommen. Denn in diesem Leben finden die Wünsche und Bestrebungen kein Ende.

7. Wohin einer sich auch wendet, wird er dies durch die Erfahrung bestätigt sehen. Liebt einer Schätze und Reichtum, so wird er nie genug finden, seinen Hunger zu stillen, und wenn er die ganze Welt besäße; das zeigt uns das Beispiel Alexanders. Wenn einer sich in Ruhmsucht verzehrt, so kann er nicht ruhen, auch wenn die ganze Welt ihn schon anbetet. Gibt einer sich seinen Lüsten hin, so wird ihm doch, wie sehr auch die Wonnegefühle alle seine Sinne durchströmen, alles einmal alltäglich, und sein Verlangen wird immer Neuem sich zuwenden. Und widmet sich einer dem Studium der Weisheit, so findet er kein Ende: Denn je mehr jemand weiß, umso mehr sieht er, wie viel ihm noch fehlt. Denn mit Recht sagt Salomo: Das Auge wird nicht sattzusehen, das Ohr wird nicht voll vom Hören (Pred. 1, 8).

8. Auch der Tod setzt unsern Angelegenheiten kein Ende, wie wir an den Sterbenden sehen. Die nämlich, welche hier ein gutes Leben geführt haben, frohlocken, dass sie zu einem noch besseren eingehen sollen. Die aber, welche ganz dem Hang zum hiesigen Leben verfallen waren und nun sehen, dass sie es verlassen und sich auf den Weg woandershin machen müssen, fangen an zu zittern und versöhnen sich, wenn sie irgend kön-

nen, mit Gott und den Menschen. Und wenn auch der Körper von Schmerzen gebrochen, ermattet, die Sinne sich verfinstern und das Leben schwindet, so trifft doch der Geist lebhafter denn je seine Maßnahmen und verfügt mit Frömmigkeit, Ernst und Umsicht über sich, über die Familie, über die Erbschaft und über öffentliche Dinge. Wer also einen frommen und weisen Mann sterben sieht, sieht allen Erdenschlamm zerrinnen; und wer einen solchen Sterbenden reden hört, der glaubt einen Engel zu hören und muss zugeben, dass hier nichts anderes im Gange sei als der Auszug eines Bewohners, dessen Hütte kurz vor dem Einsturz steht. Das haben selbst die Heiden schon erkannt. Deshalb nannten die Römer nach dem Zeugnis des Festus den Tod ein Fortgehen. Und von den Griechen wird »οἴχεσθαι«, was weggehen bedeutet, oft für umkommen und sterben gebraucht; dies doch nur darum, weil man erkannt hatte, dass man durch den Tod in einen andern Bereich hinübergehe.

9. Aber noch deutlicher ist das uns Christen offenbart, da Christus, der Sohn des lebendigen Gottes, es durch sein Beispiel gezeigt hat, er, der vom Himmel gesandt ward, um das in uns verdorbene Bild Gottes wiederherzustellen. Unter Menschen ist er empfangen, geboren und umhergegangen, dann gestorben, auferstanden und gen Himmel gefahren, wo ihm der Tod nicht weiter gebieten kann. Er ist und heißt unser Vorläufer (Hebr. 6, 20), der Erstgeborene unter den Brüdern (Rom. 8, 29), das Haupt seiner Glieder (Ephes. 1, 22), das Urbild aller, die dazu bestimmt sind, nach dem Bilde Gottes neu gestaltet zu werden (Rom. 8, 29). Wie er also selbst nicht hier war, um [hier] zu sein, sondern um nach vollbrachtem Lebensgang zur ewigen Wohnung hinüberzugehen, so sollen auch wir, seine Gefährten, nicht hierbleiben, sondern in andere Bereiche hinüberwandern.

10. Ein dreifaches Leben und dreierlei Aufenthaltsorte sind also jedem von uns vorbestimmt: Mutterleib, Erde und Himmel. Vom Ersten zum Zweiten gelangen wir durch die Geburt,

vom Zweiten zum Dritten durch den Tod und die Auferstehung. Im Dritten aber bleiben wir für alle Ewigkeit. An der ersten Stelle empfangen wir nur das Leben und Anfänge von Bewegung und Empfindung; an der zweiten erhalten wir Leben, Bewegung, Empfindung und Anfänge von Erkenntnis; an der dritten die unbegrenzte Fülle von allem.

11. Jenes erste Leben ist eine Vorbereitung auf das zweite, das zweite für das dritte. Das dritte aber ruht in sich selbst ohne ein anderes Ziel. Der Übergang vom ersten zum zweiten und vom zweiten zum dritten ist beengend und schmerzvoll, und an beiden Stellen müssen Hülle und Haut abgelegt werden – dort allerdings nur die Fruchthülle, hier jedoch die Hülle des Leibes selbst – so wie aus der zerbrochenen Schale das Küken ausschlüpft. Der erste und zweite Aufenthalt sind also Werkstätten gleich, von welchen in der einen der *Körper* gebildet wird für die Ansprüche des nachfolgenden Lebens, in der andern die vernünftige *Seele* für diejenigen des *ewigen* Lebens. Der dritte Aufenthalt aber bringt erst die Vollendung und den Nutzen der beiden vorigen.

12. Ein Vergleich mit dem Volke Israel sei hier erlaubt: In Ägypten ist es entstanden, von dort zog es durch die Gefahren der Berge und des Roten Meeres, wurde in die Wüste verschlagen, errichtete sich Zelte, lernte das Gesetz kennen und hatte gegen viele Feinde zu kämpfen. Schließlich aber überschritt es den Jordan und wurde gesetzt zum Erben des Landes Kanaan, wo Milch und Honig fließen.

3. Kapitel

DIESES LEBEN IST NUR EINE VORBEREITUNG AUF DAS EWIGE LEBEN

Zeugnisse dafür in uns selbst (1/2), in der sichtbaren Welt (3), in der Hl. Schrift (4), in der Erfahrung (5), Schlusssatz (6).

1. Dass dieses Leben, da es anderswohin zielt, nicht eigentlich ein Leben genannt werden kann, sondern nur ein Vorspiel zum wahren und ewigwährenden Leben, das wird uns bezeugt durch *uns selbst*, durch die *Welt* und durch die *Hl. Schrift*.
2. Wenn wir *uns selbst* betrachten, so sehen wir, dass alles in uns stufenweise voranschreitet, sodass jeweils das Voraufgehende dem Nachfolgenden den Weg bereitet. Unser Leben z. B. ruht anfangs im Mutterschoße. Liegt es aber dort etwa um seiner selbst willen? Keineswegs! Es handelt sich ja dort nur darum, dass sich der kleine Körper zu einem brauchbaren Gefäß und Werkzeug der Seele bilde, zu rechtem Nutzen für das spätere Leben, das wir hier unter der Sonne führen. Sobald das erreicht ist, brechen wir hervor ans Tageslicht, weil in jener Finsternis nichts weiter aus uns werden könnte. In gleicher Weise ist dieses Leben unter der Sonne nichts anderes als eine Vorbereitung auf das ewige Leben, da nämlich ohne Zweifel die Seele sich durch den Dienst des Körpers das erwirbt, was sie für das künftige Leben braucht. Ist das erreicht, so wandern wir fort von hier, weil wir weiterhin hier nichts zu tun haben. Manche

werden allerdings auch unvorbereitet hinweggerafft, d. h. zum Untergang verdammt, so wie es ja auch aus mancherlei Anlässen Fehlgeburten gibt, Geburten nicht zum Leben, sondern zum Tode; beides von Gott zugelassen, aber durch den Menschen verschuldet.

3. Aber auch die sichtbare *Welt*, wo immer wir sie betrachten, bezeugt, für keinen anderen Zweck geschaffen zu sein, als um der Fortpflanzung, der Ernährung und der geistigen Übung des Menschengeschlechts zu dienen. Denn weil es Gott gefiel, nicht alle Menschen im gleichen Augenblick zu erschaffen, wie es bei den Engeln geschehen war, sondern nur ein Männchen und ein Weibchen, so gab er ihnen die Kraft und den Segen, sich durch Zeugung zu vermehren. So wurde es notwendig, ihnen für diese allmähliche Vermehrung die nötige Zeitspanne zu gewähren; und er gab ihnen einige Tausend Jahre. Damit aber diese Zeit nicht ohne Ordnung und taub und blind wäre, spannte er den Himmel aus, versah ihn mit Sonne, Mond und Sternen und hieß nach ihrem Kreislauf die Stunden, Tage, Monate und Jahre messen. Und weiter, weil der Mensch ein körperliches Geschöpf werden sollte, das einer Stätte zum Wohnen, eines Raumes zum Atmen und zur Bewegung, der Nahrung zum Wachsen und der Kleider zu seiner Ausrüstung bedurfte, so gründete er unten in der Welt als festes Fundament die Erde, umgab sie mit Luft, berieselte sie mit Wasser und ließ viele Pflanzen und Tiere entstehen, nicht zur bloßen Notdurft, sondern zur Lust und Freude (des Menschen). Und weil er den Menschen zu seinem Bilde geschaffen und ihm Verstand (mens) gegeben hatte, so wollte er auch diesem Verstande die Weide nicht fehlen lassen. Darum ließ er seine Geschöpfe in eine Vielfalt verschiedener Arten sich verzweigen, damit diese sichtbare Welt für den Menschen ein heller Spiegel der unendlichen Macht, Weisheit und Güte Gottes sei, bei dessen Betrachtung er zur Bewunderung des Schöpfers hingerissen, in der Erkenntnis Seiner gefördert und für die Liebe zu Ihm gewonnen würde: Denn die unsichtbare und im

Abgrund der Ewigkeit verborgene Beständigkeit, Schönheit und Süßigkeit dringt überall durch jene sichtbaren Dinge hervor und lässt sich dort greifen, betrachten und schmecken. Diese Welt ist also nichts anderes als eine Pflanz- und Pflegestätte und eine Schule für uns. Es gibt noch etwas darüber hinaus (plus ultra), wohin wir, aus dieser Schule entlassen, aufsteigen wie in eine ewige Academia. Dass das so ist, beweist also schon die Vernunft, deutlicher aber noch manches Gotteswort.

4. *Gott selbst* nämlich bezeugt bei Hosea, dass der Himmel der Erde wegen, die Erde des Korns, des Weins, des Öles, dies alles aber des Menschen wegen da sei (Hos. 2, 22). Alles also und selbst die Zeit besteht um des Menschen willen. Denn der Welt wird keine längere Dauer gewährt werden, als bis die Zahl der Auserwählten voll ist (Offb. 6, 11). Ist dies erreicht, so werden Himmel und Erde vergehen und ihre Stätte wird nicht mehr zu finden sein (Offb. 20, 11). Denn ein neuer Himmel und eine neue Erde werden entstehen, in denen die Gerechtigkeit wohnt (Offb. 21, 1; 2. Petr. 3, 13). Die Worte schließlich, mit denen die Hl. Schrift dieses Leben benennt, deuten darauf hin, dass es nichts als eine Vorbereitung auf das andere Leben ist. Denn sie redet von dem *Weg*, der *Wanderschaft*, der *Pforte*, der *Erwartung* und von uns als von Pilgern, Wanderern, Fremdlingen, die eines andern, eines beständigeren Reiches (civitas) harren (1. Mose 47, 9; Ps. 39, 13; Hiob 7; Luk. 12, 35 f.).

5. Das alles geht aus der Sache selbst hervor und aus der Situation von uns Menschen, die ja offen vor aller Augen liegt. Wer von allen, die geboren wurden, ist nicht wie erschienen so wieder verschwunden, obgleich wir doch für die Ewigkeit bestimmt sind. Weil wir nun aber zur Ewigkeit gelangen sollen, so ist dieses Leben notwendig nur ein Übergang dorthin. Darum sagt Christus: Haltet euch bereit, denn der Sohn des Menschen kommt zu einer Stunde, da ihr es nicht meint (Matth. 24, 44). Das auch ist, wie wir aus der Schrift wissen, der Grund dafür, dass Gott einige schon in frühen Jahren von hier abruft, wenn er

sie nämlich schon bereit sieht wie den Henoch (1. Mose 5, 24; Weish. 4, 14). Warum anderseits zeigt er sich langmütig auch gegen die Bösen? Weil er nicht will, dass jemand unvorbereitet überfallen werde, sondern dass er Buße tue (2. Petr. 3, 9). Wenn aber jemand fortfährt, Gottes Geduld zu missbrauchen, dann lässt er ihn hinweggraffen.

6. So gewiss also der Aufenthalt im Mutterleib die Vorbereitung ist auf das Leben im Körper, so gewiss ist auch der Aufenthalt im Körper die Vorbereitung auf jenes Leben, welches das gegenwärtige ablösen und ewig dauern wird. Glücklich der, welcher wohlgestalte Glieder aus dem Mutterleibe mitgebracht hat; tausendmal glücklicher aber, wer eine reine Seele von hier mit fortnimmt.

4. Kapitel

DIE DREI STUFEN DER VORBEREITUNG AUF DIE EWIGKEIT: SICH SELBST (UND DAMIT ALLES ANDERE) ERKENNEN, BEHERRSCHEN ZND ZU GOTT HINLENKEN

Die weiteren Bestimmungen des Menschen (1/2). Der Mensch soll Vernunftwesen sein (3), Herr über alle Geschöpfe (4), Ebenbild Gottes (5). Darum braucht er gelehrte Bildung, Sittlichkeit und Frömmigkeit (6); alle anderen Gaben sind Beiwerk (7). Erläuterung durch Bilder und Schluss (8/9).

1. Die letzte Bestimmung des Menschen ist also offensichtlich die ewige Seligkeit in der Gemeinschaft mit Gott. Dieser aber sind andere Bestimmungen untergeordnet, welche diesem vergänglichen Leben gelten. Das zeigt sich in den Worten Gottes, der bei der Erschaffung des Menschen sprach: Lasst uns Menschen machen nach unserm Bilde, uns ähnlich; die sollen herrschen über die Fische im Meer und die Vögel des Himmels und über alles Getier, das auf der Erde sich regt (1. Mos. 1, 26).

2. Daraus geht nämlich hervor, dass der Mensch unter die anderen leiblichen Geschöpfe gestellt wurde als das Geschöpf, welches 1. Vernunft besitzen, 2. die anderen Geschöpfe beherrschen und 3. das Ebenbild und die Freude seines Schöpfers sein soll. Diese drei Bestimmungen sind so unter sich verknüpft,

dass sie nicht voneinander getrennt werden dürfen; sie bilden die Grundlage dieses und des künftigen Lebens.

3. Ein vernünftiges Geschöpf sein heißt, sich der Erforschung, der Benennung und dem Durchdenken aller Dinge widmen, d. h. fähig sein, alles zu erkennen, zu benennen und zu verstehen, was es auf der Welt gibt (vgl. 1. Mos. 2, 19); oder – wie Salomo bestimmt – den Bau des Weltalls und das Wirken der Elemente verstehen, Anfang, Ende und Mitte der Zeiten, den Wechsel der Sonnenwenden und den Wandel der Jahreszeiten, den Kreislauf der Jahre und die Stellung der Gestirne, die Natur der Lebewesen und die Triebe der wilden Tiere, die Macht der Geister und die Gedanken der Menschen, die Unterschiede der Pflanzen und die Kräfte der Wurzeln, alles, was es nur Verborgenes und Sichtbares gibt (Weish. 7, 17 ff.). Dahin gehören auch die Kenntnis der Handwerke und die Kunst der Rede, damit uns nirgends im Kleinen wie im Großen etwas unbekannt bleibe (J. Sir. 5, 15 bzw. 5, 18). So erst wird der Mensch wahrhaftig den Titel eines vernünftigen (rationalis) Wesens behaupten können, wenn er die Gründe (rationes) von allem kennt.

4. Herr über alle Geschöpfe sein heißt, alles seiner eigentlichen Bestimmung gemäß und zugleich sich selbst zum Nutzen und Vorteil ordnen; unter den Geschöpfen überall königlich, nämlich ernst und heilig walten, indem man den einen zu verehrenden Schöpfer über sich, die Engel als seine Mitknechte neben sich, alles andre tief unter sich stehen sieht; die Würde, die uns zugestanden ist, wahren; sich keinem Geschöpfe – und auch der eigenen Fleischlichkeit nicht – preisgeben; alles frei zu seinem Dienste benutzen; und wissen, wo, wann, wie und wieweit man ein jedes Ding klug anwenden – wo, wann, wie und wieweit man dem Körper nachgeben – wo, wann, wie und wieweit man dem Nächsten willfahren muss; mit einem Worte: die äußeren und inneren, die eigenen und fremden Regungen und Taten klug zu lenken wissen.

5. Ebenbild Gottes sein endlich heißt, die Vollkommenheit

seines Urbilds wirklich nachahmen; so wie Gott selbst sagt: Ihr sollt heilig sein, denn ich bin heilig, ich, euer Gott (3. Mos. 19, 2).

6. Daraus ergeben sich die angestammten Bedürfnisse des Menschen, nämlich dass er 1. aller Dinge kundig sei, 2. die Dinge und sich selbst beherrsche, 3. sich und alles auf Gott als den Ursprung aller Dinge zurückführe. Diese drei Bedürfnisse bezeichnen wir mit allgemein bekannten Worten als

1. gelehrte Bildung (eruditio),
2. Tugend oder Sittlichkeit (mores),
3. Frömmigkeit oder Religiosität (religio).

Dabei verstehen wir unter *gelehrter Bildung* die Kenntnis aller Dinge, Künste und Sprachen; unter *Sittlichkeit* nicht nur den äußeren Anstand, sondern das ganze innere und äußere Verhalten; unter *Religiosität* jene innere Verehrung, durch welche der Geist des Menschen mit der höchsten Gottheit sich verknüpft und vereinigt.

7. In diesen drei Bedürfnissen liegt die ganze Würde des Menschen beschlossen, sie allein sind die Grundlage des gegenwärtigen und des künftigen Lebens. Alles andere, Gesundheit, Kraft, Schönheit, Reichtum, Würde, Freundschaft, Glückserfolg und langes Leben ist nichts als Zugabe und äußerliche Verschönerung des Lebens, wenn es von Gott kommt, oder aber Nichtigkeit, nutzlose Last und böses Hindernis, wenn man es sich selbst in gierigem Streben anhäuft und sich, unter Vernachlässigung jener höheren Güter, nur damit beschäftigt und darein vergräbt.

8. Ich möchte das mit Beispielen erläutern. Die *Uhr*, sei es eine Sonnenuhr oder eine mit Triebwerk, ist ein kunstvolles Instrument für die Zeitmessung, dessen Substanz oder Wesen sich in sinnreichen Proportionen aller Teile erschöpft. Das hinzugefügte Gehäuse, die Schnitzereien, Bemalungen und Vergoldungen sind Zugaben, welche die Schönheit erhöhen, nicht aber

die Tauglichkeit. Wenn einer lieber ein schönes Instrument haben will als ein taugliches, so wird man über seine Einfalt lachen, weil er nicht beachtet, zu welchem Gebrauch es vornehmlich bestimmt ist. Ebenso liegt der Wert eines *Pferdes* in seiner Kraft, seinem Mut, seiner Wendigkeit und seinem Gehorsam gegenüber dem Wink des Reiters. Mag auch ein gewellter oder geflochtener Schweif oder eine gekämmte und aufgerichtete Mähne, vergoldete Zügel, eine bestickte Decke oder irgendein Brustschmuck noch so sehr zur Zier gereichen, so würden wir doch den für töricht erklären, der die Trefflichkeit des Pferdes danach bemessen würde. Die gute Verfassung unserer *Gesundheit* endlich beruht auf der gehörigen Verdauung der Nahrung und einer guten inneren Konstitution. Sich weich betten, sich elegant kleiden und schlemmen trägt eher dazu bei, die Gesundheit zu zerstören, als sie zu fördern. Unsinnig also ist der, welcher lieber an genussreiche als an heilsame Dinge seine Mühe wendet. Noch viel unsinniger aber ist der, welcher doch ein Mensch sein will und dennoch mehr auf die äußere Zier als auf das Wesen des Menschen achtet. Daher werden im Buch der Weisheit, die für töricht und gottlos erklärt, welche unser Leben für ein Kinderspiel achten und für einen gewinnbringenden Jahrmarkt: An Gottes Lob und Segen bekommen sie keinen Anteil (Weish. 15, 12 u. 19).

9. Halten wir also fest: In dem Maße, wie wir uns in diesem Leben um *gelehrte Bildung*, um *Sittlichkeit* und um *Frömmigkeit* bemühen, kommen wir unsrer letzten Bestimmung näher. Diese drei Dinge sollen also das Werk unseres Lebens bestimmen, alles andre ist nur Beiwerk, Hemmnis und falscher Schein.

5. Kapitel

DER MENSCH BESITZT VON NATUR AUS DIE ANLAGE ZU DIESEN DREI DINGEN: ZU GELEHRTER BILDUNG, ZUR SITTLICHKEIT UND ZUR RELIGIOSITÄT

Zu unsrer ursprünglich guten Natur müssen wir aus unsrer Verderbtheit (1) mit Hilfe der Vorsehung zurückgeführt werden (2). Weisheit, Sittlichkeit und Religion liegen in uns (3). I. Das Wissen ist uns gegeben als Ebenbildern Gottes (4), als Abbildern der Schöpfung (5), durch unsre Sinne (6) und durch unsern Wissensdrang (7). Selbst ohne Anleitung kann der Mensch viel Wissen erwerben (8). Vergleiche für den Verstand (9–12). II. Die Grundlage der Sittlichkeit im Menschen: die Harmonie (13), die ihn überall erfreut (14), die er auch an sich selbst findet sowohl in seinem Körper (15) als in seiner Seele (16). Die sündengestörte Harmonie kann wiederhergestellt werden (17). III. Grundlagen der Religiosität im Menschen: seine Ebenbildlichkeit (18), die ihm angeborene Gottesverehrung (19) und sein Streben nach dem höchsten Gut (20), das auch durch den Sündenfall nicht erloschen ist (21). Gegen unsre Verderbnis (22) steht die Wiedergeburt (23) und die Gottesgnade (24) [und helfen uns, weise, rechtschaffen und heilig zu werden] (25).

1. Unter Natur verstehen wir hier nicht die Verderbtheit, die seit dem Sündenfall allem anhaftet, und derentwegen wir »von Natur aus Kinder des Zorns« heißen, nicht fähig, etwas Gutes, das wirklich aus uns selbst käme, zu denken. Sondern wir verstehen darunter unsre erste und grundlegende Beschaffenheit,

zu der wir als zum Ursprung zurückgeführt werden müssen. In diesem Sinne hat Ludovicus Vives gesagt: Was ist der Christ anderes, als der seiner Natur zurückgegebene und in sein Geburtsrecht, um das ihn der Teufel gebracht hatte, wieder eingesetzte Mensch. Im gleichen Sinne kann verstanden werden, was Seneca schreibt: »Die Weisheit besteht darin, zur Natur zurückzukehren und dort wieder eingesetzt zu werden, woraus uns der allgemeine Irrtum (des Menschengeschlechts, den die Erstgeschaffenen auf sich luden) vertrieben hat«. Ferner: »Der Mensch ist nicht gut, aber er wird zum Guten geformt, damit er, seines Ursprungs eingedenk, Gott gleichzuwerden trachte. Mit Recht versucht ein jeder, wieder dort hinaufzugelangen, woher er herabgekommen ist«.

2. Wir verstehen ferner unter dem Begriffe Natur die alles durchdringende Vorsehung Gottes, den unerschöpflichen Strom göttlicher Güte, die alles in allen wirkt und die ein jegliches Geschöpf zu seiner Bestimmung führt. Denn die göttliche Weisheit kann nichts vergeblich getan haben, nichts ohne einen Zweck und nichts ohne die diesem Zweck angemessenen Mittel. Alles Bestehende also ist zu irgendetwas da. Und damit es seine Bestimmung erfüllen kann, ist es mit den nötigen Hilfsmitteln und Werkzeugen versehen; zudem mit einem gewissen Streben (impetus), damit nichts gegen seinen Willen und widerstrebend seinem Ziele zugetrieben werde, sondern rasch und angenehm durch den Antrieb (instinctus) der Natur, sodass es Schmerz und Tod brächte, wollte man es davon zurückhalten. Es ist also gewiss, dass der Mensch von Geburt her auch *befähigt* ist (dass er dazu *bestimmt* ist, haben wir schon gesehen) zur Erkenntnis der Dinge, zur Harmonie der Sitten und dazu, Gott über alles zu lieben. Die Wurzeln dieser drei Bestimmungen sitzen so fest in ihm, wie Baumwurzeln in ihrem Erdreich.

3. Damit aber das Wort des Jesus Sirach recht deutlich werde, die Weisheit habe einen ewigen Grund im Menschen gelegt (J. Sir. 1, 14), so wollen wir nun betrachten, was denn für ein

Grund der Weisheit, Sittlichkeit und Religiosität in uns gelegt worden ist; so werden wir erkennen, was der Mensch für ein wunderbares Werkzeug der Weisheit ist.

4. (I.) Offensichtlich ist jeder Mensch von Geburt aus fähig, das Wissen von den Dingen zu erwerben. Das geht erstens daraus hervor, dass er Abbild (imago) Gottes ist. Ein Abbild trägt aber, wenn es genau ist, notwendig die Züge seines Urbildes (archetypus) – sonst wäre es kein Abbild. Wenn also unter den Eigenschaften Gottes die Allwissenheit besonders hervortritt, so wird notwendig ein Abglanz davon auch im Menschen widerstrahlen. Wie könnte es auch anders sein? Es steht der Mensch inmitten der Werke Gottes mit seinem hellen Verstand, der sich einer Kugel aus Spiegelglas vergleichen lässt – einer Kugel, die in einem Gemach hängt und die Erscheinung aller Dinge ringsumher auffängt; aller Dinge, denn unser Verstand ergreift nicht nur das Naheliegende: Auch das räumlich oder zeitlich Entfernte holt er sich heran, forscht nach dem Verborgenen, erschließt das Verhüllte und müht sich um die Erforschung des Unerforschlichen; so unendlich und unbegrenzbar ist er. Räumte man dem Menschen auch tausend Lebensjahre ein, in denen er immer irgendetwas hinzulernen und so eines aus dem anderen begreifen könnte, so würde er immer noch irgendwo das Dargebotene unterbringen; von solch unerschöpflicher Fassungskraft ist der Verstand des Menschen, dass er im Erkennen einem Abgrunde gleicht. Unserem Körper sind sehr enge Grenzen gesetzt, die Stimme reicht schon etwas weiter; der Blick wird nur durch das Himmelsgewölbe eingeschränkt. Dem Verstand aber kann weder im Himmel noch irgendwo außerhalb des Himmels eine Grenze gesetzt werden. Er erhebt sich über den höchsten Himmel und steigt hinab unter den tiefsten Abgrund. Und wären sie noch tausendmal ferner, so durcheilte er sie doch mit unglaublicher Schnelligkeit. Sollten wir da bestreiten, dass er zu allem Zugang findet, alles fassen kann?

5. Der Mensch ist von den Philosophen ein Mikrokosmos genannt worden, ein Universum im Kleinen, das im Verborgenen alles enthält, was im Mikrokosmos des Langen und Breiten aufgedeckt zu sehen ist. Dass dem so ist, wird an andrer Stelle nachgewiesen. Der Verstand des in die Welt tretenden Menschen lässt sich deshalb am besten mit einem Samenkorn oder einem Kern vergleichen. Wenn darin auch die Gestalt der Pflanze oder des Baumes noch nicht tatsächlich (actu) vorhanden ist, so liegen doch Pflanze oder Baum in Wirklichkeit (revera) schon darin beschlossen. Dies wird offenbar, wenn das Samenkorn, in die Erde gelegt, unter sich feine Wurzeln und über sich Schösslinge treibt, die dann durch natürliche Kraft zu Ästen und Zweiglein werden, sich mit Blättern bedecken und mit Blüten und Früchten zieren. Es ist also nicht nötig, in den Menschen etwas von außen hineinzutragen. Man muss nur das, was in ihm beschlossen liegt, herausschälen, entfalten und im Einzelnen aufzeigen. Pythagoras pflegte angeblich zu sagen, es liege so sehr in der Natur des Menschen, alles zu wissen, dass ein siebenjähriger Junge alle Fragen der gesamten Philosophie mit Sicherheit beantworten könne, wenn man sie nur gescheit stelle; deshalb nämlich, weil schon das Licht der Vernunft allein ein hinreichendes Bild und Maß (forma et norma) aller Dinge gebe. Nur dass sie jetzt nach dem Sündenfall sich verdunkelt und verhüllt hat und sich selbst nicht zu befreien vermag. Die aber, welche sie befreien sollten, bringen sie nur in noch größere Verwirrung.

6. Zudem wurden der vernünftigen Seele (anima rationalis), die in uns wohnt, Werkzeuge gegeben, gleichsam als Kundschafter und Späher: das Gesicht, das Gehör, der Geruch, der Geschmack und der Tastsinn. Mit ihrer Hilfe geht sie allem, was außen liegt, nach. Und nichts Erschaffenes kann ihr verborgen bleiben. Denn es gibt nichts in der sichtbaren Welt, das sich nicht sehen, hören, riechen, schmecken oder ertasten und dadurch in seinem Wesen und seiner Beschaffenheit erkennen

ließe. Folglich gibt es nichts in der Welt, das der Mensch, der mit Sinnen und Vernunft begabt ist, nicht zu fassen vermöchte.

7. Dem Menschen ist ferner der Wissensdrang eingepflanzt und die Fähigkeit, Arbeit nicht nur geduldig auf sich zu nehmen, sondern zu begehren. Das tritt schon im frühesten Kindesalter zutage und begleitet uns durchs ganze Leben. Denn wer begehrte nicht stets etwas Neues zu hören, zu sehen und zu treiben? Wer ist nicht darauf bedacht, täglich irgendwohin zu gelangen, sich mit jemandem zu unterhalten, sich nach etwas zu erkundigen oder etwas weiterzuerzählen? Die Sache verhält sich nämlich so: Augen, Ohren, Tastsinn und Verstand sind ständig auf der Suche nach Nahrung und gehen ständig aus sich heraus. Nichts ist der lebendigen Natur so unerträglich wie Müßiggang und Trägheit. Und dass selbst die Dummen die Gelehrten bewundern, ist doch wohl ein Beweis dafür, dass auch sie den Reiz dieses natürlichen Verlangens verspüren. Gern würden sie ihn teilen, wenn sie dies auch nur hoffen dürften. Weil sie jedoch ohne Hoffnung sind, seufzen sie und schauen auf zu denen, die sie über sich sehen.

8. Die Autodidakten geben deutliche Beispiele dafür, dass der Mensch, nur durch die Natur geführt, zu allem durchdringen kann. Manche nämlich, die nur sich selbst oder, wie Bernhard sagt, nur Eichen und Buchen als Lehrer hatten – indem sie nämlich in den Wäldern einhergingen und meditierten –, sind weiter vorangekommen als andere durch den mühevollen Unterricht ihrer Lehrer. Zeigt das nicht, dass wirklich alles im Menschen liegt? Lampe, Docht, Öl, Feuerzeug und alles Zubehör stehen bereit: Verstünde er nur, Funken zu schlagen und aufzufangen und den Docht zu entzünden, so würde er sogleich der wunderbaren Schätze der göttlichen Weisheit in sich selbst wie in der großen Welt (in der alles nach Maß, Zahl und Gewicht geordnet ist) gewahr werden. Welch ein herrlicher Anblick! Da ihm nun aber dies innere Licht nicht angezündet wird, sondern außen die Lampen fremder Ansichten herumgetragen

werden, kann es nicht anders ausgehen als bisher: Wie ein Gefangener sitzt er in einem finsteren Kerker, an dem Fackeln vorübergetragen werden; die Strahlen dringen durch die Ritzen herein, das volle Licht aber kann nicht einfallen. Es ist so, wie Seneca sagt: In uns liegen die Samen zu allen Künsten, und Gott führt als Lehrmeister diese Geistesgaben aus der Verborgenheit hervor.

9. Das Gleiche lehren die Dinge, denen sich unser Verstand vergleichen lässt. Nimmt denn nicht die *Erde*, mit der die Schrift oft unser Herz vergleicht, Samen jeglicher Art auf? Lässt sich nicht ein und derselbe *Garten* mit Gräsern, Blumen und Gewürzen aller Art bepflanzen? Jawohl, wenn es dem Gärtner nicht an Klugheit und Fleiß gebricht! Und je größer die Vielfalt, umso angenehmer ist dem Auge der Anblick, umso süßer der Nase der Duft, umso kräftiger dem Herzen die Erquickung. Aristoteles hat den Geist des Menschen einer *leeren Tafel* verglichen, auf welcher noch nichts geschrieben steht, auf die aber alles geschrieben werden kann. Wie ein sachverständiger Schreiber auf eine leere Tafel schreiben oder ein Maler darauf malen kann, was er will, so kann der, welcher die Kunst des Lehrens beherrscht, mit Leichtigkeit dem menschlichen Geiste alles einprägen. Gelingt das nicht, so ist es nur zu gewiss, dass nicht die Tafel schuld ist, die allenfalls etwas rau sein mag, sondern allein die Unfähigkeit des Schreibers oder Malers. Ein Unterschied besteht nur darin, dass man auf der Tafel die Striche nur bis zum Rande führen kann. Im menschlichen Geiste kann man weiter und weiter schreiben und modellieren und wird an kein Ende kommen, da er, wie schon gesagt, ohne Grenzen ist.

10. Gut lässt sich auch unser Gehirn (cerebrum), die Werkstatt unsrer Gedanken, mit dem *Wachs* vergleichen, auf das ein Siegel gedrückt oder das zu kleinen Figuren geknetet wird. So wie nämlich das Wachs jede Form annimmt und sich, so wie man will, gestalten und umgestalten lässt, so nimmt auch das Gehirn die Bilder aller Dinge, welche die Welt enthält, in sich

auf. Dieses Beispiel zeigt zugleich hübsch, worin unser Denken und Wissen besteht: Alles, was mein Gesicht oder Gehör, meinen Geruchs-, Geschmacks- oder Tastsinn berührt, gleicht einem Petschaft, mit dessen Hilfe Abbilder der Dinge dem Gehirn eingedrückt werden; und das so deutlich, dass das Abbild auch dann noch bestehen bleibt, wenn der Gegenstand von den Augen, den Ohren, der Nase oder der Hand wieder entfernt wird. Es *muss* erhalten bleiben, falls nicht aus Unaufmerksamkeit nur ein schwacher Eindruck zustande kam. Wenn ich z. B. irgendeinen Menschen getroffen und angeredet habe, wenn ich auf einer Reise einen Berg, einen Fluss, ein Feld, einen Wald, eine Stadt o. Ä. gesehen, wenn ich einen Donner, ein Musikstück, irgendwelche Reden gehört, wenn ich aufmerksam bei einem Autor etwas gelesen habe, so prägt sich alles dieses dem Verstande ein. Und so oft die Erinnerung darauf kommt, ist es gerade so, als ob die Sache jetzt vor Augen stände, in den Ohren klänge, geschmeckt oder berührt würde. Wenn auch das Gehirn manche Eindrücke deutlicher als andere aufnimmt, klarer vergegenwärtigt und beständiger festhält, so nimmt es doch jeden einzeln auf irgendeine Weise auf, vergegenwärtigt ihn und hält ihn fest.

11. Bringt uns das nicht wunderbar die göttliche Weisheit vor Augen, die dafür gesorgt hat, dass diese wirklich nicht große Masse des Gehirns ausreicht, jene Tausend und Abertausend Bilder aufzunehmen? Denn was ein jeder von uns, zumal der wissenschaftlich Gebildete, in so vielen Jahren gesehen, gehört, geschmeckt, gelesen, durch Erfahrung und Nachdenken gesammelt hat und wessen er sich je nach den Umständen erinnern kann, das trägt er doch alles offenbar in seinem Gehirn mit sich herum. Die Bilder nämlich dessen, was er einst gesehen, gehört oder gelesen hat, von denen Tausend und Abertausend vorhanden sind und die sich tausendfach und bis ins Unendliche vermehren durch das, was man täglich Neues sieht, hört, liest oder erfährt, finden doch alle darin Raum. Welch un-

erforschliche Weisheit des allmächtigen Gottes! Salomo wunderte sich darüber, dass alle Flüsse zum Meere fließen und doch das Meer nicht voll werde (Pred. 1, 7); wer sollte sich da nicht wundern über den Abgrund unsres Gedächtnisses, welches alles aufnimmt und alles wiedergibt, nie aber ganz voll oder ganz leer wird. So ist in der Tat unser Verstand größer als die Welt, da ja das Umfassende größer sein muss als das Umfasste.

12. Unser Verstand ist schließlich einem Auge oder einem Spiegel zu vergleichen. Wenn man irgendetwas vor ihn stellt, gleichgültig welcher Gestalt und welcher Farbe, so zeigt er alsbald ein höchst ähnliches Abbild davon – es sei denn, man bringt es im Dunkeln heran oder von der Rückseite her oder stellt es in allzuweite Entfernung oder verhindert oder stört den Eindruck. Dann allerdings kann es nicht gelingen, das muss man zugeben. Ich spreche aber von dem, was bei rechtem Licht und geeigneter Annäherung zu geschehen pflegt – wie man ja auch das Auge nicht zwingen muss, sich zu öffnen und ein Ding anzusehen. Denn es dürstet von Natur aus nach dem Licht, weidet sich mit Freuden an dem Anblick, reicht aus für alles (wenn es nicht von einem Übermaß gleichzeitiger Eindrücke verwirrt wird) und kann sich nicht sattsehen. Ganz so dürstet unser Verstand nach Gegenständen, schließt stets sich selber auf, wünscht, selbst zu denken und zu schauen, greift selbst nach allem und erfasst alles ganz unermüdlich, wenn er nicht überladen wird, sondern eins nach dem anderen in gehöriger Reihenfolge sich seiner Schau darbietet.

13. (II.) Dass der Mensch von Natur aus zu einer Harmonie der *Sitten* strebt, haben schon die Heiden gewusst. Zwar wussten sie nichts von dem Licht, das uns von Gott noch darüber hinaus geschenkt wurde, nichts von dem, der uns sicher zu ewigem Leben führt, und haben darum in eitlem Beginnen jene Fünklein zu Fackeln gemacht. So sagt Cicero: »In unsern Geist eingesenkt sind die Samen der Tugenden. Ließe man sie nur heranwachsen, so würde die Natur selbst uns zu einem glückseligen Leben

führen. (Da sagt er allerdings zu viel!) Sobald wir aber ans Licht gekommen und von der Welt aufgenommen sind, so geraten wir ständig in Verkehrtheit, sodass es scheinen könnte, als saugten wir die Irrtümer schon mit der Ammenmilch ein«. Dass aber wirklich Samen der Tugenden von Geburt an im Menschen liegen, beweisen wir mit den beiden folgenden Argumenten: erstens damit, dass jeder Mensch an der Harmonie Freude hat, und zweitens damit, dass er selbst im Innern wie im Äußern nichts als Harmonie ist.

14. Der Mensch freut sich offensichtlich an der Harmonie und geht ihr mit Eifer nach. Wer freut sich nicht an einem Wohlgestalten Menschen, einem trefflichen Pferde, einem schönen Anblick, einem feinen Gemälde. Und woher sollte das kommen, wenn nicht von der Freude, welche die Proportionen und Farbzusammenstellungen uns bereiten. Diese Augenfreude ist nur zu natürlich. – Und weiter: Warum bleibt niemand von der Musik unberührt? Weil die Harmonie der Stimmen einen so lieblichen Zusammenklang hervorbringt. – Und wem schmecken nicht wohlbereitete Speisen? In rechter Würze und Mischung sind sie eine Lust für jeden Gaumen! – Warum freut sich jeder über ein rechtes Maß von Wärme oder Kälte, von Ruhe oder Bewegung der Glieder? Doch nur darum, weil der Natur alles, was sich in rechtem Maße befindet, freund und zuträglich und alles Unmäßige feind und verderblich ist. An unseren Mitmenschen lieben wir doch die Tugenden (denn auch die nicht Tugendhaften bewundern die Tugenden anderer, wenn sie ihnen darin auch nicht nachfolgen, da sie sich nicht für fähig halten, ihre schlechten Gewohnheiten zu überwinden); warum liebt sie dann nicht jeder an sich selbst? Wahrlich, wir sind blind, wenn wir nicht einsehen, dass die Wurzeln aller Harmonie in uns liegen.

15. Aber auch der Mensch selbst ist nichts als Harmonie, im Hinblick sowohl auf den Körper als auch auf die Seele. Denn wie das Weltall selbst einem mächtigen Uhrwerk gleicht, das aus

vielen Rädern und Glocken so kunstvoll zusammengesetzt ist, dass im ganzen Werk zur Harmonie und zum dauernden Fortgang alle Teile ineinandergreifen: so auch der Mensch. Im Körper nämlich, der so wunderbar kunstvoll gebaut ist, ist zunächst das *Herz* der Motor (mobile), die Quelle des Lebens und der Handlungen, von dem die anderen Glieder Bewegung und Bewegungsmaß erhalten. Das Gewicht aber, das die Bewegungen auslöst, ist das *Gehirn*: mithilfe der Nerven zieht es wie mit Seilen die übrigen Räder (nämlich die Glieder) hin und zurück. Die Mannigfaltigkeit der inneren und äußeren Tätigkeiten besteht in eben jenem maßvollen Verhältnis der Bewegungen.

16. Analog ist in den Bewegungen der *Seele* der *Wille* das Hauptrad. Die Gewichte, die sie treiben und den Willen hier- und dorthin neigen, sind die Wünsche und Leidenschaften. Der Anker, welcher die Bewegungen freigibt oder zurückhält, ist die Vernunft, die abmisst und bestimmt, welche Dinge man wo und wie weit anstreben oder fliehen muss. Die übrigen Bewegungen der Seele sind kleineren Rädern zu vergleichen, die dem Hauptrade folgen. Wenn daher den Wünschen und Leidenschaften kein zu großes Gewicht zugemessen wird und der Anker – nämlich die Vernunft – richtig öffnet und schließt, so muss sich daraus eine Harmonie und ein Einklang der Tugenden ergeben, das rechte Gleichmaß von Handeln und Leiden.

17. Der Mensch ist also wahrhaftig in sich selbst nichts andres als Harmonie. Und wie wir von einem Uhrwerk oder von einem Musikinstrument, welches aus der Hand eines erfahrenen Künstlers stammt, nicht gleich erklären, es sei nichts mehr nütze, wenn es verstimmt ist und schlecht tönt – denn es kann doch wiederhergestellt und ausgebessert werden – so muss auch vom Menschen, so sehr er durch den Sündenfall verdorben sein mag, gesagt werden, dass er durch die Kraft und Tugend Gottes mithilfe zuverlässiger Mittel in seiner Harmonie wiederhergestellt werden kann.

18. (III.) Dass die Wurzeln der *Religiosität* in der Natur des Men-

schen liegen, wird dadurch bewiesen, dass der Mensch Ebenbild Gottes ist. Ebenbildlichkeit schließt nämlich Ähnlichkeit ein; Ähnliches freut sich an Ähnlichem, heißt ein unveränderliches Gesetz aller Dinge (J. Sir. 13, 15 bzw. 19). Da der Mensch nun nicht seinesgleichen hat außer dem, nach dessen Bilde er geschaffen ist, so gibt es folglich nichts, wonach sein Begehren mehr stünde, als die Quelle, der er selbst entsprang, wenn er sie nur einmal deutlich genug erkannt hat.

19. Das wird ja beispielhaft auch an den Heiden deutlich, die, durch kein Gotteswort unterwiesen, allein durch den geheimen Naturinstinkt eine Gottheit erkannten, verehrten und anflehten, sosehr sie sich auch irrten in der Zahl und in der Art ihrer Kulte. »Alle Menschen haben einen Begriff von Göttern und alle weisen einer göttlichen Macht die höchste Stelle zu«, schreibt Aristoteles. Und Seneca sagt: »Die erste Verehrung der Götter besteht darin, an die Götter zu glauben; ferner ihre Majestät zu achten, ihre Güte anzuerkennen, ohne die es keine Majestät gibt; und zu wissen, dass sie es sind, die die Welt lenken, die das Weltall als ihr Eigentum regieren und das Menschengeschlecht in ihren Schutz nehmen«. Wie wenig ist das noch entfernt von dem Wort des Apostels (Hebr. 11, 6): Wer sich Gott nahen will, der muss glauben, dass er ist und dass er die, welche ihn mit Ernst suchen, belohnen wird.

20. Plato sagt: »Gott ist das höchste Gut, nach dem alles trachtet; er steht über aller Substanz und über aller Natur«. Diese Wahrheit, dass nämlich Gott das höchste Gut ist, nach dem alles trachtet, bestätigt Cicero: »Die Natur ist die erste Lehrmeisterin der Frömmigkeit«. Weil wir nämlich, wie Laktanz schreibt, unter der Bedingung geboren werden, dass wir Gott unserem Schöpfer gerechten und schuldigen Gehorsam erzeigen, so wollen wir ihn allein kennen, ihm nur folgen. Durch dieses Band der Frömmigkeit sind wir Gott verpflichtet und verbunden. Daher leitet auch das Wort Religion sich her.

21. Es muss zwar zugegeben werden, dass dieses natürliche

Streben nach Gott als dem höchsten Gut durch den Sündenfall verdorben und in eine Verkehrung geraten ist, welche die Rückkehr zum rechten Wege aus eigener Kraft unmöglich macht. In denen jedoch, die Gott mit seinem Wort und Geist aufs Neue erleuchtet, wird auch dieses Streben wieder erneuert – so sehr, dass David zu Gott ruft: Wen hätte ich im Himmel außer dir? Und wenn ich dich habe, so wünsche ich nichts auf Erden. Mag Leib und Sinn mir schwinden, Gott ist ewiglich mein Fels und mein Teil (Ps. 73, 25 f.).

22. Niemand möge uns also die [allgemeine] Verderbnis entgegenhalten, wenn doch gerade über die Heilmittel gegen diese Verderbnis beraten werden soll. Denn Gott will sie aufheben durch seinen Geist und mithilfe der verordneten Mittel. Als dem Nebukadnezar der menschliche Sinn genommen und ein tierisches Herz gegeben ward, da blieb ihm doch die Hoffnung, den menschlichen Verstand und selbst die Königswürde wiederzugewinnen, sobald er erkenne, »dass der Himmel die Macht hat« (Dan. 4, 23). Gerade so sind auch uns, die wir gleich Bäumen aus dem Paradiese Gottes verpflanzt wurden, Wurzeln geblieben, die mithilfe des Regens und der Sonne göttlicher Gnade aufs Neue ausschlagen können. Hat nicht Gott gleich nach dem Sündenfall und nachdem er die Austreibung und die Bestrafung mit dem Tode hatte verkünden lassen, alsbald die Reiser neuer Gnade den Herzen eingepflanzt, indem er seinen gesegneten Samen verheißen hat? Hat er nicht seinen Sohn gesandt, um das Gefallene wiederaufzurichten?

23. Schimpflich und gottlos ist es und ein offenbares Zeichen unserer Undankbarkeit, dass wir beständig von der Verderbnis schwätzen, von der Wiedereinsetzung (restitutio) jedoch schweigen; dass wir immer das, was der alte Adam in uns vermag, hervorkehren, was aber der wahrhaftige neue Adam Christus vermag, nicht erproben. Der Apostel sagt in seinem eigenen und in aller Wiedergeborenen Namen: Alles vermag ich durch den, der mich stark macht (Phil. 4, 13). Wenn es möglich

ist, dass ein Pfropfreis auf einen Weidenbaum, auf einen Dornbusch oder einen Waldbaum gesetzt werden kann und dort wächst und Frucht trägt – sollte nicht das Gleiche geschehen, wenn es gar in die Wurzel eingesetzt wird? Man vergleiche, was dazu der Apostel Rom. 11, 24 sagt. Wenn Gott Abraham aus Steinen Kinder zu erwecken vermag (Matth. 3, 9), warum sollte er dann nicht die Menschen, die doch vom Beginn der Schöpfung an zu Gottes Kindern geschaffen und durch Christus von Neuem als Kinder angenommen und durch den Geist der Gnade wiedergeboren sind, zu allen guten Werken erwecken können?

24. Hüten wir uns doch, die Gnade Gottes zu schmälern, die er so freigiebig auf uns ausgießen will! Denn wenn wir, die wir unserm Christus durch den Glauben eingepfropft, die wir beschenkt sind mit dem Geiste der Kindschaft, wenn wir – sage ich – uns und unsere Nachkommen für untauglich zum Reiche Gottes erachten, wie konnte dann Christus von den Kindern predigen, ihrer sei das Reich Gottes? Wie konnte er uns auf *sie* verweisen und uns auffordern, umzukehren und zu werden wie die Kinder, wenn wir in das Himmelreich kommen wollen (Matth. 18, 3). Wie kann der Apostel die Kinder der Christen – auch wenn nur *ein* Elternteil gläubig ist – für heilig erklären; wie kann er behaupten, sie seien nicht unrein (1. Kor. 7, 14)? Er wagt ja sogar von denen, die in der Tat mit schwersten Sünden beladen sind, zu versichern: So sind euer etliche gewesen; aber ihr habt euch [in der Taufe] abwaschen lassen, ihr seid geheiligt, ihr seid gerechtgesprochen worden durch den Namen des Herrn Jesus und durch den Geist unsres Gottes (1. Kor. 6, 11). Wenn wir darum die Kinder der Christen – nicht die Nachkommenschaft des alten Adam, sondern die Wiedergeborenen des neuen Adam, die Kinder Gottes, alle Brüderlein und Schwesterlein Christi – zu bilden fordern und sie für fähig erachten, die Saat für das ewige Leben aufzunehmen, so sollte das doch niemandem so unmöglich erscheinen! Denn wir fordern ja keine Frucht von einem wilden Ölbaum, sondern wir kommen nur den Reisern, die dem

Lebensbaum neu eingepfropft worden sind, zu Hilfe, damit sie in ihm haften bleiben und Frucht tragen.

25. Es bleibt also dabei, dass es für den Menschen natürlicher und durch Gottes Gnade leichter ist, weise, rechtschaffen und heilig zu werden, als den Fortschritt unterbinden zu lassen durch die erst hinzugekommene Verderbnis: Ein jedes Ding kehrt gern zu seiner eigenen Natur zurück. Daran erinnert auch die Schrift mit den Worten: Leicht wird die Weisheit erschaut von denen, die sie lieben, und gefunden von denen, die sie suchen. Wer früh nach ihr ausgeht, braucht sich nicht abzumühen; er findet sie vor seiner Tür sitzend (Weish. 6, 12 u. 14). Bekannt ist auch jener Vers des Horaz:

Keiner ist also wild, dass er zu zähmen nicht wäre,
Wollte er nur sein Ohr der Bildung willig erschließen.

6. Kapitel

DER MENSCH MUSS ZUM MENSCHEN ERST GEBILDET WERDEN

Die Natur schafft die Anlagen, aber erst die Zucht macht daraus den wirklichen Menschen (1/2). Alles Geschaffene muss zur rechten Funktion erst zugerichtet werden (3), ebenso der Mensch, schon seinem Körper nach (4). Schon vor dem Sündenfall musste er lernen, wievielmehr jetzt in der Verderbnis (5). Beispiele von Menschen, die ohne Zucht aufgewachsen sind [Wolfskinder] (6). Solcher Zucht bedürfen Dumme und Kluge (7), Reiche und Arme (8), Hohe und Niedrige (9), kurz: alle ausnahmslos (10).

1. Die *Samen* des Wissens, der Tugend und des Glaubens legt, wie wir sahen, die Natur. Wissen, Tugend und Glauben selbst aber schafft sie nicht – die werden durch Beten, durch Lernen und durch Tätigkeit erworben. Darum hat einmal jemand den Menschen nicht unzutreffend gekennzeichnet als »ein der Zucht zugängliches Lebewesen« (animal disciplinabile), da er ja ohne Zucht nicht zum Menschen werden kann.

2. Betrachten wir das *Wissen* (scientia rerum) näher: Ohne Anfang, ohne Fortgang, ohne Ende, in der einen, ungeteilten Schau alles zu wissen ist Gott vorbehalten. Den Menschen und den Engeln konnte das nicht zuteilwerden, da ihnen Unendlichkeit und Ewigkeit, d. h. Göttlichkeit, nicht zukam. Groß genug ist schon die Auszeichnung, die Menschen und Engel in der Gabe eines scharfen Verstandes empfangen haben, mit dem sie

die Werke Gottes durchforschen und sich einen Schatz von Erkenntnissen zusammentragen können. Von den Engeln ist ja bekannt, dass sie durch Schauen lernen (1. Petr. 1, 12; Eph. 3, 10; 1. Kön. 22, 19; Hiob 1, 6); ihre Erkenntnis ist, wie die unsrige, auf Erfahrung gegründet.

3. Niemand glaube also, dass wirklich Mensch sein kann, wer sich nicht als Mensch zu verhalten gelernt hat, d. h. zu dem, was den Menschen ausmacht, herangebildet worden ist. Das wird an allen Dingen der Schöpfung deutlich, die doch dazu bestimmt sind, dem Menschen zu dienen, aber doch zu ihrer Bestimmung nicht gelangen, wenn sie nicht durch unsre Hand dafür zubereitet werden. Die *Steine* z. B. sind geschaffen, um für den Bau von Häusern, Türmen, Mauern, Säulen u. Ä. zu dienen. Sie leisten diesen Dienst aber nicht, wenn sie nicht von unsrer Hand gebrochen, behauen und zusammengefügt werden. *Perlen* und *Edelsteine*, die doch für den Schmuck des Menschen bestimmt sind, müssen erst geschnitten, geschliffen und poliert, und die für ganz besondere Bedürfnisse unsres Lebens geschaffenen *Metalle* müssen ausgegraben, geschmolzen, gereinigt, mehrmals umgegossen und geschmiedet werden. Ohne das sind sie uns nicht mehr wert als Erdenstaub. Aus den *Pflanzen* gewinnen wir Speise, Trank und Heilmittel, aber nur dadurch, dass wir die Kräuter und das Korn säen, behacken, mähen, dreschen, mahlen, stampfen, die Bäume pflanzen, beschneiden und düngen, die Früchte pflücken und trocknen. Noch viel gründlicher und auf alle mögliche Weise muss etwas bearbeitet werden, wenn es als Heilmittel oder als Baumaterial verwendet werden soll. Die *Tiere* mit ihrem Leben und ihrer Bewegung scheinen sich selbst zu genügen. Will man sich aber ihre Arbeitskraft nutzbar machen, um derentwillen sie uns gegeben sind, so muss man sie dazu durch Übung erst vorbereiten. Das Pferd ist seiner Beschaffenheit nach brauchbar für den Krieg, der Ochse für den Wagen, der Esel für Lasten, der Hund und zum Wachen und zum Jagen, der Falke für die Vogeljagd usf.

Doch alle taugen nur wenig, wenn man sie nicht durch Übung an ihre Arbeit gewöhnt.

4. Der Mensch ist seinem Körper nach zur Arbeit bestimmt. Wir sehen jedoch, dass nur die nackte *Fähigkeit* dazu ihm angeboren ist; schrittweise muss er *gelehrt* werden zu sitzen, zu stehen, zu gehen und die Hände zum Schaffen zu rühren. Warum sollte denn gerade unser Geist so bevorzugt sein, dass er ohne vorangehende Vorbereitung durch sich und aus sich selbst vollendet wäre? Es ist doch ein Gesetz aller Geschöpfe, aus dem Nichts ihren Anfang zu nehmen und sich in ihrem Wesen wie in ihrem Handeln stufenweise zu entwickeln. Denn auch die Engel, die an Vollkommenheit Gott am nächsten stehen, wissen sicherlich nicht alles, sondern schreiten stufenweise voran in der Erkenntnis der wunderbaren Weisheit Gottes. Das haben wir oben schon angedeutet.

5. Offensichtlich ist dem Menschen auch schon vor dem Sündenfall im Paradiesgarten eine Schule errichtet worden, in der er allmählich vorwärtskommen sollte. Zwar fehlte den ersten Menschen unmittelbar nach ihrer Erschaffung weder der Gang noch die Sprache noch das vernünftige Denken; aber die Kenntnisse, welche aus der Erfahrung erwachsen, fehlten noch. Das zeigt sich im Gespräch Evas mit der Schlange: Hätte sie eine reichere Erfahrung gehabt, so hätte sie nicht so einfach beigegeben, sondern gewusst, dass dieser Kreatur das Sprechen nicht zukomme, dass also ein Betrug dahinterstecken müsse. Wie viel mehr wird das nun in unsrer Verderbnis gelten, dass alles, was gewusst werden soll, gelernt werden muss. Denn wir bringen unsern Verstand nackt mit, wie eine *tabula rasa*, und können weder etwas tun noch reden noch verstehen: Alles muss erst von Grund her erweckt werden. Und das ist allerdings viel schwieriger für uns, als es im Stande der Sündlosigkeit und Vollkommenheit gewesen wäre. Denn die Dinge sind uns dunkel und die Sprachen verwirrt worden: Statt einer einzigen muss man nun etliche lernen, wenn man sich um der Lehre willen mit le-

benden oder verstorbenen [Autoren] auseinandersetzen will. Ja, auch die Volkssprachen sind komplizierter geworden, und nichts wird uns in die Wiege gelegt.

6. Es gibt Beispiele dafür, dass Menschen, die in ihrer Kindheit von wilden Tieren geraubt und unter ihnen aufgezogen wurden, mit ihrem Wissen ganz in der Rohheit stecken geblieben sind; sie vermochten mit der Sprache, mit den Händen und mit den Füßen nichts, was sie von den wilden Tieren unterschieden hätte, bevor sie sich nicht wieder eine Zeit lang unter Menschen aufgehalten hatten. Ich gebe dafür einige Beispiele: Um das Jahr 1540 ereignete es sich in Hessen in einem mitten im Walde gelegenen Dorfe, dass ein dreijähriger Junge, auf den die Eltern nicht aufpassten, verloren ging. Einige Jahre später bemerkten die Bauern, dass unter den Wölfen ein Lebewesen mitlief, das seiner Gestalt nach von ihnen verschieden war, zwar vierfüßig, aber dem Gesichte nach dem Menschen ähnlich. Als sich das nun herumgesprochen hatte, da ordnete der Bürgermeister des Ortes an, man solle doch versuchen, es auf irgendeine Weise lebendig zu fangen. Wirklich wurde es ergriffen und dem Bürgermeister, später dann auch dem Landgrafen von Kassel zugeführt. Als man es in den Hof des Fürsten brachte, riss es sich los, entfloh, verbarg sich unter eine Bank, mit grässlichem Blick und unter abscheulichem Geheul. Der Fürst befahl, es unter anderen Menschen aufzuziehen. Das geschah, und das wilde Tier begann allmählich zahm zu werden, sich auf den Hinterbeinen aufzurichten, zweifüßig zu gehen und endlich verständig zu sprechen und ein Mensch zu werden. Und dieser Mensch berichtete nun, dass er, soviel er sich erinnern könne, von den Wölfen geraubt und aufgezogen worden und dann mit ihnen auf Beute ausgegangen sei. M. Dresser beschreibt diese Geschichte in seinem Buche »De nova et antiqua disciplina«. Dasselbe Ereignis erwähnt Camerarius in seinen Hören und fügt noch ein ähnliches hinzu. Gulartius berichtet in seinem Buch »Wunder unseres Jahrhunderts«, dass im Jahre 1563 in Frank-

reich einige Adlige, die auf der Jagd waren und schon zwölf Wölfe erlegt hatten, in ihren Jagdschlingen einen etwa siebenjährigen Jungen fingen, nackt, mit brauner Haut und krausem Haar. Seine Nägel glichen den Krallen eines Adlers. Statt zu sprechen, konnte er nur unartikuliert brüllen. Man brachte ihn auf das Schloss und konnte ihm nur mit Mühe Fesseln anlegen, so wild gebärdete er sich. Durch eine Hungerzeit von einigen Tagen geschwächt, begann er zahmer zu werden, und sieben Monate später fing er an zu sprechen. Er wurde als Schaustück in den Städten herumgeführt und brachte seinen Herren keinen kleinen Gewinn. Schließlich erkannte eine arme Frau ihn als ihren Sohn. So wahr ist es, was Plato schreibt: Der Mensch sei das zahmste und göttlichste Lebewesen, wenn er nur die rechte Zucht erfahre; werde ihm aber keine zuteil oder eine falsche, so sei er das wildeste von allen, welche die Erde hervorbringe.

7. Soviel über die [allgemeine] Notwendigkeit einer solchen Wartung (cultura) für alle. Auf die gleiche Forderung stoßen wir, wenn wir die einzelnen Eigenschaften und Situationen der Menschen betrachten. Die *Dummen* bedürfen der Zucht, um ihre Stumpfheit abzuschütteln, das wird niemand bestreiten. Aber weit mehr noch bedürfen ihrer die *Gescheiten*. Denn der scharfe Verstand wendet sich unnützen, absonderlichen und gefährlichen Dingen zu, wenn er nicht mit Nützlichem beschäftigt wird. Wie ein Acker die Samen von Dornen und Disteln umso reichlicher aufgehen lässt, je fruchtbarer er ist, so ist auch ein kluger Verstand voller absonderlicher Gedanken, wenn er nicht mit Weisheit und Tugend besät wird. Und wenn man einer Mühle, die in Betrieb ist, kein Getreide, keinen Grundstoff für das Mehl gibt, so nutzt sie sich selbst ab, zerreibt mit Lärmen und Krachen ihre Steine nutzlos zu Staub, erleidet Schaden oder zerbricht gar in Stücke. So ergeht es auch dem lebhaften Geiste, welcher der ernsthaften Beschäftigung entbehrt: Er verwickelt sich in eitle, absonderliche und ganz verderbliche Dinge und wird Ursache seines eigenen Untergangs.

8. Was sind *Reiche* ohne Weisheit andres als mit Kleie gemästete Schweine? Und was sind *Arme* ohne Verständigkeit andres als zum Lasttragen verurteilte Esel? Was ist ein Schöner, der nichts gelernt hat, andres als ein federgezierter Papagei, oder, wie einmal jemand sagte, eine goldene Scheide mit einem bleiernen Dolch darin?

9. Dass diejenigen, welche einst anderen befehlen sollen, Könige, Fürsten, Beamte, Pfarrer und Lehrer, zuvor mit Weisheit erfüllt werden, ist gerade so nötig wie für einen Wegführer die Augen, für einen Dolmetscher die Sprache, für eine Trompete der Ton oder für ein Schwert die Schärfe. In gleicher Weise müssen aber auch die Untergebenen aufgeklärt werden, damit sie den weisen Gebietern auf kluge Art gehorchen, nicht aus Zwang und im Eselsgehorsam, sondern freiwillig und aus Liebe zur Ordnung. Denn nicht mit Geschimpfe, mit Arrest oder mit Prügeln, sondern durch die Vernunft soll das vernünftige Geschöpf geleitet werden. Wird das falsch gemacht, so liegt darin zugleich eine Kränkung Gottes, der doch auch in jenen sein Ebenbild niedergelegt hat. Unruhe und Gewalttat werden die menschlichen Beziehungen beherrschen, ja beherrschen sie schon.

10. Es zeigt sich also, dass alle, die als Menschen geboren worden sind, der Unterweisung bedürfen, eben weil sie Menschen sein sollen und nicht wilde Tiere, rohe Bestien oder unbehauene Blöcke. Daraus ergibt sich auch, dass einer um soviel mehr die anderen überragt, als er besser geübt ist als die anderen. Schließen wir also dieses Kapitel mit einem Worte aus dem Buch der Weisheit: Die Weisheit und Zucht gering achten, sind unglücklich, und eitel ist ihre Hoffnung (nämlich darauf, ihr Ziel zu erreichen), ihre Mühen nutzlos und vergeblich ihre Werke (Weish. 3, 11).

7. Kapitel

DIE BILDUNG DES MENSCHEN KANN AM BESTEN – UND MUSS DESHALB AUCH – IM FRÜHSTEN ALTER VORGENOMMEN WERDEN

Der Mensch muss, wie die Pflanze (1), früh gezogen und gebildet werden, damit er jederzeit für den Tod (2) und rechtzeitig für das Leben vorbereitet ist (3). In der Natur ist nur das Zarte noch bildsam (4); das gilt auch vom Menschen (5), dem aber eine besonders lange Entwicklungszeit gegeben ist (6). Nur das in früher Jugend Gelernte sitzt fest (7). Gefahren der Versäumnis einer rechtzeitigen Erziehung (8). Schlussfolgerung (9).

1. Aus dem Gesagten geht hervor, dass die Bedingungen des Menschen denen des Baumes ähnlich sind. Ein fruchttragender Baum, ein Apfel-, ein Birn-, ein Feigenbaum oder ein Weinstock kann zwar von sich aus und durch sich selbst heranwachsen, aber er bleibt wild und trägt wilde Früchte. Soll er wohlschmeckende und süße Früchte bringen, so muss er von einem kundigen Gärtner gesetzt, bewässert und beschnitten werden. So erhebt sich auch der Mensch durch sich selbst zu menschlicher Gestalt – so wie auch jedes Tier sich zu der seinen –, aber zu einem vernünftigen, weisen, tugendhaften und frommen Wesen kann er sich nicht erheben, ohne dass ihm zuvor die Reiser der Weisheit, der Tugend (honestas) und der Frömmigkeit aufgepfropft werden. Es ist nun zu zeigen, dass diese Pfropfung

vorgenommen werden muss, solange die Pflanzen noch jung sind.

2. Im Hinblick auf den Menschen lässt sich dieser Satz sechsfach begründen. Erstens mit der Unsicherheit des gegenwärtigen Lebens: Wir wissen, dass wir es verlassen müssen, wann aber und wohin, das wissen wir nicht. Dass aber jemand unvorbereitet hinweggerafft werden kann, ist eine große Gefahr, weil es unwiderruflich bleibt. Denn die gegenwärtige Zeit ist dem Menschen gegeben, dass er Gottes Gnade entweder finde oder auf ewig verliere. Im Mutterleibe wird der menschliche Körper so gebildet, dass der, welcher ein Glied von dort her nicht mitbringt, es sein ganzes Leben lang entbehren muss. Ebenso wird uns, die wir jetzt im Körper leben, die Seele so gebildet für die Erkenntnis Gottes und für die Gemeinschaft mit ihm, dass der, welcher solches hier nicht erlangt hat, nach seinem leiblichen Tode keine Zeit und Gelegenheit mehr dafür finden wird. Da es sich also um eine so gewichtige Sache handelt, ist die größte Hast geboten, damit niemand zuvor vom Tode ereilt werde.

3. Aber wenn auch der drohende Tod nicht zur Eile mahnte und man eines sehr langen Lebens sicher wäre, so müsste man dennoch frühzeitig mit der Bildung beginnen, weil das Leben ja nicht mit Lernen, sondern mit Handeln zugebracht werden soll. Wir sollten also so früh wie möglich zu den Handlungen des Lebens angeleitet werden, damit wir nicht, noch bevor wir zu handeln gelernt haben, abberufen werden. Denn wenn auch einer das ganze Leben mit Lernen zubringen wollte, so ist doch die Menge der Dinge unendlich, welche der Schöpfer unserm Forschungseifer anheimgegeben hat, sodass einer selbst mit dem Leben eines Nestors Nützliches genug zu tun hätte, indem er die überall ruhenden Schätze der göttlichen Weisheit ausgrübe und dadurch sich Schätze im Himmel erwürbe. Frühzeitig also müssen dem Menschen die Sinne zur Betrachtung erschlossen werden, denn vieles muss er sein ganzes Leben hindurch kennenlernen, erforschen und erstreben.

4. Es ist eine Eigenschaft alles dessen, was wächst, dass es im zarten Alter leicht gebildet und gebogen werden kann, wenn es aber hart geworden ist, den Gehorsam verweigert. Weiches Wachs lässt sich gestalten und umkneten, hartes zerbröckelt, bevor es sich formen ließe. Bäumchen lassen sich pflanzen, umsetzen, beschneiden und da- und dorthin biegen, der fertige Baum jedoch keineswegs. Wer eine Sehne aus Holzfasern drillen will, muss grüne und frische nehmen; alte, trockene und knorrige lassen sich nicht drehen. Frische Eier werden durch Brüten bald warm, und Junge schlüpfen heraus, bei alten Eiern wird man vergeblich darauf hoffen. Der Züchter sucht sich ein Pferd, der Bauer ein Rind, der Jäger einen Hund und einen Falken, der Bärenführer seinen Tanzbären und ein altes Weib eine Elster, einen Raben oder einen Papageien zur Nachahmung menschlicher Stimmen als ganz junge Tiere aus; würden sie alte nehmen, wäre ihre Mühe vergebens.

5. Alles dieses gilt offensichtlich gleichermaßen vom Menschen. Sein Gehirn, das wir oben mit dem Wachs verglichen haben, da es die durch die Sinnesorgane einfallenden Bilder festhält, ist im Kindesalter noch ganz feucht und weich und zur Aufnahme aller Bilder, die ihm begegnen, fähig. Später aber wird es allmählich trockener und härter, sodass sich ihm die Dinge schwerer eindrücken und aufprägen, wie die Erfahrung lehrt. Daher sagt Cicero: »Knaben fassen geschwind unzählige Dinge auf«. So können auch die Hände und die übrigen Glieder nur im Knabenalter, solange die Sehnen noch weich sind, zu künstlerischer und handwerklicher Tätigkeit geübt werden. Soll einer einen guten Schreiber, Maler, Schneider, Handwerker oder Musiker abgeben, so muss er vom frühen Alter an, solange die Vorstellungskraft (imaginatio) noch rege und die Finger noch beweglich sind, auf diese Kunst vorbereitet werden, sonst wird er nie etwas leisten. Gleicherweise muss auch die Frömmigkeit dem, in dessen Herzen sie Wurzel schlagen soll, in frühesten Jahren eingepflanzt werden. Wünschen wir, dass einer zu guten Sitten gelange, so muss er in zartem Alter ausgeglättet werden. Wenn einer im Studium der Weisheit große Fortschritte machen will, so müssen ihm in frühesten Jahren für alles die Sinne geöffnet werden, solange der Eifer noch brennend, der Geist noch behände, das Gedächtnis noch zuverlässig ist. Ein Greis, der in den Anfangsgründen steckt, ist eine verächtliche und lächerliche Erscheinung. Der Jüngling soll bereiten, der Greis es verwenden, sagt Seneca.

6. Damit der Mensch zur Menschlichkeit gebildet werden könne, hat Gott ihm die Jugendjahre gegeben, in denen er zu anderem ungeeignet und allein zur Bildung tauglich sein soll. Pferd, Rind, Elefant und andere wer weiß wie große Lebewesen sind nämlich im ersten oder im zweiten Jahre schon völlig ausgewachsen, der Mensch allein kaum im zwanzigsten oder dreißigsten Jahr. Glaubt einer, dass das aus Zufall oder aus nebensächlichen Ursachen so sei, so verrät er damit nur seine ganze Dummheit. Jedem der übrigen Dinge hat Gott doch das Seine zugemessen, allein dem Menschen, dem Herrn der Dinge, sollte er erlaubt haben, seine Zeit planlos verrinnen zu lassen? Oder ist er vielleicht damit der Natur nur entgegengekommen, damit sie die Bildung des Menschen leichter in langsamer Tätigkeit zustande brächte? Nun bringt sie aber doch mühelos viel größere Körper in wenigen Monaten zustande! Es bleibt also kein andrer Schluss übrig, als dass unser Schöpfer in bestimmter Absicht uns eine Wohltat habe erweisen wollen, indem er diese Dauer ansetzte, damit ein größerer Zeitraum für die Übungen in der Zucht zur Verfügung stände. Und er ließ uns in dieser Zeit für Handel und Politik noch untauglich, damit wir für die übrige Lebenszeit – ja für die Ewigkeit – umso tauglicher würden.

7. Das allein ist fest und beständig im Menschen, was er im frühsten Alter eingesogen hat. Das geht aus folgenden Beispielen hervor: Ein Gefäß bewahrt den Geruch, von dem es zuerst erfüllt war, bis es zerbricht. Ein Baum hält seine Zweige so, wie er sie in zartem Alter nach oben, nach unten oder zur Seite ausge-

streckt hat, durch Hunderte von Jahren, so lange, bis er umgehauen wird. Die Wolle hält die Farbe, mit der sie zuerst durchtränkt worden, so fest, dass man sie nicht umfärben kann. Ist eine Radfelge einmal hart geworden, so zerspringt sie eher in tausend Stücke, als dass sie sich wieder gerade richten ließe. So haften auch im Menschen die ersten Eindrücke so sehr, dass es einem Wunder gleichkäme, könnte man sie noch umbilden. Darum ist sehr zu raten, dass diese Eindrücke vom frühsten Kindesalter an den Regeln wahrhaftiger Weisheit entsprechen.

8. Endlich ist es auch höchst gefährlich, einen Menschen nicht gleich von der Wiege an mit heilsamen Lebensregeln zu versehen. Denn sobald die äußeren Sinne ihren Dienst zu tun beginnen, findet der Geist des Menschen keine Ruhe mehr und kann sich, wenn er nicht mit Nützlichem ausgefüllt ist, nicht enthalten, sich Dingen hinzugeben, die höchst unnütz oder gar – wenn er auf die bösen Beispiele unsrer verdorbenen Zeit trifft – schändlich sind. Das aber später wieder verlernen zu wollen, ist unmöglich oder doch höchst schwierig, wie wir schon oben festgestellt haben. Unsere Welt ist voller Ungeheuerlichkeiten, welche weder die Staatsbehörden noch die Diener der Kirche beseitigen können, solange man sich nicht ernstlich Mühe gibt, die ersten Quellen des Übels zu verstopfen.

9. Sosehr also allen das Wohl der Menschheit am Herzen liegt – einem jeden für seine Nachkommen, und den Lenkern der menschlichen Dinge für ihr politisches oder kirchliches Amt –, sosehr sollten sie eiligst dafür sorgen, dass die Pflänzchen des Himmels beizeiten gesetzt, beschnitten, bewässert und zu glücklichem Gedeihen in Wissenschaft, Sitten und Frömmigkeit umsichtig gebildet werden.

8. Kapitel

DIE JUGEND MUSS GEMEINSCHAFTLICH IN SCHULEN GEBILDET WERDEN

Die Pflege der Kinder kommt eigentlich den Eltern zu (1), doch sind ihnen die Schullehrer zur Seite gestellt (2). Ursprung und Entwicklung der Schulen (3). Überall müssen Schulen eröffnet werden (4), da das Unterrichten Spezialkenntnisse verlangt (5), da die Eltern dafür auch keine Zeit hätten (6) und da die Gemeinsamkeit des Unterrichts große Vorteile bietet (7). Beispiele für ähnliche Arbeitsteilung in der Natur (8) und in den Künsten (9).

1. Nachdem wir gezeigt haben, dass die christliche Jugend, diese Paradiespflanzung, nicht wild aufwachsen soll, sondern der Pflege (cura) bedarf, müssen wir nun sehen, wem diese obliegt. Am meisten geht sie naturgemäß die Eltern an: sie sollen denjenigen, denen sie das Leben gegeben haben, nun auch ein vernünftiges, ein ehrenhaftes, ein frommes Leben geben. Dass Abraham es so hielt, bezeugt Gott mit den Worten: Denn ich habe ihn erkoren, dass er seinen Söhnen und seinem Hause nach ihm befehle, den Weg Jahwes zu beobachten und Gerechtigkeit und Recht zu üben (1. Mos. 18 f.). Dasselbe verlangt Gott allgemein von den Eltern, wenn er befiehlt: Du sollst meine Worte deinen Kindern einschärfen und sollst davon reden, wenn du in deinem Hause sitzest und wenn du auf dem Wege gehst, wenn du dich niederlegst und wenn du aufstehst (5. Mos. 6 f.). Und durch den Apostel sagt er: Ihr Väter, reizet eure Kinder

nicht zum Zorn, sondern ziehet sie auf in der Zucht und Ermahnung zum Herrn (Eph. 6, 4).

2. Weil jedoch bei der Zunahme der Menschen und der menschlichen Geschäfte die Eltern selten geworden, welche so gescheit und fähig sind und von ihrer Tätigkeit genügend Zeit erübrigen können, sich dem Unterricht ihrer Kinder zu widmen, war man schon vor Zeiten so wohlberaten, es so einzurichten, dass auserwählten Persönlichkeiten, die durch Verständigkeit und sittlichen Ernst hervorragen, die Kinder vieler Eltern gleichzeitig zur wissenschaftlichen Bildung anvertraut werden. Solche Bildner der Jugend nennt man Lehrer, Magister, Schulmeister oder Professoren, und die Stätten, die für solche gemeinsamen Übungen bestimmt sind: Schulen, Lehranstalten, Auditorien, Kollegien, Gymnasien, Universitäten u. ä.

3. Die erste Schule hat bald nach der Sintflut der Patriarch Sem eröffnet und sie Hebräa genannt, wie Josephus berichtet. Dass in Chaldäa, besonders in Babylon, die Schulen zahlreich gewesen sind, in denen neben anderen Künsten besonders die Astronomie entwickelt wurde, ist allbekannt, wurden doch in dieser Weisheit der Chaldäer später, zu Nebukadnezars Zeiten, Daniel und seine Gefährten unterwiesen (Dan. 1, 20). So auch in Ägypten, wo Moses seinen Unterricht erhielt (Apg. 7, 22). Und in Israel vollends waren auf Gottes Befehl Schulen errichtet, Synagogen genannt, in denen die Leviten das Gesetz lehrten. Bis zur Zeit Christi haben sie bestanden und wurden durch seine und der Apostel Predigten berühmt. Von den Ägyptern haben die Griechen und von denen die Römer den Brauch übernommen, Schulen auf zutun. Und von den Römern hat sich diese löbliche Gewohnheit der Schulgründung über das ganze Reich verbreitet, besonders bei Vordringen der christlichen Religion durch die Sorge frommer Fürsten und Bischöfe. Von Karl dem Großen bezeugen die Geschichtsbücher, dass er, wo immer er einen heidnischen Stamm unterworfen, alsbald Bischöfe und Lehrer eingesetzt und Kirchen und Schulen errichtet habe. Ihm folgten

darin andere Kaiser, Könige, Fürsten und Stadtbehörden und vermehrten die Schulen so, dass sie nicht mehr zu zählen sind.

4. Es liegt im Interesse der gesamten Christenheit, dass diese heilige Gewohnheit sich nicht nur erhalte, sondern sich noch ausbreite, dass nämlich überall dort, wo Menschen geordnet zusammenleben, in jeder Stadt, jedem Flecken und jedem Dorf als gemeinschaftliche Erziehungsstätte der Jugend eine Schule errichtet werde. Denn solches fordert:

5. Erstens: Die rechte Ordnung (rerum ordo). Ein Familienvater kann sich nicht der Beschaffung von allen Dingen, welche der Haushalt benötigt, selber widmen, sondern stellt die verschiedenen Handwerker an. Gilt nicht auf unserm Gebiete das Gleiche? Für seinen Bedarf an Mehl geht jener zum Müller, fürs Fleisch zum Metzger, für Getränke zum Wirt, für Kleidung zum Schneider, für Stiefel zum Schuhmacher, für ein Gebäude, eine Pflugschar, einen Nagel o. Ä. zum Zimmermann, Maurer, Schmied oder Schlosser. Da wir nun doch zur Unterweisung der Erwachsenen im Glauben *Kirchen*, für Rechtshändel streitender Parteien und für Volksversammlung und -information *Gerichtshöfe* und *Rathäuser* haben – warum nicht auch Schulen für die Jugend? Auch die Bauern weiden ihre Schweine und Kühe nicht ein jeder selbst, sondern halten Hirten in Lohn, die allen gleichermaßen dienen, während sie selbst sich inzwischen unabgelenkt ihren übrigen Arbeiten widmen können. Das kürzt die Arbeiten auf vortreffliche Weise ab, wenn einer nur eines tut und durch anderes nicht abgelenkt wird. So kann nämlich einer vielen und viele dem einen gute Dienste erweisen.

6. Zweitens: der Zwang der Umstände (nécessitas). Nur selten sind die Eltern selbst dazu fähig und haben die Zeit dazu, ihre Kinder zu unterrichten. Darum muss es Leute geben, die sich nur dieser Aufgabe beruflich widmen, damit so für die ganze Gemeinde gesorgt ist.

7. Und wenn es auch an Eltern nicht fehlte, die sich dem Unterricht ihrer Kinder widmen könnten, so ist es doch besser,

der Jugend in größerem Kreise gemeinsamen Unterricht zu erteilen. Denn die Früchte der Arbeit und der Eifer sind größer, wenn man durch andere angeregt wird und sich an ihnen ein Beispiel nimmt. Denn es ist etwas sehr Natürliches, zu tun, was die anderen tun, dorthin zu gehen, wohin die anderen gehen, Vorangehenden zu folgen und Nachfolgenden voranzugehen.

Ein starkes Pferd eilt davon, sobald die Schranke sich hebt,
Einigen läuft es vorbei, anderen bleibt's im Gefolg.

Das Kindesalter überhaupt lässt sich leichter durch Beispiele als durch Regeln führen und lenken. Ordnet man etwas an, so bleibt wenig davon haften. Zeigt man aber, wie andere es machen, so ahmen es die Kinder auch ungeheißen nach.

8. Endlich bietet uns auch die Natur überall Beispiele dafür, dass an einer Stelle ausschließlich erzeugt werden muss, was in reichem Maße entstehen soll. So bilden sich die Bäume in den Wäldern, die Halme auf den Feldern, die Fische im Wasser und die Metalle im Innern der Erde immer in größeren Mengen. Und meistens ist es so, dass ein Wald entweder Tannen oder Zedern oder Eichen in reichem Maße wachsen lässt, dass aber andere Baumarten dort nicht ebenso gedeihen. Und wenn eine Erde Gold enthält, so enthält sie nicht andere Metalle in gleicher Menge. Noch mehr aber kommt das, was wir hier sagen wollen, in unserm Körper zum Ausdruck: Ein jegliches Glied muss zwar von der aufgenommenen Nahrung etwas bekommen; doch wird nicht etwa jedem Glied sein Anteil roh geliefert und die Verarbeitung und Zubereitung selbst überlassen. Sondern es gibt spezielle Glieder, die gleichsam als Werkstätten für diese Aufgaben bestimmt sind, um die Speisen zum Nutzen des ganzen Körpers aufzunehmen, zu verarbeiten, zu verdauen und erst die so zubereitete Nahrung den übrigen Gliedern zukommen zu lassen. So bildet der Magen die Säfte, die Leber das Blut, das Herz den Geist des Lebens, das Gehirn den der Seele. Sie bereiten das

zu und verteilen es ohne Schwierigkeit überallhin und erhalten auf diese Weise im ganzen Körper das Leben aufs Beste. Wie also Werkstätten das Handwerk, Kirchen die Frömmigkeit, Gerichtshöfe die Gerechtigkeit bewahren und verwalten, sollten so nicht auch Schulen das Licht der Weisheit entzünden, reinhalten und vermehren und im ganzen Körper der Menschengemeinschaft ausbreiten?

9. Auf dem Gebiete der Künste schließlich beobachten wir, wo sie vernünftig gehandhabt werden, das gleiche. Ein Baumzüchter, der Wald und Gesträuch durchstreift und irgendwo einen Setzling trifft, der zur Anpflanzung tauglich ist, setzt den nicht an Ort und Stelle ein, sondern gräbt ihn aus und setzt ihn in einen Obstgarten, wo er ihn mit hundert anderen zugleich pflegt. Und wer sich um die Fischzucht für den Küchengebrauch bemüht, der legt Teiche für die Fische an und lässt sie sich dort tausendfach vermehren. Und je größer der Garten, um so besser pflegen die Bäume zu gedeihen, und je größer der Fischteich, umso zahlreicher die Fische. Wie also für die Fische solche Teiche und für die Bäume solche Gärten, so müssen für die Jugend Schulen angelegt werden.

9. Kapitel

DIE GESAMTE JUGEND BEIDERLEI GESCHLECHTS MUSS DEN SCHULEN ANVERTRAUT WERDEN

Die Schulen müssen alle Kinder aufnehmen (1), denn alle sollen dem Bilde Gottes ähnlich werden (2), alle für ihren künftigen Beruf vorbereitet sein (3), und alle, gerade auch die Trägen und Schwachen, bedürfen der Hilfe (4). Auch das schwache Geschlecht soll Zugang zu den Wissenschaften haben (5), wenngleich dabei Vorsicht nötig ist (6). Widerlegung von Einwänden dagegen (7/8).

1. Nicht nur die Kinder der Reichen und Vornehmen sollen zum Schulbesuch angehalten werden, sondern alle in gleicherweise, Adlige und Nichtadlige, Reiche und Arme, Knaben und Mädchen aus allen Städten, Flecken, Dörfern und Gehöften. Das wird im Folgenden deutlich.

2. Zunächst sind alle als Menschen Geborene zu dem Hauptzwecke geboren, Mensch zu sein, d. h. vernünftiges Geschöpf, Herr der [anderen] Geschöpfe und genaues Abbild seines Schöpfers. Darum sind alle so zu fördern und in Wissenschaft, Sittlichkeit und Religion recht einzuführen, dass sie das gegenwärtige Leben nützlich zubringen und sich auf das künftige angemessen vorbereiten können. Dass bei Gott kein Ansehen der Person gilt, hat er selbst oft kundgetan. Wenn wir also zu solcher Wartung des Geistes nur einige zulassen, andere aber

ausschließen, sind wir ungerecht nicht nur gegen die, welche an der gleichen Natur wie wir teilhaben, sondern gegen Gott selbst, der von *allen*, denen er sein Bild aufgeprägt hat, erkannt, geliebt und gepriesen sein will. Und das wird er umso inbrünstiger, je heller das Licht der Erkenntnis entzündet wird. Denn wir lieben in dem Maße, in dem wir erkennen.

3. Zudem wissen wir nicht, zu welchem Nutzen die göttliche Vorsehung diesen oder jenen bestimmt hat. So viel nur ist gewiss, dass Gott zuweilen die Ärmsten, Niedrigsten und Unbekanntesten als die wichtigsten Werkzeuge seines Ruhms verwendet. Lasst es uns also der Sonne am Himmel gleichtun, welche die *ganze* Erde erleuchtet, durchwärmt und belebt, sodass alles, was leben, grünen, blühen und Frucht tragen kann, wirklich lebt, grünt, blüht und Frucht trägt.

4. Dem widerspricht nicht, dass manche Menschen von Natur aus träge und dumm erscheinen. Gerade das empfiehlt und fordert eine solche Wartung der Geister nur noch mehr. Denn je träger und schwächlicher einer von Natur aus ist, um so mehr bedarf er der Hilfe, um von seiner schwerfälligen Stumpfheit und Dummheit soweit wie möglich befreit zu werden. Und man findet keine so unglückliche Geistesanlage, dass sie durch Pflege nicht verbessert werden könnte. So wie ein undichtes Gefäß durch häufiges Ausscheuern wenn auch nicht wasserdicht, so doch glatter und reiner wird, so werden die Stumpfen und Dummen wenn auch nicht gerade in der Wissenschaft weit kommen, so doch in ihrem Verhalten gesitteter werden, sodass sie den Staatsbehörden und den Dienern der Kirche zu gehorchen wissen. Die Erfahrung lehrt sogar, dass von Natur aus äußerst Schwerfällige doch eine solche wissenschaftliche Bildung erwarben, dass sie selbst Begabte überholt haben. So wahr ist also der Ausspruch des Poeten »Maßlose Arbeit siegt über alles«. Mancher ist in seiner Kindheit körperlich besonders kräftig, wird dann aber krank und nimmt ab, ein andrer dagegen schleppt als Knabe einen kranken Körper umher, wird dann

aber gesund und wächst kräftig empor. Ganz gleich verhält es sich mit den geistigen Anlagen: Einige sind frühreif, erschöpfen sich aber rasch und stumpfen ab, während andere anfangs schwerfällig sind, sich dann aber anregen lassen und gut vorwärtskommen. Zudem möchten wir ja in unseren Gärten nicht nur Bäume haben, die früh Früchte tragen, sondern auch mittlere und späte, denn ein jedes ist zu seiner Zeit vortrefflich, wie Jesus Sirach sagt, und zeigt schließlich doch, wenn auch erst spät, dass es nicht vergeblich war. Wollen wir also in dem Garten der Wissenschaft nur Geistesanlagen einer Art, nur frühreife und lebhafte zulassen? Nein, niemand, dem Gott Sinn und Verstand gegeben hat, soll ausgeschlossen werden.

5. Auch ließe sich keine ausreichende Begründung dafür geben – um das im Besonderen zu erwähnen –, das schwächere Geschlecht von den Studien der Weisheit, weder von den in lateinischer noch von den in der Muttersprache vermittelten, insgesamt auszuschließen. Denn sie sind in gleicher Weise Gottes Ebenbilder, in gleicher Weise der Gnade und des Reiches künftiger Zeiten teilhaftig, in gleicher Weise, ja oft mehr als unser Geschlecht mit einem lebhaften und für die Weisheit empfänglichen Geiste begabt; ihnen steht gleichermaßen der Zugang zu Höchstem offen, denn Gott selbst hat sie oft herangezogen zur Herrschaft über Völker, zu heilsamer Beratung von Königen und Fürsten, zur Heilkunde und zu anderen der Menschheit heilsamen Zwecken, auch zum prophetischen Amte und zur Ermahnung von Priestern und Bischöfen. Warum sollten wir sie zum ABC zulassen und von den Büchern hernach fortjagen? Fürchten wir etwa die weibliche Unbedachtsamkeit? Je mehr wir doch den Gedanken Beschäftigung geben, um so weniger Raum wird solche Unbedachtsamkeit finden, die doch nur im unausgefüllten Verstande entsteht.

6. Es soll ihnen dabei allerdings nicht eine beliebige Zusammenstellung von Büchern vorgelegt werden – ebenso wenig wie der Jugend des anderen Geschlechts; es ist zu bedauern, dass

man das bisher nicht sorgfältiger vermieden hat. Sondern man gebe ihnen Bücher, aus denen sie beständig wahrhaftige Erkenntnis Gottes und seiner Werke, wahrhaftige Tugenden und wahrhaftige Frömmigkeit schöpfen können.

7. Niemand halte mir das Apostelwort entgegen: »Ich gestatte einer Frau nicht zu lehren« (1. Tim. 2, 12) oder den Ausspruch Juvenals in seiner 6. Satire: »Nicht möge die Frau, die ehelich dir verbunden, gut zu reden verstehen noch kurze Gedanken zu drehen und zu wenden, noch wissen alle Geschichten«, oder was Euripides den Hippolyt sagen lässt: »Ich hasse das gelehrte Weib, nie möge mein Haus betreten, die mehr weiß als dem Weibe gebührt, denn den Gelehrten hat Venus selbst alle Schlauheit verliehen«.

Diese Aussprüche stehen unserem Vorschlag nicht entgegen, da wir ja dazu raten, dass die Frauen nicht für ihre Neugier, sondern für Sittsamkeit und Seligkeit solchen Unterricht erhalten sollen, besonders auf den Gebieten, die zu kennen und zu beherrschen ihnen ansteht, sei es zur rechten Bestellung des Haushalts, sei es zur Sorge für das eigene Heil und für das des Gatten, der Kinder und des ganzen Hauses.

8. Wenn einer sagt: Wohin soll das führen, wenn Handwerker, Bauern, Lastträger und schließlich gar Weibsbilder Gelehrte werden, so laute die Antwort: Es wird *dahin* führen, dass es nach der gesetzlichen Errichtung eines Unterrichts für die gesamte Jugend künftig niemanden von ihnen allen mehr am rechten Gegenstand für sein Denken, Wünschen, Streben und Handeln fehlen wird. Ein jeglicher wird wissen, wohin er alle Wünsche und Taten des Lebens richten, innerhalb welcher Grenzen er bleiben und wie er seinen Platz behaupten muss. Alle werden zudem, auch unter Mühe und Arbeit, freudig ihre Gedanken auf Gottes Taten und Werke richten und werden die Muße, die für Fleisch und Blut so gefährlich ist, vertreiben durch häufiges Lesen der Bibel und anderer guter Bücher – sind sie einmal auf dem Wege, so werden immer größere Lockungen

sie dort weiterführen. Kurz, sie werden lernen, Gott überall zu sehen, überall zu loben, überall zu umfangen und auf solche Weise dieses mühselige Leben angenehmer hinzubringen, das ewige Leben aber mit größerer Sehnsucht und Hoffnung zu erwarten. Würde uns nicht ein solcher Zustand der Kirche hier das Paradies schon schaffen, soweit man es auf Erden besitzen kann?

10. Kapitel

DER UNTERRICHT IN DEN SCHULEN MUSS ALLES UMFASSEN

In den Schulen muss alles gelehrt und gelernt werden (1), um die Veredelung des ganzen Menschen zu bewirken (2). Die Hauptlehrgebiete: Weisheit, Sittlichkeit und Frömmigkeit (3) dürfen nicht auseinandergerissen werden (4). Beweis dafür aus der Ordnung der Dinge (5), aus der Beschaffenheit unsrer Seele (6/7) und aus dem Zweck unsres Lebens (8), nämlich: Gott, dem Nächsten und uns selbst zu dienen (9) und uns der Freude hinzugeben (10/11), die uns aus der Welt (12), aus uns selbst (13) und von Gott her kommt (14). Auch das Vorbild Christi beweist (15/16), dass die drei Dinge nicht voneinander getrennt (17) und nur gemeinsam gelehrt werden dürfen (18).

1. Wir müssen nunmehr zeigen, dass in den Schulen *alle alles* gelehrt werden müssen. Das ist jedoch nicht so zu verstehen, dass wir von allen die Kenntnisse aller Wissenschaften und Künste (und gar eine genaue und tiefe Kenntnis) verlangten. Das ist weder an sich nützlich noch bei der Kürze unsres Lebens irgend jemandem überhaupt möglich. Sehen wir doch, dass jede Kunst so weit und so fein verzweigt ist – man denke nur an die Physik, die Arithmetik, die Geometrie, die Astronomie oder auch an Ackerbau, Baumzucht usw. –, dass sie von jemandem auch mit besten Anlagen das ganze Leben in Anspruch nehmen kann, wenn er sie mit Theorie und Experiment ergründen will. So ist es dem Pythagoras mit der Arithmetik, dem Archimedes

Große Didaktik 125

mit der Mechanik, dem Agricola mit dem Bergbau und dem Longolius – der doch nur das eine Ziel hatte, ein vollkommener Ciceronianer zu werden – mit der Rhetorik ergangen. Aber über Grundlagen, Ursachen und Zwecke der wichtigsten Tatsachen und Ereignisse müssen *alle* belehrt werden, die nicht nur als Zuschauer, sondern auch als künftig Handelnde in die Welt eintreten. Dass ihnen in dieser Weltbehausung nichts so Unbekanntes begegne, dass sie es nicht mit Bescheidenheit beurteilen und ohne misslichen Irrtum zu dem ihm bestimmten Gebrauch klug verwenden können: *Dafür* muss gesorgt und das muss wirklich erreicht werden.

2. Deshalb ist unbedingt und nichts andres als das zu erstreben, dass in den Schulen und hernach im ganzen Leben durch die gute Wirkung der Schulen 1. durch Wissenschaften und Künste die geistigen Anlagen gepflegt, 2. die Sprachen vervollkommnet, 3. die Sitten zu vollkommener Ehrbarkeit gebildet werden und 4. Gott aufrichtige Verehrung erwiesen wird.

3. Denn weise hat der gesprochen, welcher sagte, die Schulen seien Werkstätten der Menschlichkeit, indem sie eben bewirken, dass der Mensch wirklich Mensch werde, das heißt gemäß unseren obengenannten Zielen: I. vernünftiges Geschöpf, II. Geschöpf, das die anderen Geschöpfe und sich selbst beherrscht, III. Geschöpf, das die Wonne seines Schöpfers ist. Das wird erreicht, wenn die Schulen sich bemühen, die Menschen weise an Verstand, umsichtig im Handeln und fromm im Herzen zu machen.

4. Diese drei Dinge müssen also der gesamten Jugend in allen Schulen eingepflanzt werden. Das lässt sich nachweisen, indem man es begründet 1. in den Dingen, die uns hier umgeben, 2. in uns selbst, 3. im Gottmenschen Christus, dem vollkommensten Vorbilde unsrer Vollkommenheit.

5. Die Dinge für sich, soweit sie uns angehen, können nicht anders als in drei Gruppen unterteilt werden: Einige sind Gegenstand unserer denkenden Betrachtung (speculatio), wie der

Himmel und die Erde und was darinnen ist. Andere sind da zu unserer Nachahmung (imitatio), so die wunderbare und über alles sich breitende Ordnung, die der Mensch in seinen Handlungen nachbilden soll. Andere schließlich sind uns zur Erquickung (fruitio) da, wie die Gunst des Göttlichen und sein vielfacher Segen hier und in Ewigkeit. Wenn der Mensch für all dieses bereit sein soll, so muss er belehrt werden, einmal das zu erkennen, was in diesem wunderbaren Theater zur Schau vor ihm ausgebreitet liegt, zum anderen das zu tun, was ihm zu tun auferlegt wird, und schließlich das zu genießen, was der gütige Schöpfer ihm wie einem Gast in seinem Hause mit offener Hand zum Genüsse darreicht.

6. Das gleiche bemerken wir, wenn wir uns selbst betrachten, dass nämlich alle in gleicher Weise auf gelehrte Bildung, Sittlichkeit und Frömmigkeit Anspruch haben, mögen wir nun auf das Wesen unsrer Seele sehen oder auf den Zweck unsrer Erschaffung und unsrer Stellung in der Welt.

7. Die Seele setzt sich ihrem Wesen nach – in Analogie zur unerschaffenen Dreieinigkeit – aus drei Kräften zusammen: aus Verstand, Willen und Gedächtnis. Der Verstand (intellectus) unterscheidet die Dinge voneinander, bis in die kleinsten Einzelheiten hinein. Der Wille (voluntas) richtet sich auf die Wahl der Dinge, nämlich auf die Auswahl des Nützlichen und die Verwerfung des Schädlichen. Das Gedächtnis (memoria) endlich bewahrt das, womit Verstand und Wille sich je beschäftigt haben, zu künftigem Gebrauch und mahnt die Seele an ihre Abhängigkeit von Gott und an ihre Pflicht – im Hinblick darauf wird es auch Gewissen (conscientia) genannt. Diese Anlagen nun müssen, um ihre Aufgaben recht lösen zu können, ausgerüstet werden mit allem, was den Verstand erleuchtet, den Willen lenkt und das Gewissen weckt, damit auf diese Weise der Verstand scharf eindringt, der Wille ohne Irrtum auswählt und das Gewissen unermüdlich alles auf Gott hinwendet. Wie also diese Fähigkeiten, Verstand, Wille und Gewissen, nicht ausein-

andergerissen werden können, weil sie eine und dieselbe Seele bilden, so dürfen auch die drei Zierden der Seele, Bildung, Tugend und Frömmigkeit, nicht auseinandergerissen werden.

8. Wenn wir überlegen, warum wir in die Welt gestellt worden sind, so eröffnet sich uns zweimal ein dreifaches Ziel, nämlich dass wir Gott, den Geschöpfen und *uns* dienen und dass wir uns der Freude hingeben, welche von Gott, von den Geschöpfen und von uns selbst ausgeht.

9. Wollen wir Gott, dem Nächsten und uns selbst dienen, so müssen wir im Hinblick auf Gott *Frömmigkeit*, im Hinblick auf den Nächsten *Sittlichkeit*, im Hinblick auf uns selbst *Wissen* besitzen. Dennoch ist das alles miteinander verquickt: Ein Mensch muss auch um seiner selbst willen nicht nur klug, sondern auch sittlich und fromm sein; ebenso kommt ihm für den Dienst am Nächsten nicht nur Sittlichkeit, sondern auch Wissen und Frömmigkeit zugute; und zum Lobe Gottes muss nicht nur die Frömmigkeit, sondern auch Wissen und Sittlichkeit beitragen.

10. Betrachten wir nun noch die *Freude* (voluptas), zu der Gott den Menschen bestimmte, wie er in der Schöpfung bezeugt hat. Denn er stellte ihn erst in die Welt, als sie mit allem ringsum versehen war, um *seinetwillen* gründete er zudem das Paradies der Wonnen, ihn ließ er endlich gar seiner ewigen Seligkeit teilhaftig werden.

11. Unter der Freude ist jedoch nicht die des Körpers zu verstehen – obgleich auch die ja nur in der Kraft der Gesundheit oder in der Annehmlichkeit der Speise oder des Schlafs liegen, also nur aus der Tugend der Mäßigkeit hervorgehen kann –, sondern die Freude der Seele. Diese geht entweder aus von den Dingen, die uns umgeben, oder von uns selbst, oder schließlich von Gott.

12. Die Freude, die *aus den Dingen* kommt, ist das Ergötzen an denkender Betrachtung, wie es der weise Mann empfindet. Wohin er sich auch begibt, was sich seinem Blicke bietet und was immer er betrachtet und durchdenkt, überall und in jedem fin-

det er solche Freude und solches Ergötzen, dass er oft ganz entrückt seiner selbst vergisst. Das bezeugt auch das Buch der Weisheit: »Der Umgang mit der Weisheit schafft keine Bitternis, ihre Gesellschaft keinen Verdruss, sondern Freude und Wonne« (Weish. 8, 16). Und ein heidnischer Weiser sagt: »Nichts ist süßer im Leben als das Philosophieren«.

13. Freude *über sich selbst* ist jenes süße Vergnügen, das der Mensch, welcher der Tugend ergeben ist, über seine innere Verfassung empfindet, da er sich bereit weiß zu allem, was die gerechte Ordnung verlangt. Diese Freude ist weit größer als die vorige, gemäß dem Sprichwort »Ein gutes Gewissen ist ein dauerndes Freudenfest«.

14. Die Freude *an Gott* ist die höchste Stufe des Frohsinns in diesem Leben, wenn der Mensch spürt, dass Gott ihm ewig gnädig ist, und in der väterlichen und unverrückbaren Gunst frohlockt, dass sein Herz in der Liebe zu Gott zerschmilzt; und wenn er nicht mehr weiß, was anderes er tun und wünschen soll, als ganz in Gottes Barmherzigkeit einzutauchen, dort süß zu ruhen und den Vorschmack ewigen Lebens zu genießen. Das ist der Friede Gottes, welcher höher ist als alle Vernunft (Phil. 4, 7), über den hinaus sich nichts wünschen noch denken lässt. Jene drei Dinge, Bildung, Tugend und Frömmigkeit, sind also drei Quellen, aus denen Ströme höchster Freuden fließen.

15. Schließlich hat Gott selbst, da er sich im Fleisch offenbarte, um von allen Dingen Gestalt und Maß kundzutun, uns durch sein Vorbild gelehrt, dass diese drei Dinge in allem und jedem sich finden müssen. Als nämlich Christus an Alter zunahm, nahm er zugleich an Weisheit zu und an Gnade bei Gott und den Menschen, wie der Evangelist bezeugt (Luk. 2, 52). In diesem Wort liegt ja die Dreiheit jener unsrer guten Eigenschaften beschlossen: *Weisheit* ist doch nichts andres als *Erkenntnis* der Dinge so wie sie sind; *Gnade bei den Menschen* wird doch durch nichts anderes erwirkt als durch gefällige *Sitten*; und *Gnade bei Gott* können wir doch nur durch Furcht des Herrn gewinnen,

durch innige, ernste und tiefe *Frömmigkeit*. Lasst uns also an uns empfinden, was wir an Jesus Christus gewahren, der das absolute Urbild (idea) der Vollkommenheit verkörpert und dem wir uns gleichbilden sollen.

16. Darum nämlich hat er gesagt: Lernet von mir (Matth. 11, 29). Und weil dieser Christus dem Menschengeschlechte gegeben ist als erleuchtester Lehrer, heiligster Priester und mächtigster König, so müssen die Christen offensichtlich nach dem Vorbilde Christi gebildet und gestaltet werden zu Menschen, die erleuchtet sind im Geiste, heilig im Gewissenseifer und mächtig im Handeln, ein jeglicher in seinem Berufe. Dann erst werden unsre Schulen wahrhaftig christlich sein, wenn sie uns Christus so ähnlich wie möglich machen.

17. Unselig also wäre die Trennung dieser drei Dinge, die doch durch unverbrüchliche Bande miteinander verbunden sein sollen, unselig die Gelehrsamkeit, die nicht in Tugend und Frömmigkeit einmündet. Denn was ist wissenschaftliche Bildung ohne Sittlichkeit? Wer vorankommt in den Wissenschaften und dabei zurückkommt in der Sittlichkeit, der kommt mehr zurück als voran – so sagt ein altes Sprichwort. Und was Salomo gesagt hat von einem schönen, aber unvernünftigen Weibe, das gilt auch von einem Menschen von großer Gelehrsamkeit und schlechten Sitten: Die Gelehrsamkeit an einem Manne ohne Tugend ist »wie ein goldener Ring am Rüssel des Schweins« (Spr. 11, 22). Und so wie Edelsteine nicht in Blei gefasst werden, sondern in Gold, und beides dann umso heller erstrahlt, so soll Wissenschaft nicht mit Zügellosigkeit vereint werden, sondern mit Tugend, auf dass eine Pracht die andere vermehre. Wo aber zu beidem noch wahrhafte Frömmigkeit hinzukommt, da ist Vollkommenheit erreicht. Denn wie die Furcht des Herrn Anfang und Ende der Weisheit ist, so ist sie auch Gipfel und Krone alles Wissens, denn die Fülle der Weisheit liegt darin, den Herrn zu fürchten (Spr. 1, 7; J. Sir. 1, 14 ff.).

18. Da also vom Kindesalter und vom Unterricht das ganze

übrige Leben abhängt, so ist alles verloren, wenn hier nicht der Geist für alles im Leben vorbereitet wird. So wie im Mutterleibe sich für jeden Menschen dieselben Glieder bilden und einem jeden alles – Hände, Füße, Sprachorgane usw. – gegeben wird, obgleich gar nicht alle Handwerker, Läufer, Schreiber oder Redner werden, so müssen auch in der Schule alle alles, was den Menschen angeht, gelehrt werden, wenn auch dem einen dies, dem anderen das künftig mehr nützen wird.

11. Kapitel

SCHULEN, DIE IHREM ZWECK VOLLKOMMEN ENTSPRECHEN, HAT ES BISHER NICHT GEGEBEN

Wann entsprechen die Schulen ihrem Zwecke? (1) Wurde das bisher angestrebt oder gar erreicht? (2) Luthers Aufruf (3). Der bisherige Zustand (4): die Schulen sind nicht verbreitet (5), sind nicht für alle Stände da (6), sind nicht Spiel-, sondern Zwangsanstalten (7) und lehren nirgends alles oder auch nur das Wichtigste (8), sie arbeiten mit Gewaltmethoden (9) und zielen mehr auf Wortgelehrsamkeit als auf Sachwissen ab (10). Beispiel: das langwierige und konfuse Lateinlernen (11). Zeugnis des Lubinus (12) und des Autors selbst (13). Neue Wege müssen beschritten werden (14).

1. Ich werde allzu anmaßend erscheinen, wenn ich das [den Titelsatz] so verwegen ausspreche. Aber ich berufe mich auf die Sache selbst und setze den Leser zum Richter ein; ich selbst will dabei nur als Anwalt fungieren. Vollkommen ihrem Zwecke entsprechend nenne ich die Schule, die wahrhaftig eine Menschen-Werkstätte ist, wo nämlich der Geist der Lernenden erleuchtet wird vom Glanz der *Weisheit,* sodass er sogleich in alles Verborgene und Offenbare einzudringen vermag (Weish. 7, 21); wo die Sinne und ihre Neigungen zu allgemeiner Harmonie der *Tugend* gelenkt und die Herzen verlockt werden durch die *göttliche Liebe,* sodass alle, welche um dieser wahren Weisheit willen christlichen Schulen anvertraut sind, schon jetzt auf Erden ein

himmlisches Leben zu führen sich gewöhnen; mit einem Worte dort, wo alle alles allumfassend gelehrt werden.

2. Aber welche Schule hat diese Stufe der Vollkommenheit bisher angestrebt – ganz zu schweigen davon, ob sie sie erreicht hätte? Damit es jedoch nicht so aussieht, als jagten wir platonischen Ideen nach und träumten von einer Vollkommenheit, die es nicht gibt und die vielleicht in diesem Leben gar nicht erhofft werden kann, so werde ich andere Argumente dafür beibringen, dass die Schulen so sein sollten, es bisher aber nicht sind.

3. Doktor Luther spricht in seiner Mahnschrift an die Städte des Reichs zur Errichtung von Schulen im Jahre 1525 u. A. die beiden Wünsche aus: dass 1. in allen Städten, Plätzen und Dörfern Schulen eingerichtet werden, in der die ganze Jugend beiderlei Geschlechts eine Bildung empfange (wie das geschehen muss, haben wir im 9. Kap. dargetan); ja auch die, welche sich dem Ackerbau und den Handwerken widmen, müssten zwei Stunden täglich zur Schule gehen und in Wissenschaften, Sittenlehre und Religion unterrichtet werden; 2. müssten sie mittels einer leichteren Methode unterrichtet werden, die sie nicht nur von den Studien nicht abschreckt, sondern wie mit Lockungen zu ihnen hinzieht, sodass die Knaben nicht geringere Freude an den Studien fänden, als wenn sie den ganzen Tag »mit keulichen schießen, ball spielen, lauffen und rammelln« zubrächten. Soweit Luther.

4. Wahrlich ein verständiger und eines so großen Mannes würdiger Rat! Doch wer sieht nicht, dass er bisher nur Wunsch geblieben ist? Denn wo finden sich diese allgemeinen Schulen, wo diese gewinnende Methode?

5. Von all dem sehen wir das Gegenteil: In den kleinen Gemeinden und Dörfern sind noch keineswegs überall Schulen gegründet.

6. Wo sie es aber sind, da sind sie nicht für alle gemeinsam da, sondern nur für einige, nämlich die Wohlhabenden. Da sie sehr kostspielig sind, werden Ärmere nur gelegentlich, durch die

Barmherzigkeit eines Gönners, aufgenommen. Höchstwahrscheinlich gibt es aber auch unter denen ausgezeichnete Geistesgaben, die zu großem Schaden der Kirche und der Staatswesen unbeachtet bleiben und verkümmern.

7. Zudem wurde bei der Belehrung der Jugend meistens eine so harte Methode angewendet, dass die Schulen gewöhnlich als Kinderschreck und Geistesfolter angesehen werden und der größere Teil der Schüler, voll Abscheu vor Wissenschaft und Büchern, den Handwerksstuben oder sonstigen Lebenswegen zueilt.

8. Die nun, welche durch den Willen der Eltern oder Gönner genötigt oder durch die Hoffnung auf eine Würde, welche die Wissenschaft einst eintragen könnte, verlockt oder schließlich aus spontan-natürlichem Triebe zu den »freien Künsten« in den Schulen zurückgehalten wurden, denen wurde keine wirklich ernsthaft und klug, sondern eine falsch und verkehrt angewandte Wartung zuteil. Denn was dem Geist ganz besonders hätte eingepflanzt werden sollen, das wurde besonders vernachlässigt: die Frömmigkeit und die Tugend. Dafür wurde überall in den Schulen und auch auf den Universitäten, die doch allen vorangehen sollten in der Veredelung (cultura) der Menschen, wenig gesorgt; darum gingen meistens statt sanfter Lämmer wilde Waldesel und ungebärdige Maultiere daraus hervor. Und statt einer Befähigung zur Tugend brachten sie nur die Tünche eines feinen Benehmens, teure und ausgefallene Kleidung und Augen, Hände und Füße mit, die in weltlichen Nichtigkeiten geübt waren. Denn welchem dieser Menschenkinder, die so lange durch das Studium der Sprachen und Künste geschliffen worden, wäre es wohl in den Sinn gekommen, den übrigen Sterblichen in Mäßigung, Keuschheit, Demut, Menschlichkeit, Würde, Geduld und Selbstbeherrschung ein Vorbild sein zu wollen? Lässt sich das anders als dadurch erklären, dass die Frage nach dem rechten Leben in den Schulen gar nicht angerührt wird? Die aufgelöste Zucht fast aller Schulen, die zerfallenen Sitten aller Stände, die endlosen Klagen, Seufzer und

Tränen vieler Frommer legen Zeugnis dafür ab. Will da noch einer den Zustand der Schulen verteidigen? Das Erbübel, das von den Erstgeschaffenen auf uns gekommen ist, beherrscht uns so, dass wir den Baum des Lebens hintansetzen und unser verkehrtes Streben nur auf den Baum der Erkenntnis richten. Diesem verkehrten Streben haben die Schulen Raum gegeben und sind bisher nur den Wissenschaften nachgejagt.

9. In welcher Ordnung und mit welchem Erfolge haben sie das getan? Sie sind wahrhaftig so vorgegangen, dass sie den menschlichen Verstand mit dem, was ihm im Zeitraum eines Jahres zu erfassen möglich ist, fünf, zehn oder mehr Jahre aufgehalten haben. Und was sich den Geistern ganz leicht eintröpfeln und einflößen ließe, das wurde gewaltsam hineingedrückt, ja eingepresst und -gestampft. Was man klar und deutlich vor Augen führen könnte, das wurde dunkel, verwirrt und verwickelt gleichsam in Rätseln dargeboten.

10. Schweigen wir zunächst noch davon, dass die Geister kaum irgendwo mit dem wahren Kern der Dinge genährt, sondern abgespeist worden sind mit den leeren Schalen der Worte, mit windigem Papageiengeschwätz und mit der Meinungen Schall und Rauch.

11. Um z. B. das Studium nur der lateinischen Sprache zu berühren – lieber Gott –, wie war das verwickelt, mühevoll und langwierig. Marketender, Trossknechte und Handlanger lernen in der Wirtschaft, im Kriegsdienst oder bei sonstigen niedrigen Arbeiten leichter irgendeine fremde Sprache, ja sogar zwei oder drei, als die Zöglinge der Schulen bei aller Mühe und allem Eifer nur die lateinische. Und wie ungleich ist der Erfolg! Jene können schon nach Monaten geläufig schwatzen, diese kaum nach 15 oder 20 Jahren einiges auf Latein vorbringen und oft auch dann nur auf Krücken von Grammatik und Wörterbuch gestützt und nicht ohne Zögern und Stammeln. Woher kommt eine solche Vergeudung von Zeit und Mühe, wenn nicht von einer fehlerhaften Methode?

12. Darüber schreibt der berühmte Eilhard Lubinus, Doktor der Theologie und Professor an der Universität Rostock, mit Recht Folgendes: »Die übliche Methode, die Kinder in den Schulen zu unterrichten, kommt mir ganz so vor, als ob jemand den Auftrag bekommen hätte, mit Mühe und Fleiß eine Weise oder Methode auszudenken, mittels derer Lehrer wie Schüler nur mit ungeheurer Arbeit, starkem Widerwillen und endlosen Mühen und erst nach sehr langer Zeit zur Kenntnis der lateinischen Sprache hinführen bzw. geführt werden können.

»Wenn ich den Unfug bedenk', in meinem Sinn ihn erwäge, Rühret ein Schaudern mich an, ins innerste Mark mich erschütternd.«

Und an anderer Stelle: »Da ich dieses öfters überdenke, bin ich, wie ich gestehen muss, mehr als einmal auf den Gedanken und zu der Überzeugung gekommen, diese Methode müsse von einem bösen und neidischen Genius, einem Feinde der Menschheit in die Schulen eingeführt worden sein«. Soweit Lubinus, den allein unter vielen möglichen Zeugen auch höheren Ranges ich hier anführen wollte.

13. Aber wozu brauchten wir noch Zeugen zu suchen? Es sind unser doch so viele, die aus Schulen und Universitäten kommen und kaum von einem Schatten wahrer wissenschaftlicher Bildung berührt worden sind. Von vielen Tausenden bin auch ich einer, ein armes Menschenkind, dem der liebliche Lebensfrühling, die blühenden Jugendjahre mit scholastischen Flausen verdorben wurden. Ach, wie oft hat, als ich dann Besseres schauen durfte, die Erinnerung an die verlorene Zeit meiner Brust Seufzer, meinen Augen Tränen und meinem Herzen Trauer entlockt. Ach, wie oft hat der Schmerz mich ausrufen lassen:

Brächte doch Jupiter mir die vergangenen Jahre zurück.

14. Aber das sind vergebliche Wünsche. Der Tag, der verstrichen ist, kommt nicht zurück. Keiner von uns, der seine Jahre hinter sich hat, wird wieder jung und lernt, sein Leben aufs Neue zu beginnen und sich mit bessrer Ausrüstung dafür zu versehen: Da ist kein Ausweg. Nur eines bleibt und eines ist möglich, dass wir die Hilfe, die wir unseren Nachkommen leisten können, wirklich leisten. Haben wir nämlich gezeigt, in welche Irrtümer uns unsre Lehrer hineingestürzt haben, so müssen wir nun zeigen, auf welchem Weg man diese Irrtümer vermeiden kann. Das geschehe im Namen und unter der Führung dessen, der allein unsre Fehler zählen und, was krumm ist, gerade machen kann (Pred. 1, 15).

12. Kapitel

DIE SCHULEN KÖNNEN REFORMIERT WERDEN

Ist die Besserung noch möglich? (1) Sechs Versprechungen des Autors für die Neugestaltung der Schulen (2). Wie sich die Menschen gegenüber solchen Entdeckungen zu verhalten pflegen (3–7). Auch die Entdeckung dieser vollkommenen Methode wird Kritik erfahren (8). Solcher Kritik ist zu begegnen durch den Erfolg (9) und durch wissenschaftlichen Beweis (10–12). Widerlegung von möglichen Einwänden (13–17). Die sechs unterschiedlichen Arten von Begabung (18–25) können alle mit gleicher Kunst und Methode behandelt werden (26). Beweise dafür (27–30). Das richtige Verhalten beim Mischen von Schülern verschiedener Begabung (31).

1. Alte Krankheiten zu heilen ist schwierig und mühsam und oft fast unmöglich. Wenn sich aber ein Mittel findet, das Heilung verspricht – wird der Kranke es dann verschmähen? Wird er nicht vielmehr wünschen, dass es so rasch wie möglich angewendet werde, besonders wenn er spürt, dass der Arzt sich nicht von unbesonnener Vermutung, sondern von wohlbegründeter Überlegung leiten lässt? Wir müssen also bei unserm ungewöhnlichen Vorschlag dahin gelangen, dass deutlich wird: erstens *was wir versprechen*, und zweitens *von welcher Grundlage wir ausgehen*.

2. Wir versprechen, die Schulen so einzurichten, dass I. die gesamte Jugend – mit Ausnahme höchstens derer, denen Gott

den Verstand versagt hat – dort gebildet wird; und zwar II. in allem, was den Menschen weise, gut und heilig machen kann; und III. so, dass dieser Bildungsvorgang (formatura) vor dem Erwachsenenalter, gleichsam als Vorbereitung für das Leben, abgeschlossen ist; und dass IV. dieser Bildungsvorgang ohne Schläge und Härte, ohne den geringsten Zwang (coactio) ganz leicht und wie von selbst (quasi sua sponte) voranschreite; auf solche Weise wächst ja auch der lebende Körper: Die Glieder brauchen nicht auseinandergespannt und -gezerrt zu werden, denn der Körper nimmt von selbst allmählich und unmerklich (sensim sine sensu) an Größe und Stärke zu, wenn er nur vernünftige Nahrung, Pflege und Übung bekommt. Ebenso verwandeln sich die Pflege und Übung, die man dem Geiste auf vernünftige Weise angedeihen lässt, von selbst in Weisheit, Tugend und Frömmigkeit; V. dass nicht zu gleißender und oberflächlicher, sondern zu wahrer und gediegener Gelehrsamkeit gebildet werde; der Mensch soll als vernünftiges Wesen sich nicht von fremder, sondern nur von der eigenen Vernunft leiten lassen, er soll nicht nur fremde Meinungen über die Dinge in Büchern lesen und verstehen, sich einprägen und wiedergeben, sondern bis zu den Wurzeln der Dinge vordringen und sich ihren ursprünglichen Sinn und Gebrauch aneignen; von der gründlichen Aneignung der Tugend und Frömmigkeit gilt das gleiche; VI. dass dieser Bildungsgang nicht beschwerlich sei, sondern ganz leicht, indem nämlich täglich nur vier Stunden auf die gemeinsamen Übungen verwandt werden sollen, und zwar so, dass ein einziger Lehrer für die gleichzeitige Belehrung von hundert Schülern genügt und dabei doch zehnmal weniger Mühe hat, als man heute an jeden Einzelnen zu wenden pflegt.

3. Aber wer wird *das* glauben, bevor er es sieht? Es ist ja offenbar eine Eigenart aller Sterblichen, dass sie *vor* irgendeiner besonderen Entdeckung darüber staunen, wie es möglich sei, sie zu machen, nachdem aber eine solche Entdeckung gemacht ist, sich darüber wundern, dass sie nicht schon längst gemacht

wurde. Als Archimedes dem König Hieron ein großes Schiff, das hundert Männer nicht von der Stelle bewegen konnten, mit einer Hand ins Meer zu ziehen versprach, setzte er sich dem Gelächter aus: Doch man sah es dann mit Staunen.

4. Kolumbus, der im Westen neue Inseln zu entdecken hoffte, fand bei keinem der Könige Gehör; keiner von ihnen wollte zu einem solchen Versuche nur das kleinste beisteuern – mit Ausnahme dessen von Kastilien. Selbst seine Schiffsgefährten gerieten immer wieder in Verzweiflung, und wenig fehlte, so hätten sie Kolumbus ins Meer gestürzt und wären unverrichteter Dinge heimgekehrt, wie die Geschichte erzählt. Und doch wurde diese riesige Neue Welt entdeckt, und wir wundern uns nun schon alle, wie sie so lange hat unbekannt bleiben können. Aber auch jene scherzhafte Handlung des Kolumbus gehört hierher: Er wurde nämlich einst von Spaniern, die den Italiener um den Ruhm einer solchen Entdeckung beneideten, mit spöttischen Worten angegriffen und musste unter anderem hören, die Entdeckung jener anderen Erdhälfte sei ganz zufällig geschehen und keine Kunst gewesen – jeder andere hätte das gleiche finden können. Da gab er ihnen ein hübsches Rätsel auf, nämlich wie man ein Hühnerei auf seine Spitze stellen könne, ohne eine Stütze zu verwenden. Als alle es vergeblich versucht hatten, schlug er die Schale leicht an seinen Teller an, zerbrach sie ein wenig und brachte so das Ei zum Stehen. Da lachten jene und riefen, das könnten sie auch. »Ihr könnt es«, sagte er daraufhin, »weil ihr gesehen habt, dass es möglich ist. Warum aber hat es niemand vor mir gekonnt?«

5. Ebenso wäre es gegangen, wie ich glaube, wenn Johannes Faustus, der Erfinder der Buchdruckerkunst, verbreitet hätte, er besitze ein Verfahren, mit dessen Hilfe ein Mensch innerhalb von acht Tagen mehr Bücher abschreiben könne als sonst zehn der geschwindesten Schreiber in einem ganzen Jahr, und diese Bücher würden auf das Zierlichste geschrieben sein, ein Exemplar wie das andere bis auf den letzten i-Punkt gleich; und feh-

lerlos würden sie alle sein, wenn nur eines gut durchkorrigiert sei usf.: Wer hätte ihm da wohl Glauben geschenkt? Wem wäre das nicht wie ein Rätsel vorgekommen oder wie eitle und unnütze Prahlerei? Heute aber weiß jedes Kind, dass es sich wirklich so verhält.

6. Wenn Berthold Schwarz, der Erfinder des Schießpulvers, an Bogenschützen die folgenden Worte gerichtet hätte: Eure Bogen, Wurfmaschinen und Schleudern taugen wenig. Ich will euch ein Gerät geben, das ohne Armanstrengung nur mit Feuerwirkung Eisen und Steine schleudert und weiterträgt und sein Ziel kräftiger durchschlägt und vernichtet [als eure Geräte] – wer hätte den Mann nicht ausgelacht? So üblich ist es, Neues und Ungewohntes als wunderbar und unglaublich einzuschätzen.

7. Und die Indianer konnten sich sicher nicht vorstellen, wie ein Mensch einem anderen ohne Anrede, ohne mündliche Botschaft nur durch Übersendung eines Papiers seine Gedanken mitteilen könne – und das verstehen bei uns doch die Allerdümmsten. So ist es überall in allen Dingen:

Was einst schwierig erschien, das wird zum Gespötte der Nachwelt.

8. Dass es mit unserm neuen Beginnen nicht anders gehen wird, lässt sich leicht voraussehen – zum Teil haben wir es schon erfahren. Gar mancher wird sich wundern und empört sein, dass Menschen sich erdreisten, den Schulen, den Büchern, den Lehrmethoden Unzulänglichkeiten vorzuwerfen und etwas ganz Außerordentliches, das alle Glaubhaftigkeit übersteigt, zu verheißen.

9. Nun wäre es zwar leicht, den *Erfolg* dessen, was wir versprochen haben, als unsern wahrhaftigsten künftigen Zeugen aufzurufen (auf den ich bei meinem Gott vertraue). Da wir hier aber insbesondere nicht für das gemeine Volk, sondern für die Gebildeten schreiben, so müssen wir die Möglichkeit davon auf-

zeigen, dass die gesamte Jugend in Wissenschaft, Sitten und Frömmigkeit eingeführt werde; und das ohne Verdruss und Beschwer der Art, wie sie bei der üblichen Methode Lehrende wie Lernende durchweg empfinden.

10. Für solchen Nachweis soll dies die alleinige, aber völlig ausreichende Grundlage sein: Dass ein jedes Ding dahin, wohin es von Natur aus neigt, sich auch von Natur aus nicht nur leicht führen lässt, sondern von selbst – fast begierig – hineilt und sich nur mit Schmerzen fernhalten ließe.

11. Einen Vogel braucht man ans Fliegen, einen Fisch ans Schwimmen, ein wildes Tier ans Laufen nicht mit Gewalt zu gewöhnen: Sie tun es von selbst, sobald sie spüren, dass die Glieder, die diesen Tätigkeiten dienen sollen, stark genug sind. Und das Wasser braucht man nicht zu treiben, dass es bergab fließt, oder das Feuer – wenn es Nahrung und Luftzufuhr hat – dass es brennt, oder einen runden Stein, dass er zu Tale rollt, oder einen viereckigen, dass er liegen bleibt, oder das Auge und den Spiegel, dass sie, wenn es hell genug ist, die Gegenstände auffangen, oder den Samen, dass er bei Feuchtigkeit und Wärme keimt. Ganz von selbst verlangt ein jedes, das zu tun, wozu es von Natur aus begabt ist; es wird es tun, wenn ihm auch nur ganz wenig dabei geholfen wird.

12. Da also, wie wir im 5. Kapitel sahen, Samen von Wissenschaft, Tugend und Frömmigkeit von Natur aus in allen Menschen liegen (Ungeheuer von Menschen lassen wir außer acht), so folgt daraus notwendig, dass sie nichts weiter als einen leichten Anstoß und einige kluge Anleitung brauchen.

13. »Aber nicht aus jedem Holze lässt sich ein Merkur machen«, wird gesagt. Ich antworte: aber aus jedem Menschen ein Mensch, wenn Verderbnis fernbleibt.

14. Nun sind aber doch, könnte einer sagen, unsre inneren Kräfte von der frühesten Zeit [vom Sündenfall] her geschwächt. Ich antworte: aber nicht getilgt. Sind auch unsre körperlichen Kräfte gebrechlich geworden, so können wir sie doch durch Ge-

hen, Laufen, durch Übung und besondere Tätigkeiten zu ihrer natürlichen Lebenskraft zurückführen. Zwar konnten die ersten Menschen gleich nach ihrer Erschaffung gehen, sprechen und denken, während wir doch erst gehen, sprechen und denken können, wenn wir es im Gebrauch erlernt haben. Daraus folgt aber nicht, dass es nur verworren, mühevoll und unsicher erlernt werden könne. Wenn wir nun die Tätigkeiten des *Körpers*, nämlich essen, trinken, gehen, tanzen, handarbeiten ohne allzu große Schwierigkeiten lernen können, warum dann nicht auch die des *Geistes* – wenn die rechte Unterweisung nicht fehlt? Was soll ich noch hinzufügen? Ein Reiter lehrt ein Pferd innerhalb einiger Monate traben, springen, auf der Volte gehen und nach dem Wink der Gerte Wendungen ausführen. Ein Marktschreier lehrt den Bären tanzen, den Hasen die Pauke schlagen, den Hund graben, fechten, weissagen usw. Ein elendes altes Weib lehrt einen Papageien, eine Elster oder einen Raben menschliche Stimmen oder Töne nachahmen usw., alles das wider die Natur und in kurzer Zeit. Und der Mensch sollte nicht in den Dingen, zu denen ihn die Natur nicht nur zulässt oder hinführt, nein geradezu zieht und zerrt, mit geringer Mühe unterrichtet werden? Man sollte sich doch schämen, das zu behaupten, um nicht von jenen Tier-Abrichtern ausgelacht zu werden.

15. Aber die Schwierigkeit der Dinge – wirft man ein – bewirkt doch von selbst, dass nicht ein jeder [alles] versteht. Ich antworte: Was für eine Schwierigkeit ist das? Gibt es, frage ich, in der Natur einen Gegenstand von so dunkler Farbe, dass er von einem Spiegel nicht aufgefangen werden kann, wenn man ihn bei ausreichendem Licht ordentlich davorstellt? Gibt es etwas, das nicht auf einem Gemälde dargestellt werden könnte von einem, der die Malkunst versteht? Gibt es einen Samen oder eine Wurzel, die von der Erde nicht aufgenommen und durch ihre Wärme zum Keimen gebracht werden könnte, wenn nur einer da ist, der weiß, wo, wann und wie ein jegliches zu setzen

ist? Ich gehe weiter: Es gibt in der Welt keinen Felsen oder Turm von solcher Höhe, dass ihn nicht jeder ersteigen könnte, der Beine hat, wenn nur Leitern recht angelegt werden oder in richtiger Ordnung und Folge Stufen in den Felsen gehauen und mit einem Geländer gegen die Gefahr des Absturzes versehen sind. Wenn also so wenige die Höhen der Wissenschaft erreichen, obgleich so viele sich freudig und strebsam dorthin aufmachen, und wenn diejenigen, die bis zu einem gewissen Punkte kommen, nur mühsam, kraftlos, keuchend und taumelnd nach häufigem Straucheln und Fallen dorthin gelangen: So lässt sich daraus nicht schließen, dass dem menschlichen Geist irgendetwas unerreichbar sei, sondern nur, dass die Stufen nicht gut angelegt, mangelhaft, zerlöchert und zerbröckelt, d. h. dass die Methoden verworren sind. Auf richtig angelegten, einwandfreien, festen und sicheren Stufen könnte bestimmt ein jeder zu beliebiger Höhe emporgeführt werden.

16. »Dennoch aber gibt es ja stumpfe Geister, denen nichts beizubringen ist!« Antwort: Kaum gibt es einen so unreinen Spiegel, dass er nicht auf irgendeine Weise Bilder aufnähme, kaum eine so raue Tafel, dass sich nicht irgendwie etwas darauf schreiben ließe. Und wenn ein staubiger oder fleckiger Spiegel gebracht wird, so muss er erst gereinigt, wenn die Tafel rau ist, muss sie geglättet werden: dann werden sie den Gebrauch nicht versagen. Wenn gleicherweise die Jungen richtig geglättet und angespornt werden, so werden sie sich gegenseitig glätten und anspornen, bis schließlich alle alles erfassen. Unerschüttert bestehe ich also auf meiner Behauptung, denn ihre Grundlage steht unerschütterlich. Es wird sich allerdings *der* Unterschied zeigen, dass sich einige langsamer in die Kenntnisse eingeführt finden; dennoch werden sie sich eingeführt finden. Die Begabteren werden in ihrem Streben von einem zum anderen geführt, werden tiefer und tiefer in die Dinge eindringen und auf vielerlei Weise neue nutzbringende Beobachtungen sammeln. Es mag schließlich auch Geister geben, welche für eine Veredelung

fast untauglich sind, so wie sehr knorriges Holz für Schreinerarbeiten nicht taugt. Für die Mittelmäßigen aber, die durch Gottes Gnade immer am reichsten vorhanden sind, behält unsre Behauptung ihre Wahrheit. Allzu Geistesschwache trifft man ebenso selten wie solche, die von Natur aus einen Körperfehler haben: Blindheit, Taubheit, Lähmung und Krankheit sind uns Menschen selten angeboren, sondern werden erworben durch unsre Schuld. Ebenso ist es mit ungewöhnlicher Verstandesschwäche.

17. Schließlich wird man noch einwenden, es fehle manchen zwar nicht an der Fähigkeit zum Lernen, aber an der Lust. Solche wider ihren Willen zu nötigen, sei mühselig und nutzlos. Antwort: Allerdings wird von einem Philosophen erzählt, der zwei Schüler hatte, einen ungelehrigen und einen übelwilligen, er habe beide fortgejagt, da der eine wohlwollte, aber nicht konnte, der andere konnte, aber nicht wollte. Wie aber, wenn die Lehrer selbst die Ursachen jenes Widerwillens gegen die Wissenschaften wären? Aristoteles jedenfalls hat verkündet, das Verlangen nach Wissen sei dem Menschen angeboren, und das gleiche haben wir im fünften und im vorhergehenden elften Kapitel gesehen. Aber manchmal verdirbt die Verzärtelung durch die Eltern das natürliche Streben der Kinder, manchmal lockt eine böse Kameradschaft sie zu Nichtigem hin, manchmal werden sie durch öffentliche und häusliche Tätigkeiten oder durch äußere Dinge von den angeborenen Lockungen des Geistes abgelenkt und weggeführt. So kommt es, dass kein Verlangen nach dem Unbekannten aufkommt und sie sich nicht leicht wieder sammeln können. (Wie nämlich die Zunge, die von einem Geschmack erfüllt ist, einen anderen nicht richtig beurteilt, so kann der Verstand, der vorher mit einer Seite beschäftigt war, das nicht recht beachten, was ihm von anderer Seite geboten wird.) Bei solchen muss also zuerst jene äußerliche Starre abgeschüttelt und die Natur zu ihrer eigenen Lebenskraft zurückgeführt werden: Sicherlich wird dann das Verlangen

nach Wissen zurückkehren. Aber wer von all denen, welche die Bildung der Jugend anfassen, denkt daran, sie zuerst für die Aufnahme dieser Bildung tauglich zu machen? Bevor ein Drechsler sein Holz dreht, bearbeitet er es im Groben, und bevor ein Schmied das Eisen schmiedet, macht er es weich. Der Tuchmacher reinigt, wäscht und kämmt die Wolle erst, bevor er sie spinnt, aufspannt und webt. Und der Schuhmacher bearbeitet, dehnt und glättet das Leder, bevor er den Schaft näht. Welcher Lehrer aber sorgt in gleicherweise dafür, dass er, bevor er einen Schüler durch seine Anleitung veredelt, ihn einer solchen Veredelung tauglich und zu allem sich willfährig macht? Ein jeder fast nimmt ihn vor, wie er ihn findet, dreht, hämmert, kämmt und webt ihn, misst ihn nach seinem Maß und will, dass er dann blinkt und glänzt. Wenn das nicht gleich nach Wunsch gelingt (und wahrhaftig, wie sollte es gelingen!), wird er ungehalten, verärgert und zornig. Und wir wundern uns noch, dass manche eine solche Bildung ablehnen und meiden. Verwunderlicher ist doch, dass sie überhaupt jemand aushalten kann.

18. Hier gibt sich die Gelegenheit, einiges über den Unterschied der Begabungen zu sagen. Es sind ja manche scharfe[n], andere aber stumpfe[n Geistes]; manche sind weich und fügsam, andere wieder hart und unbiegsam; manche von selbst auf die Wissenschaft gerichtet, andere mehr durch handwerkliche Arbeit zu erfreuen. Aus diesen drei mal zwei Möglichkeiten ergibt sich eine sechsfache Abstufung der Begabungen.

19. An erster Stelle stehen die, welche scharfsinnig, eifrig und lenkbar sind: Sie sind vor allen anderen für das Studium geeignet. Ihnen braucht nur die Wissensnahrung dargereicht zu werden, so wachsen sie von selbst gleich einer edlen Pflanze. Vorsicht ist nur vonnöten, dass man nicht allzu große Eile erlaubt, dass sie nicht vor der Zeit verblühen und unfruchtbar werden.

20. Andere sind zwar scharfsinnig und auch willfährig, aber langsam. Solche bedürfen nur des Ansporns.

21. Die Dritten sind zwar von scharfem Verstand und wissbegierig, aber wild und unbiegsam. Solche sind im Allgemeinen in den Schulen verhasst und werden für hoffnungslos angesehen, doch werden gerade sie oft zu größten Männern, wenn sie die richtige Erziehung erhalten. Die Geschichte zeigt uns ein Beispiel in Themistokles, dem großen Feldherrn der Athener, der als Jüngling von so wilder Art war, dass sein Lehrer zu ihm sagte: »Aus dir, Knabe, wird nichts Mittelmäßiges werden, entweder wirst du ein großes Gut oder ein großes Übel für den Staat«. Wenn sich später einige über die Veränderung wunderten, die in seinem Betragen vorgegangen war, pflegte er zu sagen, unbändige Füllen gäben die besten Pferde ab, wenn man ihnen nur die rechte Zucht angedeihen ließe. Das Gleiche trifft auf den Bucephalus Alexanders des Großen zu. Als Alexander sah, dass sein Vater Philipp ein Pferd als unbrauchbar fortgeben wollte, weil es keinen Reiter auf seinem Rücken duldete, sagte er: Was für ein Pferd gibt man hier verloren, da man es doch nur aus Unverstand nicht zu brauchen versteht? Nachdem er das Pferd mit erstaunlicher Kunst ohne Schläge unter seine Gewalt gebracht hatte, erreichte Alexander, dass es ihn nicht nur damals, sondern auch später ständig trug und man kein edleres und eines solchen Helden würdigeres Ross auf der ganzen Erde hätte finden können. Plutarch überlieferte diese Geschichte und setzt hinzu: »Dieses Pferd lehrt uns, dass viele gute Naturbegabungen zugrunde gehen durch die Schuld der Unterrichtenden, welche Pferde zu Eseln verkehren, weil sie den Erhabenen und Freien nicht zu befehlen wissen«.

22. An vierter Stelle stehen die, welche zwar willfährig und lernbegierig sind, aber langsam und schwer [begreifen]. Solche können denen, die vorangehen, auf dem Fuße folgen; und damit sie das können, muss man hinabsteigen zu ihrer Unsicherheit, darf sie nicht überlasten, nichts mit Heftigkeit von ihnen fordern, soll vielmehr mit Güte und Duldsamkeit helfen, befestigen und aufrichten, damit sie den Mut nicht verlieren. Wenn solche

dann später das Ziel erreichen, so werden sie doch dauerhafter sein, so wie Spätreife Früchte es sind. Und so wie ein Siegel sich in Blei schwerer eindrücken lässt, aber länger Bestand hat, so sind diese meist lebenskräftiger als die geistig Wendigen und die, welche das einmal Aufgefasste leicht wieder fahren lassen. Sie dürfen darum von den Schulen nicht ferngehalten werden.

23. Fünftens gibt es solche, die schwach begabt sind und obendrein lässig und träge. Die lassen sich, wenn sie nicht allzu hartnäckig sind, noch bessern, doch erfordert das viel Klugheit und Geduld.

24. An letzter Stelle stehen die Schwachbegabten, die zugleich verworren und von Natur aus böswillig sind – sie sind meistens verloren. Weil aber mit Gewissheit feststeht, dass sich für jegliches Übel in der ganzen Natur ein Gegenmittel finden lässt und dass von Natur aus fruchtlose Bäume durch richtige Umpflanzung tragfähig werden, dürfen wir [selbst hier] nicht ganz verzweifeln, sondern müssen jedenfalls die Hartnäckigkeit zu bekämpfen und zu vertreiben trachten. Erst wenn das nicht möglich ist, dürfen wir das verwachsene und knorrige Holz liegen lassen, aus dem einen Merkur formen zu wollen vergebliche Hoffnung wäre. Faulen Boden soll man nicht bebauen noch berühren, sagt Cato. Eine solch entartete Geistesanlage ist aber unter Tausenden kaum zu finden – was ein vorzüglicher Beweis der Güte Gottes ist.

25. Das Ergebnis des Gesagten führt auf ein Wort Plutarchs: »Wie geartet die Kinder geboren werden, liegt in keines Hand. Aber dass sie durch richtige Erziehung (institutio) gute [Menschen] werden, das steht in unsrer Macht«. In unsrer Macht – sagt er! So zieht ja auch der Gärtner aus irgendeinem Setzling einen Baum, indem er überall seine gleiche Pflanzkunst anwendet.

26. Dass aber mit ein und derselben Methode die gesamte Jugend, so verschieden die Anlagen auch sind, erzogen und gebildet werden kann, zeigen die folgenden vier Punkte:

27. Erstens: Alle Menschen sollen den gleichen Zielen der Weisheit, der Sittlichkeit und der Heiligkeit zugeführt werden.
28. Zweitens: Alle Menschen, sosehr sie sich auch in ihren geistigen Anlagen voneinander unterscheiden, haben doch die gleiche Natur und sind mit den gleichen Organen versehen.
29. Drittens: Jene Verschiedenheit der geistigen Anlagen ist nichts anderes als eine Anomalie und ein Mangel der natürlichen Harmonie, ebenso wie die Krankheiten des Körpers Anomalien der Feuchtigkeit oder der Trockenheit, der Wärme oder der Kälte sind. Die Geistesschärfe z. B. ist doch nichts anderes als eine Feinheit und Beweglichkeit der Lebensgeister im Gehirn, rasche Leitung der Sinnesorgane, geschwinde Auffassung der Objekte. Wenn diese Beweglichkeit nicht durch eine gewisse Vernunft in Schranken gehalten wird, so zerfallen Geist und Verstand und lassen Kraftlosigkeit oder Dummheit zurück. Darum sehen wir Frühbegabte meist durch einen frühzeitigen Tod hinweggerafft werden oder zurückfallen. Was ist anderseits geistige Schwerfälligkeit anderes als eine Zähigkeit und Unklarheit der Gedanken im Gehirn? Die muss daher durch häufige Bewegung aufgelöst und geklärt werden. Was ist – frage ich weiter – Mutwille und Trotz anderes als eine übermäßige Beharrlichkeit des Willens, nicht nachzugeben? Sie muss durch Zucht gelockert werden. Was schließlich ist die Trägheit anderes als eine zu große Schwäche des Willens (cor), welche der Stärkung bedarf? Für den Körper nun ist *die* Arznei am heilsamsten, die nicht Feindliches dem Feindlichen entgegensetzt (denn so wird der Kampf ja noch heftiger), sondern eine Milderung der Gegensätze herbeiführt, sodass nicht der einen Seite etwas mangelt und der anderen zu viel wird. Genauso wird für die Fehler des menschlichen Verstandes das günstigste Heilmittel in einer Methode liegen, durch welche Überfluss wie Mangel der Begabung (ingenia) ausgeglichen und alles in Harmonie und lieblichen Einklang überführt wird. Nach diesem Plan ist diese unsere Methode den mittleren Begabungen (die ja immer

am häufigsten sind) besonders angepasst. Den Scharfsinnigeren sollen die Hindernisse nicht fehlen, damit sie nicht vor der Zeit sich erschöpfen; bei den Langsameren sollen Sporen und Stacheln für Anreizung sorgen.

30. Viertens schließlich lässt sich jenem Mangel oder Überfluss der Begabung besser beikommen, solange er noch neu ist. Im Kriegsdienst werden die Rekruten unter die alten Soldaten, die schwachen unter die starken, die trägen unter die lebhaften gemischt und müssen unter denselben Fahnen kämpfen, werden mit denselben Befehlen gelenkt, solange das Gefecht in geordneter Schlachtreihe anhält; ist aber der Sieg errungen, so verfolgt ein jeder den Feind, soweit er will und kann, und macht Beute nach seinem Belieben. So sollte es auch in diesem Kriegsdienst der Wissenschaft gehen, dass die Langsamen unter die Geschwinden, die Schwerfälligen unter die Wendigen, die Hartnäckigen unter die Folgsamen gemischt werden. Nach gleichen Befehlen und durch gleiche Beispiele mögen sie so lange gelenkt werden, als sie einer Lenkung bedürfen. Sind sie aus der Schule entlassen, so verfolge ein jeder seinen Studienweg so wie er mag und kann.

31. Unter einer solchen Mischung verstehe ich aber nicht nur ein örtliches, sondern vielmehr ein auf gegenseitige Hilfeleistung angelegtes Zusammentun. Wenn der Lehrer einen Begabteren entdeckt, so soll er ihm zwei oder drei Langsamere zum Belehren anvertrauen. Wo er einen von rechtschaffener Art bemerkt, so möge er ihm andere, die von schlechterer Gesinnung sind, zur Beobachtung und Lenkung übergeben. Auf diese Weise wird für beide trefflich gesorgt, wenn der Lehrer noch darauf achtet, dass alles nach den Vorschriften der Vernunft geschieht. Aber nun ist es Zeit, an die Erklärung der Sache selbst zu gehen.

13. Kapitel

RICHTIGE ORDNUNG IN ALLEM ALS GRUNDLAGE EINER SCHULREFORM

Die Ordnung ist die Seele aller Dinge (1). Beispiele dafür in der Schöpfung (2–4), im menschlichen Körper und Geiste (5/6), in menschlichen Einrichtungen und Erfindungen (7–13). Auch das Geheimnis einer Uhr liegt in der Ordnung (14). Hoffnung auf einen Schultypus, der dem Uhrwerk gleicht (15/16).

1. Wenn wir betrachten, was es denn sei, das die ganze Welt mit all ihren einzelnen Teilen in ihrem Zustand erhält, so entdecken wir, dass es gar nichts anderes als die Ordnung (ordo) ist, die rechte Anordnung (dispositio) des Früheren und Späteren, Obern und Untern, Größern und Kleinern, Ähnlichen und Unähnlichen nach Ort, Zeit, Zahl, Maß und Gewicht, wie es jedem zusteht und angemessen ist. Deshalb hat jemand die Ordnung wahr und zutreffend als die Seele der Dinge bezeichnet. Denn alles, was geordnet ist, erhält so lange seinen Zustand unversehrt, als es seine Ordnung erhält. Gibt es die Ordnung auf, so erschlafft es, wankt, fällt und stürzt zusammen. Dies geht aus allen Beispielen der Natur und der Kunst hervor.
2. Was erhält die Welt als Welt und verleiht ihrer Fülle Bestand? Doch dies, dass jedes Geschöpf nach der Vorschrift der Natur geflissentlich innerhalb seiner Grenzen bleibt. Und durch diese Beachtung der Ordnung im Kleinen bleibt die Ordnung des Ganzen gewahrt.

3. Was lässt den Lauf der Zeiten in den festen Abschnitten der Jahre, Monate und Tage so geordnet und ohne jede Verwirrung abrollen? Die eine und unumstößliche Ordnung des Firmaments!

4. Was ist die Ursache, dass Bienen, Ameisen und Spinnen so feine Arbeiten ausführen, dass sie der menschliche Geist nur bewundern, nicht aber nachahmen kann? Nichts als die angeborene Geschicklichkeit, in ihrer Arbeit Ordnung, Zahl und Maß zu beachten.

5. Was macht den menschlichen Körper zu einem so wunderbaren Organon, dass er zu unzähligen Verrichtungen taugt, obgleich er nicht mit unzähligen Werkzeugen ausgerüstet ist? D. h., wie kommt es, dass er mit den wenigen Gliedern, über die er verfügt, eine erstaunliche Menge verschiedener Arbeiten ausführen kann und keinen Grund findet, etwas weiteres hinzuzuwünschen oder etwas anderes haben zu wollen? Das leistet die weise Anordnung (proportio) aller Glieder, sowohl in sich als auch in ihrem Verhältnis zueinander.

6. Weshalb genügt der eine Verstand, der dem Körper innewohnt, um den ganzen Körper und seine vielen Tätigkeiten zugleich zu lenken? Nur wegen der Ordnung, in der alle Glieder ständig miteinander verkettet sind und der zufolge sie auf den ersten Wink des Verstandes reagieren.

7. Was ist der Grund, dass ein Mensch, ein König oder Kaiser, ganze Völker regieren kann, sodass die noch so zahlreichen Köpfe und Sinne alle der Absicht eines einzelnen dienen und, wenn dieser eine die Dinge richtig anpackt, alles gut vonstattengehen muss? Nichts als die Ordnung, in welcher alle durch die Gesetze und den Gehorsam diesem Lenker aller Dinge verbunden sind. Einige sind ihm unmittelbar untertan, andere wiederum diesen Ersten usw. bis hinunter zum Letzten [Hintersassen]. So schließt sich wie in einer Kette ein Glied dem anderen an, sodass alle sich bewegen, wenn sich das Erste bewegt, und alle ruhen, wenn das Erste ruht.

8. Wie konnte Hieron allein eine so große Last, die viele Hundert Männer vergeblich von der Stelle zu rücken versucht hatten, willkürlich bewegen? Mit einer kunstvollen Maschine, die aus vielen Walzen, Winden und Seilen so gebaut war, dass eines dem andern half, die Kräfte zu vervielfachen.

9. Die schreckliche Wirkung der Kanonen, welche Mauern brechen, Türme fällen und Heere vernichten, rührt von einer bestimmten Anordnung der Teile und der Wirkung des Aktiven auf das Passive her. Nämlich von der richtigen Mischung von Salpeter und Schwefel (dem Kältesten und dem Heißesten), vom richtigen Größenverhältnis der Kanone oder des Geschützes, der gehörigen Ausrüstung mit Pulver, Zunder und Kugeln und schließlich vom sorgfältigen Zielen auf die Objekte. Wird nur eins davon außer acht gelassen, ist der ganze Apparat nichts nütze.

10. Was ist das Prinzip der Buchdruckerkunst, mit welcher die Bücher schnell, hübsch und fehlerfrei vervielfältigt werden? *Ordnung* beim Ausstanzen der metallenen Typen, beim Gießen, Glätten und Einreihen, beim Setzen, Unter-die-Presse-Schieben, beim Zubereiten, Wässern und Ausbreiten des Papiers usw.

11. Und wie kommt es – um auch ein Beispiel aus dem Gebiet des Handwerks anzuführen dass ein Wagen, d. h. Holz und Eisen (denn daraus besteht er) den voraneilenden Pferden so rasch nachfolgt und zum Transport von Menschen und Lasten so außerordentlich nützlich ist? Das kommt nur von der kunstvollen Zusammenordnung von Holz und Eisen zu Rädern, Achsen, Deichseln, Jochen usw. Wenn nur eines von ihnen zerbricht, ist der Wagen unbrauchbar.

12. Und wie kommt es, dass die Menschen ein Holz besteigen können und sich dem wütenden Meere anvertrauen, bis zu den Antipoden vordringen und wohlbehalten zurückkehren? Das macht nur die Zusammenordnung von Kiel, Mastbaum, Tauen, Segeln, Riemen, Steuerruder, Anker und Kompass zum Schiffe. Ist auch nur eines davon entzwei, so läuft man Gefahr, Schiffbruch zu erleiden und unterzugehen.

13. Wie kommt es schließlich, dass in dem Werkzeug für Zeitmessung, in der Uhr, das hin und her schwingende und seinen Standort wechselnde Metall sich von selbst bewegt? Dazu gleichmäßig Minuten, Stunden, Tage, Monate und vielleicht auch Jahre zählt und sie nicht bloß den Augen anzeigt, sondern auch den Ohren kündet, indem es aus der Ferne und im Dunkeln Zeichen gibt? Ja, ein solches Werkzeug weckt sogar den Menschen zu einer bestimmten Stunde aus dem Schlaf auf und zündet ein Licht an, damit der Erwachte gleich etwas sieht. Es gibt sogar den Wechsel der Feste nach dem Kalender, Neumond und Vollmond und den Lauf aller Planeten und die Finsternisse an. Was, frage ich, verdient noch Bewunderung wenn nicht dieses, dass ein an sich lebloses Ding wie das Metall so lebendige, beständige und regelmäßige Bewegungen vollzieht? Wäre dies nicht, bevor es noch erfunden war, für ebenso unmöglich gehalten worden, wie wenn einer behauptet hätte, die Bäume würden gehen und die Steine würden sprechen können? Nun aber sind unsere Augen Zeugen dieses Geschehens.

14. Welche verborgene Kraft aber bewirkt solches? Keine andere als die offenkundige, hier alles beherrschende Ordnung. D. h. die Kraft der richtigen Anordnung aller zusammenwirkenden Teile, richtig in Zahl, Maß und Ordnung, deren jedes seine vorgeschriebene Aufgabe hat und auf diese Aufgabe gerichtete Mittel und zu diesen Mitteln gehörige Verhaltensweisen. Überall finden sich die richtigen Größenverhältnisse der einzelnen Teile zum Ganzen und der nötige Zusammenhang eines jeden mit seinem Arbeitspartner, und es herrschen gegenseitig verpflichtende Gesetze über die Vermittlung und Wechselwirkung der Kraft. So wickelt sich alles mit größerer Genauigkeit ab als in einem lebendigen, von eigenem Geist geleiteten Körper. Wenn nun aber darin etwas auseinanderfällt, zerbricht, sich spaltet, erschlafft oder sich verbiegt, und wenn es sich dabei um ein noch so kleines Rädchen, die kleinste Achse oder das feinste Teilchen handelt, so bleibt alles stehen oder weicht von seinem

Wege ab. So augenfällig geht daraus hervor, dass von der Ordnung einzig und allein alles abhängt.

15. Die Kunst des Lehrens erfordert also nichts als eine kunstgerechte Anordnung von Zeit, Stoff und Methode. Können wir die richtig treffen, so ist es nicht schwerer, eine beliebig große Schülerzahl alles zu lehren, als mithilfe der Werkzeuge, über welche die Buchdruckerkunst verfügt, täglich tausend Bogen mit zierlicher Schrift zu bedecken; oder mithilfe der Archimedischen Maschine Häuser, Türme und andere Lasten fortzurücken; oder mit einem Schiff den ganzen Ozean zu überqueren und in die Neue Welt zu fahren. Alles wird ebenso leicht und bequem gehen wie die Uhr, wenn sie von ihrem Gewicht richtig reguliert wird; ebenso angenehm und erfreulich, wie der Anblick einer solchen Maschine angenehm und erfreulich ist; und mit derselben Sicherheit schließlich, wie sie einem so kunstvoll ausgedachten Instrument eigen ist.

16. Lasst uns also im Namen des Höchsten versuchen, einen Typus (conformatio) von Schulen zu begründen, der einer kunstreich angefertigten, mit vielfacher Pracht gezierten Uhr genau entspricht.

14. Kapitel

DIE RECHTE ORDNUNG DER SCHULE, DIE ALLE SCHWIERIGKEITEN ÜBERWINDET, MUSS DER NATUR ENTNOMMEN WERDEN

Die Grundlagen der Künste sind in der Natur zu suchen (1). Beispiele dafür in verschiedenen menschlichen Tätigkeiten und Erfindungen (2–6). Auch die Kunst der Didaktik muss der Natur folgen (7). Fünf Einwände dagegen (8) und deren Widerlegung (9–14). Übersicht über das Folgende (15).

1. Wir wollen nun im Namen Gottes die Grundlagen zu ermitteln beginnen, auf denen Lehr- und Lernmethode wie auf einem unbeweglichen Fels aufgebaut werden können. Diese dürfen wir nur in der Natur suchen, da wir für Mängel der Natur Heilmittel schaffen wollen und es eine unumstößliche Wahrheit ist, dass die Kunst allein durch Nachahmung der Natur etwas vermag.

2. An Beispielen möge das klar werden. Sieht man einen Fisch im Wasser schwimmen, so ist das für ihn ganz natürlich. Will der Mensch ihn nachahmen, so muss er notwendig ähnliche Werkzeuge und Bewegungen anwenden: nämlich statt der Flossen die Arme und statt des Schwanzes die Beine so bewegen wie der Fisch die Flossen. Ja, auch die Schiffe können nur nach diesem Urbild gestaltet werden. An die Stelle der Flossen treten hier die Ruder oder die Segel, und an die Stelle des Schwanzes tritt das Steuer. Siehst du einen Vogel in der Luft fliegen, so ist

das für ihn natürlich. Als Daedalus ihn nachahmen wollte, musste er (der Schwere seines Körpers entsprechende) Flügel anziehen und sie bewegen.

3. Das Organ, das die Töne hervorbringt, ist bei den Tieren eine raue Röhre, aus knorpligen Ringen zusammengesetzt, mit dem Kehlkopf darüber wie mit einem verschließbaren Hahn, nach unten mit dem die Luft liefernden Schlauche, der Lunge, verbunden. Nach diesem Vorbilde sind die Pfeifen, Dudelsäcke und anderen Blasinstrumente gebaut.

4. Man hat entdeckt, dass das, was aus den Wolken hervorkracht und Feuer und Steine schleudert, durch Schwefel entzündeter Salpeter ist. In Nachahmung dessen setzt man aus Schwefel und Salpeter Schießpulver zusammen, welches, wenn es entzündet und aus Sprengkörpern geschleudert wird, jenen nachgeahmten Donner und Blitz zustande bringt.

5. Man hat bemerkt, dass Wasser einen Spiegel gleichmäßiger Höhe zu bilden pflegt, auch in zwei kommunizierenden Gefäßen, wenn diese noch so weit voneinander entfernt sind. Man hat darauf mancherlei Röhrenleitungen gelegt, in welchen das Wasser durch jede beliebige Tiefe zu jeder Höhe emporsteigt, vorausgesetzt, dass es auf der andern Seite um ebenso viel herabgedrückt wird. Dies ist sowohl der Kunst als der Natur zu verdanken. Wie die Sache angelegt ist, beruht auf Kunst, dass sie funktioniert, auf einem Naturgesetz.

6. Man hat das Firmament betrachtet und gesehen, dass es sich beständig dreht und dass die verschiedenen Bahnen der Gestirne den für die Welt angenehmen Wechsel der Jahreszeiten bewirken. Nach diesem Muster hat man sich ein Instrument ausgedacht, das die täglichen Umdrehungen des Himmelsgewölbes anzeigt und die Stunden misst. Es ist aus Rädchen zusammengesetzt, und zwar so, dass nicht nur eines das andere bewegt, sondern dass die Bewegung auch endlos weitergeht. Man musste deshalb dieses Instrument aus beweglichen und unbeweglichen Teilen zusammensetzen wie die Welt selbst. So

sind anstelle des ersten, was stillsteht in der Welt, anstelle der Erde, unbewegliche Sockel, Stützen und Fassungen gesetzt worden und anstelle der beweglichen Himmelssphären die verschiedenen Rädchen. Da es aber nicht möglich war, einem Rad den Befehl zu geben, sich zu drehen und noch andere mit zu bewegen (so wie der Schöpfer dem Licht der Gestirne die Kraft verlieh, sich und andere mit sich zu bewegen), so musste man die Kraft der Bewegung aus der Natur entlehnen, entweder die Bewegungskraft der Gravitation oder die der Selbstbefreiung. Deshalb wird entweder der Welle des Hauptrades ein Gewicht angehängt, welches nach unten ziehend die Welle dreht und das eigene Rad sowie alle anderen in Bewegung setzt. Oder man fertigt eine längliche stählerne Feder an, welche, zylindrisch aufgerollt, danach strebt, die Freiheit wiederzuerlangen, sich in die Länge dehnt und so Welle und Räder in Bewegung setzt. Damit aber der Ablauf nicht zu schnell vor sich gehe, sondern langsam im Tempo des Himmelsgewölbes, sind andere Rädchen eingebaut. Das äußerste, welches nur von zwei Zähnchen hin und her bewegt wird, gibt den Wechsel des kommenden und verblassenden Lichtes, den Wechsel von Tag und Nacht wieder. An dem Teil, der die genauen Stunden oder Viertelstunden anzeigen soll, werden mit Kunst Vorrichtungen angebracht, die nach Bedarf den Lauf hemmen oder fördern, in derselben Weise, in der die Natur, in ihre Monate unterteilt, durch die Bewegung des Himmelsgewölbes Winter, Frühling, Sommer und Herbst herbeiführt und vergehen lässt.

7. Aus alledem geht hervor, dass die Ordnung, die das allgemeine Urbild der Kunst, alles zu lehren und zu lernen, sein soll, nirgends anders her entlehnt werden soll und kann als von der Lehrmeisterin Natur. Wenn diese Ordnung genau festgesetzt ist, so wird alles mit Kunst Unternommene ebenso leicht und von selbst vonstattengehen, wie das Natürliche dahinfließt. Richtig sagt Cicero: Wenn wir der Natur als Führerin folgen, werden wir niemals irregehen. Und: Unter der Leitung der Na-

tur kann man unmöglich irren. Dies eben erhoffen wir und möchten deshalb in ähnlicher Weise vorzugehen raten, wie wir es im Wirken der Natur hier und dort beobachtet haben.

8. Man könnte uns und der großen Hoffnung, die wir geweckt haben, den kurzen Satz des Hippokrates entgegenhalten: Das Leben ist kurz, die Kunst aber lang, die Gelegenheit flüchtig, die Versuche trügerisch und das Urteil schwierig. Darin sind fünf Gründe enthalten, weshalb so wenige auf den Gipfel der Wissenschaften gelangen: Erstens die Kürze des Lebens, welche oft dazu führt, dass wir noch mitten in den Vorbereitungen auf das Leben selbst dahingerafft werden. Zweitens die unendliche Vielfalt der Dinge, die vom Geist bewältigt werden sollten, welche es unendlich mühevoll macht, alles in die Schranken des Verstandes zu zwingen. Drittens der Mangel an Gelegenheit, die schönen Künste zu lernen oder ihr eiliges Entschwinden, wenn sie sich einmal bietet. (Denn die Jahre der Jugend, die sich am besten zur Bildung des Geistes eignen, werden meist mit Spielereien dahingebracht, und das folgende Alter bietet, so wie es nun einmal um uns Sterbliche bestellt ist, immer mehr Gelegenheit zu nichtigem als zu ernstem Tun. Wenn aber sich eine gute Gelegenheit zeigt, so entflieht sie auch schon wieder, ehe man sie am Schopfe gefasst hat.) Viertens die Schwäche unseres Geistes und die Unklarheit unseres Urteils, welche uns meist an der Oberfläche bleiben und nicht bis zum Kern vordringen lässt. Wollte fünftens endlich jemand in langen Beobachtungen und oft wiederholten Versuchen die Natur der Dinge ergründen, so wäre dies allzu mühevoll, verfänglich und unsicher. (Wie leicht kann bei der feinen Verflechtung der Dinge auch dem Blick des Scharfsichtigsten noch vieles entgehen; schleicht sich aber auch nur ein einziger Irrtum ein, so wird die ganze Beobachtung unsicher.)

9. Wenn dies alles wahr ist, wie können wir es noch wagen, einen so allgemeingültigen, leichten und zuverlässigen Studienweg zu verheißen? Dass alles dieses wahr ist, zeigt die Erfah-

rung. Dass es aber ebenso wahre Heilmittel dagegen gibt, beweist – neben der Vernunft – ebenfalls die Erfahrung. Dies alles ist von Gott, dem weisesten Lenker aller Dinge, so eingerichtet worden, und zwar zu unsrem Besten. Es wird sich also alles mit Klugheit zum Besten wenden lassen. Die kurze Zeit zum Leben hat er uns nämlich darum gegeben, weil wir in dieser Verderbnis das Leben nicht mehr richtig zu brauchen wissen. Wenn wir also schon jetzt, wo wir bei der Geburt schon zu sterben beginnen und das Ende von Anfang an über uns hängt, uns in Nichtigkeiten verlieren, was würde erst geschehen, wenn wir Hunderte oder Tausende von Jahren vor uns hätten? Gott wollte uns also nur ein so langes Leben zugestehen, als er für die Vorbereitung auf das bessere Leben für nötig erachtete. Dafür also ist unser Leben lang genug, wenn wir es nur zu nutzen wissen.

10. Desgleichen zu unserm Nutzen wollte Gott, dass viele Dinge seien, damit vieles vorhanden wäre, womit wir uns beschäftigen, woran wir uns üben und bilden könnten.

11. Er wollte, dass die Gelegenheiten flüchtig seien und nicht leicht am Schopfe zu fassen, damit wir, dessen eingedenk, uns anstrengen sollten, sie zu greifen, wo sie sich bieten.

12. Die Versuche sollten trügerisch sein, damit wir aufpassen müssten und gezwungen wären, tiefer in die Dinge einzudringen.

13. Und schließlich sollte uns das Urteil über die Dinge schwerfallen, damit wir unsere Sorgfalt und Beharrlichkeit in der Forschung verschärfen müssen. Und zwar deshalb, damit die über alles verteilte Weisheit Gottes zu unserer größeren Freude immer mehr offenbar werde. Wenn nämlich alles leicht verständlich wäre (sagt Augustin), so würde die Wahrheit weder mit Eifer gesucht noch mit Befriedigung gefunden.

14. Wir müssen also zusehen, wie jene äußerlichen Hindernisse, die uns die göttliche Vorsehung in den Weg gelegt hat, um unsern Fleiß zu mehren, mit Gottes Hilfe beseitigt werden können. Dies ist nur möglich, indem wir

I. das Leben verlängern, sodass es für die Laufbahn, zu der wir bestimmt sind, ausreicht;
II. die Künste abkürzen, sodass sie der Lebensdauer entsprechen;
III. die Gelegenheiten ergreifen und nicht ungenutzt entfliehen lassen;
IV. den Geist erschließen, dass er leicht in die Dinge eindringt;
V. eine unbewegliche und unfehlbare Grundlage schaffen anstelle unsicherer Beobachtungen.

15. Gehen wir also daran, gemäß den Weisungen der Natur die Grundlagen zu erforschen für die Verlängerung des Lebens, damit alles Notwendige gelernt werden kann, für die Abkürzung der Künste, damit schneller gelernt wird, für das Erfassen der Gelegenheiten, damit sicher gelernt wird, für die Erschließung des Geistes, damit das Lernen leichter sei, und für die Schärfung des Urteils, auf dass gründlich gelernt werde.

Die angegebenen Punkte wollen wir in je einem Kapitel erörtern, dabei aber die Weise der Abkürzung an letzter Stelle behandeln.

15. Kapitel

GRUNDSÄTZE FÜR DIE VERLÄNGERUNG DES LEBENS

Des Menschen Leben ist lang genug (1). Wir verkürzen es jedoch (2), indem wir unsre Kräfte zugrunde richten (3) oder uns nicht wirklich unseren Aufgaben widmen, wie Beispiele lehren (4/5). Seneca über die Länge des Lebens (6). Zwei Regeln für ein langes Leben (7): I. Der Körper als Wohnung der Seele ist vor Krankheit zu schützen (8) durch mäßige und einfache Ernährung (9/10), durch Bewegung (11) und häufige Ruhe (12/13). II. Die Arbeitszeit muss richtig eingeteilt werden (14). Schritt für Schritt (15) und mit genauer Zeiteinteilung kommt man weit (16) und kann große Schätze von Gelehrsamkeit sammeln (17). Schlusssatz (18).

1. Was die Kürze des Lebens betrifft, so beklagen sich Aristoteles und Hippokrates darüber und werfen der Natur vor, dass sie Hirschen, Raben und andern wilden Tieren eine längere Lebensdauer gewähre, dem Leben des Menschen hingegen, der zu so Großem geboren sei, so enge Grenzen setze. Weise aber entgegnet Seneca: Wir empfangen nicht ein kurzes Leben, sondern wir machen es dazu; wir leiden keinen Mangel daran, sondern wir verschwenden es. Das Leben ist lang, wenn man es zu nutzen versteht. Und weiter: Das Leben ist lang genug und für die Verrichtung der wichtigsten Dinge reichlich bemessen, wenn es durchweg gut angewendet wird.

2. Wenn dies wahr ist – und es *ist* wahr –, so ist es unsere

Schuld, wenn unser Leben für die Ausführung selbst der wichtigsten Dinge nicht ausreicht. Weil wir nämlich selbst das Leben vergeuden, teils so, dass wir es zugrunde richten, sodass es vor dem natürlichen Ende erlischt, teils indem wir es auf nichtige Dinge verwenden.

3. Ein nicht unbekannter Autor (Hippolytus Guarinonius) schrieb und bewies mit Argumenten, dass auch der zarteste Mensch, wenn er unversehrt das Licht der Welt erblickt hat, soviel Lebenskraft in sich trage, dass sie bis zum sechzigsten Jahre, bei einem besonders kräftig Veranlagten bis zum hundertundzwanzigsten Jahre natürlicherweise ausreichte. Wenn nun manche vor dieser Zeit sterben (und wer wüsste nicht, dass die meisten in der Kindheit, der Jugend und dem Mannesalter sterben?), so sei das die Schuld der Menschen, die in mannigfachen Ausschweifungen oder durch Vernachlässigung der Hilfskräfte des Lebens ihre eigene Gesundheit und die ihrer künftigen Kinder verderben und den Tod beschleunigen.

4. Dass aber auch eine kurze Lebensdauer (z. B. 50, 40 oder 30 Jahre) für die wichtigsten Dinge ausreicht, wenn man sie recht anzuwenden weiß, lehren die Beispiele derer, die, noch ehe sie das volle Mannesalter erreicht hatten, schon dahin gelangt waren, wohin andere nicht im längsten Leben zu kommen versuchten. Alexander der Große schied im 33. Jahre aus dem Leben und war nicht nur in den Wissenschaften außerordentlich gebildet, sondern zugleich Bezwinger der Welt, die er nicht so sehr durch Waffengewalt als durch kluge Anordnungen und bewunderungswürdige Schnelligkeit in der Durchführung (nichts ließ er anstehen) unterworfen hatte. Pico della Mirandola erreichte nicht einmal das Alter Alexanders, erhob sich aber in seinen Studien der Weisheit so weit über alle Dinge, welche des Menschen Geist zu durchdringen vermag, dass er für ein Wunder seines Jahrhunderts galt.

5. Ich will nicht noch mehr aufzählen, aber auch Christus selbst, unser Herr, der nur 34 Jahre auf Erden weilte, hat das

große Werk der Erlösung vollbracht, zweifellos um ein Beispiel zu geben (wie ja alle seine Taten mystische Bedeutung haben), dass jede Lebensdauer, die dem Menschen zuteilwird, ausreiche, um Schätze für die Ewigkeit zu sammeln.

6. Hier muss ich die in gleichem Sinne gesprochenen goldenen Worte Senecas anführen: »Viele«, sagt er, »habe ich ihren Mitmenschen, niemanden aber Gott gerecht werden sehen. Wir schelten täglich das Geschick usw. Was liegt daran, wie bald du fortgehen musst, da du ja mit Gewissheit fortgehen musst? Das Leben ist lang, wenn es voll ist. Erfüllt wird es aber, wenn der Geist in den Besitz dessen, was ihm zusteht, gekommen ist, nämlich die Herrschaft über sich selbst erlangt hat«. Weiter: »Ich beschwöre dich, mein Lucilius, lass uns darum besorgt sein, dass unser Leben wie ein Kleinod nicht von großem Ausmaß, aber von großem Gewicht sei. Wir wollen es nach Taten messen, nicht nach Zeit«. Und darauf: »Lass uns also denjenigen loben und glücklich preisen, der die Zeitspanne, die ihm zuteil wurde, gut ausgenützt hat, so kurz sie auch war. Denn er hat das wahre Licht gesehen, ist nicht nur einer unter vielen gewesen: Er hat gelebt und geblüht«. Und schließlich: »Wie ein Mensch bei kleinstem Wuchs vollkommen sein kann, so kann auch ein Leben bei der kleinsten Zeitspanne vollkommen sein. Das Lebensalter gehört zu den äußeren Gütern. Du fragst, welches die längste Lebensdauer sei: Leben, bis man die Weisheit erlangt hat. Wer es dahin bringt, hat zwar nicht das entfernteste Ziel erreicht, aber das höchste«.

7. Gegen die Klagen über die Kürze des Lebens gibt es für uns und unsere Kinder (also auch für die Schulen) zwei Heilmittel: Es ist so viel als möglich dafür zu sorgen, dass

   I. der Körper vor Krankheit und Tod geschützt bleibt und dass

   II. der Verstand angeleitet wird, alles weise einzurichten.

8. Wir sind verpflichtet, den Körper vor Krankheiten und Unfällen zu schützen erstens, weil er die Wohnung der Seele, und

zwar ihre einzige, ist. Wird sie zerstört, so ist die Seele gezwungen, sofort aus der Welt zu scheiden. Oder wird sie allmählich zugrunde gerichtet und bekommt bald hier bald dort einen Riss, so hat ihr Gast, die Seele, einen unbequemen Wohnort. Wenn wir in dem Palast der Welt, in den uns Gottes Güte eingelassen hat, so lang und so wohlbehalten als möglich bleiben wollen, so müssen wir für die Hütte, die unser Körper ist, umsichtig Sorge tragen. Zweitens ist dieser Körper nicht bloß als Wohnung der vernünftigen Seele gedacht, sondern auch als ihr Werkzeug, ohne welches sie nicht hören, nicht sehen, nicht sprechen, nichts tun, ja nicht einmal etwas denken kann. Denn weil mit dem Intellekt nichts erkannt wird, was nicht vorher mit den Sinnen aufgefasst worden wäre, bekommt der Verstand den Stoff zu all seinen Gedanken nur von den Sinnen und vollzieht auch den Akt des Denkens nicht anders als wie ein inneres Fühlen, indem er nämlich die von den Dingen empfangenen Bilder im Geiste betrachtet. Daher wird, wenn das Gehirn verletzt ist, auch die Vorstellungsgabe verletzt, und wenn die Glieder des Körpers erkranken, auch der Verstand selber krank. Ganz richtig heißt es deshalb: Bete um einen gesunden Verstand in einem gesunden Körper.

9. In seiner Kraft erhalten bleibt uns aber der Körper bei maßvoller Nahrung, worüber die Ärzte von Berufs wegen sprechen, ich hier aber nur – anhand des Beispiels von einem Baum – einen kurzen Hinweis geben will. Ein Baum, der lange leben soll, hat dreierlei nötig: 1. ständige Feuchtigkeit, 2. häufige Atmung, 3. zeitweise Ruhe. Der Feuchtigkeit bedarf er, weil er sonst vertrocknet und verdorrt. Aber sie muss mäßig sein, damit die Wurzel nicht fault. So bedarf auch der Körper der Nahrung, weil er sonst vor Hunger und Durst abmagert. Aber zu viel soll er nicht bekommen, damit die Verdauung nicht erschwert und gestört werde. Je maßvoller man ihm Nahrung zuführt, desto sicherer und besser verarbeitet er sie. Da dies gewöhnlich nicht beachtet wird, richten die meisten durch übermäßige Nah-

rung ihre Kräfte und ihr Leben zugrunde. Denn der Tod kommt von der Krankheit, Krankheit aber von schlechten Säften, falsche Säfte von falscher Verdauung, falsche Verdauung vom Überfluss der Speisen, da so viel in den Magen gebracht wird, dass er es nicht mehr verdauen kann, sodass er halb fertige Flüssigkeit in die Glieder abgehen lassen muss. Davon muss man schließlich krank werden. »Viele haben sich zu Tode gefressen« sagt Jesus Sirach (37, 34 bzw. 31), »wer aber Maß hält, verlängert sein Leben«.

10. Die Nahrung muss zur Erhaltung der Gesundheit nicht nur mäßig, sondern auch einfach sein. Der Gärtner begießt einen noch so zarten Baum nicht mit Wein oder Milch, sondern mit der gewöhnlichen Flüssigkeit für die Pflanzen, mit Wasser. Die Eltern sollen sich also hüten, ihre Kinder, besonders die, welche für die Studien bestimmt sind (oder bestimmt werden sollen), an die Reize des Gaumens zu gewöhnen. Denn es steht nicht vergebens geschrieben, dass Daniel und seine Genossen, Jünglinge von königlichem Geblüt, die sich den Studien widmeten, von Gemüse und Wasser besser und wohlgenährter aussahen und, was mehr ist, gescheiter waren als alle Knaben, die von der königlichen Tafel zu essen bekamen (Dan. 1, 12 ff.). Aber darüber mehr an anderer Stelle.

11. Auch der Atmung bedarf der Baum und häufiger Belebung durch Wind, Regen und Kälte. Sonst wird er leicht schlaff und verdorrt. In gleicher Weise bedarf der menschliche Körper der Bewegung und Regsamkeit sowie ernster und heiterer Übungen.

12. Schließlich muss der Baum in bestimmten Zeitabständen Ruhe haben. Er soll nicht immer Schösslinge, Blüten und Früchte treiben müssen, sondern die Möglichkeit haben, innerlich zu schaffen, die Säfte zu verarbeiten und so sich selbst zu stärken. Deshalb ließ Gott auf den Sommer den Winter folgen, damit alles, was auf der Erde wächst, und auch die Erde selbst Ruhe hätte. So wie er auch gesetzlich festlegte, dass jedes siebte

Jahr ein Jahr der Ruhe für das Land sein solle (3. Mos. 25). Analog dazu hat er den Menschen und den übrigen Lebewesen die Nacht gegeben, in welcher sie die in der täglichen Arbeit verbrauchten Kräfte durch den Schlaf und die Ruhe der Glieder wiedergewinnen sollten. Aber auch schon nach kürzeren Zeitabschnitten bedürfen Geist und Körper einer gewissen Entspannung, wenn kein Schaden, nichts Naturfeindliches aufkommen soll. Es ist also gut, auch in die tägliche Arbeit irgendwelche Erholung durch Plaudern, Spielen, Scherzen, Musizieren und Ähnliches, was die äußeren und inneren Sinne erquickt, einzuschalten.

13. Schenkt man diesen drei Dingen Beachtung (maßvoller Ernährung, körperlicher Ertüchtigung, Rücksicht auf die Natur), so müssen sich dadurch Leben und Gesundheit so lang wie möglich erhalten – ein Unglücksfall, den eine höhere Macht verhängt, ausgenommen. Die ordentliche Einrichtung der Schulen wird deshalb zu einem guten Teil von der gesetzmäßigen Verteilung von Arbeit und Ruhe, Tätigkeit und Freizeit oder Ferien abhängen.

14. Folgt noch die vernünftige Einteilung der übrigen für die Arbeit bestimmten Zeit. Es scheint ein Kleines zu sein und sich leicht auszusprechen: dreißig Jahre. Und doch schließen sie viele Monate, noch mehr Tage und unzählige Stunden in sich ein! Ein bedeutendes Stück kann jeder in dieser Zeit vorwärtskommen, der, wenn auch nur langsam, voranschreitet. Das sehen wir am Wachstum der Bäume: Dass sie wachsen, sieht man auch nicht bei der schärfsten Beobachtung, weil es allmählich und unmerklich geschieht. Dass sie aber etwas gewachsen sind, bemerkt man jeden Monat, und nach dreißig Jahren sieht man einen weitverzweigten Baum dastehen. Ebenso verhält es sich mit dem Wachstum unseres Körpers. Wir sehen ihn nicht wachsen, sehen nur, dass er gewachsen ist. Dass sich der Geist in gleicher Weise die Kenntnis der Dinge aneigne, lehrt das bekannte Verschen:

Füge zum Kleinen hinzu ein weniges und noch ein bisschen
Und in kürzester Zeit hast einen Berg du gesammelt.

15. Wer die Kraft des Fortschreitens kennt, wird das sofort einsehen. Wenn an einem Baum jährlich aus jeder Knospe nur ein Zweig oder Schössling hervorbricht, so hat er nach dreißig Jahren schließlich Tausende von größeren und kleineren Ästen und unzählige Blätter, Blüten und Früchte. Sollte da des Menschen Fleiß nicht in zwanzig oder dreißig Jahren jede beliebige Höhe und Breite erreichen können? Wir wollen dies ein wenig untersuchen.

16. Der natürliche Tag hat 24 Stunden. Wenn wir diese in drei teilen, so fallen acht dem Schlaf zu und ebenso viel den äußeren Besorgungen (ich meine die Sorge für die Gesundheit, die Ernährung, das An- und Auskleiden, wohlverdiente Erholung, Gespräch mit Freunden usw.). So bleiben schließlich für ernstliche Arbeit, die nun munter und ohne Überdruss angegriffen werden kann, ebenfalls acht. In jede Woche fallen also (wenn der siebte Tag völliger Ruhetag ist) 48 Arbeitsstunden, das macht jährlich 2496; wie viel erst in zehn, zwanzig oder dreißig Jahren!

17. Wenn man nun in jeder Stunde nur einen einzigen Satz aus einem Wissensgebiet, eine einzige handwerkliche Regel, eine einzige schöne Geschichte oder einen Sinnspruch dazulernt, was man offensichtlich mühelos kann, was für ein Schatz von Gelehrsamkeit wird da zusammenkommen!

18. Deshalb hat Seneca recht, wenn er sagt, das Leben sei lang genug, wenn wir es zu benutzen wissen, und genüge für die Verrichtung der wichtigsten Dinge, wenn es durchweg gut angewendet werde. Es wird sich also nur noch darum handeln, die Kunst, es durchweg gut anzuwenden, zu erlernen. Darüber wollen wir jetzt sprechen.

16. Kapitel

GRUNDSÄTZE ZU SICHEREM LEHREN UND LERNEN, BEI DEM DER ERFOLG NICHT AUSBLEIBEN KANN

Die natürlichen Dinge wachsen von selbst (1), die künstlichen sollen ebenso wachsen (2). Wie sich die Pflanzkunst an die Natur anlehnt (3), so soll es auch die Unterrichtsmethode tun (4). Deren Grundsätze werden im Folgenden der Natur und den naturgemäßen Künsten analog entwickelt (5/6).
I. Alles zu seiner Zeit unternehmen (7). Beachtung dieses Grundsatzes durch Gärtner und Architekten (8). Verstoß gegen diesen Grundsatz in den Schulen (9). Vorschläge zur Abhilfe (10). – II. Den Stoff zunächst vorbereiten (11). Anwendung dieses Grundsatzes (12). Verstoß dagegen (13–18), Abhilfe (19). – III. Einen tauglichen Stoff wählen (20). Anwendung (21–23). Verstoß dagegen (24), Abhilfe (25). – IV. Eins nach dem andern unternehmen (26). Anwendung (27–29), Verstoß dagegen (30), Abhilfe (31/32). – V. Alles von innen her beginnen (33). Anwendung (34/35), Verstoß dagegen (36), Abhilfe (37). – VI. Vom Allgemeinen zum Besonderen schreiten (38). Anwendung (39–42), Verstoß dagegen (43/44), Abhilfe (45). – VII. Schrittweise vorgehen (46). Anwendung (47/48), Verstoß dagegen (49), Abhilfe (50). – VIII. Alles Begonnene zu Ende führen (51). Anwendung (52–54), Verstoß dagegen (55), Abhilfe (56). – IX. Alles Schädliche meiden (57). Anwendung dieses Grundsatzes (58–60), Verstoß dagegen in den Schulen (61), Vorschläge zur Abhilfe (62/63).

1. Schön ist das Gleichnis unseres Herrn Jesus Christus, wie es der Evangelist erzählt: Mit dem Reiche Gottes ist es so, wie

wenn ein Mensch den Samen in die Erde wirft und schläft und aufsteht Nacht und Tag, und der Same sprosst und wird groß, er weiß selbst nicht wie. Von selbst bringt die Erde Frucht, zuerst den Halm, dann die Ähre, dann den vollen Weizen in der Ähre. Wenn aber die Frucht gekommen ist, schickt er alsbald die Schnitter usw. (Mark. 4, 26).

2. Hier zeigt der Heiland, dass es Gott ist, der in allen Dingen alles wirkt, und dass dem Menschen nichts zu tun bleibt, als die Samen der Lehre mit treuem Herzen aufzunehmen. Dann werden sie im Verborgenen keimen, zur Reife emporwachsen, ohne dass er selbst es merkt. Die, welche die Jugend unterweisen, haben also keine andere Aufgabe, als die Samen richtig in die Geister zu senken und die Pflänzchen Gottes vorsichtig zu begießen. Gedeihen und Wachstum werden von oben kommen.

3. Wer wüsste nicht, dass zum Pflanzen eine gewisse Kunst und Erfahrung erforderlich ist. Einem unerfahrenen Baumgärtner, der seinen Garten bepflanzt, pflegt der größte Teil der Pflanzen zugrunde zu gehen, und wenn einige glücklich gedeihen, hat er es mehr dem Zufall als seiner Kunst zu verdanken. Ein Kundiger aber geht geschickt vor, wohl wissend, was er wo und wann und wie tun oder lassen muss, sodass ihm eigentlich nichts misslingen kann. Freilich bleibt auch beim Erfahrenen der Erfolg manchmal aus (weil ein Mensch kaum alles so vorsichtig beachten kann, dass ihm nicht das eine oder andere Versehen dabei passierte). Wir wollen hier aber nicht von Vorsicht und Unfällen sprechen, sondern von der Kunst, mit Vorsicht Unfälle zu verhüten.

4. Bisher nun war die Unterrichtsmethode so unsicher, dass kaum einer zu sagen wagte: Ich werde den Jüngling in so und so viel Jahren dorthin führen, ihn so und so weit bilden usw. Wir müssen deshalb sehen, ob diese Kunst der geistigen Pflanzung auf eine so feste Grundlage gestellt werden kann, dass sie sicheren, untrüglichen Erfolg verspricht.

5. Da aber jene Grundlage nur darin bestehen kann, dass wir

diese Kunsttätigkeit möglichst genau den Normen der Naturvorgänge anpassen (wie wir im Kap. 14 gesehen haben), so wollen wir die Wege der Natur erforschen am Beispiel des Vogels, der seine Jungen ausbrütet. Wenn wir dann sehen, wie erfolgreich Gärtner, Maler und Baumeister seinen Spuren folgen, werden wir leicht begreifen, welche Wege auch die Bildner der Jugend einschlagen müssen.

6. Wenn einer diese Beispiele zu nichtig, zu bekannt und alltäglich findet, so möge er sich in Erinnerung rufen, dass wir sie hier heranziehen, um von jenen bekannten, täglichen Vorgängen, die in Natur und in der Kunst (nur in der Schule noch nicht) zu gutem Erfolg führen, jene weniger bekannten, die wir uns zum Ziel gesetzt haben, abzuleiten. Und wenn das, wovon wir die Idee für unsere Vorschriften hernehmen, so bekannt ist, so werden hoffentlich unsere Schlussfolgerungen umso mehr einleuchten.

7. Erster Grundsatz: *Die Natur unternimmt alles zu seiner Zeit.*

Der Vogel z. B., der sein Geschlecht vermehren will, beginnt damit nicht im Winter, wenn alles erfriert oder erstarrt, noch im Sommer, wo alles vor Hitze matt wird, noch im Herbst, wo die Lebenskraft aller Dinge zugleich mit der Sonne im Schwinden begriffen ist und der den jungen Geschöpfen feindliche Winter naht, sondern im Frühling, wenn die Sonne allen Dingen wieder Leben und Frische bringt. Und das auch wieder stufenweise. Solange das Wetter noch ziemlich kühl ist, empfängt und hegt er die Eier in seinem Leibe, wo sie vor Kälte geschützt sind; wenn die Luft lauer wird, legt er sie ins Nest, und zur wärmeren Jahreszeit endlich lässt er die zarten Geschöpfe ausschlüpfen, sodass sie sich langsam an Licht und Wärme gewöhnen.

8. So achtet auch der Gärtner darauf, dass er nichts zur Unzeit vornehme. Er pflanzt also nicht im Winter (weil dann der Saft in der Wurzel bleibt und nicht als Nahrung für den Setzling aufsteigt), noch im Sommer (weil der Saft sich dann schon in die

Zweige verbreitet hat), noch im Herbst (weil der Saft sich dann in die Wurzel zurückzieht), sondern im Frühling, wenn die Säfte aus der Wurzel aufzusteigen beginnen und den oberen Teil der Pflanze beleben. Aber auch nachher muss er genau wissen, wann jeder Eingriff am Bäumchen vorzunehmen ist, d. h. die Zeit des Düngens, Beschneidens, Umgrabens usw. kennen. Denn auch der Baum hat selbst seine bestimmten Zeiten, wo er ausschlägt, blüht, grünt und wo seine Früchte reifen. Nicht anders muss auch ein kluger Baumeister die richtige Zeit wahrnehmen, Holz zu hauen, Ziegel zu brennen, das Fundament zu legen, die Wände zu errichten und zu verputzen.

9. Gegen diesen Grundsatz wird in der Schule auf doppelte Weise gesündigt. I. wird nicht die richtige Zeit für die Übung der Geister gewählt, II. werden die späteren Übungen nicht genau so eingeteilt, dass alles unfehlbar in gehöriger Stufenfolge fortschreitet. Als kleines Kind kann der Knabe noch nicht unterrichtet werden, da die Wurzel der Verständigkeit noch zu tief in der Erde liegt. Im Alter ist es zu spät, den Menschen zu bilden, weil Verständnis und Gedächtnis bereits im Abnehmen begriffen sind. In der Mitte des Lebens ist es schwierig, weil die Kraft des Verstandes durch viele Dinge abgelenkt wird und sich nur mit Mühe konzentrieren lässt. Man muss also das frühe Jugendalter wahrnehmen, wo Lebenskraft und Vernunft im Steigen sind. Dann gedeiht alles leicht und treibt tiefe Wurzeln.

10. Daraus schließen wir: I. Die Bildung des Menschen muss im Frühling des Lebens begonnen werden, d. h. im Knabenalter (das Knabenalter setzen wir dem Frühling gleich, die Jugend dem Sommer, das Mannesalter dem Herbst und das Greisenalter dem Winter). II. Die Morgenstunden sind für das Studium am geeignetsten (weil wieder der frühe Morgen dem Frühling entspricht, der Mittag dem Sommer, der Abend dem Herbst und die Nacht dem Winter). III. Aller Lehrstoff muss den Altersstufen gemäß so verteilt werden, dass nichts zu lernen aufgegeben wird, was das jeweilige Fassungsvermögen übersteigt.

11. Zweiter Grundsatz: *Die Natur bereitet den Stoff* (materia) *zu, bevor sie ihm Form* (forma) *gibt.*

Ein Vogel z. B., der ein sich ähnliches Geschöpf hervorbringen will, empfängt zuerst aus einem Tropfen Blutes den Samen, dann baut er das Nest, in das er die Eier legen will, brütend wärmt er sie schließlich, formt die Jungen und lässt sie ausschlüpfen.

12. So trägt auch ein vorsichtiger Architekt, bevor er ein Haus zu bauen beginnt, Holz, Steine, Kalk, Eisen und was er sonst braucht zusammen, damit nicht nachher wegen Materialmangels die Arbeit stockt oder die Festigkeit des Werkes leidet. Ähnlich sorgt der Maler, der ein Bild malen will, für die Leinwand, spannt sie auf, grundiert sie, löst die Farben auf und legt die Pinsel bereit, dass er sie zur Hand hat; dann endlich malt er. Ebenso ist der Baumgärtner, bevor er zu pflanzen beginnt, darauf bedacht, dass der Garten in Ordnung ist und die Knollen und Setzlinge und alles Gerät bereitstehen, damit er sich nicht während der Arbeit noch das Nötigste zusammensuchen muss und dabei das meiste verdirbt.

13. Gegen diesen Grundsatz verstoßen die Schulen: Erstens weil sie nicht dafür sorgen, dass alles Werkzeug, die Bücher, Tafeln, Muster und Bilder usw. zum allgemeinen Gebrauch vorhanden sind. Sondern, wenn das eine oder andere gerade nötig ist, wird es gesucht, gemacht, diktiert und abgeschrieben, was, wenn es einem unerfahrenen oder nachlässigen Lehrer widerfährt (die ja leider stets in der Überzahl sind), ganz erbärmlich vonstattengeht. Das ist nicht anders, als wenn ein Arzt jedes Mal, wenn er ein Medikament verabreichen sollte, erst in den Garten oder in den Wald laufen, Kräuter und Wurzeln suchen, kochen und auspressen wollte, während es sich doch für ihn gehörte, das Heilmittel für jeden Fall schon bereit zu haben.

14. Zweitens weil auch in den Büchern, welche die Schulen haben, diese natürliche Ordnung nicht beachtet wird, dass der Stoff vorausgehen und die Form folgen soll. Fast überall findet

sich das Gegenteil: Die Ordnung der Dinge kommt vor den Dingen selbst, wo es doch unmöglich ist, etwas zu ordnen, was noch nicht vorhanden ist. Ich werde das an vier Beispielen ausführen.

15. (1) Die Schulen lehren die Sprachen eher als die Realien. Man hält den Geist einige Jahre mit den Redekünsten hin, bevor er endlich, wer weiß wann, in das Studium der Realien, der Mathematik, Physik usw. eingeführt wird. Dabei sind doch die Dinge das Wesentliche (substantia), die Worte das Zufällige (accidens), die Dinge der Leib, die Worte das Gewand, die Dinge der Kern, die Worte Schale und Rinde. Beides muss man also dem menschlichen Verstande (intellectus) zugleich bieten, voran jedoch die Dinge, da sie Gegenstand der Erkenntnis (intellectus) so gut wie der Sprache sind.

16. (2) Sodann wird im Sprachstudium selbst ganz verkehrt vorgegangen, indem man nicht mit irgendeinem Autor oder einem geschickt angelegten Wörterbuch, sondern mit der Grammatik beginnt. Und doch würden die Autoren (und in seiner Weise auch das Wörterbuch) die Wörter, den *Stoff* der Sprache, liefern, die Grammatik fügt nur die *Form* bei, die Gesetze für die Bildung, Ordnung und Verknüpfung der Wörter.

17. (3) Drittens schickt man in jeder Gesamtübersicht über die Wissenschaften, in den Enzyklopädien, die [freien] Künste voraus und lässt Sachwissen und Kenntnisse (scientiae et prudentiae) in weitem Abstand nachfolgen, während diese doch die Dinge [selbst], jene die Methoden [ihrer Behandlung] lehren.

18. (4) Schließlich schickt man abstrakt gefasste Regeln voraus und erklärt sie erst später durch Beispiele, während doch das Licht dem, was erleuchtet werden soll, vorangehen müsste.

19. Daraus ergibt sich, dass zu einer gründlichen Verbesserung der Lehrmethode Folgendes erforderlich ist: I. Bücher und alle andern Lehrmittel müssen bereitstehen. II. Das Erkenntnisvermögen muss vor der Sprache ausgebildet werden. III. Die

Sprachen sind nicht aus der Grammatik, sondern aus den geeigneten Autoren zu lernen. IV. Die realen Wissenschaften müssen den ordnenden, logischen, und V. die Beispiele den Regeln vorausgeschickt werden.

20. Dritter Grundsatz: *Die Natur wählt für ihre Bearbeitung einen tauglichen Stoff* oder bereitet ihn doch sicher zuerst so vor, dass er tauglich wird.

Der Vogel z. B. legt nicht irgendein beliebiges Ding in das Nest, das er dann brüten will, sondern etwas, aus dem ein Junges ausschlüpfen kann, nämlich ein Ei. Wenn ein Steinchen oder sonst etwas hineingerät, wirft er es als unnütz hinaus. Dann wärmt und dreht und formt er brütend so lange den im Ei eingeschlossenen Stoff, bis das Junge ausschlüpfen kann.

21. So lässt auch der Baumeister möglichst gutes Holz schlagen, lässt es trocknen, behauen, zersägen. Dann planiert er den Bauplatz, reinigt ihn und errichtet ein neues Fundament oder flickt und befestigt das alte wieder, dass man es gebrauchen kann.

22. Wenn dem Maler die Leinwand oder die Grundierung für die Farben nicht gut genug ist, so sucht er sie nach Möglichkeit zu verbessern, indem er sie abreibt, glättet und in jeder Weise für den Gebrauch vorbereitet.

23. Ebenso macht es der Baumgärtner. Erstens wählt er einen möglichst kräftigen Setzling von einem fruchtbaren Stamm. Zweitens verpflanzt er ihn in den Garten und setzt ihn sorgfältig in die Erde. Drittens pfropft er ihm aber nicht eher ein neues Reis auf, als bis er sieht, dass er Wurzeln geschlagen hat. Und viertens schneidet er, bevor er das neue Reis einsetzt, kleinere Ästchen ab, ja, er entfernt sogar mit der Säge einen Teil des Stammes selbst, damit kein Tropfen Saft irgendwo anders hin als in das zu belebende Pfropfreis steigen kann.

24. In den Schulen wird gegen diesen Grundsatz verstoßen, nicht so sehr dadurch, dass man Dumme und Langsame aufnimmt (unserer Meinung nach muss ja die gesamte Jugend zu-

gelassen werden), sondern I. dadurch, dass man diese Pflänzchen nicht in Gärten versetzt, d. h. ganz den Schulen anvertraut, [und zwar] so, dass niemand, der zum Menschen gebildet werden soll, aus der Werkstatt entlassen wird, bevor seine Bildung vollendet ist; II. dadurch, dass man ihnen meist Wissenschaft, Sitten und Frömmigkeit aufpfropfen will, bevor der Stamm selbst Wurzeln geschlagen hat, d. h., bevor auch bei denen der Lerneifer geweckt worden ist, die nicht schon von Natur aus begeistert sind; III. dadurch, dass man die Bäumchen oder Setzlinge vor der Pflanzung nicht beschnitten hat, d. h. den Geist nicht, wie es sich gehörte, von unnützen Beschäftigungen reinigte, in Zucht nahm und in Ordnung brachte.

25. Deshalb soll also I. jeder, der zur Schule kommt, darin ausharren; II. der Geist der Schüler auf alles, was behandelt werden soll, vorbereitet werden (darüber mehr im 2. Grundsatz des folgenden Kapitels), und III. alles, was den Schülern [beim Lernen] hinderlich sein könnte, weggeschafft werden. Es ist nämlich nutzlos, Vorschriften zu erlassen, wenn man nicht vorher beseitigt, was ihnen im Wege steht, sagt Seneca. Doch auch davon im nächsten Kapitel.

26. Vierter Grundsatz: *Die Natur bringt ihre Tätigkeiten nicht durcheinander*, sondern nimmt deutlich eins nach dem andern vor.

Wird z. B. ein Vögelchen gebildet, so entstehen zu einer bestimmten Zeit die Knochen, Adern und Nerven, zu einer andern verdichtet sich das Fleisch, wiederum zu einer andern überzieht es sich mit Haut, schließlich bekommt das Tierchen Federn, lernt fliegen usw.

27. Wenn der Baumeister das Fundament legt, so führt er nicht gleichzeitig auch die Wände auf, noch viel weniger legt er schon das Dach darauf, sondern er macht alles zu seiner Zeit und an seinem Platze.

28. Ebenso arbeitet der Maler nicht an zwanzig oder dreißig Bildern gleichzeitig, sondern beschäftigt sich nur mit einem einzigen. Wenn er daneben auch von Zeit zu Zeit Vorbereitun-

gen für ein Nächstes trifft oder sonst etwas vornimmt, so bleibt doch das eine seine Hauptarbeit.

29. In ähnlicher Weise pflanzt auch der Baumgärtner nicht verschiedene Setzlinge zusammen ein, sondern jeden einzeln und einen nach dem andern, dass er weder selbst etwas durcheinanderbringt noch die Natur in ihrer Tätigkeit stört.

30. Es ist deshalb eine Verirrung der Schulen, dass man den Schülern vieles auf einmal einprägt, z. B. lateinische und griechische Grammatik, vielleicht noch Rhetorik und Poesie und wer weiß was alles! Wer wüte nicht, dass in den klassischen Schulen den Tag über beinahe von Stunde zu Stunde der Stoff der Lektionen und Übungen gewechselt wird? Was soll man wohl Verwirrung nennen, wenn das keine ist? Das ist so, als wenn ein Schuhmacher sechs oder sieben Stiefel zugleich anfertigen wollte und immer einen nach dem andern in die Hand nähme und wieder beiseitelegte. Oder wie wenn ein Bäcker verschiedene Brote in den Ofen schieben und wieder herausnehmen wollte, sodass jedes mehrere Male in den Ofen hinein und wieder heraus käme. Wer aber macht solchen Unsinn? Bevor der Schuhmacher einen Stiefel fertig hat, rührt er den nächsten gar nicht an. Und der Bäcker schiebt keine neuen Brote in den Ofen, bevor die ersten fertig gebacken sind.

31. Ich beschwöre euch, dies nachzuahmen und dafür zu sorgen, dass denen, die mit der Grammatik beschäftigt sind, keine Dialektik aufgedrängt werde, und dass, während die Dialektik den Geist bildet, die Rhetorik sie nicht in ihrem Wirken störe, und dass die griechische Sprache noch zurückstehe, solange man mit der lateinischen beschäftigt ist. Denn sie hemmen einander nur, weil der auf vieles gleichzeitig gerichtete Sinn das Einzelne weniger beachtet. Dies wusste der große Joseph Scaliger wohl, der (vielleicht auf Anraten seines Vaters) sich immer nur einem Studium gewidmet haben soll und in dieser Zeit all seine geistigen Kräfte nur auf das eine richtete. So hat er sich vierzehn Sprachen und alle Künste und Wissenschaften, die

dem Menschengeist zugänglich sind, zu eigen gemacht, sodass er schließlich in allen bewanderter war als jemand, der nur eine einzige lernte. Wer es je auf diese Weise versucht hat, hat es nicht vergeblich versucht.

32. Daher sollen auch in den Schulen die Schüler zu einer und derselben Zeit nur mit einem Studium beschäftigt werden.

33. Fünfter Grundsatz: *Die Natur beginnt mit all ihrer Tätigkeit von innen her.*

Sie bildet z. B. nicht die Krallen oder Federn oder die Haut des Vögelchens, sondern zuerst die Eingeweide; alles Äußere dann später zu seiner Zeit.

34. So befestigt der Baumgärtner die Pfropfreiser nicht außen an der Rinde oder stößt sie oberflächlich ins Holz hinein, sondern er spaltet den Stamm der Pflanze bis ins Mark, senkt den genau vorbereiteten Schössling so tief wie möglich hinein und verstopft die Ritzen so gründlich, dass der Saft nirgends herausquellen kann, sondern bald in das neue Reis aufsteigt und es mit seiner ganzen Kraft belebt.

35. Auch der Baum, welcher vom Regen des Himmels oder den Säften der Erde gespeist wird, saugt seine Nahrung nicht äußerlich durch die Rinde ein, sondern nimmt sie durch die Gänge der innern Teile auf. Deshalb begießt der Baumgärtner nicht die Zweige, sondern die Wurzel. Und ein Lebewesen nimmt die Nahrung nicht durch die äußern Glieder zu sich, sondern durch den Magen, der sie verarbeitet und im ganzen Körper verteilt. Wenn sich also ein Bildner der Jugend recht viel mit der Wurzel der Wissenschaften, dem Erkenntnisvermögen, beschäftigt, so wird die Lebenskraft [von da] leicht in den Stamm, das Gedächtnis, übergehen und als Blüten und Früchte werden sich Sprachgewandtheit und Vertrautheit mit den Dingen einstellen.

36. Gegen diesen Grundsatz verstoßen die Lehrer, welche die Bildung der ihnen anvertrauten Jugend dadurch abtun wollen, dass sie ohne sorgfältige Erläuterung viel diktieren und auswen-

dig lernen lassen; ferner dadurch, dass sie, wenn sie erklären wollen, nicht wissen wie beginnen, d. h. nicht wissen, wie man behutsam die Wurzeln aufdecken und die Setzlinge der Lehren einpflanzen muss. Deshalb verderben sie ihre Schüler ebenso sehr wie einer, der, um eine Pflanze zu spalten, statt eines Messerchens einen Knüppel oder Schlägel nimmt.

37. Deshalb soll künftig I. zuerst das Vermögen, die Dinge zu erkennen, ausgebildet werden, danach das Gedächtnis und an dritter Stelle Sprache und Handfertigkeit; II. soll der Lehrer alle Mittel und Wege zur Erschließung der Erkenntnis beachten und in passender Weise anwenden (was wir im nächsten Kapitel abhandeln werden).

38. Sechster Grundsatz: *Die Natur beginnt bei allem, was sie bildet, mit dem Allgemeinsten und hört mit dem Besondersten auf.*

Wenn sie z. B. aus einem Ei einen Vogel entstehen lassen will, so formt sie nicht erst den Kopf oder die Augen oder die Federn oder die Krallen, sondern wärmt das ganze Ei und führt in der durch die Wärme erzeugten Bewegung Adern durch die ganze Masse, sodass schon die Grundzüge des ganzen Vögelchens (d. h. was Kopf, Flügel, Fuß werden soll) feststehen. Dann erst wird das Einzelne allmählich bis zur Vollkommenheit ausgearbeitet.

39. Der Baumeister macht es genauso und entwirft erst im Kopf oder auf dem Papier ein allgemeines Bild des ganzen Gebäudes oder macht ein Modell aus Holz. Und nach diesem Muster legt er dann das Fundament, führt die Wände auf und deckt das Dach darüber. Dann erst arbeitet er an jenen kleineren Teilen, die das Haus erst vollenden, an Türen, Fenstern, Treppen usw. Zuletzt fügt er dem Schmuck hinzu, Gemälde, Skulpturen, Teppiche usw.

40. Auch der Maler, der an einem Porträt arbeitet, malt nicht gleich ein Ohr, ein Auge, die Nase oder den Mund, sondern er skizziert grob das Gesicht (oder den ganzen Menschen) mit der Kohle. Erst wenn er die richtigen Proportionen getroffen hat,

hält er diese Grundform leicht und noch ganz im Allgemeinen mit dem Pinsel fest. Dann deutet er die Verteilung von Licht und Schatten an und dann erst zeichnet er die Glieder im Einzelnen und malt sie mit den verschiedenen Farben aus.

41. Ebenso nimmt der Bildhauer, der eine Statue machen will, einen rohen Block, behaut ihn rund herum erst in groben Zügen, dann feiner, sodass die Umrisse eines Bildes schon hervortreten. Schließlich formt er die einzelnen Glieder sorgfältig und tönt das Ganze.

42. In ähnlicher Weise nimmt auch der Baumgärtner nur ein allgemeines Bild eines Baumes, d. h. einen Schössling, der später so viele Hauptzweige erzeugen wird, als er jetzt Knospen hat.

43. Daraus folgt, dass es schlecht ist, die Wissenschaften im Einzelnen zu lehren, wenn nicht schon eine grobe, allgemein gehaltene Übersicht über die ganze gelehrte Bildung vorausgeschickt wurde; und dass man niemanden so unterrichten kann, dass er ohne einen Ausblick auf die andern [Gebiete] in einem speziellen Wissenszweig allein vollkommen wird.

44. Desgleichen werden Künste, Wissenschaften und Sprachen schlecht gelehrt, wenn man nicht die Anfangsgründe vorausschickt, so wie man es, wie ich mich erinnere, bei uns gemacht hat: Wir waren noch kaum an das Studium der Dialektik, Rhetorik und Metaphysik herangetreten, als man uns schon mit langen Vorschriften, Kommentaren, Erklärungen der Kommentare, Vergleichungen der Schriftsteller und ihren Streitfragen überschüttete. So stopfte man auch die lateinische Grammatik mit allen Abweichungen, die griechische mit allen Mundarten in uns hinein, während wir armen Leutchen verblüfft dastanden und nicht wussten, worum es sich eigentlich handelte.

45. Folgendermaßen wird diese Unordnung zu heilen sein: I. Dem Verstande der Knaben, die sich den Studien widmen, sollen schon von der ersten Zeit ihres Bildungsganges an die Grund-

lagen einer Allgemeinbildung (universalis eruditio) vermittelt werden. D. h., der Stoff ist so anzuordnen, dass alle späteren Studien nichts Neues hinzufügen, sondern nur eine besondere Ausgestaltung des Früheren sind; so wie an einem Baum, auch wenn er hundert Jahre wächst, keine neuen Äste mehr entstehen, sondern nur die anfangs entstandenen sich in immer neuen Zweiglein ausbreiten. II. Jede Sprache, Wissenschaft oder Kunst muss von den einfachsten Anfangsgründen aus geboten werden, damit ihre ganze Idee begriffen wird. Daran soll sich die Vervollständigung durch Regeln und Beispiele, durch systematische Zusammenstellungen unter Einschluss der Abweichungen und schließlich, wenn nötig, die Erklärung durch Kommentare anschließen. Wer eine Sache von Grund aus erfasst hat, benötigt Kommentare nicht so sehr, er wird vielmehr bald selbst kommentieren können.

46. Siebter Grundsatz: *Die Natur macht keinen Sprung, sie geht schrittweise vor.*

Auch die Bildung des Vögelchens hat ihre Stufen, die weder übersprungen noch untereinander vertauscht werden können, bis das Junge aus dem zerbrochenen Ei ausschlüpft. Wenn dies geschehen ist, so lässt es die Vogelmutter nicht gleich fliegen und sein Futter suchen (weil es dazu noch nicht imstande wäre), sondern sie füttert es selbst und wärmt es mit der eigenen Wärme und hilft so der Befiederung. Wenn das Junge dann befiedert ist, wirft sie es wieder nicht sofort aus dem Nest, damit es fliege, sondern sie lehrt es langsam: erst im Nest selbst die Flügel auszubreiten, dann sich über das Nest zu erheben und sie zu bewegen, bald außerhalb des Nestes in der nächsten Umgebung einen Flug zu versuchen, dann von Ast zu Ast, von Baum zu Baum und schließlich von Berg zu Berg zu fliegen. So kann es sich schließlich sicher dem freien Himmel anvertrauen. Nun erfordert jedoch jeder dieser Schritte seine gehörige Zeit, und nicht nur Zeit, sondern auch Abstufung, und auch nicht bloß Abstufung, sondern eine unabänderliche Stufenfolge.

47. Wer ein Haus baut, geht ebenso vor: Er beginnt nicht mit dem Giebel und nicht mit den Wänden, sondern mit dem Fundament. Und wenn der Grund gelegt ist, deckt er nicht das Dach darüber, sondern er führt die Wände auf. Mit einem Wort, in der Reihenfolge, wie sich alles gegenseitig voraussetzt, und nicht anders, muss alles aneinandergefügt werden.

48. So muss auch der Baumgärtner bei seinen Arbeiten verschiedene Schritte unterscheiden. Er muss ein Stämmchen wählen, es ausgraben, verpflanzen, beschneiden, spalten, das Pfropfreis einsetzen, die Fugen ausstreichen usw. Nichts davon kann er auslassen und nichts vor dem Nächstfolgenden besorgen. Und wenn er dabei schrittweise, den Regeln entsprechend, vorgeht, so kann die Arbeit kaum oder gar nicht missraten.

49. Es ist also offensichtlich Unfug, wenn die Lehrer die Studien nicht für sich und die Schüler so verteilen, dass ständig eins dem andern folgt und jedes innerhalb einer bestimmten Zeit unbedingt erledigt wird. Wenn nämlich das Ziel und die Mittel, es zu erreichen, und eine Ordnung in diesen Mitteln nicht festgesetzt werden, so wird leicht etwas übersprungen, die Reihenfolge verkehrt, die Sache verwirrt.

50. Deshalb soll künftig I. der gesamte Unterrichtsstoff genau auf Klassen verteilt werden, sodass das Vorangegangene überall dem Nachfolgenden den Weg bereitet und das Licht anzündet; II. soll die Zeit sorgfältig eingeteilt werden, sodass jedes Jahr, jeder Monat, jeder Tag und jede Stunde ein eigenes Pensum hat; III. muss diese Zeit- und Arbeitseinteilung strikte innegehalten werden, damit nichts übergangen und nichts verkehrt wird.

51. Achter Grundsatz: *Wenn die Natur etwas beginnt, hört sie nicht wieder auf, bevor sie es vollendet hat.*

Der Vogel, der, von der Natur getrieben, seine Eier auszubrüten beginnt, hört nicht eher damit auf, als bis die Jungen ausschlüpfen. Würde er es nur einige Stunden unterbrechen, so erkaltete die Brut und ginge zugrunde. Auch die ausgeschlüpften

Jungen wärmt er unablässig, bis sie, im Leben gekräftigt und gut mit Federn bekleidet, die Luft ertragen können.

52. Auch der Maler, der ein Bild malen will, tut am besten daran, seine Arbeit nicht zu unterbrechen. Dann stimmen die Farben besser überein und halten fester.

53. Aus demselben Grunde ist es am besten, den Bau eines Hauses bis zu seiner Vollendung ununterbrochen fortzusetzen. Sonst verderben Sonne, Regen und Wind die Arbeit, und was später hinzugefügt werden muss, hält nicht mehr so fest. Alles wird schließlich schadhaft, rissig und unsolid.

54. Wohlweislich zieht auch der Baumgärtner seine Hand, wenn er sie einmal an eine Pflanze gelegt hat, erst nach Beendigung der Arbeit zurück. Lässt er nämlich zwischendrein den Saft des Stämmchens oder Schösslings austrocknen, so verdorrt die Pflanze.

55. Daher muss es verderblich sein, wenn die Knaben für Monate oder Jahre zur Schule geschickt und dann wieder länger oder kürzer durch andere Beschäftigungen abgelenkt werden; desgleichen wenn der Lehrer mit seinen Schülern bald dies, bald jenes beginnt, aber nichts ernsthaft zu Ende führt; schließlich auch, wenn er nicht in jeder Stunde etwas Bestimmtes vornimmt und durcharbeitet, sodass man sich, aufs Ganze gesehen, dem Ziel jedes Mal merklich nähert. Wo dieses Bestreben fehlt, erkaltet alles. Man wird nicht umsonst ermahnt, das Eisen zu schmieden, solange es heiß ist. Lässt man es nämlich erkalten, so wird man sich vergeblich mit dem Hammer daran versuchen. Man muss wieder das Feuer zu Hilfe nehmen unter neuem Verlust an Zeit und an Eisen, das jedes Mal, wenn es ins Feuer gelegt wird, etwas von seiner Substanz verliert.

56. Deshalb soll I. wer der Schule übergeben ist, so lange darin bleiben, bis er zu einem gelehrten, gesitteten, frommen Menschen geworden ist; II. die Schule an einem ruhigen Ort, fern von Lärm und Störungen, liegen; III. alles, was dem Plane gemäß getrieben werden muss, ohne Unterbrechung getrieben

werden; IV. Schulversäumnis und Herumstreicherei den Schülern unter keinem Vorwand gestattet sein.

57. Neunter Grundsatz: *Die Natur meidet sorgfältig, was ihr entgegenwirkt oder schadet.*

Wenn der Vogel brütend seine Eier wärmt, so lässt er keinen kalten Wind, geschweige denn Regen oder Hagel heran. Er vertreibt auch Schlangen, Raubvögel und anderes Schädliche.

58. So bewahrt auch der Baumeister Holz, Ziegel und Kalk möglichst trocken auf und schützt, was schon gebaut ist, vor Zerstörung und Verfall.

59. In ähnlicher Weise lässt ein Maler an ein frisch gemaltes Bild keinen kalten Wind, keine starke Wärme, keinen Staub und keine fremde Hand kommen.

60. Der Baumgärtner umgibt die junge Pflanze mit Pfählen oder Flechtwerk, damit Ziegen und Hasen nicht daran nagen oder sie ausreißen.

61. Es ist also unklug, der Jugend gleich am Anfang des Studiums Streitfragen vorzulegen, d. h. Zweifel an der Sache, die der Geist gerade erfassen soll, zu wecken. Was wäre das anderes als ein Pflänzchen, das eben Wurzeln schlagen will, hin und her zu schütteln? (Ganz richtig schreibt Hugo [von St. Victor]: Niemals wird man auf den Grund der Wahrheit gelangen, wenn man mit Streitgesprächen die Bildung beginnen will, desgleichen, wenn die Jugend nicht von schändlichen, irrenden und verworrenen Büchern sowie von schlechtem Umgang ferngehalten wird).

62. Man sorge also dafür I. dass die Schüler nur die für ihre Klasse bestimmten Bücher besitzen; II. dass diese Bücher so beschaffen sind, dass sie mit Recht nichts anderes als Trichter der Weisheit, Sittlichkeit und Frömmigkeit genannt werden können; III. dass in der Schule und ihrer Umgebung kein leichtfertiger Umgang gestattet werde.

63. Wird alles dies genau beachtet, so können die Schulen schwerlich ihr Ziel verfehlen.

17. Kapitel

GRUNDSÄTZE ZU LEICHTEM LEHREN UND LERNEN

Nicht nur sicher, sondern auch leicht muss das Lernen sein (1). Zehn Grundsätze dafür (2). – I. Auf freiem Grunde beginnen (3). Anwendung dieses Grundsatzes (4–7), Verstoß dagegen in den Schulen (8), Abhilfe (9). – II. Den Stoff so zubereiten, dass er nach der Form verlangt (10–13). Wie der Lerneifer bei den Kindern erweckt und erhalten werden kann (14) durch die Eltern (15), die Lehrer (16), die Einrichtung der Schule (17), die Lehrgegenstände (18), die Methode (19) und die Behörden (20). – III. Alles aus Kleinem und Allgemeinem entwickeln (21–24). – IV. Vom Leichten zum Schweren vorgehen (25–28). – V. Nichts überladen (29–30). – VI. Nichts überstürzen (31–35). – VII. Nichts wider Willen aufnötigen, sondern die Reife abwarten (36–38). – VIII. Alle Hilfsmittel, besonders die sinnliche Anschauung, heranziehen (39–42). – IX. Den Nutzen aufzeigen (43–45). – X. Stets die gleiche Methode verwenden (46–48).

1. Nachdem wir gesehen haben, mit welchen Mitteln der Jugendbildner sein Ziel *sicher* erreichen könne, wollen wir untersuchen, wie jene Mittel den geistigen Anlagen anzupassen sind, damit sie *leicht* und *angenehm* angewandt werden können.

2. Indem wir dem von der Natur vorgezeichneten Wege folgen, finden wir, dass die Jugend leicht zu erziehen ist, wenn

I. frühzeitig, bevor der Verstand verdorben ist, damit begonnen wird,
II. die nötige Vorbereitung des Geistes vorangeht,
III. der Unterricht vom Allgemeinen zum Besonderen und
IV. vom Leichten zum Schwereren fortschreitet;
V. wenn niemand durch die Menge des zu Lernenden überladen wird, und man
VI. stets langsam vorgeht;
VII. wenn man dem Geiste nichts aufzwingt, wonach er nicht aus freien Stücken – der Altersstufe und dem Ausbildungsgang entsprechend – verlangt;
VIII. wenn alles durch sinnliche Anschauung und
IX. zu gegenwärtigem Nutzen gelehrt wird;
X. wenn man immer bei derselben Methode bleibt.

Auf diese Weise, sage ich, wird sich alles leicht und angenehm einprägen. Doch untersuchen wir, wie die Natur selbst vorgeht!

3. Erster Grundsatz: *Die Natur baut immer auf freigelegtem Grunde* (a privatione) *auf.*

Der Vogel z. B. brütet nur frisch gelegte Eier, die den reinsten Stoff enthalten, aus. Hätte schon ein Junges darin zu wachsen begonnen, würde man vergeblich einen Erfolg erwarten.

4. Wenn der Baumeister ein Gebäude errichten will, so bedarf er entweder eines freien Platzes, oder er muss, wenn er es an die Stelle früherer Bauten setzen will, diese erst abtragen.

5. Auch der Maler malt am besten auf einen leeren Grund. Ist der aber schon bemalt oder befleckt oder rau und uneben, so muss er erst gereinigt und geglättet werden.

6. Hat jemand kostbare Salben zu verwahren, so füllt er sie in neue oder doch sicher von früherem Inhalt sorgfältig gereinigte Gefäße.

7. So setzt auch der Baumzüchter am liebsten junge Bäumchen oder beschneidet, wenn er ältere pflanzt, erst alle Äste, um zu verhindern, dass der Saft sich in falscher Richtung ver-

breite. Eben deshalb hat Aristoteles das Freilegen zu den Voraussetzungen aller Dinge gerechnet. Denn er sah die Unmöglichkeit, einem Stoff eine neue Form zu geben, ohne die alte zu zerstören.

8. Daraus folgt *erstens*, dass am besten schon die jugendlich lenksamen Gemüter dem Studium der Weisheit zugeführt werden, bevor noch andere Beschäftigungen sie ablenken und zerstreuen, und dass die Bildung auf desto größere Hindernisse stößt, je später sie anfängt, da dann der Verstand schon mit anderem beschäftigt ist. *Zweitens*, dass ein Knabe nicht mit Erfolg gleichzeitig von mehreren Lehrern unterrichtet werden kann, weil kaum alle dieselbe Form [des Unterrichts] innehalten können, was den empfindsamen Schüler verwirrt und seine Bildung behindert. *Drittens*, dass ungeschickt vorgeht, wer Knaben und Jünglinge zu bilden übernimmt und nicht bei den Sitten beginnt; wer nicht zuerst ihre Leidenschaften bändigt und sie so für das Weitere empfänglich macht. Ein Rossebändiger nimmt zuerst sein Pferd an die Kandare und macht es sich gefügig, bevor er es zu dieser oder jener Gangart dressiert. Mit Recht sagt deshalb Seneca: Erst erlerne die Sitten und dann die Weisheit, die doch ohne Sitten schlecht lernbar ist. Und Cicero sagt: Die Sittenlehre bereitet die Geister vor zur Aufnahme der Saat usw.

9. Darum soll I. mit der Bildung der Jugend frühzeitig begonnen werden; II. der Schüler im selben Fach nur einen einzigen Lehrer haben; III. der Jugendbildner vor allem anderen die Sitten in rechte Ordnung (harmonia) bringen.

10. Zweiter Grundsatz: *Die Natur bereitet den Stoff so zu, dass er nach der Form verlangt.*

Wenn das Junge im Ei schon genügend ausgebildet ist und nach höherer Vollendung strebt, so bewegt es sich, sprengt die Schale oder zerbricht sie mit dem Schnabel. Ist es aus diesem Kerker befreit, so freut es sich, von der Mutter gewärmt zu werden, lässt sich gern füttern, öffnet gierig den Schnabel und verschlingt das dargebotene Futter. Es freut sich, den Himmel zu sehen, sich zum Fliegen vorzubereiten und bald fliegen zu können. Kurz: Begierig, aber sukzessive ergreift es alle Gaben der Natur.

11. So muss der Baumgärtner dafür sorgen, dass die Pflanze mit der nötigen Feuchtigkeit und Lebenswärme versehen ist und fröhlich gedeiht.

12. Schlecht sorgt also für die Knaben, wer sie gegen ihren Willen zum Studium treibt. Was kann er sich davon erhoffen? Wenn der Magen nicht nach Speise verlangt und sie ihm dennoch aufgedrängt wird, so kann das nur Übelkeit und Erbrechen oder doch schlechte Verdauung und Unwohlsein zur Folge haben. Was hingegen einem hungrigen Magen geboten wird, nimmt er begierig auf, verdaut es rasch und verwandelt es sorgfältig in Saft und Blut. Daher sagt Isokrates: Wenn du gern lernst, wirst du viel lernen. Und Quintilian: Der Lerneifer wurzelt im Willen, der aber lässt sich nicht zwingen.

13. Deshalb muss man I. den Wissens- und Lerneifer der Knaben auf jede mögliche Weise entzünden. II. durch die Lehrmethode die Mühe des Lernens verringern, dass nichts dem Schüler missfalle und von weiteren Studien abschrecke.

14. Der Lerneifer aber kann in den Kindern entfacht und erhalten werden durch die Eltern, durch die Schule, durch den Stoff, durch die Lehrmethode und durch die Behörden.

15. Wenn die *Eltern* vor ihren Kindern die Gelehrsamkeit und die Gelehrten oft loben, ihnen schöne Bücher, Kleider oder sonst etwas Hübsches versprechen, wenn sie sie zum Fleiß ermahnen, wenn sie die hervorragende Bildung des zuständigen Lehrers und seine Freundlichkeit gegen die Schüler hervorheben – denn Liebe und Verehrung erwecken am besten die Lust nachzueifern – und schließlich wenn sie sie ab und zu mit einer Botschaft oder einem kleinen Geschenk zu ihm schicken, dann werden sie es leicht erreichen, dass die Kinder sowohl zur Lehre als auch zum Lehrer in ein vertrauteres Verhältnis treten.

16. Wenn ferner die *Lehrer* leutselig und freundlich sind, durch keine Rauheit sich die Gemüter entfremden, sondern sie durch väterliche Zuneigung, Haltung und Worte an sich ziehen; wenn sie den Vorzug, das Anziehende und die Zugänglichkeit der Studien, die sie betreiben, hervorheben; wenn sie die Fleißigeren loben und den Kleinen auch Apfel, Nüsse, Süßigkeiten u. Ä. austeilen; wenn sie einzelnen, die sich zu sich rufen, oder auch allen zusammen Abbildungen zeigen von dem, was gerade durchgenommen wird, oder optische und geometrische Instrumente, Weltkugeln und ähnliche Dinge, die sie begeistern können; wenn sie ferner durch die Kinder den Eltern ab und zu eine Meldung schicken, kurz: Wenn sie die Kinder mit Liebe behandeln, werden sie sich leicht ihre Herzen erobern, dass sie oft sogar lieber in der Schule als zu Hause sind.

17. Die *Schule* selbst soll eine liebliche Stätte sein, von außen und von innen den Augen einen angenehmen Anblick bieten: Innen ein helles, sauberes Zimmer, das rundherum mit Bildern geschmückt sein soll. Die Bilder können berühmte Männer darstellen oder geschichtliche Ereignisse, es können auch Landkarten sein oder irgendwelche Embleme. Draußen soll nicht nur ein Platz vorhanden sein zum Springen und Spielen, denn dazu muss man den Kindern Gelegenheit geben, wie weiter unten ausgeführt wird, sondern auch ein Garten, in den man sie ab und zu schicken soll, dass sie sich am Anblick der Bäume, Blumen und Gräser freuen können. Wenn es so eingerichtet wird, kommen die Kinder wahrscheinlich nicht weniger gern in die Schule, als sie sonst auf Jahrmärkte gehen, wo sie immer etwas Neues zu sehen und zu hören hoffen.

18. Auch die *Lehrgegenstände* selbst ziehen die Jugend an, wenn sie der Fassungskraft der Altersstufe angepasst und klar vorgetragen werden. Scherzhaftes kann man einflechten oder doch weniger Ernstes, immer aber Erfreuliches, sodass das Angenehme mit dem Nützlichen verbunden ist.

19. Damit auch die *Methode* den Lerneifer wecke, muss sie ers-

tens eine *natürliche* sein. Denn alles, was natürlich ist, geht von selbst voran. Das Wasser muss man nicht zwingen, einen Abhang hinunter zu fließen. Man entferne nur den Damm oder was es sonst zurückhält, und alsbald wird man es fließen sehen. Auch muss man den Vogel nicht bitten zu fliegen, man braucht nur den Käfig zu öffnen. Auge und Ohr muss man nicht bitten, sich einem schönen Bild oder einer schönen Melodie zuzuwenden, das sich ihnen bietet. Eher müsste man sie davon zurückhalten. Was aber eine naturgemäße Methode fordert, wird man aus dem vorhergehenden Kapitel wie aus den folgenden Regeln entnehmen können. Zweitens muss die Methode, damit auch sie die Geister anzieht, mit Klugheit versüßt werden. Alle noch so ernsten Lehrgegenstände sind vertraulich und angenehm vorzutragen, etwa in der Form eines Kolloquiums, eines Wortstreits, in Rätseln oder in Gleichnissen und Fabeln. Davon unten ausführlicher.

20. Die *Behörden* und Schulvorsteher aber können den Fleiß der Schüler anspornen, wenn sie bei öffentlichen Schulfeierlichkeiten – in Übungen, Deklamationen und Disputationen z. B. oder in Prüfungen und Promotionen – selbst zugegen sind und unter den Fleißigen (ohne Ansehen der Person) Lob und kleine Geschenke austeilen.

21. Dritter Grundsatz: *Die Natur entwickelt alles aus Anfängen, die klein an Maß, aber groß an inneren Kräften sind.*

Beispiel: Der Stoff, aus welchem sich der Vogel bilden soll, ist zu einem Tropfen zusammengedrängt und von einer Schale umgeben, damit er leicht im Leib getragen und dann ausgebrütet werden kann. Und trotzdem enthält er der inneren Kraft (virtus) nach den ganzen Vogel, denn von dem darin miteingeschlossenen Lebensgeiste (spiritus) wird der Körper des Vögelchens gebildet.

22. So schließt der Baum, so groß er auch sein mag, sein ganzes Wesen in den Kern seiner Frucht oder in den äußersten Trieb seiner Zweige, den Setzling, ein. Wenn man nun diesen in die

Erde senkt, wird wieder ein ganzer Baum daraus emporwachsen dank der ihm innewohnenden Kraft.

23. Ganz ungeheuer hat man gegen dieses Naturgesetz in den Schulen verstoßen. Die meisten Lehrer nämlich mühen sich ab, statt des Samens schon Kräuter zu säen und statt der Setzlinge ganze Bäume zu pflanzen, indem sie statt der grundlegenden Prinzipien den Schülern ein Durcheinander von Folgerungen und gar von unzubereiteten Texten vorsetzen. Und doch, so sicher es ist, dass die Welt aus vier – wenn auch in vielen Formen erscheinenden – Elementen besteht, so sicher ist es auch, dass die gelehrte Bildung auf ganz wenigen Prinzipien sich aufbaut, aus denen dann eine unendliche Menge von Lehrsätzen erwächst (wenn man die Regel der Differenzierungen kennt), – vergleichbar einem Baum, aus dessen wohlbegründeter Wurzel Hunderte von Ästen, Tausende von Blättern, Blüten und Früchten hervorwachsen können. O möchte sich doch Gott unserer Zeit erbarmen und einem Menschen die Augen des Geistes öffnen, dass er die Zusammenhänge der Dinge recht erkenne und sie den andern zeige. So Gott will, werde ich in einer Übersicht der christlichen Pansophie die Probe eines solchen Versuchs geben, in der demütigen Hoffnung, dass Gott vielleicht durch andere zu gegebener Zeit mehr offenbar werden lasse.

24. Einstweilen ist auf drei Dinge zu achten: I. Jede Kunst [und Disziplin] muss in möglichst kurze, aber genaue Regeln eingegrenzt werden. II. Jede Regel muss in möglichst knappe, aber klare Worte gefasst sein. III. Jeder Regel müssen genügend Beispiele folgen, damit hinreichend deutlich wird, auf welchen Bereich sich die Anwendung der Regel erstreckt.

25. Vierter Grundsatz: *Die Natur schreitet vom Leichteren zum Schwereren vor.*

Beispiel: Die Bildung des Eies geht nicht vom härteren Teil, der Schale, aus, sondern vom Dotter, welcher zuerst von einem Häutchen umgeben wird und später erst von der härteren Schale. Ebenso übt sich der Vogel, der fliegen lernen will, zuerst darin, auf seinen Füßen zu stehen, dann die Flügel zu bewegen, dann sie zu schwingen und schließlich mit starkem Schwung sich in die freie Luft zu erheben.

26. So lernt auch der Zimmermann erst das Holz fällen, dann es mit der Axt behauen, sodann es zusammenfügen und zuletzt ganze Gebäude zu errichten.

27. Es ist also verkehrt, wenn in den Schulen etwas Unbekanntes durch ein ebenso Unbekanntes gelehrt wird, wie das z. B. geschieht 1. wenn den Anfängern im Lateinstudium lateinische Regeln gegeben werden, was nicht besser ist, als wenn einer Hebräisch durch hebräische und Arabisch durch arabische Regeln erklären wollte; 2. wenn den Anfängern ein aus dem Lateinischen in die Muttersprache übersetzendes Wörterbuch zur Hilfe gegeben wird, wo sie doch das in umgekehrter Richtung vorgehende haben sollten. Denn sie wollen ja nicht die Muttersprache mithilfe der lateinischen lernen, sondern sie sollen Latein lernen, wobei die vertraute Muttersprache vermitteln kann (darüber gründlicher im 22. Kapitel); 3. wenn einem Knaben ein ausländischer Lehrer gegeben wird, der die Muttersprache seines Schülers nicht beherrscht. Da sie so des Mittels für den Verkehr miteinander beraubt sind und nur mit Gebärden und Vermutungen herumfechten können, so geht es ihnen wie beim Turmbau zu Babel; 4. auch darin weicht man vom vernünftigen Wege ab, dass man nach denselben grammatischen Regeln (z. B. denen des Melanchthon oder des Ramus) die Jugend aller Nationen (der Franzosen, Deutschen, Böhmen, Polen, Ungarn usw.) unterrichtet, während doch jede dieser Sprachen ein besonderes, ihr eigentümliches Verhältnis zur lateinischen hat, worauf man hinweisen muss, wenn man den Knaben mit der Eigenart des Lateinischen ordentlich bekannt machen will.

28. Diesen Übelständen wird abgeholfen, I. wenn Lehrer und Schüler dieselbe Sprache sprechen; II. wenn alle Erklärungen in einer bekannten Sprache gegeben werden; III. wenn jede Grammatik und jedes Wörterbuch der Sprache angepasst wird, durch

deren Vermittlung die neue gelernt werden soll (die lateinische der Muttersprache, die griechische der lateinischen usf.); IV. wenn das Studium der neuen Sprache stufenweise fortschreitet, sodass der Schüler erst verstehen lernt (das ist am einfachsten), dann schreiben (wo er Zeit hat, zu überlegen) und endlich sprechen (was am schwierigsten ist, weil es aus dem Stegreif geschehen muss); V. wenn bei der Verbindung der lateinischen mit der Muttersprache die Muttersprache als das Bekannte vorangeht und das Lateinische nachfolgt; VI. wenn der Stoff selbst stets so geordnet wird, dass der Schüler zuerst das Naheliegende kennenlernt, dann das Entferntere und schließlich das Fernste. Wenn also den Knaben zum ersten Male Lehrsätze vorgelegt werden (aus der Logik oder der Rhetorik z. B.), so sollen sie nicht durch Beispiele beleuchtet werden, die ihre Fassungskraft übersteigen, etwa aus der Theologie, Politik oder Poetik, sondern durch solche, die dem täglichen Leben entnommen sind. Sonst werden sie weder die Regel noch deren Gebrauch verstehen. VII. Zuerst müssen die Sinne (sensus) der Knaben geübt werden (das ist das leichteste), dann das Gedächtnis (memoria), später das Erkenntnisvermögen (intellectus) und zuletzt die Urteilsfähigkeit (iudicium). Dies ist die richtige Stufenleiter, weil das Wissen von der Sinneswahrnehmung ausgeht und durch die Vorstellungskraft (imaginatio) sich dem Gedächtnis mitteilt. Dann erwächst aus der Erweiterung der Einzelfälle (inductio) die Erkenntis des allgemeinen Gültigen (universalia), und zuletzt aus fortgeschrittener Erkenntnis das Urteil, welches das Wissen sichert.

29. Fünfter Grundsatz: *Die Natur überlädt sich nicht, sondern ist mit wenigem zufrieden.*

Beispiel: Die Natur verlangt nicht zwei Vögelchen aus einem Ei, sondern ist zufrieden, wenn eines recht ausschlüpft. Der Baumgärtner pfropft nicht beliebig viele Reiser auf einen Stamm, sondern höchstens ein paar, so er einen kräftigen Stamm dafür findet.

30. Es zerstreut also nur die Gemüter, wenn den Schülern gleichzeitig mehrere Dinge vorgelegt werden, z. B. Grammatik, Dialektik, oder auch Rhetorik und griechische Sprache und Dichtung in einem Jahr (vgl. dazu den 4. Grundsatz im vorhergehenden Kapitel).

31. Sechster Grundsatz: *Die Natur übereilt sich nicht, sondern geht langsam vor.*

Der Vogel wirft seine Eier nicht etwa ins Feuer, damit die Jungen schneller ausschlüpfen, sondern brütet sie ganz langsam mit der natürlichen Wärme aus. Später stopft er sie nicht mit Futter voll, damit sie schneller heranwachsen – sie könnten dabei ersticken –, sondern füttert sie langsam und vorsichtig in dem Maße, wie das noch zarte Verdauungssystem die Nahrung aufzunehmen imstande ist.

32. Ebenso errichtet der Baumeister auf dem Fundament die Wände und das Dach darüber nicht zu eilig, weil ein ungenügend getrocknetes und fest gewordenes Fundament der Last nachgibt und das ganze Gebäude einstürzen lässt. Daher kann kein größeres Mauerwerk in Jahresfrist vollendet werden, man muss die nötige Zeit dafür einräumen.

33. Auch der Baumgärtner verlangt nicht, dass seine Pflanze im ersten Monat emporwachse oder im ersten Jahr Frucht trage. Daher legt er nicht täglich Hand an, begießt sie nicht täglich, noch erwärmt er sie gar durch Feuer oder ungelöschten Kalk, sondern begnügt sich mit dem Regen des Himmels und der Wärme der Sonne.

34. Eine Quälerei war es also für die Jugend, 1. täglich sechs bis acht Stunden mit öffentlichen Lektionen und Übungen zubringen zu müssen, die privaten noch nicht eingerechnet; 2. sich von Diktaten, Übungen, Auswendiglernen bis zum Überdruss, ja bis zur Geistesverwirrung erdrücken zu lassen, wie ich es oft erlebt habe. Wenn aber einer in ein Gefäß mit enger Öffnung (dem sich der kindliche Geist vergleichen lässt) lieber mit Gewalt als tropfenweise etwas eingießen will, – wird er etwas

ausrichten? Bestimmt fließt der größere Teil der Flüssigkeit daneben, und viel weniger kommt hinein, als dies bei aller Gemächlichkeit geschehen wäre. Töricht ist, wer die Schüler so viel lehren will, wie er wünscht, und nicht so viel, wie sie fassen können. Die Kräfte wollen ja unterstützt, nicht unterdrückt werden, und der Jugendbildner ist, wie der Arzt, nur Diener und nicht Herr der Natur.

35. Die Studien werden darum den Schülern sehr erleichtert und angenehmer gemacht, wenn man I. ihnen möglichst wenig öffentliche Unterrichtsstunden auferlegt, nämlich vier [am Tage], und ihnen ebenso viel Zeit für eigene Bestrebungen lässt; II. das Gedächtnis möglichst wenig belastet, nämlich nur mit den Grundgesetzen (fundamentalia), und dem übrigen freien Lauf lässt; III. immer im rechten Verhältnis zur Fassungskraft lehrt, die mit zunehmendem Alter und fortschreitendem Studium wächst.

36. Siebter Grundsatz: *Die Natur fördert nur zutage, was innerlich gereift ist und hervorbrechen will.*

Sie zwingt das Vögelchen nicht, das Ei zu verlassen, bevor seine Glieder gut ausgebildet und erstarkt sind, sie drängt es nicht zum Fliegen, ehe es befiedert ist, stößt es nicht aus dem Nest, bis es fliegen kann usw. So lässt der Baum nur dann Schösslinge hervorsprießen, wenn der aus der Wurzel aufsteigende Saft sie herausdrängt, und er öffnet die Knospen erst, wenn die aus dem eingeschlossenen Safte gebildeten Blätter und Blüten sich freier entfalten wollen. Er wirft auch die Blüte nicht ab, bevor die von ihr umhüllte Frucht mit einem Häutchen umgeben ist, und lässt die Frucht nicht fallen, ehe sie ausgereift ist.

37. Gewalt wird also dem Geiste angetan, wenn er 1. zu etwas angehalten wird, dem er seinem Alter und seiner Fassungskraft nach noch nicht gewachsen ist; wenn er 2. ohne voraufgehende ausreichende Erklärung, Erläuterung und Belehrung etwas auswendig lernen oder ausführen soll.

38. Deshalb soll man künftig I. mit der Jugend nur das anpacken, was Altersstufe und Anlage zulassen, ja verlangen; II. nur das auswendig lernen lassen, was mit dem Verstand (intellectu) richtig erfasst worden ist; auch möge nur das vom Gedächtnis verlangt werden, was der Knabe offensichtlich behalten kann; III. etwas nur dann zu tun auftragen, wenn man seine Form und die Regel, wie [diese Form] nachzuahmen sei, hinreichend erklärt hat.

39. Achter Grundsatz: *Die Natur hilft sich mit allen erreichbaren Mitteln.*

Dem Ei fehlt es nicht an eigener Lebenswärme; diese wird jedoch dank der Fürsorge Gottes, des Vaters der Natur, durch die Wärme der Sonne und das Gefieder des brütenden Vogels unterstützt. Auch das ausgeschlüpfte Junge wird von der Mutter, solange es nötig ist, gewärmt und auf mannigfache Weise für seine Lebensaufgaben gebildet und gekräftigt. Wir können es an den Störchen sehen, wie sie ihren Jungen zu Hilfe kommen, indem sie sie sogar auf den Rücken nehmen und um das Nest herumtragen, während sie mit den Flügeln schlagen. So helfen die Pflegerinnen den Kindern in ihrer Schwäche auf verschiedene Weise. Sie lehren sie zuerst den Kopf heben, dann sitzen, dann auf den Füßen stehen, dann sie zum Gehen bewegen und die Schritte festigen, später dann auch vorwärtskommen und kräftig ausschreiten; woraus schließlich Behändigkeit im Laufen erwächst. Wenn sie sie aber sprechen lehren, so sagen sie ihnen die Worte vor und zeigen mit der Hand, was sie bedeuten.

40. Grausam ist also der Lehrer, der den Schülern eine Aufgabe stellt, ohne genügend zu erklären, worum es sich handelt, und nicht zeigt, wie sie gelöst werden muss; der ihnen noch viel weniger bei ihren Versuchen hilft, sondern sie allein schwitzen und kochen lässt und zornig wird, wenn sie etwas nicht ganz recht machen. Was ist das anderes als eine Folterei der Jugend? Gerade als wenn die Wärterin ein Kind, das noch wacklig

auf den Füßen steht, zu freiem Gehen zwingen wollte und es schlagen würde, wenn es das nicht könnte. Die Natur lehrt uns wahrhaftig etwas anderes, nämlich dass die Schwäche erduldet werden muss, solange die Kraft fehlt.

41. Darum soll in Zukunft I. wegen des Lernens niemand geschlagen werden (denn wenn nichts gelernt wird, wer anders ist dann schuld als der Lehrer, der es entweder nicht versteht oder sich gar nicht bemüht, den Schüler gelehrig zu machen). II. Alles, was auswendig gelernt werden soll, muss den Schülern so klar vorgelegt und auseinandergesetzt werden, dass sie es wie ihre fünf Finger vor sich haben. III. Sooft als möglich ziehe man die sinnliche Wahrnehmung zu, damit alles sich leichter einprägt.

42. Es muss z. B. das Gehör mit dem Gesicht, die Sprache mit der Hand stets verbunden werden, indem man den Wissensstoff nicht bloß durch Erzählung vorträgt, dass er in die Ohren eindringe, sondern auch bildlich darstellt, damit er sich durch das Auge der Vorstellung einpräge. Die Schüler ihrerseits sollen früh lernen, sich mit der Sprache und mit der Hand auszudrücken, und keine Sache soll beiseitegelegt werden, bevor sie sich dem Ohr, dem Auge, dem Verstand und dem Gedächtnis hinreichend eingeprägt hat. Zu diesem Zweck wird es auch gut sein, den gewöhnlichen Lehrstoff jeder Klasse an den Wänden des Schulzimmers abzubilden, seien es nun Lehrsätze und Regeln oder Abbildungen oder Embleme des jeweiligen Unterrichtsfachs (disciplina). Es ist unglaublich, wie das die Einprägung erleichtert. Dazu kann auch beitragen, dass die Schüler alles, was sie hören oder in Büchern lesen, in ihre Tage- und Merkbücher (loci communes) eintragen, weil damit die Vorstellungskraft unterstützt und die Vergegenwärtigung erleichtert wird.

43. Neunter Grundsatz: *Die Natur erzeugt nichts, dessen Nutzen nicht bald offenbar wird.*

Wenn sie den Vogel bildet, so zeigt sich bald, dass er die Flügel zum Fliegen, die Füße zum Laufen bekommen hat usf. So hat auch alles, was am Baum entsteht, seinen Nutzen bis zur Schale und zum Flaum, welche die Frucht bedecken.

44. Deshalb wird man dem Schüler seine Arbeit erleichtern, wenn man ihm zeigt, welches der Nutzen von dem, was man ihn lehrt, im täglichen Leben ist. Daran muss man auf allen Gebieten festhalten, in der Grammatik, Dialektik, Arithmetik, Geometrie, Physik usw. Geschieht dies nicht, so wird alles, was man erzählt, wie Ungeheuer aus einer fremden Welt erscheinen, und der Knabe wird sich wenig darum kümmern, ob und wie das alles in der Natur der Dinge liegt, und wird mehr glauben als wissen. Wenn man ihm aber zeigt, wo ein jegliches hinzielt, so hat er wirklich etwas in der Hand; er weiß, dass er etwas weiß, und freut sich an seiner Arbeit.

45. Daher soll alles zu gegenwärtigem Nutzen gelehrt werden.

46. Zehnter Grundsatz: *In der Natur vollzieht sich alles in sich gleichbleibender Weise.*

Wie die Erzeugung eines Vogels, so vollzieht sich die aller Vögel, ja aller Tiere, und nur unter gewissen Umständen finden sich Abweichungen. Ebenso ist es bei den Pflanzen. Wie eine Pflanze aus ihrem Samen entsteht und wächst, wie ein Baum gepflanzt wird, ausschlägt und blüht, so tun es alle überall und immer. Und wie an einem Baum dieses eine Blatt beschaffen ist, so auch alle andern, und wie in diesem Jahr, so im Folgenden und immer fort.

47. Verschiedenheit in der Methode verwirrt daher die Jugend und macht die Studien verwickelt, wenn oft nicht nur die verschiedenen Autoritäten die Künste auf verschiedene Weise lehren, sondern ein und derselbe immer wieder auf andere, z. B. Grammatik auf die eine, Dialektik auf die andere Weise usf., während doch alles gleich gelehrt werden kann im Blick auf die Harmonie des Ganzen und auf die Beziehung und Verknüpfung der Dinge und Worte untereinander.

48. Deshalb wird man darauf achten müssen, dass künftig

I. nach ein und derselben Methode sowohl die Wissenschaften als auch die Künste und die Sprachen unterrichtet werden; II. in derselben Schule für alle Übungen die gleiche Ordnung und Weise gelte; III. die Ausgaben der Bücher für denselben Gegenstand möglichst die gleichen seien. Dann wird alles ohne Stocken leicht vonstattengehen.

18. Kapitel

GRUNDSÄTZE ZU DAUERHAFTEM LEHREN UND LERNEN

Die gewöhnliche Bildung ist oberflächlich (1). Ursachen davon (2). Die natürliche Methode kann abhelfen (3). Zehn Grundsätze (4): I. Nichts Unnützes unternehmen (5-9). II. Nichts Nützliches auslassen (10-12). III. Alles auf festem Grunde aufführen (13-16). IV. Den Grund tief legen (17/18). V. Alles nur aus den Wurzeln hervortreiben (19-23). – Über oberflächliche Bildung (24), deren Anlass in einer falschen Methode (25/26), den Schaden, den sie anrichtet (27) und Abhilfe (28). – VI. Alles klar unterteilen (29/30). VII. Stetig voranschreiten (31/32), vor allem das Gedächtnis schon in frühster Jugend üben und festigen (33). VIII. Alles miteinander verknüpfen (34/35) durch Erklärung der Kausalzusammenhänge (36/37). IX. Immer das rechte Verhältnis von Innerem und Äußerem wahren (38-40). X. Alles ständig üben (41-43) durch Fragen, Einprägen und Lehren (44/45). Nutzen dieser Übungen (46). Gegenseitige Belehrung auch außerhalb der Schule (47).

1. Viele klagen darüber, und der Sachverhalt bestätigt es, dass nur wenige aus der Schule eine dauerhafte gelehrte Bildung (solida eruditio) mitbringen, die meisten aber kaum eine oberflächliche oder auch nur einen Schatten davon.

2. Sucht man die Ursache davon, so stößt man auf eine doppelte: Einerseits geben die Schulen sich mit Nebensächlichem und Wertlosem ab und vernachlässigen das Dauerhafte, andererseits verlernen die Schüler wieder, was sie gelernt haben, da die

meisten Kenntnisse nur durch die Geister hindurchfließen, ohne haften zu bleiben. Und dieser spätere Schwund [der Kenntnisse] ist so häufig, dass nur wenige nicht darüber zu klagen haben. Denn wenn wir alles prompt im Gedächtnis hätten, was wir je gelesen, gehört und begriffen haben, für wie gelehrt müssten wir gelten – hat es uns doch an der Gelegenheit, mancherlei zu erfahren, nicht gefehlt! Dem aber ist nicht so, und offenbar schöpfen wir Wasser mit einem Siebe.

3. Gibt es aber für dieses Übel ein Heilmittel? Allerdings, wenn wir wieder von der Natur lernen und den Wegen nachgehen, die sie bei der Erzeugung der zu längerer Lebensdauer bestimmten Geschöpfe einschlägt. Ich behaupte, es wird sich eine Weise finden lassen, nach der einer nicht nur was er gelernt hat, sondern mehr als das wissen kann, indem er nämlich nicht nur das, was er von Lehrern empfangen oder aus Schriftstellern geschöpft hat, leicht wiederzugeben, sondern selbst über die Dinge von Grund auf zu urteilen vermag.

4. Dies wird erreicht, wenn

I. nur Dinge von dauerndem Nutzen getrieben werden,
II. die aber vollständig, ohne Auslassung;
III. wenn für alle ein fester Grund und
IV. dieser Grund tief genug gelegt wird;
V. wenn sich alles Spätere nur auf diese Grundlage stützt;
VI. wenn alles Unterscheidbare genauestens geschieden wird;
VII. wenn alles Neue auf dem Vorhergehenden aufgebaut und
VIII. alles Zusammenhängende ständig verknüpft wird;
IX. wenn Verstehen, Im-Gedächtnis-Behalten und Wiedergeben stets in rechtem Verhältnis zueinander stehen und
X. alles durch fortwährende Übungen befestigt wird.

Sehen wir das genauer im Einzelnen an:

5. Erster Grundsatz: *Die Natur unternimmt nichts Unnützes.*
Wenn die Natur ein Vögelchen zu bilden beginnt, so fügt sie ihm keine Schuppen, Flossen, Hörner, vier Füße oder sonst etwas an, was es nicht gebrauchen könnte, sondern sie gibt ihm einen Kopf, ein Herz, Flügel usw. Ebenso wenig erschafft die Natur dem Baum Ohren, Augen, Federn oder Haare, sondern eine Rinde, Fasern, Mark, Wurzeln usw.

6. So besät man seinen Acker, Weinberg oder Garten, wenn sie Frucht bringen sollen, nicht mit Unkraut, Brennnesseln, Dornen und Disteln, sondern mit edlen Samen und Pflanzen.

7. Und wenn der Baumeister ein festes Gebäude aufführen will, so legt er nicht Stroh, Spreu, Schlamm oder Weidenholz, sondern Steine, Ziegel, Eichenholz und ähnliche dauerhafte Materialien bereit.

8. In den Schulen soll also I. nur behandelt werden, was von dauerhaftem Nutzen für dieses und das künftige Leben ist, hauptsächlich aber für das künftige. (Nach Hieronymus soll man solches Wissen auf Erden lehren, das bis in den Himmel hinein Bestand hat). II. Was um dieses Lebens willen der Jugend beigebracht werden muss, soll jenem Ewigen nicht im Wege stehen und für das Gegenwärtige dauerhafte Frucht bringen.

9. Denn wozu die Quälerei? Was frommt es zu lernen, was weder nützt, wenn man es weiß, noch schadet, wenn man es nicht weiß? Was man bei zunehmendem Alter verlernt oder unter den Geschäften vergisst? Wir finden Stoff im Überfluss, unser kurzes Leben ganz auszufüllen, auch ohne dass wir uns mit solchen Torheiten abgeben. Es muss also den Schulen angelegen sein, die Jugend nur mit ernsten Dingen zu beschäftigen. (Wie auch der Scherz in Ernst überführt werden soll, davon wird am gegebenen Ort noch die Rede sein).

10. Zweiter Grundsatz: *Die Natur übergeht bei der Bildung eines Körpers nichts, das sie als nützlich erkennt.*

Wenn sie ein Vögelchen formt, so vergisst sie weder den Kopf noch die Flügel, die Füße, die Krallen, die Haut, die Augen, noch sonst irgendetwas, das zum Wesen eines Vogels (dieser Gattung) gehört.

11. In gleicher Weise sollen die Schulen, wenn sie den Menschen bilden, ihn im Ganzen bilden, dass er gleichermaßen für die Aufgaben dieses Lebens wie für die Ewigkeit selbst, auf die alles Voraufgehende hinzielt, gerüstet ist.

12. Deshalb sollen in den Schulen nicht nur die Wissenschaften, sondern auch Sitten und Frömmigkeit gelehrt werden. Die wissenschaftliche Bildung aber soll den Verstand, die Sprache und die Hand des Menschen ausbilden, damit er alles Nützliche vernünftig betrachten, aussprechen und verrichten kann. Wird etwas davon übergangen, so entsteht eine Lücke, die nicht nur einen [örtlichen] Bildungsmangel bedeutet, sondern die Festigkeit [des Ganzen] untergräbt. Denn nichts kann dauerhaft sein, das nicht überall in sich zusammenhängt.

13. Dritter Grundsatz: *Die Natur führt nichts ohne Grundlage oder Wurzel auf.*

Die Pflanze sprießt sicherlich nicht aufwärts, ehe sie nach unten Wurzel geschlagen, und wenn sie es versuchte, müsste sie notwendig verdorren und absterben. Deshalb pflanzt ein vorsichtiger Baumgärtner gar nicht aus, bevor er sieht, dass der Setzling Wurzeln getrieben hat. Beim Vogel und allen andern Lebewesen stehen die Eingeweide (Lebensorgane) anstelle der Wurzeln, welche sich deshalb immer zuerst bilden, gleichsam als Grundlage des ganzen Körpers.

14. So führt der Baumeister nur dann ein Gebäude auf, wenn er vorher ein dauerhaftes Fundament gelegt hat, sonst wäre alles zum Einsturz bestimmt. In ähnlicher Weise grundiert der Maler seine Bilder, denn ohne das gehen die Farben leicht ab, verwischen sich oder verblassen.

15. Eine solche Grundlage schaffen die Lehrer für die gelehrte Bildung nicht, wenn sie 1. sich keine Mühe geben, die Schüler

zuerst gelehrig und aufmerksam zu machen; 2. ihrem Geiste kein allgemeines Bild (idea) des ganzen Studiums, das sie unternehmen, entwerfen, damit die Schüler deutlich verstehen, was getan wird und was zu tun ist. Wenn aber der Knabe ohne Lust, ohne Aufmerksamkeit und ohne Verständnis lernt, wie sollte man sich davon etwas Dauerhaftes versprechen?

16. Deshalb soll künftig I. in den Knaben eine ernsthafte Liebe zu jedem Studium, das sie in Angriff nehmen, geweckt werden: als Beweggründe dazu sind Würde, Nutzen, Annehmlichkeit [der Studien] u. Ä. beizuziehen; II. bevor zur besonderen Behandlung geschritten wird, dem Geiste des Schülers stets eine Idee von der [jeweiligen] Sprache und Kunst eingeprägt werden, d. h. ein möglichst allgemein gehaltener Abriss, der aber doch alle Teile des Faches umschließt, damit der Lernende gleich zu Anfang die Ziele, Grenzen und innere Gliederung des betreffenden Bereiches überblicken kann. Denn wie das Skelett die Grundlage des ganzen Körpers ist, so ist ein solcher Abriss einer Kunst ihr Anfang und ihre Grundlage.

17. Vierter Grundsatz: *Die Natur senkt die Wurzeln tief hinab.*

So birgt sie bei den Tieren die Lebensorgane zuinnerst im Körper. Und je tiefer ein Baum seine Wurzeln senkt, umso sicherer steht er. Wenn sie sich nur eben unter dem Rasen hinziehen, so stürzt er leicht.

18. Daraus geht hervor, dass sowohl die Gelehrigkeit des Schülers ganz ernstlich geweckt als auch die Idee seinem Geist (mens) tief eingeprägt werden muss. Man schreite auch nicht zur Behandlung des ganzen Systems einer Kunst oder Sprache, bevor man sicher ist, dass seine Idee vollständig verstanden und gut eingewurzelt ist.

19. Fünfter Grundsatz: *Die Natur treibt alles lediglich aus der Wurzel hervor.*

Alles, was an einem Baum an Holz, Rinde, Blättern, Blüten und Früchten entsteht, kommt lediglich aus seiner Wurzel. Wenn auch von oben Regen fällt und unten der Gärtner gießt, so muss doch alles durch die Wurzeln aufgesogen werden und kann sich dann erst im Stamm, den Asten, Zweiglein, Blättern und Früchten verteilen. Daher muss auch der Baumgärtner das Pfropfreis, das er doch anderswoher bringt, dem Stämmchen so einpflanzen, dass es gleichsam seiner Substanz einverleibt wird und den Saft derselben Wurzel saugen, davon ernährt werden und kraft der Wurzel sich entfalten kann. Aus ihr kommt dem Baume alles zu, anderswoher Zweige und Blätter zu nehmen und sie ihm anzuheften ist nicht nötig. Ebenso werden, wenn ein Vogel Federn bekommt, diese nicht von dem genommen, was ein anderer Vogel abgelegt hat; sie wachsen vielmehr aus den innersten Teilen seines eigenen Körpers hervor.

20. So baut ein vorsichtiger Baumeister alles derart, dass es sich auf das eigene Fundament stützt und in eigenen Angeln ruht ohne äußere Stützen. Denn wenn ein Gebäude ihrer bedarf, zeigt das, dass es unvollkommen ist und zum Einsturz neigt.

21. Auch wenn einer einen Fischteich oder Brunnen anlegt, holt er das Wasser nicht weit her oder wartet auf Regen, sondern gräbt Quellen frischen Wassers auf und leitet sie in Kanälen und unterirdischen Röhren in seinen Behälter.

22. Der Jugend eine gelehrte Bildung geben heißt folglich nicht: ein aus Schriftstellern zusammengetragenes Gemenge von Wörtern, Sätzen, Aussprüchen und Meinungen in ihren Geist hineinstopfen, sondern ihr das Verständnis der Dinge erschließen, dass aus ihm wie aus einem lebendigen Quell Bächlein entspringen und – wie aus den Knospen der Bäume – Blätter, Blüten und Früchte sprießen, jedes Jahr aber aus jeder Knospe wieder ein neues Zweiglein mit seinen Blättern, Blüten und Früchten hervorbricht.

23. Dies haben die Schulen wahrhaftig bisher nicht getan. Sie haben die Geister nicht gelehrt, wie junge Bäume aus der eigenen Wurzel zu grünen, sondern sie bloß angeleitet, anderswo gepflückte Zweige sich anzuhängen und sich wie die

Krähe bei Aesop mit fremden Federn zu schmücken. Auch haben sie sich nicht bemüht, den in den Schülern verborgenen Erkenntnisquell auszugraben, sondern sie mit fremden Bächen bewässert. Das heißt, sie haben nicht gezeigt, wie die Dinge aus sich selbst heraus und in sich selbst sind, sondern was über dies und jenes der eine oder andere, ein dritter oder zehnter denkt oder schreibt, sodass es für ein Zeichen der größten Gelehrsamkeit galt, die abweichenden Ansichten vieler Leute über viele Dinge im Gedächtnis zu haben. So kam es, dass die meisten sich nur durch die Schriftsteller hindurchfraßen, nur Redensarten, Sätze und Meinungen ausschrieben und die Wissenschaft wie aus Lumpen zusammenflickten. Diesen ruft Horaz zu: »O Sklavenherde der Nachbeter«. Wahrlich eine Herde von Sklaven, nur fremde Lasten zu tragen gewohnt.

24. Aber was taugt es, möchte ich wissen, sich bei den Meinungen verschiedener Autoren über die Dinge aufzuhalten, wo es doch um die Kenntnis des wahren Wesens der Dinge geht? Haben wir denn in diesem Leben nichts anderes zu tun, als andern auf ihren Wegen hier- und dorthin nachzulaufen und auszukundschaften, wo der einzelne vom Wege abweicht, strauchelt oder irregeht? O ihr Sterblichen, lasst uns doch ohne Umschweife zum Ziele eilen. Wenn wir es fest und deutlich vor uns sehen, weshalb steuern wir nicht gerade darauf zu? Warum wollen wir lieber fremde als unsre eigenen Augen gebrauchen?

25. Dass aber die Schulen wirklich lehren, mittels fremder Augen zu sehen und mittels fremder Einsicht (cor) zu wissen, das zeigt die Lehrmethode in allen Künsten. Diese lehrt ja nicht, die Quellen zu erschließen und daraus die verschiedenen Bächlein abzuleiten, sondern zeigt nur die aus den Autoren abgeleiteten Bäche und befiehlt, diesen entlang zu den Quellen zurückzuschreiten. Die Wörterbücher lehren nie reden, sondern nur verstehen (wenigstens die, welche uns zu Gesicht gekommen sind, mit Ausnahme dessen von Cnapius Polonus. Doch auch dort vermissen wir etwas, wie wir im 22. Kapitel zeigen wer-

den). Die Grammatiken lehren kaum je eine Rede aufbauen, sondern nur sie zerlegen; die Phraseologien geben nie an, wie Redewendungen kunstvoll zu bilden und zu variieren sind, sondern werfen nur ein wirres Bündel von Phrasen hin. Fast niemand lehrt Physik durch anschauliche Demonstrationen und Versuche, sondern alle sagen Texte des Aristoteles oder eines andern her. Keiner bildet die Sitten durch innerliche Umgestaltung der Neigungen, sondern man beschreibt die Tugenden oberflächlich durch äußerliche Begriffsklärungen und Einteilung. Dies wird besser herauskommen, wenn wir mit Gottes Hilfe zur besonderen Methode der Künste und Sprachen gelangen, und noch deutlicher, so Gott will im Abriss der Pansophie.

26. Es ist wirklich merkwürdig, dass die Alten dafür nicht besser gesorgt haben oder dass nicht wenigstens von den Neueren dieser Irrtum längst berichtet worden ist, da doch offensichtlich hier der Grund für die langsamen Fortschritte liegt. Zeigt etwa der Zimmermann seinem Lehrling die Baukunst, indem er Häuser einreißt? Nein! Er zeigt's ihm beim Aufbau, welches Material zu wählen, wie jedes an seinem Ort zu bemessen, zuzuschneiden, zu behauen, aufzurichten, einzusetzen, zu verbinden ist. Denn wer die Weise des Aufbaus einmal kennt, für den ist das Einreißen keine Kunst, sowenig wie das Auftrennen eines Kleides für einen, der nähen gelernt hat. Aber noch keiner hat je durch Einreißen von Häusern die Zimmermannskunst oder durch Auftrennen von Kleidern das Schneiderhandwerk erlernt.

27. Und wirklich sind die Nachteile, ja Schäden der Methode, wenn sie in diesen Punkten nicht gebessert wird, offensichtlich. 1. Die Gelehrsamkeit vieler, wenn nicht der meisten, erschöpft sich in bloßer Kenntnis von Namen und Begriffen. D. h. sie können zwar die Fachausdrücke und Regeln der Künste hersagen, verstehen sie aber nicht richtig anzuwenden. 2. Bei keinem ist die gelehrte Bildung ein allgemeines Wissen, das sich

selbst erhält, kräftigt und erweitert; sie bleibt stets etwas Zusammengeflicktes, von hier ein Brocken, von dort einer, ohne richtigen Zusammenhang und ohne dauernde Fruchtbarkeit. Jenes aus verschiedenen Sätzen und Meinungen der Autoren zusammengelesene Wissen ist den Bäumen ähnlich, die man bei ländlichen Richtfesten aufzustellen pflegt. Wenn ein solcher auch von verschiedenartigen Zweigen, Blüten und Früchten, ja sogar von Blumengirlanden und Kränzen geschmückt dasteht, so kann sich doch dies alles weder vermehren noch erhalten, da es nicht aus der eigenen Wurzel kommt, sondern nur äußerlich angehängt ist. Ein solcher Baum bringt keine Früchte, und das angeheftete Laubwerk welkt und fällt ab. Ein von Grund auf gelehrter Mann aber gleicht einem Baum mit eigener Wurzel, der sich von seinem eigenen Saft erhält und deshalb beständig (und von Tag zu Tag kräftiger) lebt, grünt, blüht und Frucht bringt.

28. Ziehen wir daraus die Summe: Die Menschen müssen so viel wie möglich ihre Weisheit nicht aus Büchern schöpfen, sondern aus Himmel und Erde, aus Eichen und Buchen, d. h., sie müssen die Dinge selbst kennen und erforschen und nicht nur fremde Beobachtungen und Zeugnisse darüber. Und das heißt, wieder in die Fußstapfen der alten Weisen treten, wenn man die Kenntnis der Dinge nirgends anders her als aus dem Original (archetypus) selbst schöpft. Deshalb gelte als Gesetz: I. Alles soll aus den unwandelbaren Anfängen (principia) der Dinge abgeleitet werden. II. Nichts soll auf bloße Autorität hin gelehrt werden, alles vielmehr durch eine den Sinnen und der Vernunft zugängliche Darlegung, und III. nichts nur nach der analytischen Methode, sondern alles nach der synthetischen.

29. Sechster Grundsatz: *Die Natur gliedert umso genauer, je zahlreicher die Verwendungen sind, für die sie etwas bereitet.*

Ein Tier z. B. hat um so größere Bewegungsfähigkeit, je mehr seine Körperteile in einzelne Glieder unterteilt sind, so das Pferd größere als das Rind, die Eidechse größere als die Schnecke. So ist auch ein in Wurzeln und Ästen vielfach verzweigter Baum fester und schöner.

30. Beim Unterricht der Jugend muss also alles deutlich eingeteilt sein, dass nicht nur der Lehrende, sondern auch der Lernende ohne jede Verwirrung erkennen kann, wo er steht und was er treibt. Es kommt deshalb sehr darauf an, dass alle Bücher, die in der Schule vorgelegt werden, diese Weisung der Natur genauestens beachten.

31. Siebter Grundsatz: *Die Natur schreitet stetig voran und steht nicht still;* sie lässt nie etwas Früheres liegen, um etwas Neues anzufangen, sondern setzt nur das einmal Begonnene fort, erweitert und vollendet es.

Kopf, Füße und Herz, die sich bei der Leibesfrucht bilden, bleiben bestehen, sie werden nur noch vollendet. Ein Baum, der angepflanzt wurde, wirft seine ersten Zweige nicht ab, sondern fährt mit Eifer fort, ihnen Lebenssaft zuzuführen, damit sie sich jedes Jahr in neue Zweiglein weiter entfalten können.

32. In den Schulen soll man deshalb I. alle Studien so anordnen, dass das Spätere sich immer auf das Frühere stützt, das Frühere aber durch das Nachfolgende befestigt wird; II. soll alles Behandelte, wenn es mit dem Verstande recht erfasst worden ist, auch dem Gedächtnis eingeprägt werden.

33. Weil nämlich bei dieser natürlichen Methode alles Vorhergehende für das Nachfolgende den Grund zu legen hat, muss notwendig alles dauerhaft verankert werden. Dauernd eingeprägt wird dem Geist aber nur, was recht verstanden und vom Gedächtnis aufgenommen worden ist. Wahr ist das Wort Quintilians: Jede Wissenschaft (disciplina) gründet sich auf das Gedächtnis. Müßig ist unser Lernen, wenn etwas von dem, was wir hören (oder lesen), vorüberrinnt. Wahr spricht auch Ludovicus Vives: Im frühsten Alter muss das Gedächtnis geübt werden, denn durch Übung nimmt es zu. Vieles soll ihm dargeboten werden, sorgfältig und oft. Denn jenes Alter fühlt die Arbeit nicht, weil es sie nicht abwägt. So wird das Gedächtnis ohne

Mühe und Arbeit erweitert und großer Leistung fähig. Und in seiner »Einführung in die Weisheit« sagt er: Lass das Gedächtnis nicht ruhen. Nichts freut sich wie es über die Arbeit und wird so durch sie gemehrt. Vertraue ihm täglich etwas an: Je mehr du ihm anvertraust, desto treuer wird es alles bewahren, je weniger aber, desto treuloser. Dass diese Worte wahr sind, lehren Beispiele aus der Natur. Je mehr Feuchtigkeit ein Baum aufnimmt, desto kräftiger wächst er; und umgekehrt, je kräftiger er wächst, umso mehr saugt er auf. Je mehr Nahrung ein Tier verdaut, desto größer wird es; und ist es größer geworden, so verlangt es mehr Nahrung und verarbeitet auch mehr. In gleicher Weise wächst alles Natürliche durch die eigene Vergrößerung. In dieser Hinsicht dürfen wir also das erste Lebensalter nicht schonen (wenn wir dabei vernünftig bleiben), denn das wird den Grund für ein dauerhaftes Fortkommen legen.

34. Achter Grundsatz: *Die Natur verknüpft alles durch beständige Bande.*

Wenn sie z. B. ein Vögelchen bildet, so verbindet sie in allen Teilen Glied mit Glied, Knochen mit Knochen und Nerv mit Nerv. Desgleichen beim Baum: Aus der Wurzel steigt der Stamm empor, aus dem Stamm wachsen die Äste, aus den Ästen die Zweiglein, aus diesen die Schösslinge, aus den Schösslingen die Knospen, aus den Knospen die Blätter, Blüten, Früchte und schließlich wieder neue Schösslinge, sodass, mögen ihrer auch tausendmal tausend Äste Zweige, Blätter und Früchte sein, sie doch nur einen einzigen Baum bilden. Auch wenn ein Gebäude Bestand haben soll, so müssen Fundament, Wände, Decken und Dach, kurz, alles vom Größten bis zum Kleinsten nicht bloß einander angepasst, sondern auch so ineinandergefügt werden, dass alle Teile fest zusammenhängen und ein einziges Haus bilden.

35. Daraus folgt I. Die Studien des ganzen Lebens müssen so angeordnet werden, dass sie eine Enzyklopädie ausmachen, in der alles aus einer gemeinsamen Wurzel gewachsen ist und sich

an seinem rechten Platze befindet. II. Alles, was gelehrt wird, muss durch Vernunftgründe so gefestigt werden, dass es nicht leicht dem Zweifel oder der Vergessenheit anheimfällt. Die Vernunftgründe sind nämlich jene Nägel, Klammern und Spangen, welche das Gebäude fest zusammenhalten, dass es nicht wankt oder auseinanderbricht.

36. Durch Gründe alles befestigen heißt aber: alles aus den Ursachen lehren, d. h. nicht bloß zeigen, wie jedes Ding ist, sondern auch, warum es nicht anders sein kann. Wissen nämlich heißt, ein Ding vermittels seines Ursprungs kennen. Nehmen wir z. B. an, es werde gefragt, ob es richtiger sei, zu sagen »cunctus populus« oder »totus populus«. Antwortet der Lehrer nun »cunctus populus«, ohne eine Erklärung beizufügen, so wird es der Schüler bald wieder vergessen. Sagt er aber, »cunctus« sei zusammengezogen aus »conjunctus«, deshalb gebrauche man »totus« lieber für eine fest gefügte Sache, »cunctus« bei einem Sammelbegriff, wie hier, so sehe ich nicht ein, wie der Schüler das wieder vergessen sollte, es sei denn, er wäre besonders dumm. Desgleichen streiten sich die Grammatiker darüber, weshalb man sage »mea refert, tua refert, eius refert«, d. h. warum in der ersten und zweiten Person der Ablativ (wie man glauben könnte), in der dritten aber der Genitiv angewandt werde. Wenn ich nun erkläre, refert sei hier zusammengezogen aus »res fert« (unter Ausfall des s) und dass man deshalb sagen müsse »mea res fert, tua res fert, eius res fert« (oder zusammengezogen »mea refert, tua refert, eius refert«), dass also mea und tua nicht Ablative, sondern Nominative seien, – werde ich damit dem Schüler nicht ein Licht aufstecken? Dies also möchten wir: Dass die Schüler die Abstammung aller Wörter, die Gründe aller Redensarten oder Konstruktionen, die Grundlagen aller Regeln auf dem Gebiet der *Künste* genau kennenlernen und stets zur Hand haben (denn die Lehrsätze der *Wissenschaften* (scientiae) dürfen nicht durch Vernunftgründe oder Hypothesen, sondern zuerst nur durch anschauliche Darlegung an den Dingen selbst

erhärtet werden). Das wird außer angenehmster Unterhaltung auch großen Nutzen bringen: Es wird damit einer sehr dauerhaften Bildung der Weg gebahnt, weil in wunderbarer Weise den Lernenden die Augen dafür geöffnet werden, dass sie aus einer Sache selbstständig auch weiter auf eine andere schließen können.

37. Deshalb soll also in den Schulen alles unter Aufzeigung der Ursachen gelehrt werden.

38. Neunter Grundsatz: *Die Natur wahrt im Hinblick auf Menge und Größe das rechte Verhältnis zwischen Wurzeln und Zweigen.*

Wie sich die Wurzel unter der Erde ausbreitet, stärker oder schwächer, so tun es über der Erde die Zweige, nicht mehr und nicht minder. Und das muss so sein, denn wollte der Baum nur immerfort in die Höhe wachsen, könnte er nicht mehr aufrecht stehen, denn die Wurzel muss ihn halten. Wüchse er aber nur nach unten, so wäre das nutzlos, denn die Zweige, nicht die Wurzeln bringen Frucht. Auch bei den Tieren nehmen die äußeren Glieder im selben Verhältnis wie die inneren zu. Sind die inneren in Ordnung, so zeigen auch die äußeren guten Wuchs.

39. So steht es auch mit der gelehrten Bildung; sie muss gleichsam in der inneren Wurzel der Erkenntnis zuerst empfangen, gehegt und gestärkt werden, doch muss man zugleich dafür sorgen, dass sie sich auch nach außen in Zweigen und Laub ansehnlich ausdehnt. Wer also gelehrt wird, etwas zu verstehen, der muss zugleich gelehrt werden, [selbst] darüber zu sprechen, damit zu arbeiten und es nützlich zu verwenden, und umgekehrt.

40. Es soll also I. bei allem, was begriffen worden ist, sogleich erwogen werden, wie es anzuwenden sei, damit man nichts vergeblich lernt; II. alles, was begriffen worden ist, gleich andern weiter mitgeteilt werden, damit man nichts vergeblich weiß.

Denn in diesem Sinne ist das Wort wahr: Dein Wissen ist nichts, wenn nicht ein anderer weiß, dass du weißt. Kein Wissensquell soll darum erschlossen werden, aus dem nicht sogleich Bächlein fließen. Doch mehr davon beim folgenden Grundsatz.

41. Zehnter Grundsatz: *Die Natur erhält und stärkt sich selbst durch häufige Bewegung.*

Der Vogel wärmt die Eier nicht nur durchs Brüten, sondern er wendet sie auch täglich hin und her, damit sie überall gleichmäßig erwärmt werden. (Das lässt sich leicht an Gänsen, Hühnern und Tauben beobachten, die auf unsern Höfen ihre Jungen ausbrüten.) Das ausgekrochene Junge aber übt er mit häufigem Bewegen des Schnabels und der Füße, mit Ausbreiten und Schwingen der Flügel, mit Emporflattern und verschiedenen Gang- und Flugversuchen, bis es kräftig geworden ist.

Auch der Baum schießt umso frischer empor und senkt seine Wurzeln umso tiefer in die Erde, je mehr er vom Winde bewegt wird. Ja, allen Pflanzen tut es gut, in Regen- und Hagelwetter, bei Donner und Blitz ihre Kräfte zu üben. Daher bringen, wie man sagt, die Wind-und-Wetter-Gegenden härteres Holz hervor.

42. Auch der Baumeister weiß, dass seine Werke durch Sonne und Wind getrocknet und gefestigt werden. Und der Schmied bringt das Eisen, das er härten und dann schärfen will, öfters ins Feuer und ins Wasser und setzt es auf diese Weise abwechselnd der Hitze und der Kälte aus, damit es durch häufiges Erweichen desto härter werde.

43. Daraus folgt, dass auch die gelehrte Bildung ohne häufiges und geschickt angelegtes Wiederholen und Üben zu keiner Dauerhaftigkeit gelangen kann. Welches aber das beste Übungsverfahren sei, lehren uns die natürlichen, dem Ernährungsvorgang dienenden Regungen des lebendigen Körpers: Aufnahme, Verdauung und Verteilung.

Beim Tier nämlich (ja sogar bei der Pflanze) verlangt jedes Glied Nahrung, um sie zu verdauen, und verdaut sie nicht nur, um sich selbst zu nähren (indem es einen Teil davon zurückbehält und sich assimiliert), sondern um sie den benachbarten Gliedern weiterzugeben zur Erhaltung des Ganzen. Jedes Glied dient also den andern, damit sie ihm wieder dienen. Auf gleiche Weise wird die Wissenschaft (doctrina) mehren, wer immer die Nahrung des Geistes I. sucht und aufnimmt; II. das Gefundene und Aufgenommene kaut und verdaut; III. das Verdaute verteilt und anderen zukommen lässt.

44. Diese drei Dinge drückt auch jenes bekannte Verslein aus:

Vieles erfragen, Erfragtes behalten, Behaltenes lehren:
Diese drei Dinge erheben den Schüler über den Meister.

Das Erfragen geschieht in der Weise, dass man den Lehrer oder einen Mitschüler oder Bücher über etwas Unbekanntes zurate zieht. Behalten heißt Erkanntes und Verstandenes auswendig lernen und es zur größeren Sicherheit (denn nur wenige sind so glücklich veranlagt, dass sie alles im Kopf behalten können) niederschreiben. Lehren ist möglich, indem man einem Mitschüler oder dem ersten besten alles Verstandene wieder erklärt. Die ersten beiden Punkte sind in den Schulen bekannt, der dritte noch nicht hinreichend, obgleich es sehr sinngemäß wäre, auch diese Lernweise einzuführen. Sehr wahr ist nämlich das Wort: »Wer andere lehrt, der bildet sich selbst«, und zwar nicht bloß, weil er durch Wiederholung das aufgenommene Wissen in sich befestigt, sondern auch weil er Gelegenheit findet, tiefer in die Dinge einzudringen. Der geistreiche Joachim Fortius bezeugt, was er jemals bloß gehört oder gelesen habe, das sei ihm schon innerhalb eines Monats wieder entfallen, was er aber andere gelehrt habe, das sei ihm so vertraut wie die Zahl seiner Finger, und er glaube, es könne ihm nur durch den Tod entrissen werden. Deshalb rät er dem, der in seinen Studien gut vorwärtskommen will, sich Schüler zu suchen, die er täglich lehren kann, was er gerade lernt, und müsste er sie sich mit Gold erkaufen. Es ist besser, sagt er, man versagt sich etwas von seinen äußeren Glücksgütern, wenn man nur Leute hat, die zuhören wollen, wenn man lehrt, d. h. selber vorwärtskommt.

45. Das aber würde sich bequemer und mit sicherem Nutzen für viele durchführen lassen, wenn jeder Klassenlehrer unter seinen Schülern diese wunderbare Art der Übung auf folgende Weise einrichten wollte: In jeder Stunde ruft man, nachdem der Lehrstoff kurz dargeboten und der Sinn der Worte deutlich erklärt worden ist, einen Schüler auf, der – wie wenn er nun der Lehrer wäre – alles vom Lehrer Vorgetragene in derselben Ordnung wiederholt, die Regeln mit denselben Worten erläutert, ihre Anwendung an denselben Beispielen zeigt. Wo er sich irrt, verbessert ihn der Lehrer. Nachher wird ein anderer aufgerufen, der dasselbe tun soll, während alle übrigen zuhören; dann noch ein dritter und vierter – so viele, bis es offensichtlich alle verstanden haben und wiedergeben und lehren können. Ich rate nicht zu einer bestimmten Reihenfolge hierbei, nur mögen die Befähigteren zuerst aufgerufen werden, damit die Langsameren, durch ihr Beispiel gestärkt, leichter nachfolgen können.

46. In folgenden fünf Hauptrichtungen wird eine solche Übung von Nutzen sein: 1. Der Lehrer wird die Aufmerksamkeit der Schüler wachhalten. Weil nämlich jederzeit einer aufstehen und die ganze Lektion wiederholen muss, jeder aber fürchtet, selbst ebenso wie die andern dranzukommen, wird jeder wohl oder übel die Ohren spitzen und nichts vorbeirauschen lassen. Ist eine solche muntere Aufmerksamkeit durch den Brauch einiger Jahre gefestigt, so wird sie den Jüngling für alle Pflichten des Lebens wachsam machen. 2. Der Lehrer wird sich darüber klar werden, ob alles Vorgelegte von allen richtig verstanden worden ist; wo nicht, wird er dem alsbald abhelfen zu seinem eigenen und der Schüler Nutzen. 3. Wird das gleiche so oft wiederholt, werden es schließlich auch die Langsamsten begreifen und mit den übrigen Schritt halten können, und die Begabteren werden sich indessen daran freuen, die Sache mit geläufiger Sicherheit zu beherrschen. 4. Durch die häufige Wiederholung

des Gleichen werden alle mit der Lektion vertrauter werden, als durch noch so lange Einzelabquälerei. Lesen sie sie morgens und abends noch einmal durch, so werden sie die Erfahrung machen, dass alles sich nur durch Scherz und Spiel dem Gedächtnis eingeprägt hat. 5. Wird der Schüler zuweilen gleichsam zum Lehramt zugelassen, so wird in seinem Geiste eine Lust und ein Lerneifer entfacht, und er wird eine sittsame Freimütigkeit gegenüber den Mitmenschen erwerben und alles geradeheraus zu behandeln wissen. Das wird ihm im Leben von großem Nutzen sein.

47. Auf dieselbe Weise werden die Schüler auch außerhalb der Schule, wo sie gehen und stehen, mancherlei Vergleiche und Erörterungen über den kürzlich oder früher durchgenommenen Stoff oder auch über einen neuen Gegenstand anstellen können. Zu diesem Zwecke sollen, wo immer einige zusammenkommen, sie durchs Los oder durch Abstimmung sich einen stellvertretenden Lehrer als Diskussionsleiter wählen. Wer von seinen Mitschülern bei einem solchen Anlass aufgestellt wird und ablehnt, soll streng bestraft werden. Denn das soll felsenfest stehen, dass niemand eine Gelegenheit zu lehren oder zu lernen fliehen darf, vielmehr alle danach streben sollen. Über die schriftlichen Übungen (die zu einem dauerhaften Fortschritt viel beitragen können), sprechen wir unten bei der Beschreibung der Muttersprach- und der Lateinschule besonders (Kapitel 29 u. 30).

19. Kapitel

GRUNDSÄTZE FÜR DIE SCHNELLIGKEIT UND ABKÜRZUNG BEIM LERNEN

Das bisher Vorgeschlagene wäre zu weitläufig, wenn sich nicht Abkürzungswege finden ließen (1). Was hat bisher rasche Fortschritte verhindert (2)? Acht Gründe für die bisherige Langsamkeit (3-10). Wie die Natur Verzögerungen vermeidet (11-13). Anwendung dieser Naturlehren auf die Schule (14/15). I. Problem: Wie kann ein Lehrer für etwa hundert Schüler ausreichen (16)? Die Lehre der Natur (17) und ihre Anwendung: Gruppeneinteilung und Kollektivunterricht (18). Erhaltung der Aufmerksamkeit (19): acht Regeln dafür (20). Nutzen solcher Aufmerksamkeitsübungen (22). Wird bei so großen Klassen auch für den Einzelnen hinreichend gesorgt (23)? Überwachung durch Lehrer und Gruppenälteste, gegenseitige Kontrolle der Schüler (24-27). Nutzen dieser Methode (28-30). II. Problem: Wie kann man alle aus denselben Büchern unterrichten? Keine Nebenlektüre gestatten (31): genügend Bücher von der Schule aus zur Verfügung stellen (32); richtige Verwendung der Bücher durch die Lehrer (33); Grundsätze für Inhalt und Ausgabe der Bücher (34-36); Zusammenfassungen an den Klassenwänden (37). III. Problem: Wie können alle in der Schule gleichzeitig dasselbe treiben (38/39)? IV. Problem: Wie kann alles nach ein und derselben Methode gelehrt werden (40)? V. Problem: Wie kann mit wenigen Worten das Verständnis vieler Dinge erschlossen werden (41)? VI. Problem: Wie können in einem Arbeitsgang zwei bis drei Aufgaben erfüllt werden (42-44)? Fünf Regeln dafür: Verbindung von Wörtern und Sachen (45/46), von Lesen und Schreiben (47), von Stil und Geist (48), von Lehren und Lernen (49), von Scherz und Ernst (50). VII. Problem: Wie kann man alles schrittweise erreichen (51)? VIII. Problem: Wie kann man Hindernisse beseitigen und vermeiden (52)? Durch Übergehen von allem Unnötigen (53), Fremdartigen (54) und allzu Speziellen (55).

1. All das aber ist mühsam und gar zu weitläufig, könnte jemand einwenden. Wie viele Lehrer, wie viele Büchereien, wie viele Mühen werden für einen solchen allgemeinen Unterricht erforderlich sein? Freilich, wenn es keine Abkürzungswege gäbe, so wäre es eine unendlich umfangreiche und mühevolle Aufgabe. Denn die Kunst ist so lang, breit und tief wie die Welt selbst, die dem Geiste unterworfen werden soll. Aber wer weiß nicht, dass Langes zusammengezogen, Mühsames verkürzt werden kann? Wer wüsste nicht, dass die Weber Tausende von Fäden sehr geschwind ineinander wirken und Muster von bewunderungswürdiger Mannigfaltigkeit hervorbringen? Wer wüsste nicht, dass die Müller Tausende von Körnern leicht zermahlen und mühelos die Kleie vom Mehl reinlich scheiden? Wer weiß nicht, dass die Handwerker mit keineswegs großen Maschinen fast mühelos ungeheure Lasten heben und fortschaffen und dass die Wiegemeister mit einem kleinen, exzentrisch angebrachten Gewicht mehreren Pfunden das Gleichgewicht halten? So ist es oft nicht dank der Kräfte, dass etwas Großes geleistet wird, sondern dank der Kunst. Sollten nun ausgerechnet die wissenschaftlich Gebildeten die Kunst, ihre Aufgabe scharfsinnig (ingeniöse) zu meistern, entbehren? Aus Scham allein schon müssten wir bestrebt sein, die Findigkeit jener nachzuahmen und für die Schwierigkeiten, mit denen das Schulwesen bisher zu kämpfen hatte, Heilmittel zu suchen.

2. Solche Heilmittel aber werden wir nicht finden, ehe wir nicht die Krankheit und ihre Ursachen aufgedeckt haben. Was hat denn eigentlich die Arbeiten und Fortschritte in den Schulen so verzögert, dass die meisten, selbst wenn sie ein Menschenalter in der Schule zubrachten, noch nicht alle Wissen-

schaften und Künste durchforscht, ja einigen nicht einmal auf der Schwelle »Guten Tag« gesagt haben?

3. Folgende Ursachen stellen sich als die wichtigsten heraus: Es waren keine Ziele gesetzt, zu denen die Lernenden in einem bestimmten Jahr, einem Monat, einem Tag hätten geführt werden müssen. Alles plätscherte so dahin.

4. Es waren keine Wege angegeben, die unfehlbar zu diesen Zielen hinführten.

5. Was von Natur aus verbunden ist, wurde nicht zusammen, sondern getrennt behandelt. Man lehrte z. B. die Erstklässler zunächst bloß Lesen, das Schreiben wurde um einige Monate verschoben. In der Lateinschule mussten die Knaben jahrelang mit den Wörtern kämpfen, ohne die Sachen zu kennen, sodass das Jugendalter völlig mit grammatischen Studien verstrich – die philosophischen erst dem reiferen Alter vorbehalten waren. Ebenso ließ man sie nur immer lernen, nie lehren. Dabei hätte doch all dies (Lesen und Schreiben, Wörter und Sachen, Lernen und Lehren) ebenso zusammengehört wie beim Laufen das Heben und Aufsetzen der Füße, im Gespräch das Zuhören und Antworten, beim Ballspiel das Werfen und Fangen, wie wir das an seinem Orte schon besprochen haben.

6. Die Künste und Wissenschaften wurden kaum irgendwo wirklich enzyklopädisch, sondern nur brockenweise gelehrt. So türmte sich vor den Augen des Lernenden gleichsam ein Haufen Holz oder Reisig auf, von dem niemand sehen konnte, wo und warum es zusammenhängt. Infolgedessen griff der eine dies, der andere jenes auf, und niemand eignete sich eine umfassende und deshalb gründliche Bildung an.

7. Man wandte vielerlei verschiedenartige Methoden an, in jeder Schule andere. Ja, auch die einzelnen Lehrer hatten verschiedene, zuweilen lehrte sogar ein und derselbe Lehrer in einem Fach so, im andern anders, und was am schlimmsten ist: Nicht einmal innerhalb eines Faches blieben sie einer Methode treu, sodass die Schüler kaum je wirklich verstehen konnten,

was eigentlich vorging. So verzögerte man sich, blieb zurück, und bevor man noch zur Behandlung anderer Disziplinen geschritten war, hatte man schon Abscheu davor oder Mutlosigkeit erregt, sodass viele davon nicht einmal nur zu kosten wünschten.

8. Es fehlte eine Methode, alle Schüler derselben Klasse zugleich zu unterrichten, man mühte sich mit jedem einzeln ab. Waren nun mehrere Schüler da, so hatten die Lehrer davon Arbeit wie Lastesel, die Schüler aber entweder Gelegenheit zu unnützer Muße, oder, wenn ihnen inzwischen etwas zu arbeiten aufgegeben wurde, verdrießliche Quälerei.

9. Waren mehrere Lehrer da, so entstand daraus nur neue Verwirrung, da fast in jeder Stunde Neues vorgelegt und durchgenommen wurde; ganz zu schweigen davon, dass die Vielzahl der Lehrer, ebenso wie die der Bücher, die Gemüter zerstreute.

10. Endlich war es den Schülern erlaubt, ohne dass die Lehrer etwas dagegen gehabt hätten, in und außerhalb der Schule auch andere Bücher zu brauchen, und man glaubte, je mehr Schriftsteller sie läsen, desto mehr Gelegenheit zum Fortschritt hätten sie, während dies die Geister nur noch mehr zerstreute. Und deshalb ist es nicht so verwunderlich, dass nur wenige sämtliche Disziplinen durchgearbeitet haben, als vielmehr, dass überhaupt irgendeiner aus jenen Labyrinthen hat herauskommen können, was übrigens nur den hervorragend Veranlagten gelang.

11. In Zukunft sind alle diese Hindernisse und Verzögerungen zu beseitigen und ohne Umschweife nur das zu ergreifen, was geradewegs zum Ziele führt, wie die Volksregel sagt: Was sich mit wenigem erreichen lässt, dazu soll man nicht viel verwenden.

12. Folgen wir doch hier, als einem trefflichen Vorbild (idea) aus der Natur, der himmlischen Sonne nach. Diese erfüllt ihre mühevolle und gleichsam unendliche Aufgabe (nämlich über den ganzen Erdkreis ihre Strahlen zu verbreiten und allen Ele-

menten und ihren Verbindungen: den Steinen, Pflanzen, Tieren, deren Arten und Exemplare zahllos sind, Licht, Wärme, Leben und Gedeihen zu geben) doch zur allgemeinen Zufriedenheit und vollendet jedes Jahr vorzüglich den Kreislauf ihrer Pflichten.

13. Wir wollen nun ihre Handlungsweise näher ins Auge fassen im Hinblick auf jenes eben besprochene Vorgehen in den Schulen. I. Die Sonne befasst sich nicht mit jedem Gegenstande einzeln, etwa mit einem Baum oder einem Tier, sondern sie erleuchtet, wärmt und temperiert die ganze Erde. II. Mit denselben Strahlen erleuchtet sie alles; mit denselben Wolken, die sich bilden und wieder auflösen, bewässert sie alles; mit demselben Wind durchweht sie alles und mit derselben Wärme oder Kälte wirkt sie alles. III. Zur selben Zeit lässt sie es über weite Gegenden Frühling, Sommer, Herbst oder Winter werden und lässt alles gleichzeitig sprossen, blühen und Früchte bringen – was nicht hindert, dass das eine schneller, das andere langsamer reift, jedes nämlich nach seiner Art. IV. Sie hält immer dieselbe Ordnung ein, heute wie morgen, dieses Jahr wie im folgenden; unveränderlich wahrt sie dieselbe Form in jeder ihrer Tätigkeiten. V. Sie bringt ein jegliches aus nichts anderem als aus seinem Samen hervor. VI. Sie erzeugt alles, was zusammengehört, gleichzeitig: das Holz mit der Rinde und dem Mark, die Blüte mit den Blättern, die Frucht mit Schale, Stiel und Kern. VII. Und alles lässt sie schrittweise entstehen, sodass eins dem andern den Weg bereitet und eins das andere ablöst. VIII. Endlich bringt sie nichts Unnützes hervor, kommt aber etwas auf, so verbrennt und beseitigt sie es.

14. In der Nachfolge dieses Beispiels soll I. nur *ein* Lehrer einer Schule oder wenigstens einer Klasse vorstehen, II. nur *ein* Autor für jeden Lehrgegenstand gebraucht, III. ein und dieselbe Arbeit der ganzen Klasse gemeinsam aufgegeben und IV. nach ein und derselben Methode alle Disziplinen und Sprachen gelehrt werden. V. Alles soll von Grund auf kurz und bündig behandelt wer-

den, damit der Verstand wie mit einem Schlüssel erschlossen werde und die Dinge sich vor ihm von selbst entfalten. VI. Was unter sich verbunden ist, werde zusammen vorgenommen. VII. und alles folge unerschütterlich schrittweise aufeinander, sodass das heute Gelernte das Gestrige festigt und dem Morgigen den Weg ebnet. VIII. Das Unnütze schließlich werde überall ausgeschieden.

15. Ich behaupte, wenn dies alles in den Schulen eingeführt wird, so darf ebenso wenig bezweifelt werden, dass der Kreislauf der Wissenschaften über Erwarten leicht und bequem sich werde vollenden lassen, als dass die Sonne jährlich ihren Lauf um die ganze Welt vollendet. Gehen wir nun zur Sache selbst über, um zu untersuchen, ob und wie leicht sich diese Ratschläge ausführen lassen.

16. Erstes Problem: *Wie kann ein einziger Lehrer für eine so große Schülerzahl ausreichen?*

Ich behaupte, es ist nicht nur möglich, dass ein Lehrer (magister) eine Gruppe von etwa hundert Schülern leitet, sondern sogar nötig, weil dies für den Lehrenden wie die Lernenden weitaus am angenehmsten ist. Jener wird ohne Zweifel mit um so größerer Lust sein Tagewerk verrichten, je zahlreicher die Schar ist, die er vor sich erblickt (wie denn auch die Bergleute in einer reichen Mine die Hände freudiger regen); und je eifriger er selbst ist, desto lebhafter wird er seine Schüler machen. Ebenso wird den Schülern die größere Zahl mehr Spaß (Freude macht es, beim Schaffen Genossen zu haben) und mehr Nutzen bringen. Sie werden sich gegenseitig anspornen und helfen, denn auch dieses Alter hat seinen Ehrgeiz.

Außerdem kann es leicht geschehen, wenn der Lehrer (doctor) nur von wenigen gehört wird, dass dies oder jenes an den Ohren aller vorübergeht; hören ihm aber viele zu, so erfasst jeder soviel er kann, und bei den nachfolgenden Wiederholungen kommt alles noch einmal zur Sprache, und alles kommt allen zugut, da sich ein Geist am andern, ein Gedächtnis am andern entzündet. Kurz, wie der Bäcker mit *einem* Teigkneten, *einem* Ofenheizen viele Brote bäckt und der Ziegelbrenner viele Ziegel brennt, der Buchdrucker mit einem Schriftsatz Hundert oder Tausend Bücher druckt: Gerade so kann ein Schulmeister (ludi magister) mit denselben wissenschaftlichen Übungen ohne besondere Mühe eine sehr große Schülerzahl zusammen mit einem Mal unterrichten. Wir sehen ja auch, dass ein einziger Stamm hinreicht, einen noch so weit verzweigten Baum zu tragen und ihm Saft zuzuführen, und dass die eine Sonne genügt, die ganze Erde zu beleben.

17. Auf welche Weise ist das nun möglich? Wir wollen das Vorgehen der Natur in den oben angeführten Beispielen betrachten. Der Stamm läuft nicht bis in die äußersten Zweige aus, er nimmt am angegebenen Ort ein Ende und gibt den Saft an die unmittelbar von ihm ausgehenden Äste weiter, diese an die nächsten und die wieder an andere und so fort bis zu den äußersten und kleinsten Teilchen des Baumes. Ebenso wenig senkt sich die Sonne auf einzelne Bäume, Pflanzen und Tiere, sondern sie sendet von ihrer Höhe ihr Strahlen aus und erleuchtet eine ganze Halbkugel zugleich, während die einzelnen Geschöpfe sich daher Licht und Wärme zu Nutzen machen. Dabei ist zugleich zu beachten, dass die Wirksamkeit der Sonne durch die Lage des Ortes unterstützt wird, wie z. B. die in einem Talkessel gesammelten Strahlen die nahe Umgebung mehr erwärmen.

18. Wird die Sache also dergestalt eingerichtet, so genügt ebenso ein einziger Lehrer für die größte Schülerzahl, wenn er nämlich I. die Gesamtzahl in Gruppen, z. B. zu je zehn Schülern, unterteilt, über jede Gruppe einen Aufseher setzt, über diese selbst wieder andere bis zuoberst; II. niemals einen allein unterrichtet, weder privat außerhalb der Schule noch während des öffentlichen Unterrichts in der Schule, sondern gleich alle zusammen. Er soll also zu niemandem besonders hingehen und nicht dulden, dass einer besonders zu ihm komme, sondern auf

dem Katheder bleiben (wo er von allen gesehen und gehört werden kann) und wie die Sonne seine Strahlen über alle verbreiten. Alle aber sollen ihm Auge, Ohr und ihre Aufmerksamkeit zuwenden und alles aufnehmen, was er vorträgt, vormacht oder vorzeigt. So trifft man nicht nur zwei, sondern gleich viele Fliegen auf einen Schlag.

19. Die Kunst wird bloß sein, alle insgesamt und jeden einzeln so aufmerksam zu machen, dass sie glauben (wie es ja auch wirklich ist), der Mund des Lehrers sei die Quelle, von der die Bächlein der Wissenschaften zu ihm herabfließen, und dass sie sich gewöhnen, so oft sie die Quelle sich öffnen sehen, ihren Becher der Aufmerksamkeit unterzustellen, damit nichts ungenützt vorbeifließe. Es muss also die Hauptsorge des Lehrers sein, für wirklich Zuhörende zu sprechen und wirklich Aufmerksame zu unterrichten. Wenn irgendwo, so gilt hier das Wort Senecas: »Nur den, der hören will, soll man etwas lehren«; und das Wort Salomos: »Der Geist eines verständigen Mannes ist kostbar« (Spr. 17, 27), d. h., er soll ihn nicht in den Wind schütten, sondern in die Gemüter anderer Menschen.

20. Diese Aufmerksamkeit wird aber nicht bloß durch die Vorsteher der einzelnen Gruppen und die andern, denen eine Aufsicht übergeben ist (insofern sie nämlich die andern sorgfältig überwachen) geweckt und erhalten, sondern noch mehr durch den Lehrer (praeceptor) selbst, und zwar auf achtfache Weise:

1. Wenn er sich bemüht, dass das, was er vorträgt, stets ebenso unterhaltend wie nützlich ist, denn so werden die Gemüter (animi) gewonnen und folgen begierig mit gespannter Aufmerksamkeit.
2. Wenn er zu Beginn jeder Arbeit den Gemütern wohltut, indem er den vorzunehmenden Stoff empfiehlt oder sie durch Fragen, entweder aus schon behandelten Gebieten, von welchen er zum neuen Stoff übergehen will, oder aus dem neuen Gebiet selbst, so anreizt, dass sie ihre Un-

kenntnis auf diesem Gebiete bemerken und begierig an die Klärung der Sache herangehen.
3. Wenn er von seinem erhöhten Platze aus die Augen umherschweifen lässt und niemandem gestattet, etwas anderes zu tun, als seine Blicke auf ihn zu richten.
4. Wenn er die Aufmerksamkeit dadurch unterstützt, dass er soviel als möglich den Sinnen vorführt (wie ich das im 17. Kap. in der 3. Regel des 8. Grundsatzes ausgeführt habe). Das erleichtert nicht nur das Lernen, sondern fördert auch die Aufmerksamkeit.
5. Wenn er zuweilen seinen Vortrag unterbricht und den einen oder andern fragt: Was habe ich eben gesagt? Wiederhole doch diesen Satz! Wie sind wir darauf gekommen? und Ähnliches, je nachdem, wie weit die Klasse fortgeschritten ist. Wenn einer ertappt wird, dass er nicht aufgepasst hat, soll er gescholten oder gleich bestraft werden. Dadurch wird die allgemeine Aufmerksamkeit gesteigert.
6. Wenn er einen gefragt hat und der stockt, so gehe er weiter zum zweiten, dritten, zehnten, dreißigsten und fordere die Antwort, ohne die Frage zu wiederholen. Alles zum Zweck, dass alle sich bemühen, auf das zu merken, was einem gesagt wird, und es zu ihrem Nutzen zu verwenden.
7. Die Frage kann auch, wenn sie der eine oder andere nicht beantworten konnte, der ganzen Schar gestellt werden. Wer sie dann zuerst oder am besten beantwortet, soll vor allen andern gelobt werden und so als gutes Vorbild dienen. Gibt einer eine falsche Antwort, soll der Lehrer ihn verbessern und bei der Gelegenheit gleich die Fehlerquelle (die ein scharfsinniger Lehrer leicht errät) aufdecken und beseitigen. Es ist kaum glaublich, welch schnelles Fortschreiten dadurch möglich wird.
8. Am Schluss der Stunde gebe der Lehrer den Schülern Gelegenheit, zu fragen, was sie wollen – mag nun einem in der gegenwärtigen Stunde ein Zweifel aufgestiegen sein oder

schon früher. Private Anfragen sind nicht zu dulden: Öffentlich frage den Lehrer um Rat, wer seines Rates bedarf, entweder persönlich oder durch seinen Obmann (wenn dieser ihn nicht schon hat zufriedenstellen können), damit alle Fragen und Antworten allen zugutekommen. Wenn einer oft Nützliches zur Sprache bringt, soll man ihn loben, damit die Übrigen durch sein Beispiel zum Aufmerken ermuntert werden.

22. Eine solche tägliche Übung der Aufmerksamkeit wird den jungen Leuten nicht bloß für die Gegenwart, sondern für ihr ganzes Leben nützlich sein. Wenn sie sich nämlich durch mehrjährige ununterbrochene Übung daran gewöhnt haben, immer das zu verfolgen, wovon gerade die Rede ist, so werden sie stets mit gegenwärtigem Geiste handeln, ohne anderer Leute Mahnung oder Aufforderung abzuwarten. Und wenn die Schulen so sind, sollte man nicht die reichste Ernte an fähigen Männern von ihnen erhoffen?

23. Man könnte nun einwerfen, dass trotz allem eine Einzelaufsicht nötig sei, z. B. um zu prüfen, wie sauber jeder seine Bücher hält, ob er die Aufgaben sorgfältig ausführt, gründlich auswendig lernt usw. Bei einer großen Schülerzahl würde das viel Zeit erfordern. Aber es ist ja gar nicht nötig, jedes Mal alles abzuhören und alle Hefte anzusehen, denn der Lehrer hat die Gruppenleiter zur Hilfe. Diese achten darauf, jeder in seiner Gruppe, dass alle alles möglichst gut machen.

24. Der Lehrer selbst wird, wie ein oberster Aufseher, nur einmal diesem, einmal jenem besondere Aufmerksamkeit zuwenden, um die Zuverlässigkeit derer zu prüfen, denen er nicht ganz traut. Was auswendig gelernt wurde z. B., sollen nur zwei oder drei aufsagen (oder wie viele man gerade nacheinander von den Schwachen wie von den Begabten aufrufen will), während die übrige Schar zuhört. So müssen alle immer vorbereitet [zur Stunde] kommen, weil jeder gewärtig sein muss, dass er geprüft wird. Der Lehrer kann auch, wenn einer die Aufgabe ge-

läufig herzusagen beginnt und er überzeugt ist, dass der Rest ebenso gut sitzt, das Übrige von einem andern aufsagen lassen. Wenn es bei dem auch gut geht, kann er den dritten Satz oder Paragrafen wieder einem nächsten geben. So wird er sich durch die Prüfung von wenigen aller versichern.

25. Ebenso wird er bei der Verbesserung von Diktaten verfahren. Er lasse den einen oder andern, wenn es nötig ist mehrere, das Geschriebene laut und deutlich lesen und die Satzzeichen dabei ausdrücklich nennen. Die andern sollen in ihre Hefte schauen und verbessern. Natürlich kann er auch selbst dann und wann das Heft des einen oder andern rasch nachsehen und die Nachlässigen strafen.

26. Die Verbesserung schriftlicher Arbeiten scheint mehr Mühe zu machen. Aber auch hier lässt sich Rat schaffen, wenn man nur denselben Weg weiter geht. Bei Übersetzungsübungen z. B. kann man so vorgehen: Wenn in den Zehnergruppen festgestellt worden ist, dass alle die Arbeit beendet haben, soll ein Schüler aufstehen und nach eigener Wahl einen Gegner herausfordern. Wenn dieser auch aufgestanden ist, soll der Erste seine Arbeit abschnittweise vorlesen. Alle sollen dabei aufmerksam zuhören. Der Lehrer oder zum Mindesten der Gruppenleiter sollen dabei neben ihm stehen und einsehen, um die Rechtschreibung zu prüfen. Wenn er einen Satz gelesen hat, hält er inne, und sein Gegner macht ihn, so er einen Fehler entdeckt hat, darauf aufmerksam. Darauf wird seiner Zehnergruppe, dann der ganzen Klasse gestattet, den Satz zu prüfen. Wenn es nötig ist, korrigiert ihn zuletzt noch der Lehrer. Alle schauen unterdessen in ihre Hefte und verbessern, wenn sie ähnliche Fehler gemacht haben, der Diskussionsgegner ausgenommen, der seine Arbeit für die Beurteilung unverändert lässt. Wenn der erste Satz beendet und gehörig verbessert worden ist, geht man zum folgenden über usf. bis zum Ende. Dann soll der Gegner seine Arbeit in gleicher Weise vortragen, während der, welcher ihn herausgefordert hat, ihm ins Heft sieht, damit er nicht beim Vorlesen

verbessert. Wie vorher werden nun die einzelnen Worte, Sätze und Redensarten geprüft. Dann sollen zum gleichen Verfahren weitere Paare aufstehen, soviel die Zeit erlaubt.

27. Die Gruppenältesten sollen aber darauf achten, dass zu Beginn der Verbesserung alle ihre Übersetzung bereit haben. Während der Verbesserung müssen sie darauf sehen, dass alle mithilfe der fremden Fehler ihre eigenen verbessern.

28. So wird I. die Arbeit des Lehrers vermindert; II. keiner in der Menge vernachlässigt, sodass alle gelehrt werden; III. die allgemeine Aufmerksamkeit geschärft. IV. Was in irgendeiner Hinsicht zu einem gesagt wird, kommt allen gleicherweise zugut. V. Die mannigfachen Redewendungen, die ja sicherlich von den verschiedenen Schülern verwendet werden, bilden und stärken vortrefflich wie das sachliche Urteil so auch das Sprachgefühl. VI. Endlich wird sich zeigen, dass bei den übrigen Schülern nur noch wenige oder gar keine Fehler mehr vorhanden sind, nachdem zwei bis drei Paare abgefertigt wurden.

Alsdann kann die noch übrige Zeit für die Gesamtheit verwendet werden, indem diejenigen, die eine Unklarheit in ihrer Arbeit haben oder meinen, besser als die anderen gearbeitet zu haben, dies vorbringen und der Beurteilung unterwerfen.

29. Was hier am Beispiel der Übersetzungsübungen gezeigt worden ist, kann auf Stil- und Rede-, auf logische, theologische und philosophische Übungen in jeder Klasse übertragen werden.

30. Daran haben wir nun gesehen, wie ein Lehrer für hundert Schüler ausreichen kann, ohne dass er mehr Arbeit hätte als mit einem oder zweien.

31. Zweites Problem: *Wie kann man alle aus denselben Büchern unterrichten?*

Jedermann weiß, dass die Sinne durch die Vielzahl der Dinge zerstreut werden. Daher wäre es eine bedeutende Abkürzung, 1. wenn den Schülern nur die für ihre Klasse bestimmten Bücher gestattet würden, damit das Geltung behalte, was bei den

Alten den Opfernden zugerufen wurde: Dieses eine tue!; denn je weniger sonstige Bücher die Augen ablenken, desto mehr werden die vorgeschriebenen die Gemüter beschäftigen;

32. 2. wenn alle Lehrmittel wie Tafeln, Programme, Elementarbücher, Lexica, Übersichten über die verschiedenen Künste bereitstünden. Denn wenn die Lehrer, wie das meist geschieht, den Schülern erst Lesetafeln anfertigen, kalligrafische Muster vorschreiben, Regeln, Texte oder Übersetzungen diktieren usf. – wie viel Zeit geht dann verloren! Deshalb wäre es nützlich, von allen Büchern, die in sämtlichen Klassen gebraucht werden, eine genügende Menge von Exemplaren zu besitzen, die in die Muttersprache übersetzt werden sollen, mit beigefügter Übertragung. So könnte die Zeit, die nun mit Diktieren, Niederschreiben und Übersetzen vertan wird, bei Weitem nützlicher zur Erklärung, Wiederholung und Übung verwendet werden.

33. Man braucht nicht etwa zu fürchten, damit der Trägheit der Lehrer Vorschub zu leisten. Wie nämlich ein Prediger seiner Pflicht genügt, wenn er das verlesene Bibelwort erklärt und zur Belehrung, Erbauung und Tröstung der Zuhörer seine Anwendung zeigt, wobei es den Zuhörern nichts ausmacht, wenn er nicht selbst den Urtext übersetzt, sondern eine fertige Übertragung anderswoher zugezogen hat – so geht es auch den Schüler nichts an, ob sein Lehrer selbst oder irgendein anderer vorher die Lektion vorbereitet hat, wenn nur das Erforderliche zur Hand ist und seine Benutzung vom Lehrer genau gelehrt wird. Es ist aber besser, alles fertig bereit zu haben, um einerseits vor Fehlern sicherer zu sein, anderseits mehr Zeit für die praktische Übung des Gelernten zu haben.

34. Solche Bücher sind gemäß unsern Gesetzen über Leichtigkeit, Gründlichkeit und Abkürzung des Unterrichts für alle Schulen zusammenzustellen. Sie sollen alles so vollständig, gründlich und genau enthalten, dass sie ein wahres Bild des (in den Gemütern abzuzeichnenden) ganzen Weltalls geben. Auch wünsche und verlange ich dringend, dass sie alles allgemein

verständlich darstellen und dem Lernenden in jedem Fall Hilfe bieten, sodass er alles von selbst auch ohne Lehrer verstehen kann.

35. Deshalb sähe ich sie am liebsten in Dialogform abgefasst, und zwar aus folgenden Gründen: 1. es ist so leichter, Inhalt und Form der kindlichen Geistesart (ingenium) anzupassen und zu verhüten, dass ihnen etwas unmöglich, zu hoch oder allzu schwierig vorkomme. Denn es gibt nichts Vertraulicheres und Natürlicheres als ein Gespräch, im Gespräch kann ein Mensch allmählich und unmerklich überallhin geführt werden. In dieser Form haben die Satiriker zur Ermahnung des Volkes alle ihre Beobachtungen über den Sittenverfall veröffentlicht, ebenso Plato seine universale Philosophie, so Cicero viele seiner Werke und Augustin seine ganze Theologie: Sie [alle] richteten sich nach dem Fassungsvermögen [ihrer Leser]. 2. Gespräche wecken, beleben und fördern die Aufmerksamkeit, und zwar wegen der mannigfaltigen Fragen und Antworten, deren verschiedene Veranlassungen und Formen und der oft eingestreuten erheiternden Szenen. Ja, gerade durch die Mannigfaltigkeit und den Wechsel der sich unterhaltenden Personen wird dem Gemüte nicht nur jedes Gefühl von Langerweile genommen, sondern auch der Hunger geweckt, immer mehr zu hören. 3. Gespräche festigen die Bildung. Denn wie wir uns besser eines Vorfalls erinnern, den wir selbst gesehen haben, als eines, von dem wir bloß erzählen hörten, so haftet auch, wie die Erfahrung bestätigt, im Geist des Schülers besser, was er in Form eines Lustspiels oder eines Gesprächs lernt (da man dabei offenbar mehr zusieht als hört), als was er in nacktem Vortrag den Lehrer erzählen hört. 4. Da ja doch der größere Teil unseres Lebens im Gespräch besteht, wird die Jugend gleich darauf vorbereitet, Nützliches nicht bloß zu verstehen, sondern auch darüber sich vielfältig, gewählt, nachdrücklich und mühelos zu äußern. 5. Die Dialogform erleichtert zudem die Wiederholung, die die Schüler so auch unter sich vornehmen können.

36. Es wäre auch gut, wenn die Bücher nur in einer Ausgabe vorlägen, dass sie in den Seiten und Zeilen und allem Übrigen übereinstimmten, der Zitate und des Ortsgedächtnisses wegen und damit nirgends ein Anlass zu Verzögerung bestehen bleibt.

37. Auch wird es sehr nützlich sein, in gedrängter Darstellung sowohl des Textes als auch der Bilder und Zeichnungen einen Auszug aus sämtlichen Büchern jeder Klasse an den Wänden des Zimmers anzubringen, an welchem sich Sinne, Gedächtnis und Geist der Schüler täglich üben mögen. Nicht umsonst waren, nach dem Berichte der Alten, im Tempel des Aeskulap an den Wänden alle Vorschriften der Heilkunde verzeichnet, welche Hippokrates, der sich hineingeschlichen hatte, abschrieb. So hat auch Gott dieses große Welttheater überall mit Gemälden, Statuen und Bildern, gleichsam mit lebendigen Merkzeichen seiner Weisheit erfüllt und will, dass wir uns an ihm bilden. (Über diese bildlichen Darstellungen wird bei der besonderen Beschreibung der Klassen noch mehr zu sagen sein.)

38. Drittes Problem: *Wie können alle in der Schule gleichzeitig dasselbe treiben?*

Es wäre offensichtlich eine nützliche Einrichtung, wenn von allen in der Klasse nur ein Stoff zur Zeit behandelt würde, weil dies dem Lehrer weniger Mühe und den Schülern mehr Erfolg brächte. Dann erst spornt nämlich einer den andern an, wenn aller Gedanken um denselben Gegenstand kreisen und sich daran üben, hernach aber alle in wechselseitigem Vergleich einander verbessern. Der Lehrer muss es in allen Stücken halten wie der Offizier, der seine Übungen nicht mit jedem Rekruten einzeln durchnimmt, sondern alle zugleich auf den Exerzierplatz führt, ihnen gemeinsam den Gebrauch und die Handhabung der Waffen zeigt und verlangt, dass, wenn er einen einzeln unterrichtet, die andern dasselbe tun, dasselbe beachten und dasselbe versuchen.

39. Damit der Lehrer dies kann, dürfen 1. die Schulen nur

einmal im Jahr beginnen, gleichwie die Sonne nur einmal im Jahr (im Frühling) ihre Tätigkeit für alle Lebewesen beginnt; 2. muss alles, was getan werden soll, so geordnet sein, dass jedes Jahr, jeder Monat, jede Woche, jeder Tag und sogar jede Stunde ein eigenes Pensum hat, wodurch alle gleichzeitig zum Ziel geführt werden, ohne zu strauchlen. Darüber Genaueres unten am gehörigen Orte.

40. Viertes Problem: *Wie kann alles nach ein und derselben Methode gelehrt werden?*

Dass es für den Unterricht in allen Künsten und Sprachen nur *eine* natürliche Methode gibt, wird aus Kap. 20–22 hervorgehen. Denn wo sich eine Abweichung oder Verschiedenheit ergibt, ist sie zu unbedeutend, als dass man sie als neue Methode bezeichnen könnte; auch ergibt sie sich nicht aus dem Wesen der Sache selbst, sondern aus der Überlegung des Lehrenden im Hinblick auf die besondere Beziehung der Sprachen oder Künste untereinander oder auf die Fassungskraft und den Fortschritt seiner Schüler. Überall nach einer natürlichen Methode vorzugehen wird also für den Lernenden eine Abkürzung [seiner Arbeit] bringen: ebenso wie für den Wanderer ein gerader Weg ohne Abschweifungen. Besondere Abweichungen lassen sich leichter merken, wenn sie als besondere hervorgehoben werden, das Allgemeine und Gemeinschaftliche aber daneben erhalten bleibt.

41. Fünftes Problem: *Wie kann mit wenigen Worten das Verständnis vieler Dinge erschlossen werden?*

Den Geist mit einem Wust von Büchern oder Worten zu belasten ist nutzlos. Denn ein Bissen Brot und ein Schluck Wein bieten dem menschlichen Körper sicherlich mehr Nahrung als ein ganzer Magen voll Spreu und Dreck. Eine einzige Goldmünze im Beutel ist mehr wert als hundert bleierne. Und über die Regeln sagt Seneca ausdrücklich: wie Samen müssen sie ausgestreut werden, von denen es nicht vieler, aber lebenskräftiger bedarf. Es bleibt bei dem, was ich im fünften Kapitel gesagt habe: Im

Menschen als einem Mikrokosmos ist alles enthalten, man braucht nur ein Licht anzuzünden, so wird er alsbald sehen. Wer wüsste aber nicht, dass für einen Menschen, der nachts arbeitet, schon ein armseliges Kerzenflämmchen hinreichen kann? Daher müssen für die Sprachen und Künste grundlegende Lehrbücher, die wenig umfangreich, aber wirklich brauchbar sind, ausgewählt oder neu verfasst werden. Sie sollen den Stoff summarisch darstellen, in wenigen Worten viel enthalten (wozu auch Jesus Sirach 32, 8 bzw. 10 ermahnt),

d. h. den Lernenden die grundlegenden Dinge vor Augen führen, wie sie sind, in wenigen, aber ausgesuchten und leicht fassbaren Lehrsätzen und Regeln, aus denen alles übrige von selbst verständlich wird.

42. Sechstes Problem: *Wie können in einem Arbeitsgang zwei bis drei Aufgaben erfüllt werden?*

Dass mit derselben Tätigkeit gleichzeitig Verschiedenes vollbracht werden kann, zeigen Beispiele aus der Natur. Der Baum entfaltet sich zur selben Zeit nach oben, nach unten und nach den Seiten, nimmt zugleich an Holz, Rinde, Blättern und Früchten zu. Dasselbe ist am Tier zu beobachten, dessen sämtliche Glieder gleichzeitig erstarken. Jedes einzelne Glied hat außerdem mehrere Funktionen. Die Füße heben und tragen den Menschen und bewegen ihn vor- und rückwärts auf mannigfache Weise. Der Mund ist sowohl das Eingangstor des Körpers als auch seine Mühle und seine Trompete, die ertönt, so oft sie soll. Mit derselben Atembewegung kühlt die Lunge das Herz, lüftet das Hirn und erzeugt die Laute usw.

43. So ist es auch bei den künstlichen Dingen. Auf der Sonnenuhr kann derselbe Zeiger mit dem einen Schatten alle Stunden des Tages zeigen, (bei manchen Uhren auch) das Zeichen des Tierkreises, in dem die Sonne gerade steht, die Länge von Tag und Nacht, den Monatstag u. a. m. An einem Wagen dient dieselbe Deichsel dazu, den Wagen zu lenken, zu wenden und anzuhalten. Aber auch ein guter Redner oder Dichter belehrt,

rührt und ergötzt mit demselben Werk, obgleich diese drei Wirkungen voneinander verschieden sind.

44. Auf diese Weise möge man also die Jugendbildung einrichten, dass jede Arbeit mehr als eine Frucht bringe. Die allgemeine Regel dafür heißt: Immer und überall muss dasjenige, was sich aufeinander bezieht, zusammen behandelt werden. Wörter und Sachen, lesen und schreiben, Stil- und Geistesübung, lernen und lehren, Heiterkeit und Ernst und was man sich sonst noch ausdenken kann, ist miteinander zu verbinden.

45. Die Wörter sollen also nur in Verbindung mit den Sachen gelehrt und gelernt werden, ebenso wie der Wein mit der Flasche, das Schwert mit der Scheide, das Holz mit der Rinde, die Frucht mit ihrem Kern verkauft, gekauft und herumgeschickt werden. Denn was sind die Wörter anderes als Hülsen und Scheiden der Dinge? Wenn man nun eine Sprache lernt, die Muttersprache nicht ausgenommen, so müssen die Dinge, die mit Wörtern bezeichnet werden sollen, gezeigt werden. Umgekehrt sollen die Schüler, was sie sehen, hören, fühlen oder schmecken, durch Worte ausdrücken lernen, sodass Sprache und Verständnis parallel sich entwickeln und ausgefeilt werden. Als Regel soll also gelten: Was einer versteht, das soll er auch aussprechen, und umgekehrt: Was er ausspricht, soll er verstehen lernen. Es sei keinem gestattet, etwas herzusagen, das er nicht versteht, oder etwas zu verstehen, das er nicht ausdrücken kann. Denn wer seines Geistes Empfindung nicht ausdrückt, ist eine Statue, wer Unverstandenes daherplappert, ein Papagei. Wir aber bilden Menschen und wollen sie ohne Umwege bilden. Das ist möglich, wenn überall die Sprache mit den Dingen und die Dinge mit der Sprache gleichen Schritt halten.

46. Gemäß dieser Regel müssen alle Autoren aus den Schulen entfernt werden, die nur Worte lehren, aber keinerlei Kenntnis nützlicher Dinge vermitteln. Denn zunächst muss für das Wichtigste gesorgt werden. Darauf ist hinzuwirken (sagt Seneca im 9. Brief), dass wir nicht den Wörtern dienen, sondern dem Sinn. Sollen jene Autoren doch einmal gelesen werden, so geschehe das außerhalb der Schule, nebenher und kursorisch, ohne ausführliche und mühevolle Kleinarbeit und ohne sie als Vorbild zu werten, da solches Streben nützlicher an realere Dinge gewendet wird.

47. Ebenso sollen Lese- und Schreibübungen zu geschickter Abkürzung stets miteinander verbunden werden. Denn auch für die Abc-Schützen kann kein wirksamerer Antrieb oder Reiz erdacht werden als der, sie die Buchstaben durchs Schreiben lernen zu lassen. Weil nämlich die Knaben gleichsam von Natur aus gerne malen, wird sie diese Übung ergötzen; zugleich wird ihr Vorstellungsvermögen zweifach durch die Sinne unterstützt. Später, wenn sie geläufig lesen lernen, mögen sie sich an Stoffen üben, die auf jeden Fall gelernt werden müssen, nämlich an Lesestücken, die der Sachkenntnis, den Sitten und der Frömmigkeit zugutekommen. Und wenn sie anfangen, Lateinisch, Griechisch oder Hebräisch lesen zu lernen, werden sie Zeit gewinnen, wenn sie die Deklination und Konjugation so oft zur Wiederholung lesen und abschreiben, bis sowohl Lesen und Schreiben gefestigt ist und die Bedeutung der Wörter und zuletzt auch die Bildung der Endungen gut sitzt. Auf diese Weise trägt dieselbe Arbeit vierfache Frucht! Solche nützlichen Abkürzungen können aber bei allen Studien verwendet werden, sodass – laut Seneca – was beim Lesen aufgesammelt worden ist, sich durchs Schreiben uns einverleibt, oder, wie Augustin sagt, wir fortschreitend schreiben und schreibend fortschreiten.

48. Stilübungen werden meist aufgegeben, ohne dass näher auf die Wahl des Stoffes und den Zusammenhang der Themen geachtet wird. Das hat zur Folge, dass sie eben nur Stilübungen sind, den Verstand aber wenig oder gar nicht üben. Mögen sie auch noch so sorgfältig ausgearbeitet sein, so sind sie doch nachher nur Papier zum Wegwerfen und bringen keinerlei Nutzen fürs Leben. Deshalb muss man den Stil am Stoffe derjenigen Wissenschaft oder Kunst üben, mit der sich die Klasse gerade

beschäftigt, indem man den Schülern Geschichtliches (z. B. über die Erfindung der betreffenden Kunst, oder über den Ort und die Zeit, da sie am meisten geblüht hat) oder Erklärungen oder Nachahmungsversuche aufgibt, damit an derselben Arbeit Stil und Geist geübt werden und beim Vortragen die Sprache.

49. Auf welche Weise das Gelernte alsbald wieder gelehrt werden kann, haben wir am Ende des 18. Kapitels gezeigt. Da dies nicht bloß der Gründlichkeit, sondern auch einem schnelleren Vorwärtskommen dient, gehört es ebenfalls hierher.

50. Endlich wird es einen bedeutenden Zeitgewinn bringen, wenn man Scherz und Spiel, die der Jugend zur Erfrischung des Verstandes gestattet sind, so gestaltet, dass sie den Schülern ernste [Fragen] des Lebens lebendig vor Augen führen und schon hier eine gewisse Stellungnahme dazu herausbilden. Es kann von den Handwerkern mithilfe ihres Werkzeugs eine Vorstellung vermittelt werden, desgleichen von landwirtschaftlicher Arbeit, von den politischen Geschäften, vom Heeresdienst, von der Baukunst und anderem. Auch auf die Heilkunst kann man vorbereiten, wenn man die Schüler im Frühling aufs Feld oder in den Garten führt, ihnen die Arten der Kräuter zeigt und sie in ihren Kenntnissen wetteifern lässt. So wird sich nicht nur zeigen, wer eine natürliche Neigung zur Botanik hat, sondern die Flamme [einer solchen Neigung] wird gleich früh geschürt. Des stärkeren Ansporns wegen könnte der, welcher hier die besten Fortschritte macht, Doktor, Lizenziat oder Kandidat der Medizin genannt werden. So auch bei andern Übungen: in militärischen z. B. könnte man einen Feldherrn, Hauptleute und Fähnriche ernennen, bei politischen einen König, Ratsherrn, einen Kanzler, einen Marschall, Sekretäre, Gesandte oder auch einen Konsul, Senatoren, Abgeordnete, Beiräte usf. Dergleichen Spielereien führen zum Ernsten hin. Und damit erfüllen wir den Wunsch D. Luthers: mit ernsten Studien die Jugend in der Schule so zu beschäftigen, dass sie daran kein geringeres Vergnügen findet, als wenn sie den ganzen Tag mit Nüsseschießen

hinbrächte. So erst werden die Schulen ein Vorspiel (praeludia) des Lebens.

51. Siebtes Problem: *Wie kann man alles schrittweise erreichen?*
Welche Bewandtnis es mit diesem Kunstgriff hat, zeigten wir oben (16. Kap. Grds. 5-8 und 18. Kap. Grds. 5-7). Und nach diesen Richtlinien müssen auch die klassischen Lehrbücher für die Schulen abgefasst werden mit einer beigefügten Anweisung für die Lehrer, wie sie richtig und auch leicht zu gebrauchen seien, dass auf ihrer Stufenleiter Bildung, Sitten und Frömmigkeit erklommen werden können.

52. Achtes Problem: *Wie kann man Hindernisse beseitigen und vermeiden?*
Nicht ohne Grund ist gesagt worden: Nichts ist eitler, als vieles zu wissen und zu lernen, das keinen Nutzen bringen kann. Nicht wer viel, sondern wer Nützliches weiß, der ist weise. Man wird daher die Schularbeiten erleichtern können, wenn man auch am Lehrstoff manches kürzt, d. h. wenn man I. das Unnötige, II. das Fremdartige, III. das allzu Spezielle übergeht.

53. *Unnötig* ist, was weder die Frömmigkeit noch die Sittlichkeit fördert und in der gelehrten Bildung nicht unentbehrlich ist, wie z. B. die Namen und Geschichten der heidnischen Götter und Bräuche, ebenso die leichtfertigen und ausschweifenden Spiele der Dichter und Komiker und Ähnliches. Wenn jemand daran liegen sollte, dieses bei den betreffenden Autoren nachzulesen, so mag er das tun. Sich aber in den Schulen, wo der Grund zur Weisheit gelegt werden soll, damit zu beschäftigen ist unnütz. Welche Torheit, sagt Seneca, bei solchem Zeitmangel noch Überflüssiges zu lernen! Nichts also soll für die Schule allein gelernt werden, sondern alles fürs Leben, damit es nicht beim Austritt aus der Schule im Winde verfliege.

54. *Fremdartig* nennen wir, was der jeweiligen geistigen Anlage nicht angemessen ist. Wie nämlich die Natur der Kräuter, Bäume und Pflanzen verschieden ist, das eine so, das andere anders behandelt sein will, und sich nicht alles in gleicher Weise

gebrauchen lässt, so verhält es sich auch mit den menschlichen Begabungen. Es fehlt zwar nicht an glücklich Veranlagten, die überall eindringen, aber es gibt auch solche, die für gewisse Dinge erstaunlich blind und stumpf sind. In den spekulativen Wissenschaften kann einer ein Adler sein und dabei für praktische Tätigkeiten sich eignen wie der Esel zum Lauteschlagen. Ein anderer ist in allem Übrigen gelehrig, nur zur Musik untauglich, wieder ein andrer zur Mathematik, zur Poesie oder zur Logik. Was soll man da tun? Die Natur dahin drängen wollen, wohin es sie nicht zieht, heißt gegen die Natur kämpfen wollen und ist ein eitles Unterfangen. Man würde dabei gar nichts erreichen, oder doch nichts, was die Mühe lohnte. Da der Lehrer nur Diener, nicht Herr, nur Mitbildner, nicht Umbildner der Natur ist, so möge er den Schüler nicht mit Gewalt zu etwas drängen, was jener ohne die Gunst der Minerva beginnt, in der festen Hoffnung, dass, wie gewöhnlich, ein solcher Mangel an einer andern Stelle aufgewogen werde. Wenn man nämlich von einem Baum einen Ast abbricht oder abschneidet, so wachsen die andern umso stärker empor, weil die ganze Lebenskraft sich in sie ergießt. Und wenn kein Schüler gegen seinen Willen zu etwas gezwungen wird, so wird auch nichts seinen Widerwillen erregen und seine Verstandeskraft schwächen. Leicht wird ein jeder in dem Gebiete vorwärtskommen, zu dem ihn nach göttlicher Vorsehung ein verborgener Trieb hinzieht, und an seinem Ort wird er später Gott und der menschlichen Gesellschaft mit Nutzen dienen.

55. Auch wenn jemand das *allzu Spezielle* verfolgen wollte (wie alle Unterscheidungen der Kräuter und Tiere, die Arbeiten der Handwerker, die Benennung ihrer Werkzeuge usw.), so gäbe das eine verdrießliche, weitschweifige und verworrene Angelegenheit. Es genügt also, in den Schulen die Gattungen der Dinge mit den wichtigsten (und doch exakten) Unterscheidungen vollständig und gründlich zu behandeln. Das Übrige wird sich bei Gelegenheit von selbst dem Verständnis erschließen. Wie einer,

der schnell den Feind zu besiegen sucht, sich nicht damit aufhält, einige kleine Orte zu belagern, sondern die Hauptaufgabe des Krieges anpackt, in der Gewissheit, dass alles Übrige sich ihm freiwillig ergeben wird, wenn er in offener Feldschlacht siegt und die wichtigsten Festungen erobert: Ganz so werden auch hier die Nebensachen von selbst folgen, wenn die Hauptsachen dem Geist eingeprägt sind. Zu den Dingen, die unnötig aufhalten, gehören die sog. vollständigen Vokabularien und Lexika, die alle Wörter einer Sprache enthalten wollen. Was sollen wir die Knaben damit belasten, sie auswendig zu lernen und mit sich herumzuschleppen, wo sie doch einen guten Teil davon nie brauchen werden? – So viel über die Abkürzung des Lehrens und Lernens.

20. Kapitel

DIE BESONDERE METHODE FÜR DIE WISSENSCHAFTEN

Anwendung des bisher Gesagten auf die einzelnen Erziehungsgebiete (1), zunächst auf die Wissenschaften (2). Vergleich des Erkennens mit dem Sehen (3). Das geistige Auge muss klar sein (4), die Gegenstände müssen sichtbar sein (5). Bedeutung der sinnlichen Anschauung für alles Lernen (6–9). Verwendung von Bildern und Modellen zur Veranschaulichung (10). Auch das Unsichtbare lässt sich durch Analogie aus dem Anschaulichen erschließen (11). Die Aufmerksamkeit als das Licht für das geistige Sehen (12–14). Anwendung des Erörterten in der Schule: neun Regeln für das Lehren der Wissenschaften (15–24).

1. Lasst uns nun jene zerstreuten Beobachtungen zusammenfassen und auf das kunstgerechte Lehren von Wissenschaften, Künsten, Sprachen, Sitten und Frömmigkeit anwenden; kunstgerechtes [Lehren] - sagte ich, d. h. leichtes, gründliches und schnelles.

2. Da die Wissenschaft oder Kenntnis der Dinge nichts anderes ist als das innerliche Schauen der Dinge, sind für sie die gleichen Gegebenheiten erforderlich wie für das äußere Sehen oder Betrachten, [nämlich]: das Auge, ein Gegenstand und Licht. Sind diese [drei] gegeben, so kommt das Sehen zustande. Das Auge für die innere Sicht ist der Verstand (mens) oder der Geist (ingenium). Gegenstände sind alle Dinge, die außerhalb oder

innerhalb der Erkenntnis (intellectus) liegen. Das Licht ist die gebührende Aufmerksamkeit. Aber wie beim äußeren Sehen eine gewisse Art und Weise notwendig ist, wenn man ein Ding sehen soll, wie es ist, so bedarf es auch hier einer bestimmten Methode, nach der die Dinge dem Geiste so vorgeführt werden, dass er sie sicher und rasch erfasst und durchdringt.

3. Viererlei muss also zusammenkommen, wenn ein Jüngling in die Geheimnisse der Wissenschaften eindringen will. I. Er muss ein klares Verstandesauge haben; II. diesem müssen die Gegenstände nahegebracht werden. III. Aufmerksamkeit darf nicht fehlen. IV. Eins nach dem andern muss ihm nach der gehörigen Methode zur Betrachtung dargeboten werden. Dann wird er alles sicher und leicht erfassen.

4. Was für eine Anlage uns zuteilwird, liegt nicht in unserer Hand. Gott verteilt die Spiegel des Verstandes, diese inneren Augen nach seinem Wohlgefallen. Soviel aber liegt in unserer Macht, diese Spiegel nicht durch Staub trüben, ihren Glanz sich nicht verfinstern zu lassen. Staub sind die müßigen, unnützen und eitlen Beschäftigungen des Verstandes. Unser Geist ist, dem Lauf der Mühle vergleichbar, in ständiger Bewegung. Die äußeren Sinne liefern ihm als seine Diener fortwährend Stoff, den sie überall aufgreifen und der meist eitel ist (wenn der oberste Aufseher, die Vernunft, nicht sehr aufpasst), d. h. statt Korn und Mehl: Spreu, Stroh, Sand, Späne und dergleichen. Dann geht es gerade wie in der Mühle, dass alle Winkel sich mit Staub füllen. Diese innere Mühle also, den Verstand, welcher zugleich ein Spiegel ist, vor Verstaubung zu schützen, heißt die Jugend von eitlen Beschäftigungen abziehen und sie mit Umsicht an redliche und nützliche Dinge gewöhnen.

5. Die gute Aufnahme der Gegenstände durch den Spiegel hängt zunächst von ihrer Dichte und Sichtbarkeit ab, dann von der Art und Weise, wie sie den Sinnen vorgeführt werden. Nebel nämlich und Dinge von ähnlich dünner Konsistenz reflektieren zu wenig und zeichnen sich auf dem Spiegel gar zu schlecht ab,

Abwesendes natürlich gar nicht. Deshalb müssen Dinge, nicht die Schatten von Dingen, der Jugend zum Kennenlernen geboten werden: Dinge sage ich, dauerhafte, wahre, nützliche Dinge, die auf Sinne und Vorstellungsvermögen stark einwirken. Dies tun sie aber, wenn man sie so nahe bringt, dass sie wirklich erfasst werden.

6. Daher die goldene Regel für alle Lehrenden: Alles soll wo immer möglich den Sinnen vorgeführt werden, was sichtbar dem Gesicht, was hörbar dem Gehör, was riechbar dem Geruch, was schmeckbar dem Geschmack, was fühlbar dem Tastsinn. Und wenn etwas durch verschiedene Sinne aufgenommen werden kann, soll es den verschiedenen zugleich vorgesetzt werden (wie wir schon im 8. Grundsatz des 17. Kapitels gesagt haben).

7. Hierfür gibt es drei triftige Gründe: (I.) Der Anfang der Kenntnis (cognitio) muss immer von den Sinnen ausgehen (denn nichts befindet sich in unserem Verstande (intellectus), das nicht zuvor in einem der Sinne gewesen wäre: Warum sollte also nicht die Lehre mit einer Betrachtung der wirklichen Dinge beginnen, statt mit ihrer Beschreibung durch Worte? Dann erst, wenn die Sache gezeigt worden ist, sollte der Vortrag folgen, um die Sache weiter zu erläutern.

8. (II.) Die Wahrheit und Sicherheit der Wissenschaft ist von nichts so abhängig wie vom Zeugnis der Sinne. Denn die Dinge prägen sich zuerst und unmittelbar den Sinnen ein, dann erst, durch Vermittlung der Sinne, dem Verstande. Ein Beweis dafür, dass der sinnlichen Erkenntnis an sich Glauben geschenkt wird, ist doch [die Tatsache], dass man bei einem Vernunftschluss (ratiocinatio) oder bei fremder Aussage (testificatio) zur Sicherheit auf die Sinne zurückgreift. Der Vernunft glauben wir nur, soweit sie durch Einzelanführung von Beispielen (deren Zuverlässigkeit sich mit den Sinnen erforschen lässt) Beweise gibt. Aber gegen die Erfahrung der eigenen Sinne fremdem Zeugnis zu glauben, dazu wird sich keiner überreden lassen. Daher ist eine

Wissenschaft umso zuverlässiger, je mehr sie sich auf die Sinne stützt. Wenn wir also den Schülern wahres und zuverlässiges Wissen von den Dingen einpflanzen wollen, so müssen wir wirklich alles durch eigene Anschauung (autopsia) und sinnliche Demonstration lehren.

9. (III.) Und weil die Sinne die treuesten Sachwalter des Gedächtnisses sind, so wird diese Veranschaulichung der Dinge bewirken, dass jeder das, was er weiß, auch behält. In der Tat, wenn ich nur einmal Zucker gekostet, einmal ein Kamel gesehen, einmal den Gesang der Nachtigall gehört habe, nur einmal in Rom gewesen bin und es (natürlich aufmerksam) durchwandert habe, so haftet all das fest in meinem Gedächtnis und kann mir nicht wieder entfallen. Deshalb beobachten wir, dass Knaben sich die biblischen und andere Geschichten aus bildlicher Darstellung leicht einprägen können. Und leichter könnte sich jeder von uns ein Rhinozeros vorstellen und im Gedächtnis behalten, wenn er einmal eines wirklich oder auch nur auf einem Bild gesehen hätte. Und dass einer den Ablauf eines Ereignisses, bei dem er selbst zugegen war, besser kennt, als wenn man es ihm hundertmal erzählen würde, ist klar. Daher der Ausspruch des Plautus: »Mehr gilt stets ein Augenzeuge, als zehn, die nur vom Hörensagen wissen«; und des Horaz: »Was vom Ohr zum Geiste gelangt, macht schwächeren Eindruck, als was dem prüfenden Auge sich darstellt, was sich ein jeder gleichsam selber erzählt«.

Wer z. B. einmal selbst mit Aufmerksamkeit die Anatomie des menschlichen Körpers studiert hat, versteht und behält alles sicherer, als wenn er die ausführlichsten Erklärungen darüber gelesen hätte. Daher jener Ausspruch: Mit den Augen sehen taugt als Beweis.

10. Wenn die Dinge selbst nicht zur Hand sind, so kann man Stellvertreter verwenden: Modelle oder Bilder, die zu Unterrichtszwecken angefertigt worden sind – so wie es bei den Botanikern, Zoologen, Geografen und Feldmessern nützlicherweise

üblich ist, ihren Beschreibungen Abbildungen beizufügen. Dies müsste in ähnlicher Weise für die [ganze] Naturlehre und andere Gebiete eingeführt werden. Der menschliche Organismus z. B. würde nach diesem Vorschlag höchst anschaulich gelehrt, wenn man die Knochen des menschlichen Skeletts (wie sie in den Universitäten echt oder aus Holz aufbewahrt werden) umgeben würde mit aus Leder gefertigten, mit Wolle ausgestopften Muskeln, Sehnen, Nerven, Venen und Arterien samt den Eingeweiden, Lunge, Herz, Zwerchfell, Leber, Magen und Gedärm: alles an seinem Ort und in richtigen Proportionen, jeweils mit Aufschriften von Benennung und Funktion. Führt man im naturkundlichen Unterricht einen Schüler vor dieses Schaustück und erklärt und zeigt ihm alles einzeln, so wird er alles spielend begreifen und daraus den Bau seines Körpers verstehen. Derartige Anschauungsmittel (d. h. Nachbildungen von Dingen, die man selbst nicht haben kann) müssten für alles Wissenswerte angefertigt werden und in allen Schulen zur Hand sein. Kostet dies auch etwas Geld und Arbeit, so wird sich doch die Mühe reichlich lohnen.

11. Wenn jemand daran zweifelt, dass alles auf diese Weise den Sinnen zugänglich gemacht werden könne, auch Geistiges und Abwesendes (was im Himmel oder in der Hölle oder an Orten jenseits der Meere ist und geschieht), so soll er bedenken, dass von Gott alles zu solcher Harmonie geschaffen worden ist, dass das Hohe durch das Niedere, Abwesendes durch Gegenwärtiges, Unsichtbares durch Sichtbares völlig dargestellt werden kann. Dies geht auch deutlich aus dem Makromikrokosmos des Robert Fludd hervor, der die Entstehung der Winde, des Regens und des Donners kunstgerecht vor Augen führt. Und ohne Zweifel können jene Darstellungen noch anschaulicher und leichter verständlich gemacht werden.

12. So viel über die Darstellung der Gegenstände für die Sinne. Es folgt nun einiges über das Licht, ohne das man vergeblich Gegenstände vor die Augen bringt. In der Wissenschaft ist die

Aufmerksamkeit dieses Licht; durch sie nimmt der Lernende mit gegenwärtigem, gleichsam weit geöffnetem Verstande alles auf. Wie nämlich im Dunkeln mit geschlossenen Augen niemand etwas sieht, sei es noch so nah vor ihm, so wird auch das, was man redet oder vorzeigt, an den Sinnen dessen vorbeifliegen, der nicht aufpasst – wie wir es ja beobachten können an solchen, die vieles nicht bemerken, obwohl es in ihrer Gegenwart geschieht, nur weil sie mit den Gedanken anderswo sind. Wie also einer, der nachts einem andern etwas zeigen will, ein Licht anzünden und es oft putzen muss, damit es hell leuchtet, so muss auch der Lehrer, wenn er den vom Dunkel der Unwissenheit umfangenen Schüler mit dem Licht des Wissens erleuchten will, zuerst seine Aufmerksamkeit erregen, damit er die Lehre mit gierigem und weit offenem Verstande einsauge. In welcher Weise das geschehen muss, haben wir im 17. und 19. Kapitel gelehrt.

13. So viel also über das Licht. – Nun ist über die Weise oder die Methode zu sprechen, wie die Gegenstände den Sinnen vorzuführen sind, dass ein kräftiger Eindruck entsteht. Was dabei zu beachten ist, lässt sich schön vom äußeren Gesichtssinn herleiten: Wenn etwas recht gesehen werden soll, so muss es 1. vor Augen gebracht werden, und zwar 2. nicht zu weit weg, sondern in gehörigem Abstand, 3. nicht seitab, sondern direkt vor die Augen, 4. nicht so, dass die Oberfläche des Dinges verkehrt oder abgewendet, sondern dass sie gerade zugekehrt ist, 5. so, dass der Blick zuerst den ganzen Gegenstand überschaue und dann 6. die einzelnen Teile mustere, und zwar 7. der Reihe nach vom Anfang bis zum Ende und 8. bei jedem Teil so lange verweile, bis 9. alles nach seinen Merkmalen richtig erfasst worden ist. Wird alles das vorschriftsmäßig beobachtet, so geht das Sehen richtig vonstatten. Fällt aber auch nur eines davon aus, so klappt es gar nicht oder schlecht.

14. Will einer z. B. den Brief eines Freundes lesen, so muss er ihn 1. vor die Augen halten (denn wie sollte er ihn lesen, wenn

er ihn nicht sähe?), 2. ihn in der richtigen Entfernung vor die Augen bringen (hält er ihn zu weit weg, reicht die Sehkraft nicht aus), 3. ihn gerade vor sich hinlegen (was man schief betrachtet, gerät durcheinander), 4. ihn in der richtigen Lage vornehmen (denn wer kann einen Brief oder ein Buch lesen, das man ihm auf dem Kopf oder quer hinlegt?). 5. Zuerst muss er die allgemeinen Punkte des Briefes überfliegen: Wer hat ihn wann, wem und woher geschrieben? (Wenn man das nicht vorher weiß, wird man Einzelheiten im Text weniger verstehen); 6. dann wird man alles Übrige lesen und ja nichts übergehen (sonst wird man nicht alles erfahren, und es könnte sein, dass man gerade die Hauptsache verpasst); 7. muss man alles der Reihe nach lesen, so wie die Teile aufeinanderfolgen (wenn einer stückweise liest, hier einen Satz und dort einen, wird er den Sinn zerstören und alles durcheinanderbringen); 8. soll man sich beim einzelnen aufhalten, bis man es verstanden hat (denn wenn man das ganze rasch durchfliegen will, kann dem Verstande leicht etwas Nützliches entgehen); 9. zum Schluss, wenn man den ganzen Inhalt kennt, mag man ihn noch in wesentliche und weniger wesentliche Dinge teilen.

15. aus diesen Beobachtungen ergeben sich für den Lehrer der Wissenschaften neun nützliche Regeln:

(I.) Alles, was man wissen soll, muss gelehrt werden.

Denn wenn dem Schüler nicht geboten wird, was er wissen soll, woher sollte er es dann nehmen? Die Lehrer sollen also keinesfalls den Schülern etwas verbergen, weder absichtlich, wie das missgünstige und treulose tun, noch aus Nachlässigkeit, wie solche, die ihre Aufgabe nur oberflächlich erfüllen. Treue und Fleiß tun hier not.

16. (II.) Alles, was gelehrt wird, muss als etwas wirklich Gegenwärtiges gelehrt werden, das sicher von Nutzen ist. Der Schüler soll nämlich sehen, dass, was er lernt, nicht aus Utopien oder aus Platonischen Ideen stammt, sondern dass es Dinge sind, die uns wirklich umgeben und deren wahre Kenntnis

wahren Nutzen fürs Leben bringt. So wird der Verstand sich eifriger der Sache zuwenden und genauer unterscheiden.

17. (III.) Alles, was gelehrt wird, soll direkt, nicht auf Umwegen gelehrt werden.

Das bedeutet: Man soll gerade sehen und nicht schielen, wobei ja die Dinge nicht eigentlich gesehen, sondern vielmehr nur mit dem Blick gestreift werden und verworren und dunkel erscheinen. In ihrem eigentlichen Wesen soll also jede Sache dem Lernenden vor Augen geführt werden, nackt und nicht durch Worte verhüllt, nicht in Bildern, Anspielungen oder Übertreibungen; solches mag zum Hervorheben oder Herabsetzen, Empfehlen oder Tadeln schon bekannter Dinge von Nutzen sein, nicht aber bei solchen, die erst kennengelernt werden müssen. Hier muss man gerade auf die Dinge zugehen.

18. (IV.) Alles, was gelehrt wird, muss in seinem Sein und Werden, d. h. in seinen Ursachen gelehrt werden.

Denn eine Erkenntnis ist am besten, wenn die Sache erkannt wird, wie sie ist. Wird sie anders erkannt, als sie ist, so liegt keine Kenntnis, sondern ein Irrtum vor. Jedes Ding ist aber so, wie es entstanden ist; denn wenn es anders ist, als es entstanden ist, so sieht man es als verdorben an. Es entsteht aber jedes Ding aus seinen Ursachen. Die Ursachen eines Dings erklären heißt also wahres Wissen über ein Ding vermitteln, nach dem Satze: Wissen heißt ein Ding aus seinen Ursachen begreifen, und: Die Ursache ist die Lenkerin des Geistes. Am besten, am leichtesten und am sichersten werden also die Dinge so erkannt, wie sie entstanden sind. Wenn einer etwas lesen will, hält man ihm die Buchstaben in der Lage vor, in der sie geschrieben wurden; vom umgedrehten oder quergelegten Papier etwas abzulesen ist schwierig. Ebenso wird eine Sache leicht und sicher begriffen, wenn man sie so erklärt, wie sie sich ereignet hat; kommt man aber auf das Letzte zuerst zu sprechen und stellt Verschiedenes um, so verwirrt man den Lernenden bestimmt.

Darum soll die Methode des Lehrens der Methode der Dinge selbst folgen und das Frühere früher, das Spätere später drannehmen.

19. (V.) Alles, was der Erkenntnis dargeboten wird, werde zuerst im Allgemeinen, dann in seinen Teilen dargeboten.

Der Grund hierfür ist im 6. Grundsatz des 16. Kapitels dargelegt worden. Ein Ding im Allgemeinen der Kenntnis darbieten heißt: das Wesen (essentia) und die Erscheinungsform (accidentia) des ganzen Dinges erläutern. Das Wesen wird entfaltet durch die Fragen was? wie? und warum? Die Frage »Was« bezieht sich auf Benennung, Gattung, Aufgabe und Zweck des Dings. Das »Wie« bezieht sich auf die Form oder die Beschaffenheit, kraft derer es für seinen Zweck tauglich ist. Das »Warum« fragt nach der Ursache (efficiens) oder der Kraft, die das Ding zu seinem Zweck geeignet macht. Wenn ich z. B. einem Lernenden die wahre, allgemeine Kenntnis des Menschen vermitteln will, so sage ich: Der Mensch ist 1. das letzte Geschöpf Gottes und zur Herrschaft über alle anderen bestimmt; er hat 2. den freien Willen, etwas zu wählen und auszuführen und ist dafür 3. mit dem Licht der Vernunft ausgerüstet, um seine Wahl und seine Handlungen weise zu leiten. Dies ist die allgemeine Kenntnis des Menschen, und zwar eine grundlegende, die alles Notwendige über den Menschen enthält. Will man über die Erscheinungsform einiges Allgemeine beifügen, so kann man noch die Fragen von wem? woher? wann? usw. beantworten. Darauf wird man zu den Teilen, dem Körper und der Seele, übergehen und den Körper mithilfe der Anatomie der Glieder, die Seele durch die Fähigkeiten, aus denen sie besteht, erläutern, alles in der gehörigen Ordnung.

20. (VI.) Von einem Dinge müssen ausnahmslos alle Teile kennengelernt werden, auch die unbedeutenderen, wobei Ordnung, Lage und gegenseitige Verbindung zu beachten ist.

Denn nichts ist zwecklos, und zuweilen beruht sogar auf einem ganz kleinen Teilchen die besondere Stärke der größeren.

In einer Uhr kann ein einziges zerbrochenes, verbogenes oder verschobenes Stiftchen das ganze Werk zum Stehen bringen; im lebendigen Körper die Entfernung eines einzigen Gliedes das Leben zerstören; und im Zusammenhang einer Rede oft das kleinste Wörtchen (eine Präposition oder Konjunktion) den ganzen Sinn ändern und verkehren; und so überall. Vollkommene Kenntnis eines Dinges wird nur erreicht durch die Kenntnis des »Was« und »Wozu« aller Teile.

21. (VII.) Alles muss nacheinander gelehrt werden, immer nur eines zur Zeit.

Wie nämlich der Blick sich zwei oder drei Gegenständen zugleich nur zerstreut und verwirrt widmen kann (wenn einer ein Buch liest, kann er gewiss nicht zugleich auf zwei Seiten schauen, ja nicht einmal auf zwei unmittelbar aufeinander folgende Zeilen, auch nicht auf zwei Worte oder nur auf zwei Buchstaben, sondern in geregelter Folge auf eins nach dem andern): So vermag auch der Geist zur selben Zeit nur ein Ding zu betrachten. Daher gehe man sorgsam scheidend von einem zum andern vor, damit der Verstand nicht überladen werde.

22. (VIII.) Bei jeder Sache muss man so lange verweilen, bis sie verstanden ist.

Nichts geschieht im Augenblick, weil alles, was geschieht, durch Bewegung zustande kommt. Bewegung aber geht allmählich vor sich. Man muss deshalb mit dem Schüler bei jedem Wissensgebiet so lange verweilen, bis er es gut kennt und sich seines Wissens bewusst ist. Dies wird erreicht durch einprägen, prüfen und wiederholen bis zur Sicherheit (wie ich Kap. 18, Grds. 10, gezeigt habe).

23. (IX.) Die Unterschiede der Dinge müssen deutlich hervorgehoben werden, damit die Kenntnis von allem genau sei.

Ein tiefer Sinn liegt in dem geflügelten Wort: Wer gut unterscheidet, unterrichtet gut. Die Vielzahl der Dinge erdrückt den Lernenden, die Mannigfaltigkeit verwirrt ihn, wenn keine Vorkehrungen dagegen getroffen werden: nämlich (erstens) Ordnung, dass eins nach dem andern drankommt, und (zweitens) sorgfältige Beachtung der Unterschiede, dass überall klar wird, was ein Ding vom andern trennt. Das allein gibt ein genaues, klares und sicheres Wissen, denn die Mannigfaltigkeit und das wirkliche Wesen der Dinge hängen von den Unterschieden ab (wie ich Kap. 18, Grds. 6, angedeutet habe).

24. Weil es aber nicht jedem gegeben ist, [von sich aus] mit dem nötigen Geschick den Aufgaben seines Lehramtes gerecht zu werden, so müssen alle Unterrichtsgegenstände, die in den Schulen gelehrt werden sollen, nach diesen methodischen Vorschriften ausgearbeitet werden, damit es nicht mehr so leicht ist, vom Ziel abzuirren. Denn wenn dies recht eingerichtet und beachtet wird, kann es dem Jüngling nicht anders gehen, als einem, den man in einen königlichen Palast führt: So leicht wie dieser alles, was er dort vorfindet, Gemälde, Skulpturen, Vorhänge und sonstigen Zierrat in der gegebenen Zeit ohne Überdruss durchmustert, so wird auch der Jüngling, den man in das Theater des Weltalls eingelassen, die Beschaffenheit der Dinge scharfsinnig durchdringen und dann mit offenen Augen unter den Werken Gottes und der Menschen einhergehen.

21. Kapitel

DIE METHODE FÜR DIE KÜNSTE

Die Künste erfordern mehr Studien als die Wissenschaften (1). Vorbild, Material und Werkzeug (2), deren richtige Verwendung (3). Elf Vorschriften für die Anwendung von Vorbild, Material und Werkzeug (4-10), für die Anleitung durch den Lehrer (11-13) und für die Übungen der Schüler (14-17).

1. Die Betrachtung der Dinge ist leicht und kurz und bringt nur Ergötzen, ihre Anwendung aber ist schwierig und weitläufig, bringt jedoch wunderbaren Nutzen, sagt Vives. Da dies wirklich stimmt, muss man sich sorgfältig nach einem Wege umsehen, auf welchem die Jugend mit Leichtigkeit zur praktischen Anwendung der Dinge, wie sie in den Künsten getrieben wird, geführt werden kann.

2. Die Kunst erfordert dreierlei: 1. ein Muster oder eine Idee, gleichsam die äußere Form, die der Künstler ansieht und nachzuahmen versucht. 2. einen Stoff, nämlich dasjenige, dem die neue Form aufgeprägt werden soll. 3. Werkzeuge, mit deren Hilfe die Sache ausgeführt wird.

3. Die Ausbildung (disciplina) in der Kunst verlangt (wenn Werkzeug, Material und Muster gegeben sind), 1. deren richtige Verwendung, 2. kluge Anleitung und 3. häufige Übung. Der Schüler muss also angelernt werden, wo und wie er diese anwenden müsse. Er muss bei dieser Anwendung angeleitet werden, damit er sich nicht irre, oder verbessert werden, wenn er

irrt. Schließlich muss er so lange irren und sich verbessern lassen, bis er fehlerlos, sicher und gewandt arbeiten kann.

4. Darüber sind elf Vorschriften zu merken: sechs davon über die Anwendung, drei über die Anleitung und zwei über die Übung.

5. (I.) Tätigkeit soll durch Tätigkeit erlernt werden.

Die Handwerker halten ihre Lehrlinge nicht mit Betrachtungen hin, sondern führen sie sogleich zur Arbeit, dass sie schmieden durchs Schmieden, bildhauen durchs Bildhauen, malen durchs Malen, tanzen durchs Tanzen lernen. Deshalb soll auch in den Schulen schreiben durch Schreiben, sprechen durch Sprechen, singen durch Singen und rechnen durch Rechnen gelernt werden. Die Schulen sollen nichts anderes sein als Werkstätten, in denen tüchtig gearbeitet wird. Dann erst werden alle in eigener Praxis die Wahrheit jenes Wortes erfahren: Durch unser Gestalten erhalten wir selbst Gestalt (fabricando fabricamur).

6. (II.) Für alles, was getan werden soll, muss eine bestimmte Form und Norm vorhanden sein.

Diese soll der Schüler anschauen und sie nachahmen, indem er gleichsam in vorgebildete Fußtapfen tritt. Von sich aus kann er noch nichts bilden, da er nicht weiß, was gemacht werden muss und wie dies geschieht; man muss es ihm also zeigen. Es wäre grausam, jemanden zu zwingen, zu tun, was man will, wenn er nicht weiß, was man will; wenn man z. B. verlangte, dass er gerade Linien, rechte Winkel, runde Kreise zeichnete, ohne ihm zuvor Lineal, Winkelmaß und Zirkel zu geben und ihm ihren Gebrauch zu zeigen. Man muss daher ernstlich dafür sorgen, dass für alles, was in der Schule getan werden soll, richtige, getreue und einfache Normen, Muster und Vorbilder vorhanden sind, die leicht zu verstehen und nachzuahmen sind, seien es Darstellungen, Skizzen, Modelle oder Musterarbeiten. Dann erst wird es keine Torheit mehr sein, zu verlangen, dass einer sehe, nachdem man ihm das Licht hingestellt hat; dass er gehe, wenn er auf den Füßen stehen kann; dass er arbeite, wenn er mit dem Werkzeug umzugehen weiß.

7. (III.) Der Gebrauch der Werkzeuge muss mehr durch die Tat als durch Worte, d. h. mehr durch Beispiele als durch Vorschriften gelehrt werden.

Schon Quintilian sagte einst: Lang und schwierig wird der Weg durch Vorschriften, kurz und erfolgreich durch Beispiele. Aber ach, wie wenig denken die gewöhnlichen Schulen an diese Mahnung! Mit Vorschriften und Regeln, Ausnahmen von den Regeln und Einschränkungen der Ausnahmen überhäufen sie mit der Grammatik schon die Anfänger, dass sie meist gar nicht wissen, was eigentlich vorgeht, und mehr durcheinanderkommen als verstehen. Die Handwerker sehen wir aber wahrlich nicht so vorgehen, dass sie ihren Lehrlingen eine Menge Regeln aufsagen, sondern sie führen sie in die Werkstatt, heißen sie die Arbeiten ansehen, geben ihnen, sobald sie sie nachzuahmen wünschen (denn der Mensch ist ein nachahmendes Lebewesen [animal μιμητικόν]), die Werkzeuge in die Hand und lehren sie, wie man sie anfassen und handhaben muss. Wenn sie es dann falsch machen, weisen sie sie zurecht und verbessern sie, und zwar stets mehr durch ihr Beispiel als durch Worte; und die Praxis zeigt, dass solche Nachahmung leicht gelingt. Denn es stimmt durchaus, was ein deutsches Sprichwort trefflich sagt: »Ein guter Vorgänger findet einen guten Nachgänger«. Auch jenes Wort des Terenz: »Geh voran, ich werde folgen« passt hierher. Kinder sehen wir auf diese Weise durch reine Nachahmung und ohne mühsame Vorschriften gehen, laufen, sprechen und verschiedene Spiele lernen. Denn Vorschriften sind in der Tat Dornen für den Geist, erfordern Aufmerksamkeit und Scharfsinn, Beispiele aber helfen auch den Schwächsten auf. Und durch Vorschriften allein hat noch niemand sich eine Sprache oder eine Kunst angeeignet: Dies geschieht immer nur im Gebrauch, auch ohne Vorschriften.

8. (IV.) Die Übung muss bei den Anfängen, nicht bei fertigen Arbeiten beginnen.

Ein Zimmermann lehrt z. B. seinen Schüler nicht gleich Türme und Burgen bauen, sondern die Axt halten, Holz fällen, Balken behauen und durchbohren, Klammern einschlagen und zusammenfügen. Ein Maler lässt seinen Schüler nicht gleich ein menschliches Antlitz porträtieren, sondern er lehrt ihn die Farben mischen, den Pinsel instand halten und Linien ziehen; dann erst lässt er ihn einfachere Zeichnungen versuchen. Und wer einen Knaben lesen lehrt, legt ihm nicht ein ganzes Buch vor, sondern die Grundlagen, nämlich erst die Buchstaben einzeln, dann zu Silben zusammengefasst, dann Wörter, schließlich Sätze usw. Also muss man auch dem Anfänger in der *Grammatik* zuerst auftragen, einzelne Wörter zu flektieren, dann je zwei miteinander zu verbinden, dann eingliedrige und nachher zwei- und dreigliedrige Sätze zu bilden, schließlich geht man zum Satzbau selbst über und von dort zur vollständigen Rede. Ebenso in der *Dialektik*: Zuerst sollen sie lernen, die Dinge und die Vorstellungen nach Gattungen und Unterschieden zu trennen, sodann sie nach ihrer gegenseitigen Beziehung (die sie alle zueinander haben) zusammenzuordnen, sodann zu definieren und aufzuteilen, darauf die Dinge und die Vorstellungen gegeneinander abzuwägen: was, wovon und weshalb etwas gesagt werde, ob aus Notwendigkeit oder aus Zufall. Erst wenn der Schüler sich darin geübt hat, gehe man dazu über, Vernunftschlüsse zu ziehen, indem man ihn lehrt, aus gegebenen oder zugestandenen Sätzen das Übrige zu erschließen. Endlich schreite man zur Erörterung oder Abhandlung ganzer Themen. Mit Leichtigkeit kann man ähnlich bei der *Rhetorik* vorgehen, indem man den Schüler erst eine geraume Weile Synonyme zusammenstellen lässt, ihn dann lehrt, den Hauptwörtern, Verben und Adverbien Epitheta beizufügen, sie durch Gegensätze zu erläutern, später sie durch mannigfache Umschreibungen zu veranschaulichen, sodann die direkten Ausdrücke durch Redewendungen zu ersetzen, Wortgruppen um des Wohlklangs willen umzustellen, einfache Sätze in vielfach ausgeschmückte umzuformen. Erst wenn er das alles gut kann, und nicht eher, wird man an die Ausarbeitung ganzer Reden gehen. Wenn man so in jeder Kunst stufenweise vorgeht, dann können schnelle und gründliche Fortschritte nicht ausbleiben. (Für die Grundlage des Gesagten vgl. Kap. 17, Grds. 4.)

9. (V.) Die ersten Übungen der Anfänger müssen an einem bekannten Stoff vorgenommen werden.

Diese Regel gaben uns der vierte Grundsatz sowie [insbesondere] dessen VI. These im 17. Kapitel. Ihr Sinn ist: Man soll die Schüler nicht belasten mit Dingen, die ihrem Alter, ihrer Fassungskraft und ihren gegenwärtigen Lebensbedingungen fernliegen, damit sie sich nicht mit Phantomen herumschlagen müssen. Einem polnischen Knaben z. B., der die Buchstaben lesen und schreiben lernt, soll man keinen lateinischen, griechischen oder arabischen Text vorlegen, sondern einen in seiner eigenen Sprache, damit er versteht, um was es geht. Um einem Knaben die Anwendung der Regeln der Dialektik verständlich zu machen, wird man ihn an Beispielen sich üben lassen, die nicht aus Vergil oder Cicero, aus Theologie, Politik oder Medizin genommen sind, sondern an Gegenständen, die ihm geläufig sind, einem Buch, einem Kleid, einem Baum, einem Haus, der Schule usw. Dabei wird es gut sein, die Beispiele, an denen man die erste Regel erklärt hat, für alle weiteren als bekannt vorauszusetzen. So möge man z. B. in der Dialektik einen Baum heranziehen und an ihm Gattung, Unterschied, Ursache, Wirkung, Voraussetzung, Beifügung, Begriffsbestimmung, Zuordnung usw. erläutern, ferner erörtern, in welcher Hinsicht vom Baum etwas ausgesagt werden kann, und schließlich auf welche Weise durch bestimmte Schlussfolgerungen aus dem, was über den Baum gesagt wurde, auch anderes sich ableiten und beweisen lässt usw. Wenn auf diesem Wege mit zwei oder drei bekannten Beispielen die Anwendung der Regeln erklärt worden ist, wird der Knabe sehr leicht in andern Fällen den ganzen Vorgang nachahmen können.

10. (VI.) Die Nachahmung halte sich zunächst streng an die vorgeschriebene Form, später kann sie freier sein.

Denn je mehr die Nachbildung eines neuen Gegenstandes seinem Vorbild (forma) angepasst wird, desto besser und genauer gleicht es ihm. Die Münzen z. B., die alle mit demselben Stock (typus) geprägt werden, sind dem Prägstock und einander alle sehr ähnlich; ebenso die Bücher, die mit metallenen Typen gedruckt sind, ebenso die Abgüsse aus Wachs, Gips oder Metall. Soviel als möglich soll sich also auch in den übrigen Arbeiten die Nachbildung wenigstens zuerst an ihr Vorbild (idea) streng anschließen, bis Hand, Geist und Sprache sicherer geworden sind und sich gewöhnt haben, sich freier zu bewegen und selbstständig Ähnliches zu bilden. Diejenigen z. B., welche schreiben lernen, mögen ein dünnes, durchsichtiges Papier auf das Schreibmuster legen, das sie nachbilden wollen; so können sie leicht die Züge der durchscheinenden Buchstaben nachahmen. Oder man lässt das Muster auf ein sauberes Papier in einer blassen Farbe, rötlich oder bräunlich, Vordrucken, damit sich die Schüler gewöhnen, dieselben Formen nachzuahmen, indem sie mit Feder und Tinte den vorgezeichneten Schriftzügen nachfahren. Ebenso möge man in Stilübungen beliebige Konstruktionen, Sätze und Perioden eines Autors vorlegen und ganz ähnliche nachbilden lassen. Wenn es z. B. heißt »reich an Schätzen«, lasse man den Knaben nachahmend sagen: »reich an Talern«, »reich an Geld«, »reich an Vieh«, »reich an Weinbergen« usf. Wenn Cicero sagt: »Eudemus, nach dem Urteil der gelehrtesten Männer sicherlich der erste in der Sternkunde«, so kann man in unmittelbarer Anlehnung sagen: »Cicero, nach dem Urteil der gelehrtesten Redner gewiss der erste in der Beredsamkeit«, »Paulus, nach dem Urteil der ganzen Kirche sicherlich der erste im apostolischen Amte« usf. So soll der Knabe jenen logischen Schluss: »Entweder es ist Tag oder es ist Nacht: Wenn es aber

Nacht ist, ist es nicht Tag« nachahmen lernen, indem er allerlei unmittelbare Gegensätze so einander gegenüberstellt, z. B. entweder er ist roh oder gebildet; er ist aber roh, also ist er nicht gebildet. Kain war fromm oder gottlos, er war aber nicht fromm usw.

11. (VII.) Die Muster für das, was ausgeführt werden soll, müssen möglichst vollkommen sein, sodass einer, der sie völlig nachzuahmen versteht, in dieser Kunst für perfekt gelten kann.

Wie man nämlich nach einem krummen Lineal keine geraden Linien ziehen kann, so kann man nach einem fehlerhaften Vorbild (archetypus) kein gutes Nachbild (ectypus) gestalten. Man muss also dafür sorgen, dass für alles, was in der Schule, ja im ganzen Leben getrieben werden soll, wahre, zuverlässige, einfache und leicht nachzuahmende Vorbilder vorhanden sind, seien es Abbildungen, Gemälde, Zeichnungen der Dinge, oder kurze, klare Vorschriften und Regeln, die ohne Weiteres verständlich sind und durchweg wahr.

12. (VIII.) Der erste Nachbildungsversuch soll möglichst genau sein, ohne die kleinste Abweichung vom Vorbild.

Das natürlich in den Grenzen des Möglichen; aber nötig ist es. Denn jeder Anfang ist gewissermaßen das Fundament für alles Folgende; wenn es feststeht, so kann das Übrige darauf sicher aufgebaut werden, ist es aber schwankend, so schwankt alles. Und wie nach der Beobachtung der Ärzte die Mängel der ersten Verdauung durch die zweite und dritte nicht beseitigt werden, so sind bei jeder Tätigkeit die Verirrungen des Anfangs für alles Folgende schädlich. Daher verlangte der Musiker Timotheus von den Schülern, die anderswo die Anfangsgründe ihrer Kunst gelernt hatten, das doppelte Honorar mit der Begründung, er hätte auch doppelte Arbeit, da er ihnen erst wieder abgewöhnen müsse, was sie verkehrt gelernt hätten, und sie dann erst richtig belehren könne. Man muss sich also darum bemühen, den Schülern die Vorbilder ihrer Kunst dadurch ganz vertraut werden zu lassen, dass sie sie genau nachzubilden versuchen. Ist diese Schwierigkeit einmal überwunden, so weichen die andern von selbst, gleich wie die Stadt, deren Tore erobert sind, in die Hand des Siegers fällt. Man hüte sich vor Übereilung und gehe nie zum Folgenden über, ehe das Vorherige gut sitzt. Wer nie vom Wege abirrt, kommt schnell genug voran. Und verweilen zur gehörigen Festigung der Grundlagen bedeutet keine Verzögerung, sondern großen Zeitgewinn, da das Folgende umso leichter, schneller und sicherer bewältigt wird.

13. (IX.) Fehler müssen vom anwesenden Lehrer verbessert werden unter gleichzeitiger Erläuterung der sogenannten Regeln und ihrer Ausnahmen.

Bisher haben wir gesagt, dass die Künste durch Beispiele mehr als durch Vorschriften gelehrt werden sollen. Doch ist nun hinzuzufügen, dass auch Vorschriften und Regeln, welche die Arbeit lenken und Irrtümer verhindern, beigezogen werden müssen. Denn sie decken das auf, was im Vorbild verhüllt worden ist: womit die Arbeit beginnen, wohin sie streben, auf welchem Weg sie fortschreiten muss und warum alles gerade so zu geschehen hat. Das erst gewährleistet gründliche Kenntnis der Kunst, Zuverlässigkeit und Sicherheit in der Nachahmung.

Aber jene Vorschriften müssen kurz und klar sein, damit man nicht darüber alt und grau zu werden braucht, sie vielmehr, wenn sie einmal begriffen sind, immer ihren Dienst leisten, auch wenn man sie später beiseite legt; so wie dem Knaben, der laufen lernt, Beinschienen von großem Nutzen, später aber gar nicht mehr nötig sind.

14. (X.) Die vollkommene Ausbildung (disciplina) in einer Kunst geschieht durch Synthese und Analyse.

Dass die Synthese [d. h. die Komposition eigener Werke] hier die wichtigere Rolle spielt, habe ich Kap. 18, Grds. 5 an Beispielen aus der Natur und dem Handwerk dargetan. Dass in den meisten Fällen die synthetischen Übungen vorausgeschickt werden sollen, geht obendrein aus folgendem hervor: 1. Man muss überall mit dem Leichtern beginnen, leichter aber verstehen wir das Eigene als das Fremde. 2. Die Autoren verschleiern absichtlich ihr Kunstwerk, sodass die Schüler beim ersten Anblick oft kaum oder gar nicht den Zugang finden; sie werden jedoch dazu imstande sein, wenn sie sich schon einigermaßen an den einfacheren eigenen Erfindungen geübt haben. 3. Was man in erster Linie zu erreichen beabsichtigt, das muss man auch an erster Stelle vornehmen. Wir beabsichtigen aber, die Schüler jeder Kunst daran zu gewöhnen, neue Erfindungen zu versuchen, nicht bloß die schon gemachten zu benutzen (vgl. Kap. 18, Grds. 5).

15. Es müssen jedoch sorgfältige Analysen fremder Erfindungen und Werke hinzugefügt werden. Erst *der* nämlich kennt einen Weg gründlich, der ihn oft hin- und hergegangen ist und alle ihm hier und dort begegnenden Gabelungen, Kreuzungen und Seitenwege ausgekundschaftet hat. Zudem sind die Gestalten (modi) der Dinge so mannigfach, ja unendlich, dass sich weder alle in Regeln fassen lassen noch alle *einem* Menschen in den Sinn kommen könnten. Mehreren zusammen erschließt sich mehr; es wird aber nur dann unser Eigentum, wenn wir es erforschen, erkennen und in Wetteifer und Nachahmung Ähnliches hervorzubringen lernen.

16. Wir wollen also, dass in jeder Kunst für alles, was in ihr geleistet werden soll und kann und geleistet zu werden pflegt, vollständige und vollkommene Vorbilder und Muster (ideae seu exemplaria) hergestellt werden. Daneben sind Weisungen und Regeln zu verwenden, welche die Weise, wie etwas gemacht wurde oder gemacht werden soll, darlegen, zur Nachahmung anleiten, Fehler verhüten helfen und begangene verbessern. Dann gibt man dem Schüler immer wieder andere Übungsbeispiele, die er nach dem jeweiligen Vorbild formen und durch Nachahmung ihm ähnlich machen soll. Schließlich soll er noch fremde Werke ansehen (jedoch solche von berühmten Künstlern) und auf die obengenannten Ideen und Regeln hin prüfen, einerseits, damit ihre Anwendung um so deutlicher werde, an-

dererseits, damit man gleich die Kunst erlerne, die Technik zu verbergen. Und erst wenn sich der Schüler in dieser Weise oftmals geübt hat, wird er über eigene oder fremde Erfindungen und ihre Vorzüge angemessen urteilen können.

17. (XI.) Diese Übungen sind so lange fortzusetzen, bis man die Kunst beherrscht. Denn nur Übung macht den Meister.

22. Kapitel

DIE METHODE FÜR DIE SPRACHEN

Welche Sprachen soll man lernen (1), und wie weit muss man es darin bringen (2)? Sprachen und Inhalte müssen gleichzeitig (3) und aus denselben Büchern gelernt werden (4). Falsche Vollständigkeitsbestrebungen (5/6). Sprachen und Inhalte müssen der Altersstufe angemessen bleiben (7). Acht allgemeine Regeln zum Sprachenlernen (8-16). Zwei Sprachen sind bis zur vollkommenen Beherrschung zu lernen: die Muttersprache und das Latein (17). Vier Stufen der Sprachstudien gemäß den vier Entwicklungsaitern (18). Ihnen entsprechen vier Lehrbücher (19): Vestibulum (20), Janua (21), Palatium (22), Thesaurus (23) und vier dazugehörige Hilfsbücher (24-26).

1. Die Sprachen werden nicht gelernt als ein Teil der gelehrten Bildung oder der Weisheit, sondern als Werkzeug, solche Bildung zu gewinnen und sie andern mitzuteilen. Zu lernen sind deshalb nicht alle Sprachen, was unmöglich, auch nicht viele, was unnütz ist, da es die für das Studium der Dinge so nötige Zeit rauben würde, sondern bloß die notwendigen. Notwendig sind aber für das tägliche Leben die Muttersprache, für den Verkehr mit den Nachbarvölkern deren Sprachen (für die Polen wäre es hier also das Deutsche, anderswo das Ungarische, Rumänische oder Türkische); für die Lektüre gelehrter Bücher, wie dies unter Gebildeten üblich, das Lateinische, für Philosophen und Mediziner Griechisch und Arabisch, für Theologen Griechisch und Hebräisch.

2. Diese Sprachen sind nicht alle in ihrem ganzen Umfang bis zur Vollkommenheit zu lernen, sondern nur so weit, als die Notwendigkeit es erfordert. Man braucht Griechisch und Hebräisch nicht so fließend zu sprechen wie die Muttersprache, weil es keine Menschen gibt, mit denen man sich darin unterhalten könnte. Es reicht, wenn man sie so weit lernt, dass man Bücher lesen und verstehen kann.

3. Das Studium der Sprachen muss parallel zu dem der Sachen fortschreiten, besonders in der Jugend, damit wir sachlich ebenso viel verstehen wie sprachlich ausdrücken lernen. Wir bilden Menschen und nicht Papageien, wie wir im 6. Grundsatz des 19. Kapitels gesagt haben.

4. Daraus folgt erstens, dass die Wörter nicht unabhängig von den Sachen gelernt werden sollen, da die Sachen abgesondert weder existieren noch verstanden werden können, sondern nur in ihrer Verbindung [mit den Wörtern] hier und dort vorkommen, dies und jenes bewirken. Auf diese Erwägungen hin habe ich, anscheinend mit gutem Erfolg, die »Janua Linguarum« (das Tor zu den Sprachen) geschaffen, worin die Wörter, zu Sätzen verbunden, gleich die Wesenszüge (structura) der betreffenden Sache ausdrücken.

5. Zweitens folgt daraus, dass niemand eine Sprache vollständig lernen muss und dass es lächerlich und albern wäre, wollte jemand danach trachten. Denn selbst Cicero beherrschte nicht die ganze lateinische Sprache, in der er sonst für den größten Meister gilt; gestand er doch selbst, die Fachausdrücke der Handwerker nicht zu kennen. Er hatte nie so mit Flickschustern verkehrt, dass er hätte in ihre ganze Arbeit Einblick gewinnen und alles, was sie handhaben und verrichten, benennen können. Wozu hätte er das auch lernen sollen?

6. Darauf haben gewisse Bearbeiter meiner »Janua« nicht geachtet, sondern haben sie mit Wörtern für die allerungewöhnlichsten Dinge, die dem kindlichen Fassungsvermögen durchaus fern liegen, vollgepfropft. Ein Tor (janua) soll nur ein Tor

sein. Was dahinter liegt, ist für später aufzubewahren, da es ja entweder nie vorkommt, oder, wenn es einmal vorkommt, den Hilfsbüchern (Wörterbüchern, Lexika, Anthologien usw.) entnommen werden kann. Deshalb habe ich auch ein »Hintertor der lateinischen Sprache« (Posticum), das ich aus veralteten und wenig gebrauchten Ausdrücken zusammenzustellen begann, nicht weitergeführt.

7. Drittens müssen die Knaben so gut wie ihren Verstand auch die Sprache an für sie passenden Dingen üben; das für Erwachsene Geeignetere bleibe dem reiferen Alter vorbehalten. Vergebens legt man den Knaben Cicero oder andere große Autoren vor, die Stoffe behandeln, welche über die kindliche Fassungskraft hinausgehen. Denn wenn sie den Inhalt nicht begreifen, wie sollen sie die Kunst, ihn angemessen auszudrücken, erfassen? Nützlicher wird diese Zeit auf bescheidenere Dinge verwendet, sodass Sprache und Verständnis stufenweise ausgebildet werden. Die Natur macht keine Sprünge, auch die Kunst nicht, wenn sie die Natur nachahmt. Zuerst muss man den Knaben gehen lehren, dann tanzen; erst auf dem Steckenpferd reiten und dann auf wilden Rossen; erst lallen, dann sprechen; erst sprechen, dann Reden halten. Cicero sagt, er könne keinen reden lehren, der nicht sprechen könne.

8. Die Polyglotte, das Erlernen verschiedener Sprachen, wird durch unsre Methode, die wir hier in acht Regeln fassen, gekürzt und erleichtert.

9. (I.) Jede Sprache muss für sich gelernt werden. Zuerst natürlich die Muttersprache, dann die, welche anstelle der Muttersprache oft gebraucht wird, d. h. die der Nachbarvölker (denn die Volkssprachen müssen meiner Meinung nach den gelehrten Sprachen vorausgehen). Dann Lateinisch, Griechisch, Hebräisch, immer eine nach der andern, nie zusammen, sonst geraten sie durcheinander. Zuletzt jedoch, wenn sie dank der Übung schon einigermaßen fest sitzen, ist es nützlich, sie mittels vergleichender Wörterbücher und Grammatiken einander gegenüberzustellen.

10. (II.) Jeder Sprache muss ein bestimmter Zeitraum zugemessen werden, in dem sie gelernt werden soll. Dies deshalb, damit nicht aus einer Neben- die Hauptarbeit gemacht und die für den Sachunterricht nötige Zeit mit Vokabellernen verdorben werde. Weil die Muttersprache an Dinge gebunden ist, die sich dem Verstand nur allmählich erschließen, sind für sie mehrere Jahre nötig, ich denke acht bis zehn, also die ganze Kindheit und ein Teil des Knabenalters. Dann kann man zu irgendeiner anderen Volkssprache übergehen, deren jede innerhalb eines Jahres bequem zu erlernen ist. Das Lateinstudium kann in zwei Jahren abgeschlossen werden, das Griechische in einem und das Hebräische in einem halben Jahr.

11. (III.) Jede Sprache soll mehr durch Gebrauch als durch Regeln gelernt werden, d. h. durch möglichst häufiges Hören, Lesen, Wiederlesen, Abschreiben und durch schriftliche und mündliche Nachahmungsversuche (vgl. das vorige Kapitel, Regeln I und XI).

12. (IV.) Regeln sollen jedoch diesen praktischen Gebrauch unterstützen und festigen (wie im vorigen Kapitel Regel II ff. gesagt worden ist). Vor allem gilt das für die gelehrten Sprachen, die man aus Büchern lernen muss, aber auch für die lebenden. Denn auch die italienische, französische, deutsche, böhmische und ungarische Sprache lassen sich in Regeln fassen, wie dies auch schon geschehen ist.

13. (V.) Die sprachlichen Regeln sollen grammatische, nicht philosophische sein, d. h., sie sollen nicht spitzfindig die Entstehung und Begründung der Wörter, Sätze und Verbindungen, sollen nicht untersuchen, warum es so oder so heißen müsse, sondern mit schlichten Worten erklären, was geschieht und auf welche Weise es zu geschehen hat. Jene feineren Betrachtungen über Ursache und Verknüpfung, Ähnlichkeit und Unähnlichkeit, Analogie und Anomalie der Wörter und Sachen gehören in den Bereich der Philosophen und halten den Philologen nur auf.

14. (VI.) Richtschnur für die Abfassung der Regeln einer neuen Sprache sei eine früher erlernte, sodass nur die Abweichungen von dieser aufgezeigt werden müssen. Denn das beiden Sprachen Gemeinsame zu wiederholen ist nicht bloß unnütz, sondern auch schädlich, weil es durch den Schein einer großen Weitläufigkeit und Verschiedenheit, die den Tatsachen nicht entspricht, den Verstand erschreckt. In der griechischen Grammatik z. B. müssen die Definitionen der Nomina und Verben, der Fälle und Zeiten oder die syntaktischen Regeln, die nichts Neues enthalten, nicht wiederholt werden, weil man sie als schon verstanden voraussetzen darf. Daher soll man nur darüber Regeln aufstellen, worin das Griechische vom bereits bekannten Latein abweicht. Dann lässt sich die griechische Grammatik auf einige Seiten reduzieren, und alles wird deutlicher, leichter und sicherer.

15. (VII.) Die ersten Übungen in einer neuen Sprache müssen an einem bereits bekannten Stoff vorgenommen werden, damit sich der Geist nicht gleichzeitig auf Sachen und Wörter richten muss, was ihn zerstreut und schwächt, sondern nur auf die Wörter, die er sich so schneller und leichter aneignet. Solchen Stoff liefern z. B. Kapitel aus dem Katechismus, biblische Geschichten oder sonst etwas schon gut Bekanntes. (Vielleicht nimmt man auch mein »Vestibulum« oder meine »Janua« dazu. Diese Schriften eignen sich zwar mehr zum Auswendiglernen, weil sie kurz sind, die andern vorher erwähnten Stücke aber zum Lesen und Wiederlesen, weil sich dieselben Worte darin öfters wiederholen und sich so leichter dem Verständnis und dem Gedächtnis einprägen.)

16. (VIII.) Alle Sprachen lassen sich also nach ein und derselben Methode lernen – nämlich durch den Gebrauch, durch einige ganz einfache Regeln, die nur die Verschiedenheit von der bereits bekannten Sprache aufzeigen, und durch Übungen an bekannten Stoffen.

WIE MAN SPRACHEN VOLLKOMMEN ERLERNEN KANN

17. Dass man nicht alle Sprachen mit derselben Genauigkeit lernen muss, haben wir zu Anfang des Kapitels besprochen. Nur der Muttersprache und dem Latein müssen wir solche Sorgfalt zuwenden, dass wir sie schließlich ganz und gar beherrschen. Ein solches Sprachstudium ist auf [die folgenden] vier Lebensalter zu verteilen:

das erste: das des Kindes oder des Stammeins, in dem das Sprechen überhaupt erst gelernt werden muss;

das zweite: das des heranwachsenden Knaben, wo man eigentlich reden lernt;

das dritte: das des Jünglings oder der Blüte, wo man gewählt sprechen lernt;

das vierte: das des Mannes oder der Kraft, wo auch die Sprache kräftig wird.

18. Nur stufenweise nämlich steigt man richtig auf, andernfalls verwirrt und zerstückelt sich alles, wie wir es an uns selbst oft genug erfahren können. Diese vier Stufen lassen sich die Sprachschüler leicht hinaufführen, wenn die rechten Lehrmittel für den Unterricht vorhanden sind, nämlich sowohl Lehrbücher für die Schüler als auch Handbücher zum Gebrauch der Lehrer, beide kurz und methodisch.

19. Vier Lehrbücher müssen den vier Altersstufen entsprechen:

I. Vestibulum, der Vorraum,
II. Janua, das Tor,
III. Palatium, die Halle,
IV. Thesaurus, die Schatzkammer.

20. Das »Vestibulum« enthalte den Stoff für das kindliche Geplauder, einige hundert Wörter in Sprüchlein gefasst, mit angehängten Deklinations- und Konjugationstabellen.

21. Die »Janua« enthält alle gebräuchlichen Wörter einer Sprache, ungefähr achttausend, in kurze Sätze gebracht, welche die Dinge in einfacher Weise ausdrücken. Kurze, klare grammatische Regeln sind hinzugefügt, welche die wahre und ursprüngliche Art, die Wörter der betreffenden Sprache zu schreiben, auszusprechen, zu bilden und zusammenzufügen klar darstellen.

22. Das »Palatium« enthält verschiedene Stoff reiche Abhandlungen, die mit allerlei Ausdrücken und eleganten Redewendungen gespickt sind, jeweils mit Hinweis, aus welchen Schriftstellern sie stammen. Schließlich sind noch Regeln angehängt über die tausend Möglichkeiten, Sätze und Redewendungen zu variieren und ihnen Farbe zu verleihen.

23. Einen »Thesaurus« wird man die klassischen Autoren selbst nennen, die über irgendetwas bedeutungsvoll und kräftig geschrieben haben. Man wird Regeln vorausschicken, wie die gewichtigen Teile der Rede zu beachten und zu sammeln und, vor allem, wie die sprachlichen Eigenheiten genau zu übersetzen sind. Von diesen Autoren sollen einige zur Lektüre in den Schulen ausgewählt werden, von den andern ist eine Liste aufzustellen, damit jeder, der später Gelegenheit und Lust bekommt, über diese oder jene Frage einen ganzen Autor durchzulesen, auch über sie Bescheid weiß.

24. »Hilfsbücher« nenne ich solche, die den Gebrauch der genannten Lehrbücher erleichtern und erfolgreicher machen, nämlich I. ein kleines ins und aus dem Lateinischen übersetzendes Wörterverzeichnis für das »Vestibulum«. II. Für die »Janua« ein etymologisches Wörterbuch, welches das ursprüngliche Wort, seine Ableitungen und Zusammensetzungen und ihre Bedeutung lateinisch und in der Volkssprache angibt. III. Für das »Palatium« ein Lexikon der Redewendungen in der

jeweiligen Sprache, [nämlich] deutsch, lateinisch und, wenn nötig, auch griechisch, welches die verschiedenen Wendungen, die eleganten Synonyme und Umschreibungen, welche im »Palatium« überall verstreut sind, zusammenstellt und den Ort angibt, wo sie zu finden sind. IV. Für den »Thesaurus« schließlich wird ein allgemeines »Promptuarium« als Hilfsmittel dienen, welches den ganzen Sprachschatz (volkssprachlich und lateinisch, später lateinisch und griechisch) in einer Weise erschließt, dass es nichts mehr gibt, was hier nicht zu finden wäre, und zwar so, dass sich die nebeneinandergesetzten Redewendungen [beider Sprachen] immer genau entsprechen: dass also Eigentümliches eigentümlich, Bildliches bildlich, Scherzhaftes scherzhaft und Sprichwörtliches sprichwörtlich übersetzt werden kann. Denn es ist nicht sehr wahrscheinlich, dass die Sprache irgendeines Volkes so armselig ist, dass sie nicht genügend Wörter, Sätze, Redewendungen und Sprichwörter hätte, die den entsprechenden lateinischen an die Seite zu setzen wären, wenn sie mit ein wenig Urteilsfähigkeit geordnet werden; oder dass sie sich diese nicht wenigstens aneignen könnte mit etwas Geschick zur Nachahmung und analogen Bildung.

25. Ein solches allgemeines »Promptuarium« fehlt uns bis jetzt, abgesehen von dem polnisch-lateinisch-griechischen Thesaurus, mit dem der polnische Jesuit Gregorius Cnapius seinem Volk einen großen Dienst geleistet hat. Jedoch diese vorzügliche Arbeit lässt noch dreierlei zu wünschen übrig. Erstens hat er nicht alle Wörter und Sätze seiner Muttersprache zusammengestellt. Zweitens hat er dabei nicht die oben angedeutete Ordnung eingehalten, Einzelnes dem Einzelnen, Eigentümliches dem Eigentümlichen, Tropisches dem Tropischen und Altmodisches dem Altmodischen soweit als möglich gegenüberzusetzen, wodurch beider Sprachen Eigentümlichkeit, Glanz und Fülle gleichermaßen zur Geltung gekommen wären. Er fügt nämlich zu jedem polnischen Wort oder Satz mehrere lateini-

sche Übersetzungen hinzu, während wir wünschen, dass sich die Wörter einzeln entsprechen sollen, dass alle zierlichen Wendungen des Lateinischen in unsere Sprache übersetzt werden können. Dann würde dies Promptuarium für die Übersetzung irgendwelcher Bücher vom Lateinischen in die Volkssprache und umgekehrt vortreffliche Dienste leisten. Drittens wäre im Thesaurus des Cnapius eine größere Sorgfalt bei der Aufstellung der Reihenfolge der Redensarten zu wünschen, d. h. sie sollten nicht beliebig aneinandergereiht werden; die einfachen, erzählenden Wendungen zur Mitteilung von Tatsachen sollten zuerst kommen, dann die schwierigeren für die Rede, dann die erhabenen, die derben und die poetisch ungewöhnlichen, zum Schluss die veralteten.

26. Aber eine vollständige Erörterung des Aufbaus eines solchen Promptuariums wollen wir auf später verschieben, ebenfalls eine Besprechung darüber, wie Vestibulum, Janua, Palatium und Thesaurus zu gebrauchen sind, dass sich unfehlbar einstelle, was wir erstreben: vollkommene Beherrschung der Sprache. Genauer wird das bei der Festsetzung des Arbeitsplans für die einzelnen Klassen abzuhandeln sein.

23. Kapitel

DIE METHODE FÜR DIE SITTENLEHRE

Wichtiger als alles Bisherige ist die Sittlichkeit (1/2). [Alle Tugenden ohne Ausnahme müssen der Jugend eingepflanzt werden (3), zunächst die Grundtugenden (4): Klugheit (5), Mäßigung (6), Stärke (7), Gerechtigkeit (8); dann die übrigen Tugenden: Freimütigkeit (9/10), Ausdauer (11), Hilfsbereitschaft (12). Regeln für die Sittenlehre: früh beginnen (13), durch Tätigkeit üben (14), Beispiele wirken lassen (15), Lebensregeln geben (16), Böses fernhalten (17) und notfalls strafen (18).]

1. So viel über die Methoden, Wissenschaften, Künste und Sprachen rasch zu lehren und zu lernen. Mit Recht erinnern wir uns in diesem Zusammenhang an Senecas Wort: Nicht lernen müssen wir dies alles, sondern gelernt haben. Denn diese Dinge sollen nur auf Größeres vorbereiten und sind, wie er sagt, nur unsre ersten Arbeitsversuche und nicht die eigentliche Arbeit. Was aber ist denn nun die wirkliche Arbeit? Das Studium jener Weisheit, die uns erhebt, stark und hochherzig macht, d. h. dessen, was wir oben Sittlichkeit und Frömmigkeit genannt haben. Dadurch erst erheben wir uns in Wahrheit über die Geschöpfe und kommen Gott selbst näher.

2. Man muss also so viel wie möglich dafür sorgen, dass diese Kunst, Sittlichkeit und wahre Frömmigkeit wirklich zu vermitteln, genau festgesetzt und in allen Schulen eingeführt werde,

damit sie ihren Namen »Menschenwerkstätten« auch zu Recht tragen.

3. Die Kunst, zur Sittlichkeit heranzubilden, lässt sich in 16 Hauptregeln fassen. Die erste lautet: Alle Tugenden ohne Ausnahme müssen der Jugend eingepflanzt werden. Denn von dem, was recht und sittlich ist, lässt sich nichts ausnehmen, ohne dass eine klaffende Lücke entsteht und die Harmonie gestört wird.

4. (II.) Vor allem aber müssen die sogenannten Kardinal- oder Grundtugenden eingepflanzt werden, d. h. Klugheit (prudentia), Mäßigung (temperantia), Stärke (fortitudo) und Gerechtigkeit (justitia). Denn das Gebäude darf nicht ohne das Fundament errichtet werden, weil die Teile schlecht zusammenhalten, wenn sie sich nicht fest auf ihre Grundlage stützen können.

5. (III.) *Klugheit* werden die Schüler aus einem guten Unterricht schöpfen, in dem sie die Dinge nach ihrem Wesen und Wert unterscheiden lernen. Denn ein richtiges Urteil über die Dinge ist die Grundlage aller Tugend. Schön sagt Vives: Über die Dinge unbestechlich urteilen ist wahre Weisheit: Dass wir jedes für das ansehen, was es ist; dass wir nicht Gemeinem nachjagen, als wäre es kostbar, und Kostbares als gemein verwerfen; dass wir nichts Lobenswertes tadeln und nichts Tadelnswertes loben. Hier nehmen alle Fehler und Irrtümer des menschlichen Geistes ihren Anfang, wenn nämlich die Dinge nicht richtig bewertet werden; und nichts ist verderblicher im menschlichen Leben als solche Verkehrung des Urteils. Man soll sich also, so fährt er fort, von Kindheit an eine wahre Meinung über die Dinge angewöhnen, die mit dem zunehmenden Alter reift. Man soll ergreifen, was recht ist und das Verkehrte fliehen, damit einem die Gewohnheit, recht zu handeln, beinahe zur zweiten Natur werde.

6. (IV.) Zum *Maßhalten* in Essen und Trinken, Schlafen und Wachen, in Arbeit und Spiel, im Reden und Schweigen sollen die Schüler während der ganzen Zeit ihrer Erziehung angehal-

ten werden. Dazu gibt es eine goldene Regel, die man ihnen immer wieder vorhalten muss: »Von keinem zu viel«, damit sie überall *vor* der Übersättigung und dem Überdruss aufhören.

7. (V.) *Stärke* sollen sie in der Selbstüberwindung lernen, indem sie die Neigung, zu plaudern oder außer der Zeit oder über die Zeit hinaus zu spielen, selbstverständlich zügeln und Ungeduld, Murren und Zorn eindämmen. Als Grundlage dafür wird man sie gewöhnen müssen, alles überlegt und nichts mit Leidenschaft oder Ungestüm zu tun. Denn der Mensch ist ein vernünftiges Wesen. Daher soll er sich daran gewöhnen, sich von der Vernunft leiten zu lassen und bei allem zu überlegen: Was soll ich tun, warum tu ich es und wie tu ich's recht, sodass er in Wahrheit Herr seiner Handlungen sei. Da aber zu einem so überlegten und vernünftigen Vorgehen die meisten oder doch viele Knaben noch nicht fähig sind, wird man sie Stärke und Selbstbeherrschung mit Vorteil so lehren, dass man sie gewöhnt, lieber den Willen eines andern zu tun als ihren eigenen, d. h. ihren Vorgesetzten in allem sofort zu gehorchen. Wer seine Pferde recht aufzieht, sagt Laktanz, lehrt sie zuerst dem Zügel zu parieren; wer also Knaben erziehen will, soll sie erst daran gewöhnen, aufs Wort zu gehorchen. Welche Hoffnung dürfte man hegen, die Menschheit, die jetzt auf der ganzen Welt von Wirren überschwemmt wird, in einen besseren Stand zu setzen, wenn einer dem andern nachzugeben, alle aber alles mit Vernunft anzupacken schon von klein auf gelehrt würden!

8. (VI.) *Gerechtigkeit* werden sie dadurch lernen, dass sie niemanden verletzen, jedem das Seine zuteilen, Lug und Trug fliehen und sich dienstfertig und liebenswürdig erweisen. Auf welche Art und Weise sie dazu und zu den andern eben genannten Tugenden anzuleiten sind, schreiben die folgenden Regeln vor.

9. (VII.) Abarten der Stärke sind: edler Freimut und Ausdauer in der Arbeit, welcher die Jugend ganz besonders bedarf. Weil das Leben im Verkehr mit den Menschen und in Tätigkeit verlaufen soll, so muss man die Knaben lehren, sowohl die Blicke

der Menschen zu ertragen als auch jede ehrenhafte Arbeit auf sich zu nehmen, damit sie keine lichtscheuen und menschenfeindlichen Geschöpfe, faule Bäuche und unnütze Lasten der Erde werden. Die Tugend wird durch Taten, nicht nur Reden gepflegt.

10. (VIII.) Edler *Freimut* wird erworben im häufigen Verkehr mit ehrenhaften Personen und dadurch, dass man vor ihren Augen alle Aufträge ausführt. Aristoteles hat Alexander so erzogen, dass er vom 12. Lebensjahr an mit allen möglichen Leuten, mit Königen und hohen Gesandten, mit Gelehrten und Ungelehrten, Städtern, Bauern und Handwerkern umgehen und zu jedem zur Sprache kommenden Thema passende Fragen stellen oder Antworten geben konnte. (Damit nun durch unsre allgemeine Erziehung alle angehalten werden, solches nachzuahmen, muss man Umgangsregeln aufstellen und unablässig darauf hinwirken, dass die Knaben sich mit Anstand täglich über verschiedene Dinge mit ihren Lehrern, Mitschülern, Eltern, Bediensteten und andern Leuten unterhalten. Und die Lehrer müssen darauf achten, dass sie jeden, bei dem sie Nachlässigkeit, Unbesonnenheit, Rohheit oder Mutwillen entdecken, zurechtweisen.)

11. (IX.) *Ausdauer* in der Arbeit werden sich die Knaben erwerben, wenn sie immer etwas treiben, sei es im Ernst, sei es nur zur Kurzweil. Die Anspannung nämlich ist dieselbe, was auch immer getan wird und wozu, wenn nur überhaupt etwas getan wird. Auch im Spiel kann gelernt werden, was im Ernstfall nützlich ist, wenn die Umstände es verlangen. Wie also handeln durch Handeln gelernt wird (was wir oben gesehen haben), wo wird auch arbeiten durch Arbeit gelernt. Die ständige (wenn auch mäßige) Beschäftigung von Geist und Körper verwandelt sich in Fleiß und macht dem rührigen Menschen eine träge Ruhe unausstehlich. So wird sich der Ausspruch des Seneca bewähren: »Edlen Gemütern ist die Arbeit tägliches Brot.«

12. (X.) Die der Gerechtigkeit verwandte Tugend, *andern* be-

reitwillig und freudig zu dienen, muss den Knaben besonders eingeflößt werden. Es haftet nämlich der verdorbenen Natur ein hässlicher Makel, die Eigenliebe, an, die jeden nur sein eigenes Fortkommen wünschen und sich nicht um das Geschick der andern kümmern lässt. Das aber ist die Quelle der mannigfachen Wirren unter den Menschen, dass jeder sich mit seinen eigenen Dingen begnügt ohne Rücksicht auf die öffentliche Wohlfahrt. Deshalb muss der Jugend also die Aufgabe (scopus) unseres Lebens gründlich eingeschärft werden, [die Erkenntnis] nämlich, dass wir nicht für uns allein, sondern für Gott und unsern Nächsten, d. h. für die menschliche Gesellschaft geboren werden und dass wir von Kind auf Gott, die Engel, die Sonne und alle edlen Geschöpfe nachahmen lernen, nämlich wünschen und uns bemühen, so vielen wie immer möglich zu dienen und zu nützen. Dann erst herrschte in Familie und Staat ein glücklicher Zustand, wenn alle zum gemeinsamen Nutzen beitragen und alle überall einander helfen könnten und wollten. Sie werden es aber können und wollen, wenn sie darüber belehrt worden sind.

13. (XI.) Die Bildung der Tugenden soll in frühster Kindheit beginnen, ehe der Geist dem Laster anheimfällt. Denn wenn man auf einem Acker keinen guten Samen sät, so bringt er zwar Pflanzen hervor, aber was für welche? Unkraut und Raygras. Wenn man ihn aber bestellen will, wird man dies besser tun und sicherer auf eine Ernte hoffen können, wenn man ihn im Frühling pflügt, besät und eggt. Überhaupt ist eine Gewöhnung von Kindsbeinen an viel wert, weil der Krug den Duft der Flüssigkeit, mit der er anfangs gefüllt war, lange bewahrt.

14. (XII.) Die Tugenden werden erlernt durch beständiges tugendhaftes Handeln. Dass man erkennen durch Erkennen lernt und handeln durch Handeln, haben wir im 20. und 21. Kapitel gesehen. Wie also die Knaben leicht gehen durch Gehen, reden durch Reden und schreiben durch Schreiben lernen, so lernen sie auch Gehorsam, indem sie gehorchen, Enthaltsamkeit, in-

dem sie sich enthalten, Wahrhaftigkeit, indem sie die Wahrheit sagen, Beharrlichkeit, indem sie ausharren, wenn ihnen nur jemand in Wort und Beispiel vorangeht.

15. (XIII.) Ein leuchtendes Beispiel sei das geordnete Leben der Eltern, Wärterinnen, Lehrer und Mitschüler. Denn die Kinder sind wie junge Affen. Sie suchen alles, Gutes und Böses, auch ungeheißen nachzuahmen, und lernen deshalb eher nachahmen als wissen. Ich lasse solche Vorbilder sowohl aus dem Leben als auch aus Geschichten gelten; hauptsächlich aber solche aus dem Leben, weil sie tiefer und kräftiger wirken. Brave Eltern als sorgsame Wächter der häuslichen Zucht, auserwählte, in ihren Sitten bewunderungswürdige Lehrer sind die besten Mittler, die Schüler zu einem ehrenhaften Leben sicher hinzuführen.

16. (XIV.) Neben die Beispiele aber müssen Vorschriften und Lebensregeln treten, welche die Nachahmung ergänzen, verbessern und kräftigen. (Vgl. dazu Kap. 21, Vorschr. IX.) Diese Lebensregeln sollen der Hl. Schrift und den Aussprüchen der Weisen entnommen werden; z. B. warum und wie man sich vor dem Neid zu hüten habe, mit welchen Waffen man sein Herz gegen Trauer und anderes Menschliche wappnen könne, wie die Freude zu mäßigen, der Zorn zu bändigen, unerlaubte Liebe zu bannen sei und Ähnliches, entsprechend der Altersstufe und dem Grad der geistigen Entwicklung.

17. (XV.) Auch muss man die Kinder mit größter Sorgfalt vor dem Verkehr mit bösen Menschen bewahren, damit sie sich nicht anstecken. Das Böse nämlich setzt sich wegen der Verderbtheit der Natur leichter fest und haftet zäher. Deshalb muss man mit ganzem Eifer alle Gelegenheiten zur Verderbnis von der Jugend fernhalten, z. B. schlechten Umgang, schmutzige Reden, eitle und nichtsnutzige Bücher (denn das schlechte Beispiel, das die Laster geben, ist Gift für den Geist, ob es durch die Augen oder Ohren eindringt), und schließlich den Müßiggang, damit sie nicht vor lauter Nichtstun Schlechtes tun lernen und

geistig erschlaffen. Es wird also gut sein, sie immer mit Ernst und Spiel zu beschäftigen und ja nicht müßiggehen zu lassen.

18. (XVI.) Und weil wohl kaum einer von uns so scharfsichtig ist, dass sich nicht irgendetwas Böses einschleichen könnte, so ist die Zucht zur Bekämpfung der schlechten Sitten durchaus nötig. Denn der böse Feind wacht nicht nur, wenn wir schlafen, sondern auch, wenn wir wachen; und wenn wir den guten Samen auf dem Geistesacker säen, so mischt er sich unter uns, um sein Unkraut auszustreuen. Dann tritt die verdorbene Natur selbst hier und dort zutage, sodass es nötig werden kann, dem Bösen mit Gewalt entgegenzutreten. Man tritt ihm aber entgegen mit der Zucht, d. h. mit Schelten und Züchtigen, mit Worten und mit Schlägen, wie es die Umstände verlangen; und immer auf frischer Tat, damit das hervorsprossende Laster alsbald im Keime erstickt oder besser noch mit Stumpf und Stiel ausgerottet werde. Die Zucht muss also in den Schulen nicht so sehr wegen der Wissenschaften herrschen (welche richtig gelehrt dem menschlichen Geist Wonne und Lockung bieten), als um der Sitten willen. Mehr von der Zucht jedoch unten im 26. Kapitel.

24. Kapitel

DIE METHODE, ZUR FRÖMMIGKEIT HINZUFÜHREN

Gibt es ein methodisches Studium der Frömmigkeit (1)? Was heißt Frömmigkeit? Gott suchen, ihm folgen, sich seiner freuen (2). Wie das geschehen kann (3/4). Drei Quellen: die Hl. Schrift, die Welt und wir selbst (5). Drei Weisen, aus diesen Quellen zu schöpfen (6): Meditation (7), Gebet (8), Prüfung (9). Methode zur Aneignung der Frömmigkeit in 21 Regeln (10–32).

1. Obgleich die Frömmigkeit eine Gabe Gottes ist, uns vom Himmel geschenkt wird und der Heilige Geist unser Lehrmeister dafür ist, so müssen doch Eltern, Lehrer und Diener der Kirche, die er sich zu Helfern wählt – normalerweise sich normaler Mittel bedienend – und die die Schösslinge des Paradieses mit Sorgfalt und Treue pflanzen und gießen sollen (1. Kor. 3, 6 u. 8), wissen, wie sie ihre Pflicht richtig erfüllen.

2. Was zur Frömmigkeit gehört, haben wir bereits gezeigt, nämlich, dass unser Herz (wenn wir das rechte Verständnis für Glaubenssachen und Religion einmal erlangt haben) es verstehe, Gott (den die Hl. Schrift Jes. 45, 15 den Verborgenen oder Hebr. 11, 27 einen unsichtbaren König nennt, da er sich mit dem Schleier seiner Werke umgibt und in allem Sichtbaren unsichtbar gegenwärtig ist und regiert) überall zu *suchen*, wo es ihn gefunden, ihm zu *folgen* und wo es ihn erreicht hat, sich seiner zu *freuen*. Das erste geschieht mit dem Verstande (mens), das zweite

mit unserm Willen (voluntas) und das dritte mit freudiger Glaubensgewissheit (conscientia).

3. Wir suchen Gott, indem wir auf die Spuren der Gottheit in der ganzen Schöpfung merken. Wir folgen Gott, indem wir uns in allem seinem Willen überlassen, sowohl im Handeln als auch im Dulden alles dessen, was ihm wohlgefällt. Wir freuen uns an Gott, indem wir in seiner Liebe und Gnade so zur Ruhe kommen, dass wir im Himmel und auf Erden nichts Wünschenswerteres kennen als Gott selbst, nichts Angenehmeres, Lieblicheres, als über ihn nachzudenken, und nichts Süßeres als sein Lob, sodass unser Herz in der Liebe zu ihm aufgeht.

4. Aus drei Quellen schöpfen wir diese Liebe, und zwar in dreifacher Weise oder Abstufung.

5. Die Quellen sind: die Hl. Schrift, die Welt, wir selbst. Nämlich einmal die Worte Gottes, dann seine Werke und in uns sein Antrieb. Dass wir durch die Schrift Gott kennen und lieben lernen, steht außer allem Zweifel. Dass wir durch die Welt und eine weise Betrachtung aller wunderbaren Werke Gottes zur Frömmigkeit geführt werden, dafür zeugen schon die Heiden, die allein durch die Betrachtung der Welt zur Verehrung eines göttlichen Wesens getrieben wurden. Dies geht aus dem Beispiel des Sokrates, Plato, Epiktet, Seneca und anderer hervor – obgleich natürlich das Gefühl der Liebe in diesen Menschen, denen die Hilfe der besonderen göttlichen Offenbarung versagt war, unvollkommen blieb und im Ziel sich irrte. Aber dass diejenigen, die Gott in seinen Worten und Werken zu erkennen suchen, in der heißesten Liebe entflammen, zeigen Hiob, Elihu, David und andere Fromme. Dahin kommen wir auch, wenn wir Gottes besondere Fürsorge für uns selbst überdenken (wie wunderbar er uns geschaffen hat, uns bewahrt hat bis hierher und uns leitet). Dies bezeugen z. B. David im 139. Psalm und das Buch Hiob (Kap. 10, 8 ff.).

6. Aus diesen Quellen kann man auf dreifache Weise schöpfen: in der Meditation, im Gebet und in den Prüfungen. Diese

drei Dinge, so sagt D. Luther, machen den Theologen aus. Aber auch zum wahren Christenmenschen im Allgemeinen können nur diese drei Dinge machen.

7. Die *Meditation* besteht in häufiger, andächtiger und demütiger Erwägung der Worte, Werke und Wohltaten Gottes: wie sich doch alles nur aus Gottes Wohlgefallen, aus seinem Handeln oder Zulassen, herleitet und auf welch wunderbaren Wegen alle göttlichen Ratschlüsse zu ihrem Ziele gelangen.

8. Das *Gebet* ist das häufige, ja unaufhörliche Seufzen zu Gott und die Bitte, dass er uns in seiner Barmherzigkeit aufrichte und mit seinem Geist lenke.

9. Die *Prüfung* (tentatio) endlich ist die häufige Erforschung unsres Fortschrittes in der Frömmigkeit. Sie kann durch uns selbst oder durch andere vorgenommen werden. Hierher gehören Versuchungen durch Menschen, durch den Teufel oder durch Gott. Denn zunächst muss sich der Mensch selbst wiederholt prüfen, ob er im Glauben stehe (2. Kor. 13, 5) und wie eifrig er den Willen Gottes tue. Dann muss er sich auch von den Menschen, von Freunden und Feinden prüfen lassen, z. B. indem die, welche uns gewissenhaft vorstehen, in offener oder heimlicher Untersuchung aufmerksam erforschen, wie es um unsere Frömmigkeit bestellt sei, oder indem Gott uns einen Feind an die Seite stellt, der uns bei Gott unsre Zuflucht nehmen lehrt und uns damit offenbart, wie groß die Kraft unseres Glaubens ist. Endlich pflegt Gott auch den Satan zu senden oder selbst gegen den Menschen aufzutreten, damit das Innere seines Herzens offenbar werde. Dies alles wird man also der christlichen Jugend einprägen und sie daran gewöhnen müssen, dass durch alles, was ist, geschieht und sein wird, ihr Geist zu jenem erhoben werde, der Anfang und Ende von allem ist und in dem allein sie die Ruhe ihrer Seele suchen soll.

10. Die besondere Methode dafür ist in folgenden 21 Regeln enthalten:

(I.) Das Bemühen, zur Frömmigkeit hinzuführen, muss in der

frühsten Kindheit beginnen, weil Nichtaufschieben nützlich, Aufschieben aber gefährlich ist. Die Vernunft rät, das Erste zuerst und das Hauptsächliche hauptsächlich zu behandeln. Was anderes ist aber wohl das Erste und Hauptsächliche als die Frömmigkeit? Ohne sie ist jede andere Übung wenig nütze, sie aber besitzt die Verheißung dieses und des künftigen Lebens (1. Tim. 4, 8). Das Reich Gottes zu suchen ist das eine, was nottut (Luk. 10, 42). Wer danach trachtet, dem wird alles Übrige zufallen (Matth. 6, 33). Gefährlich aber ist das Aufschieben. Denn wenn nicht schon die zarten Gemüter mit der Liebe zu Gott erfüllt werden, so schleicht sich leicht im Laufe des Lebens, das eine Zeit lang ohne Rücksicht auf Gott geführt worden ist, eine stille Verachtung der Gottheit und eine Profanität ein, die sich später nur schwer, bei manchen niemals ausrotten lässt. Daher sagt der Prophet, indem er über die schreckliche Hochflut der Gottlosigkeit in seinem Volke klagt, es sei keiner mehr da, den Gott lehren könne, außer denen »die von der Milch entwöhnt und von der Brust genommen sind« (Jes. 28, 9), d. h. den kleinen Kindern. Und von den andern sagt ein Prophet: Sie können sich nicht bessern und Gutes tun, da sie des Bösen gewohnt sind (Jer. 13, 23).

11. (II.) Sobald sie also lernen, Augen, Zunge, Hände und Füße zu gebrauchen, sollen sie auch lernen, zum Himmel zu blicken, ihre Hände zu erheben, Gott und Christus anzurufen, ihre Knie vor der unsichtbaren Majestät zu beugen und sie zu verehren. Die Kinder sind dazu gar nicht so ungelehrig, wie diejenigen sich einbilden, welche diese so wichtige Sache vernachlässigen, weil sie nicht sehen, wie groß die Notwendigkeit ist, uns dem Satan, der Welt und uns selbst zu entreißen. Wenn sie auch zuerst nicht verstehen, was geschieht, da sie ihre Vernunft noch nicht richtig brauchen können: die Hauptsache ist, dass sie wissen, dass das getan werden müsse, was sie da üben und lernen. Denn wenn sie durch Tun gelernt haben, was sie tun sollen, wird ihnen das Folgende leichter einzuprägen sein,

sodass sie dann auch verstehen werden, was geschieht und warum es geschieht und wie es recht geschieht. Gott hat durchs Gesetz geboten, ihm alle Erstlinge zu weihen; warum dann nicht auch die Erstlinge unsres Denkens und Sprechens, unsrer Regungen und Handlungen?

12. (III.) Wenn die Kinder aber alt genug sind, um sich belehren zu lassen, so muss ihnen vor allem eingeprägt werden, dass wir nicht um dieses Lebens willen hier sind, sondern der Ewigkeit zustreben, und dass dieses Leben nur ein Übergangsstadium ist, in dem wir uns für unsre ewige Wohnung recht vorbereiten sollen. Dies kann leicht an täglichen Beispielen solcher gelehrt werden, die als Kinder, Knaben, Jünglinge und Greise durch den Tod hinweggerafft in ein anderes Leben übergehen. Häufig muss man ihnen das ins Bewusstsein rufen, damit sie bedenken, dass sich niemand hier eine bleibende Stätte errichten kann.

13. (IV.) Man muss sie also oft daran erinnern, dass auf nichts hienieden mehr Mühe verwendet werden soll, als darauf, uns recht auf das künftige Leben vorzubereiten. Es wäre töricht, wollte man sich mit dem beschäftigen, was man doch bald zurücklassen muss, und das vernachlässigen, was uns bis in die Ewigkeit begleitet.

14. (V.) Ferner soll man sie lehren, dass es zwei Leben gebe, auf die die Menschen hier zuwandern: ein seliges mit Gott und ein elendes in der Hölle, beide von unendlicher Dauer. Als Beispiel dient die Geschichte von Lazarus und dem reichen Mann: Des einen Seele wurde von den Engeln in den Himmel getragen, die des andern von den Teufeln in die Hölle gebracht.

15. (VI.) Glücklich aber, ja dreimal und viermal glücklich [so soll man die Kinder lehren] seien diejenigen, die ihre Wege (rationes) so richten, dass sie würdig befunden werden, zu Gott einzugehen. Denn außer Gott, der Quelle des Lichts und des Lebens, gebe es nur Finsternis und Schrecken, Pein und ewigen, endlosen Tod, sodass es besser wäre, sie, die von Gott abirren

und sich in den Abgrund des ewigen Verderbens stürzen, wären nicht geboren.

16. (VII.) Alle die werden aber zu Gott gelangen, die hier in der Gemeinschaft mit ihm wandeln (wie Enoch und Elias, beide noch bei Lebzeiten, andere nach ihrem Tode, Genes. 5, 24 etc.).

17. (VIII.) Mit Gott aber wandeln diejenigen, die ihn vor Augen haben, fürchten und seine Gebote halten. Und das ist des Menschen ganze Aufgabe (totum hominis) (Prediger 12f.), jene nämlich, von der Christus sagt: Eines aber ist not (Luk. 10, 42). Das soll man alle Christen immer in Mund und Herzen tragen lehren, damit sie sich nie mit Martha zu sehr in die Sorgen dieses Lebens verstricken.

18. (IX.) [Die Schüler] sollen sich also daran gewöhnen, alles, was sie hier sehen, hören, berühren, tun und leiden, unmittelbar oder mittelbar auf Gott zu beziehen. Beispiele sollen das verdeutlichen. Wer sich z.B. wissenschaftlichen Studien oder einem kontemplativen Leben widmet, muss dies so tun, dass er die überall erscheinende Macht, Weisheit und Güte Gottes betrachtet, dadurch in der Liebe des Herrn entflammt und durch die Liebe ihm immer enger und enger verbunden wird, sodass ihn in alle Ewigkeit nichts von ihm losreißen kann. Wer aber körperliche Arbeit leistet, Landwirtschaft oder ein Handwerk betreibt usw., der muss zwar sein Brot und was er sonst zum Leben benötigt, erwerben, jedoch nur mit der Absicht, leidlich zu leben; leidlich leben aber muss er, um mit ruhigem und heiterem Sinn Gott zu dienen, durch solchen Dienst ihm zu gefallen und dadurch ewig mit ihm verbunden zu sein. Wer in seinen Geschäften andere Zwecke verfolgt, entfernt sich von der Absicht Gottes und von Gott selbst.

19. (X.) Sie sollen also vom Anfang ihres Lebens an sich so viel wie möglich mit Dingen beschäftigen, die unmittelbar zu Gott führen: mit dem Lesen der Hl. Schrift, gottesdienstlichen Übungen (exercitia) und äußeren guten Werken. Denn die Lektüre der Heiligen Schrift weckt und fördert die Erinnerung an

Gott. Die religiösen Übungen stellen dem Menschen Gott als gegenwärtig vor Augen und verbinden ihn mit Gott. Die guten Werke befestigen dieses Band, da sie zeigen, dass wir wirklich im Gesetz Gottes wandeln. Diese drei Dinge müssen jedem »Bewerber um die Frömmigkeit« (candidatus pietatis) (und das heißt – wegen ihrer Heiligung durch die Taufe –: der ganzen christlichen Jugend) ernstlich anempfohlen werden.

20. (XI.) Deshalb sei die Hl. Schrift in allen christlichen Schulen das A und O. Das Wort des Hyperius, ein Theologe werde in der Schrift geboren, hat der Apostel Petrus, wie wir sehen, noch erweitert, indem er sagt, die Kinder Gottes seien aus unvergänglichem Samen geboren durch das Wort des lebendigen, in Ewigkeit bleibenden Gottes (1. Petr. 1, 23). Deshalb soll in den christlichen Schulen vor allen anderen Büchern dieses Buch Gottes zur Geltung kommen, damit so wie Timotheus alle, alle christlichen Jünglinge von Jugend auf in der Hl. Schrift unterwiesen und weise gemacht werden zur Seligkeit (2. Tim. 3, 15) und genährt mit den Worten des Glaubens (1. Tim. 4, 6). Schön hat sich seinerzeit Erasmus darüber ausgesprochen in der »Paraklesis«, seiner Ermahnung zum Studium der christlichen Philosophie. »Die Hl. Schrift«, sagt er, »passt sich allen in gleicherweise an, sie lässt sich zu den Jüngsten (parvulis) herab und streckt sich nach ihrem Maße, indem sie sie mit Milch nährt, hegt und pflegt und alles tut, bis sie in Christo aufgewachsen sind. Aber wie sie bei den Kleinsten nicht versagt, so bewährt sie sich auch in bewundernswerter Weise bei den Größten: Für die Kleinen ist sie klein, für die Großen über alle Maßen groß. Kein Alter, kein Geschlecht, keine Stellung und keinen Stand stößt sie zurück. Selbst die Sonne ist nicht allen so gemeinsam und sichtbar wie Christi Lehre. Sie hält überhaupt niemanden von sich fern, wenn er nicht sich selbst fernhält, sie sich selbst versagt.« Und weiter: »Würde sie doch nur in aller Völker Sprachen übersetzt, dass sie nicht nur die Schotten und Iren, sondern auch die Türken und Sarazenen lesen und kennenlernen

könnten. Möglich, dass viele darüber lachen würden, aber einige würden gewonnen. O dass doch der Bauer hinter seinem Pflug daraus singen würde, der Weber an seinem Webstuhl sie anstimmte, der Wanderer sich mit ihren Geschichten die Mühen des Weges erleichterte, ja alle Gespräche der Christen daraus schöpften. Wie nämlich unsere täglichen Unterhaltungen, so sind wir selbst. Jeder soll darin erreichen, was er kann, jeder soll ausdrücken, was er kann. Wer hinterdrein ist, soll seinen Vordermann nicht beneiden, wer vorne ist, den Nachfolgenden nicht verachten, sondern ihn ermutigen. Warum beschränken wir den gemeinsamen Beruf aller auf wenige.« Und gegen Ende: »Alle die wir also bei der Taufe auf die Worte Christi ein Gelöbnis abgelegt haben« (wenn wir es nur von Herzen gelobten), »sollen alsbald in den Armen unsrer Eltern und unter den Liebkosungen unsrer Ammen in die Lehren Christi eingeweiht werden. Denn am tiefsten senkt sich ein und am festesten haftet, was das noch rohe Gefäß des Geistes zuerst aufgesogen hat. Christus soll das erste Lallen sein, und aus seinen Evangelien sollen die kleinen Kinder sich bilden; und derart, so möchte ich, soll von ihm erzählt werden, dass sie ihn schon in frühem Alter lieb gewinnen. Bei diesen Studien sollen sie bleiben, bis sie in stillem Wachstum zu in Christo starken Männern heranreifen. Glücklich, wen bei diesen Studien der Tod ereilt. Nach ihnen also lasst uns alle von ganzem Herzen verlangen, sie wollen wir ergreifen, uns mit ihnen beschäftigen, sie liebkosen und endlich in ihnen sterben, ja ganz in sie verwandelt werden, da ja die Studien in die Sitten übergehen, etc.« Derselbe Erasmus sagt in seinem Lehrbuch der Theologie: »Auch wäre es meines Erachtens keine Torheit, die heiligen Bücher wörtlich auswendig zu lernen, selbst unverstanden, wie Augustin sagt.« Kurz, es sollen also nicht Plautus, Terenz, Ovid und Aristoteles die christlichen Schulen füllen, sondern Moses, David und Christus. Man muss einen Weg finden, die Bibel der Gott geheiligten Jugend so vertraut wie das ABC zu machen (alle Christenkinder aber sind geheiligt, 1. Kor. 7, 14). Wie nämlich jede Rede aus Lauten und Buchstaben besteht, so erhebt sich aus den Elementen der Hl. Schrift der ganze Bau der Religion und der Frömmigkeit.

21. (XII.) Alles, was aus der Schrift gelernt wird, soll auf den Glauben, die Liebe und die Hoffnung bezogen werden. Diese drei nämlich sind das Ziel, auf welches alles hinausläuft, was Gott in seinen Worten uns zu offenbaren für gut gehalten hat. Einiges nämlich enthüllt er, damit wir es *wissen*, anderes trägt er uns auf, dass wir es *tun*, und wieder anderes verheißt er uns, dass wir es von seiner Güte in diesem und im künftigen Leben *erwarten*. Und es kommt in der ganzen Schrift nichts vor, was nicht auf eines dieser drei Dinge sich beziehen würde. Dies nun müssen alle einsehen lernen, damit sie sich mit Vernunft und den Worten Gottes zurechtfinden.

22. (XIII.) Glaube, Liebe, Hoffnung sollen zur praktischen Anwendung gelehrt werden. Denn wir müssen schon vom ersten Moment an praktische, nicht theoretische Christen formen, wenn wir wirkliche Christen haben wollen. Die Religion ist etwas Lebendiges, kein Schattenbild. Ihre Lebenskraft soll in ihrer Wirkung zutage treten, so wie ein lebendiger Same, den man guter Erde anvertraut, bald emporkeimt. Daher verlangt die Schrift einen wirksamen Glauben (Gal. 5 f.) und nennt den Glauben ohne Werke einen toten Glauben (Jak. 2, 20) und fordert eine lebendige Hoffnung (1. Petr. 1, 3). Daher im Gesetz die häufig wiederkehrende Mahnung, die göttliche Offenbarung geschehe, damit wir danach handeln. Und Christus sagt: Wenn ihr dies wisst – selig seid ihr, wenn ihr es tut (Joh. 13, 17).

23. (XIV.) Glaube, Liebe, Hoffnung werden in geeigneter Weise für die praktische Anwendung gelehrt, wenn die Knaben (und alle andern Leute) angehalten werden, alles, was Gott offenbart, fest zu glauben, was er aufträgt, auszuführen und was er verheißt, zu erhoffen. Das muss man sich merken und den Kindern sorgfältig einprägen. Denn wenn für sie das Wort Gottes eine selig machende Kraft sein soll, so müssen sie ein de-

mütiges und ergebenes Herz mitbringen, das bereit ist, sich überall und in allem Gott zu unterwerfen, ja sich in der Tat unterwirft. Wie die Sonne nämlich mit ihrem Lichte dem nichts offenbart, der seine Augen nicht öffnen will, und wie vorgesetzte Speisen niemanden sättigen, der sich zu essen weigert, so werden das dem Geiste dargebotene göttliche Licht, die unsern Handlungen gesetzten Vorschriften und die den Gottesfürchtigen verheißene Seligkeit vergeblich sein, wenn wir sie nicht mit bereitwilligem Glauben, inbrünstiger Liebe und fester Hoffnung ergreifen; so wie Abraham es tat, der Vater aller Gläubigen, der im Vertrauen auf Gottes Wort auch glaubte, was die Vernunft nicht fassen konnte, und im Gehorsam gegen Gott tat, was dem Fleische am schwersten fiel (z. B. sein Vaterland verlassen und seinen Sohn töten) und Gottes Verheißungen vertrauend auch dort noch hoffte, wo es nichts mehr zu hoffen gab. Und dieser lebendige und tätige Glaube wurde ihm zur Rechtfertigung. Dies an sich selber zu erfahren und ständig zu beachten müssen alle, die sich Gott ergeben, gelehrt werden.

24. (XV.) Alles, was die Jugend außer der Hl. Schrift etwa noch gelehrt wird (Wissenschaften, Künste, Sprachen usw.), muss so der Schrift untergeordnet werden, dass klar wird: Alles, was zu Gott und dem künftigen Leben keine Beziehung hat, ist durchweg eitel. Sokrates wird von den Alten gelobt, weil er die Philosophie von den bloßen dornigen Spekulationen zu den Sitten hingeführt hat; und die Apostel erklären, dass sie die Christen aus dem Dorngestrüpp des Gesetzes zur süßen Liebe Christi rufen (1. Tim. 1, 5 ff.). In gleicher Weise haben sich auch einige neuere fromme Theologen weggewendet von den verwickelten Streitfragen, welche die Kirche eher zerstören als aufbauen, und hin zur Sorge um das Gewissen und zur praktischen Frömmigkeit. O möchte sich doch Gott unser erbarmen und uns eine allgemeingültige Art und Weise finden lassen, nach der wir alle mit Erfolg gelehrt würden, alles, womit sich unser menschlicher Geist außer Gott noch beschäftigt, auf Gott – und alle Ge-

schäfte dieses Lebens, in die sich die Welt verwickelt und versenkt, auf das Trachten nach dem himmlischen Leben hinzuwenden. Das wäre wirklich eine heilige Leiter, auf welcher unser Geist durch alles, was ist und geschieht, zu jenem obersten und ewigen, alles beherrschenden Quell der wahren Seligkeit ohne Anstoß emporsteigen könnte.

25. (XVI.) Alle müssen gelehrt werden, die äußere wie die innere Gottesverehrung gewissenhaft zu pflegen, damit die innere nicht ohne die äußere erstarre und die äußere nicht ohne die innere in Heuchelei ausarte. Die äußere Verehrung Gottes ist die Rede von Gott, die Predigt und das Anhören seines Wortes, die Anbetung auf den Knien, Lobgesang, Gebrauch der Sakramente und andere öffentliche und stille heilige Übungen. Die innere Verehrung Gottes aber ist der ständige Gedanke an Gottes Gegenwart, die Furcht und Liebe Gottes. Selbstverleugnung und Ergebung in Gottes Hand und die willige Bereitschaft, alles zu tun und zu leiden, was Gott gefällt. Beides muss verbunden und darf nicht auseinandergerissen werden; nicht nur, weil es recht und billig ist, dass Gott durch unsern Leib und unsern Geist, die ihm beide gehören, verehrt werde (1. Kor. 6, 20), sondern auch, weil sie nicht ohne Gefahr voneinander getrennt werden können. Äußere Bräuche ohne innere Wahrheit sind Gott ein Gräuel: Wer fordert dies von euren Händen (Jes. 1, 10ff.)? Weil Gott Geist ist, will er im Geist und in der Wahrheit angebetet werden (Joh. 4, 24). Weil aber auf der andern Seite wir nicht geistige, sondern auch körperliche und sinnliche Wesen sind, müssen unsere Sinne immer wieder angeregt werden, das äußerlich zu tun, was innerlich in Geist und Wahrheit geschehen soll. Deshalb hat Gott, obgleich er vor allem das Innere verlangt, dennoch auch das Äußerliche angeordnet und will, dass wir es einhalten. Christus selbst, der doch den Gottesdienst des Neuen Testaments von den Zeremonien befreite und Gott im Geist und in der Wahrheit zu dienen lehrte, betete den Vater mit geneigtem Haupte an und hielt ganze Nächte lang an im Gebet, be-

suchte die Gottesdienste, hörte und befragte die Lehrer des Gesetzes, predigte das Wort und sang geistliche Hymnen. Wenn wir also die Jugend zur Frömmigkeit bilden, so wollen wir sie vollständig bilden, äußerlich und innerlich, damit wir keine *Heuchler* heranbilden, keine oberflächlichen, vergeblichen, geschminkten Scheinverehrer Gottes; noch *Schwärmer*, die sich ihrer Träumereien freuen und durch Verachtung des äußerlichen Gottesdienstes die Ordnung und den Glanz der Kirche vernichten; noch auch *Frostige*, bei denen das Äußere dem Innern keinen Anreiz, das Innere dem Äußeren kein Leben verleiht.

26. (XVII.) An die von Gott gebotenen äußeren Werke muss man die Knaben umsichtig gewöhnen, damit sie wissen, dass rechtes Christentum bedeutet, seinen Glauben durch Werke zu bezeugen. Solche Werke sind unablässige Übung in der Mäßigung, Gerechtigkeit, Barmherzigkeit und Geduld. Denn wenn unser Glaube nicht solche Früchte bringt, ist er tot (Jak. 2, 17). Er muss aber lebendig sein, wenn er selig machen soll.

27. (XVIII.) Man soll sie auch lehren, die Wohltaten und Gerichte Gottes ihrem verschiedenen Sinn nach genau zu unterscheiden, damit sie alle richtig zu nutzen wissen und nichts davon falsch brauchen. Fulgentius teilt die Wohltaten Gottes in drei Klassen. Von den einen sagt er, dass sie von ewiger Dauer seien, von andern, dass sie [hier] das ewige Leben vermitteln, und von wieder andern, dass sie nur für den Gebrauch hienieden bestimmt sind. Zur ersten Klasse gehören die Erkenntnis Gottes, die Freude im Hl. Geist und die Liebe Gottes, die sich in unsere Herzen ergießt. Zur zweiten gehören der Glaube, die Hoffnung und die Barmherzigkeit unserm Nächsten gegenüber. Zur dritten Gesundheit, Reichtum, Freunde und andere äußere Güter, die an sich weder glücklich noch elend machen.

Ebenfalls sollen sie lernen, dass es dreierlei Arten von Gericht oder Strafe Gottes gibt. Die einen (die Gott mit ewiger Strafe verschonen will) werden hier gemartert und unter dem Kreuz geübt, damit sie rein und weiß gewaschen werden, wie

z. B. Lazarus (Dan. 11, 35; Offb. 7, 14). Andere werden hier verschont und dafür in Ewigkeit bestraft, wie der reiche Mann. Die Strafen wieder anderer beginnen schon hier und dauern in alle Ewigkeit weiter wie die des Saul, Antiochus, Herodes, Judas usw. Deshalb sollen die Menschen gelehrt werden, alles genau zu unterscheiden, damit sie sich nicht durch die den Sinnen zugänglichen Güter täuschen lassen und das vorziehen, was nur für das zeitliche Leben bestimmt ist; und damit sie gegenwärtiges Leid nicht so sehr fürchten wie die Hölle; und die, welche den Leib nur töten können und uns weiter nichts anhaben, nicht so sehr wie den, der den Leib vernichten und die Seele in die Hölle stoßen kann (Luk. 12, 4 u. 5).

28. (XIX.) Und man soll sie darauf hinweisen, dass der sicherste Weg zum Leben der Weg des Kreuzes ist, deshalb ist Christus, der Führer zum Leben, ihn zuerst gegangen und hat die andern aufgefordert, ihn auch zu gehen, und führt diejenigen darauf, die er am meisten liebt. Das Geheimnis unsres Heils ist am Kreuz vollbracht, ist durch das Kreuz vollendet worden und ruht auf dem Kreuze. Denn durch es wird der alte Adam getötet, damit der neue, nach Gottes Bild geschaffene lebe. Deshalb züchtigt Gott, die er lieb hat und kreuzigt sie gleichsam mit Christus, um sie auch mit Christus aufzuerwecken und im Himmel an seine Rechte zu stellen. Dieses Wort vom Kreuz ist zwar eine Kraft Gottes, selig zu machen, die daran glauben, für das Fleisch jedoch eine Torheit und ein Ärgernis (1. Kor. 1, 18). Deshalb ist es offensichtlich nötig, den Christen immer wieder einzuprägen, dass sie keine Jünger Christi sein können, wenn sie sich nicht selbst verleugnen und die Last des Kreuzes auf sich nehmen (vgl. Luk. 14, 27) und ihr ganzes Leben hindurch bereit sind, Gott zu folgen, wohin er sie auch führt.

29. (XX.) Man muss aber darauf achten, dass die Knaben, während sie all das gelehrt werden, nicht widersprechendem Benehmen begegnen. D. h., man muss verhindern, dass sie Lästerungen, Meineide, irgendwelche Entheiligungen des gött-

lichen Namens und andere Gottlosigkeiten hören und sehen. Vielmehr sollen sie Ehrfurcht vor Gott, Beachtung der religiösen Vorschriften und Sorge um das Gewissen wahrnehmen, wohin sie sich auch wenden. Und wenn etwas Unrechtes vorfällt, zu Hause oder in der Schule, so sollen sie merken, dass dies nicht ungestraft bleibt, sondern streng geahndet wird. Diese Strafe für Beleidigungen Gottes, die immer schärfer ist als diejenige für einen Verstoß gegen Priscian oder für einen andern äußerlichen Fehler, soll deutlich werden lassen, wovor man sich hauptsächlich und am meisten hüten muss.

30. (XXI.) Weil wir wegen der Verderbtheit dieser Welt und der Natur niemals so weit vorwärtskommen, wie wir sollten, und weil unser verderbtes Fleisch, wenn wir ein wenig vorwärtskommen, leicht selbstgefällig und hochmütig wird, was unsere Seligkeit die größte Gefahr bedeutet (da Gott den Hochmütigen widersteht), müssen schließlich alle Christen beizeiten gelehrt werden, dass unsere guten Bestrebungen und unsere Werke wegen unserer Unvollkommenheit nichts taugen, wenn uns nicht Christus, das Lamm Gottes, an dem der Vater Wohlgefallen hat und das der Welt Sünden trägt, mit seiner Vollkommenheit zu Hilfe kommt, dass man also ihn anrufen, ihm allein vertrauen müsse. Dann erst haben wir die Hoffnung auf unser und der unsrigen Heil auf einen sichern Grund gestellt, wenn wir sie auf Christus den Eckstein stellen. Denn wie er die Krone aller Vollkommenheit im Himmel und auf Erden ist, so ist er auch der alleinige Urheber und Vollender unseres Glaubens, unsrer Liebe, unsrer Hoffnung und unsres Heils. Deshalb hat ihn Gott vom Himmel geschickt, dass er als »Immanuel« (Gott-Mensch) die Menschen wieder mit Gott vereinigte und durch ein heiliges Leben in *menschlicher* Gestalt den Menschen das Vorbild eines *göttlichen* Lebens böte; dass er unschuldig sterbend selbst die Schuld der Welt sühnte, uns mit seinem Blute von unsern Sünden rein wüsche und schließlich durch seine Auferstehung zeigte, dass er mit seinem Tod den Tod besiegt

habe; dass er zum Himmel auffuhr und uns als Unterpfand unserer Seligkeit den Heiligen Geist schickte, durch den er uns wie seine Tempel bewohnen, regieren, auf unsere Seligkeit hin bewahren will, solange wir hier im Kampfe leben, uns nachher auferwecken und zu sich nehmen, dass auch wir dorthin kommen, wo er ist, und seine Herrlichkeit schauen usw.

31. Diesem einzigen, ewigen Erretter in Gemeinschaft mit dem Vater und dem Hl. Geist sei Lob, Ehre, Preis und Ruhm von Ewigkeit zu Ewigkeit, Amen.

32. Die Art und Weise jedoch, dies alles richtig geschickt auszuführen, wird für alle Schulklassen besonders vorgeschrieben werden müssen.

25. Kapitel

DIE BENUTZUNG HEIDNISCHER BÜCHER IN DER SCHULE

Ratschlag, die heidnischen Autoren von der Schule fernzuhalten (1/2). Neun Gründe dafür (3-11). Die Bücher der Heiden sind Götzenbilder (12). Ausflüchte und ihre Widerlegung durch Gleichnisse (13-15). Einwände gegen unser Verbot und deren Beseitigung (16): I. Große Weisheit stecke in den Büchern der Heiden (17). II. Sie seien unentbehrlich für die Philosophie (18). III. Man müsse sie wegen der Eleganz ihres Stils lesen (19-22). IV. Die Hl. Schrift sei für die Jugend zu schwer verständlich (23-26). Schlussfolgerung (27).

1. Eine unumgehbare Notwendigkeit zwingt uns, eine Sache, die wir im vorigen Kapitel kurz erwähnt haben, gründlicher zu verfolgen. Wenn wir nämlich wahrhaft christliche Schulen haben wollen, so muss die Menge der heidnischen Autoren daraus entfernt werden. Wir werden zuerst die dafür maßgebenden Gründe darlegen und nachher lehren, mit welcher Vorsicht man an diese Weltweisen herangehen muss, damit wir uns dennoch alle ihre schönen Gedanken, Worte und Taten zu eigen machen können.

2. Diese Sache mit Eifer zu verfolgen drängt uns die Liebe zu Gottes Ruhm und zum Heil der Menschheit, wenn wir sehen müssen, wie die besten Schulen nur dem Namen nach Christus bekennen und im Übrigen nur an Terenz, Plautus, Cicero, Ovid, Catull, Tibull, an den Musen und Liebesgöttern

ihre Freude haben. Daher kommt es, dass wir die Welt besser als Christus kennen und dass man Christus inmitten der Christenheit suchen muss. Denn den gelehrtesten Männern, auch den Vorgesetzten in der göttlichen Weisheit, den Theologen, liefert Christus nur die Maske, Aristoteles aber und der Haufe der übrigen Heiden Blut und Geist. Dies ist aber ein abscheulicher Missbrauch der christlichen Freiheit und die schändlichste Entweihung und birgt eine große Gefahr in sich. Denn:

3. Erstens sind unsere Kinder für den Himmel geboren – und wiedergeboren durch den Geist Gottes: sie sollen also zu Himmelsbürgern herangebildet werden und zuerst mit den Himmlischen, Gott, Christus, den Engeln, Abraham, Isaac und Jakob usw. bekannt werden. Und es ist ratsam, dass dies vor allem andern geschieht und dass alles andere so lange noch beiseitegelassen wird; einerseits wegen der Ungewissheit dieses Lebens, damit keiner unvorbereitet abberufen werde, anderseits, weil die ersten Eindrücke am besten haften und (wenn es heilige sind) alles andere, das im Lauf des Lebens noch behandelt werden muss, weniger gefährlich machen.

4. Zweitens hat Gott, der doch reichlich für sein auserwähltes Volk sorgte, es in keine andere Schule gewiesen als in sein eigenes Haus, wo er selbst unser Lehrer sein will, uns zu Schülern und seine Weissagungen zur Lehre macht. So spricht er nämlich durch Moses: Höre Israel, der Herr dein Gott ist *ein* Herr. Darum sollst du den Herrn deinen Gott lieben von ganzem Herzen, von ganzer Seele und mit allen deinen Kräften. Und die Worte, die ich dir heute gebiete, sollen dir ins Herz geschrieben sein, du sollst sie deinen Kindern einschärfen und sollst über sie nachdenken, wenn du in deinem Haus sitzest und wenn du auf dem Wege gehst, wenn du dich niederlegst und wenn du aufstehst (5. Mose 6, 4ff.). Und durch Jesaja sagt er: Ich der Herr bin dein Gott, der dich lehrt, was frommt, und der dich leitet auf dem Weg, den du wandeln sollst (Jes. 48, 17). Ebenso: Soll

nicht ein Volk seinen Gott befragen (Jes.8, 19). Und Christus spricht: Durchforschet die Schrift (Joh. 5, 39)!

5. (III.) Und dass dieses sein Wort das Licht sei, das unserer *Erkenntnis* am hellsten leuchtet und die vollkommenste Regel für unser *Handeln* abgibt und so in beidem uns in unserer Schwäche die größte Hilfe bietet, hat er in folgenden Worten deutlich genug bezeugt: Seht, ich habe euch Satzungen und Rechte gelehrt. So haltet sie denn und tut danach. Denn das ist eure Einsicht und eure Weisheit in den Augen der Völker. Wenn sie von all diesen Satzungen hören, werden sie sagen: Weise, und einsichtig ist doch dieses große Volk (5. Mose 4f.f.). Und zu Josua sagte er: Von diesem Gesetzbuch sollst du allezeit reden und darüber nachsinnen Tag und Nacht und alsdann wird es Dir auf deinen Wegen gelingen und wirst du Glück haben (Jos. 1, 8). Und durch David: Das Gesetz des Herrn ist vollkommen und erquickt die Seele, das Zeugnis des Herrn ist verlässlich und macht Einfältige weise (Ps. 19, 8). Der Apostel endlich bezeugt, dass die vom Geist Gottes eingegebene Schrift nützlich sei zur Lehre usw., damit der Mensch Gottes vollkommen werde (2. Tim. 3, 16f.). Dasselbe haben die weisesten Menschen, wahrhaft erleuchtete Christen, anerkannt und bezeugt. Chrysostomus sagt: Was wir lernen sollen und was wir nicht zu wissen brauchen, ersehen wir aus der Schrift. Und Cassiodor: Die Schrift ist die himmlische Schule, die Bildung fürs Leben, ein Hörsaal der Wahrheit, die wirklich einzige Zucht. Sie beschäftigt ihre Schüler mit fruchtbaren Empfindungen, nicht mit eitlem Wortgeklingel usw.

6. (IV.) Gott hat seinem Volk ausdrücklich die Lehren und Gebräuche der Heiden verboten. Ihr sollt nicht die Weisen der Heiden lernen (sagt er Jer. 10, 2). Desgleichen: Ist denn nun kein Gott in Israel, dass ihr hingeht zu fragen Baal-Sebub, den Gott zu Ekron (2. Kg. 1, 3)? Soll nicht ein Volk seinen Gott fragen oder soll man die Toten für die Lebendigen fragen? »Gott nach dem Gesetz und Zeugnis!« Wenn sie das nicht sagen, so gibt es für sie

keine Morgenröte (Jes. 8, 19/20). Und warum? Weil alle Weisheit von Gott kommt und bei ihm wohnt in Ewigkeit. Wem ward die Wurzel der Weisheit aufgedeckt (J. Sir. 1, 1 und 6)? »Obwohl sie das Licht sahen und auf dem Erdboden wohnten, erkannten sie den Weg der Weisheit nicht und nahmen ihren Pfad nicht wahr. In Kanaan hört man nichts von ihr, zu Tehman sieht man sie nicht. Die Kinder Hagars forschen der irdischen Weisheit zwar nach, schwatzen und suchen mit ihrem Verstande, aber den Weg der [rechten] Weisheit kennen sie nicht. Der aber alle Dinge weiß, der kennt ihn; er hat alle Wege der Zucht gefunden und sie seinem Kinde Jakob und seinem geliebten Israel offenbart« (Bar. 3, 20 ff.). Dergleichen hat er keinem Volke getan, die anderen kennen seine Rechte nicht (Ps. 147, 20).

7. (V.) Wenn nun sein Volk von seinem Gesetz abwich und den Lockungen der menschlichen Fantasie folgte, so rügte Gott jeweils nicht nur den Wahnsinn, den Brunnen der Weisheit zu verlassen (Bar. 3, 12), sondern auch den zweifachen Frevel, dass sie die Quelle des lebendigen Wassers verließen und sich hier und dort Brunnen grüben, die kein Wasser halten (Jer. 2, 13). Und seiner Klage durch den Mund des Hosea, dass sein Volk zu viel mit den Heiden verkehre, fügt er bei: Schreibe ich ihm noch so viele Weisungen vor, sie werden wie die eines Fremden geachtet (Hos. 8, 12). Und was, ich bitte Euch, tun jene Christen anderes, die die Bücher der Heiden Tag und Nacht in der Hand haben, um das heilige Buch Gottes aber sich nicht kümmern, als ob es eine fremde Sache wäre und sie nichts anginge. Aber es ist nicht ein unnützes Ding, das man ungestraft vernachlässigen könnte, sondern, wie Gott bezeugt, unser Leben (5. Mos. 32, 47).

8. (VI.) Deshalb haben die wahre Kirche und die wahren Gottesverehrer keine andere Schule gesucht als das Wort Gottes und daraus die wahre und himmlische Weisheit, die größer als alle irdische ist, reichlich geschöpft. So sagt z. B. David von sich: Dein Gebot macht mich weiser als meine Feinde, und ich bin

klüger geworden als alle meine Lehrer, denn deine Vorschriften sind mein Sinnen (Ps. 119, 98). Ähnlich sagt Salomo, der weiseste aller Sterblichen: Der Herr gibt Weisheit, aus seinem Mund kommt Vernunft und Erkenntnis (Spr. 2, 6). Auch Jesus Sirach bezeugt (in der Vorrede zu seinem Buch), dass er seine herrliche Weisheit aus der Lektüre des Gesetzes und der Propheten geschöpft habe. Daher auch das Frohlocken der Heiligen, wenn sie im Lichte Gottes das Licht sehen (Ps. 36, 10). Selig sind wir, o Israel, denn Gott hat uns seinen Willen offenbart (Bar. 4, 4). Herr, zu wem sollen wir gehen? Du hast Worte des ewigen Lebens (Joh. 6, 68).

9. (VII.) Beispiele aus allen Jahrhunderten zeigen, dass jedes Mal, wenn die Kirche von diesen Quellen Israels abwich, das ein Anlass zu Verführung und Irrtum war. Über die israelitische Kirche ist dies aus den Klagen der Propheten genügend bekannt. Über die christliche lässt sich aus der Geschichte feststellen, dass aufrichtiger Glaube in ihr stark gewesen ist, solange die Apostel und apostolische Männer sich nur um die Lehre des Evangeliums bemüht haben; dass aber, sobald sich die Heiden scharenweise in die Kirche ergossen, die erste Glut und das Streben, das Reine vom Unreinen zu scheiden, abnahmen und man deshalb begann, die Bücher der Heiden erst einzeln und dann öffentlich zu lesen.

Aber welche Vermischung und Verwirrung daraus folgte, sehen wir ja. Verloren hatten den Schlüssel der Wissenschaft sogar die, welche sich rühmten, ihn allein zu besitzen. Daher entstand statt [eindeutiger] Glaubensartikel eine Unzahl konstruierter Meinungen, daher kamen Trennung und Streit, deren Ende heute noch nicht abzusehen ist, daher erkaltete die Liebe, und die Frömmigkeit verschwand, und unter den Namen des Christentums lebte das Heidentum wieder auf und regierte. Die Drohung des Herrn musste in Erfüllung gehen: dass es für die, die nicht nach dem Worte Gottes reden, keine Morgenröte gibt (Jes. 8, 20). Deshalb hat der Herr über sie ausgegossen einen

Geist des tiefen Schlafs und ihre Augen verschlossen, dass ihnen alle Gesichte waren wie die Worte eines versiegelten Buches usf., weil ihre Furcht vor Gott nur Satzungen und Lehren von Menschen waren (Jes. 29, 10 ff.). O wie geht es an ihnen in Erfüllung, was der Hl. Geist von den heidnischen Philosophen gesagt hat: dass sie in ihren Gedanken in eitlen Wahn verfielen und ihr unverständiges Herz verfinstert wurde (Rom. 1, 21). Wenn also die Kirche von ihrer Befleckung wieder gereinigt werden soll, so gibt es keinen sichereren Weg als den, die verführerischen Menschensatzungen beiseite zu stellen, wieder zu den allein reinen Quellen Israels zurückzukehren und uns und unsere Kinder Gott und seinem Wort zur Belehrung und Führung zu überlassen. Dann erst wird die Prophezeiung sich erfüllen, alle Kinder der Kirche würden Schüler des Herrn (Jes. 54, 13).

10. (VIII.) Und wir in unserer Christenwürde, die wir alle durch Christus Gottes Kinder geworden sind, eine königliche Priesterschaft und die Erben künftiger Zeiten, dürfen gewiss nicht uns und unsere Kinder so wegwerfen und preisgeben, dass wir mit den profanen Heiden in solch engem Verkehr stehen und uns an ihnen entzücken. Gewiss werden den Söhnen von Königen und Fürsten nicht Schmarotzer, Possenreißer und Schlemmer als Erzieher gegeben, sondern ernste, weise und fromme Männer. Und wir erröten nicht, den Kindern des Königs der Könige, den kleinen Brüdern Christi, den Erben der Ewigkeit den Späßemacher Plautus, den schlüpfrigen Catull, den unsaubern Ovid, den gottlosen Spötter Lukian, den unzüchtigen Martial und andere aus dem Haufen derer, die den wahren Gott nicht kennen noch fürchten, zu Erziehern zu geben? Da diese Autoren aber ohne Hoffnung auf ein besseres Leben sich nur im Schmutz des Gegenwärtigen gewälzt haben, können sie auch die, welche sich mit ihnen abgeben, nur in denselben Schmutz hineinziehen. Genug, genug der Torheit, ihr Christen, macht endlich Schluss damit. Gott ruft uns zu

Besserem, und es ist billig, seinem Ruf zu folgen. Christus, die ewige Weisheit Gottes, hat den Kindern Gottes in seinem Hause eine Schule eröffnet. In ihr ist der Hl. Geist selbst Lenker und oberster Gebieter, die Propheten und Apostel sind die Professoren und Lehrer; alle sind sie mit der wahren Weisheit ausgerüstet, alle weisen sie als heilige Männer in Wort und Beispiel deutlich den Weg der Wahrheit und des Heils. Schüler sind dort nur die Auserwählten Gottes, die als die Erstlinge der Menschen Gott und dem Lamm erkauft sind, Aufseher und Wächter aber sind die Engel und Erzengel, die Gewalten und Mächtigen in den himmlischen Regionen (Eph. 3, 10). Dort wird uns ein über alle Vernunft des Menschenhirns wahres, sicheres und vollständiges Wissen geboten, das sich über alle Gebiete dieses und des künftigen Lebens erstreckt. Der Mund Gottes allein ist der Quell, aus dem sich alle Bächlein der wahren Weisheit ergießen, Gottes Antlitz allein die Fackel, die die Strahlen des wahren Lichts verbreitet, Gottes Wort allein die Wurzel, aus der die Schosse der wahren Erkenntnis hervorsprießen. Selig deshalb, wer Gottes Angesicht anblickt, an seinem Munde hängt und seine Worte im Herzen aufnimmt! Denn dies ist der einzige, richtige und unfehlbare Weg zur wahren und ewigen Weisheit; außer ihm gibt es keinen andern.

11. (IX.) Wir dürfen auch nicht stillschweigend daran vorübergehen, wie ernsthaft Gott seinem Volk die Überreste der Heiden verboten hat und wie es denen erging, die das Verbot missachteten. »Der Herr wird diese Völker vor dir ausrotten usw. Die Bilder ihrer Götter sollst du mit Feuer verbrennen, du sollst nicht nach dem Gold und dem Silber, das daran ist, verlangen oder etwas davon an dich nehmen, auf dass du nicht gegen Gott verstößt, denn solches ist dem Herrn deinem Gott ein Gräuel. Und einen Gräuel sollst du nicht in dein Haus bringen, dass du nicht gleich ihm dem Bann verfallest« (5. Mos. 7, 22 ff.). Und im 12. Kapitel: »Wenn der Herr vor deinem Angesicht die Völker ausrottet, so hüte dich, dass du dich nicht bestricken lassest, es

ihnen nachzutun, dass du nicht, nachdem sie vertilgt sind, nach ihren Zeremonien fragst und sprichst: Wie es jene getan haben, will auch ich es machen. Sondern was ich dir gebiete, sollst du getreulich halten und sollst nichts davon- und nichts darzutun« (5. Mos. 12, 29 ff.). Wenn auch Josua ihnen dies nach dem Sieg wieder ins Gedächtnis rief und riet, die Götzenbilder zu beseitigen (Jos. 24, 23), gehorchten sie doch nicht, und diese heidnischen Überreste wurden ihnen zum Fallstrick, sodass sie ständig in den Götzendienst zurückfielen bis zur Zerstörung beider Reiche. Und sollten nun wir nicht, durch fremden Schaden vorsichtig geworden, zu Verstand kommen?

12. Aber Bücher sind doch keine Götzenbilder, könnte jemand einwenden. Antwort: Es sind die Überreste jener Völker, die der Herr unser Gott vor seinem christlichen Volk zerstört hat, ganz wie damals, aber noch gefährlicher als damals. Denn dort ließen sich bloß diejenigen bestricken, deren Herz töricht geworden war (Jer. 10, 14), hier aber lassen sich auch die Weisesten täuschen (Kol. 2, 8). Dort handelte es sich um Werke aus menschlicher *Hand* (wie Gott es nennt, wenn er den Götzendienern ihre Torheit vorhält), hier aber um Werke des menschlichen Geistes. Dort hat der Glanz von Silber und Gold die Augen geblendet, hier blendet einleuchtende fleischliche Weisheit den Verstand. Kannst du denn noch leugnen, dass die Bücher der Heiden Götzenbilder seien? Wer hat denn den Kaiser Julian vom Christentum abwendig gemacht? Wer hat Papst Leo X. so seines Verstandes beraubt, dass er die Geschichte von Christus für eine Fabel hielt? Von welchem Geiste angehaucht hat Bembo dem Kardinal Sadolet von der Lektüre der heiligen Bibel abgeraten [mit der Behauptung], einem so großen Manne stünden solche Albernheiten schlecht an? Und was stürzt auch heute so viele weise Italiener und andere in den Atheismus? Möchte es doch in der reformierten Kirche Christi keine Leute mehr geben, die der todbringende Gestank eines Cicero, Plautus und Ovid anzieht.

13. Wenn jemand meint, der Missbrauch sei nicht den Dingen, sondern den Personen zuzuschreiben, es gebe auch fromme Christen, denen die Lektüre heidnischer Bücher nicht schade, so antwortet darauf der Apostel: Wir wissen, dass ein Götze nichts ist, doch nicht alle haben dies Wissen (nämlich: [die Fähigkeit] zu unterscheiden). Sehet aber zu, dass nicht etwa diese eure Freiheit den Schwachen zum Anstoß gereiche (1. Kor. 8. 4, 7, 9). Obgleich also der barmherzige Gott viele vor dem Verderben bewahrt, sind wir nicht zu entschuldigen, wenn wir solche fein und zierlich geschminkten Verlockungen (ich meine diese verschiedenen Erfindungen des menschlichen Hirns oder des betrügerischen Satans) wissend und wollend dulden; denn es ist doch sicher, dass immer einige, ja die meisten sich dadurch betören lassen und in die Netze des Satans geraten. Lasst uns vielmehr Gott gehorchen und die Götzenbilder *nicht* in unsere Häuser tragen, Dago nicht neben die Bundeslade stellen und jene Weisheit, die von oben kommt, nicht mit der irdischen, tierischen und teuflischen vermengen, damit wir nicht Gottes Zorn gegen unsere Kinder erregen.

14. So gehört auch vielleicht jenes sinnbildliche Ereignis, das Moses überliefert, hierher. Nadab und Abihu, die Söhne Aarons, welche eben erst Priester geworden und ihres Amtes noch nicht genügend kundig waren, hatten statt des heiligen Feuers anderes, d. h. gewöhnliches, auf ihre Räucherpfannen getan, dass es vor Gott genügen sollte. Da wurden sie vom Feuer Gottes ergriffen und starben vor dem Herrn (3. Mos. 10, 1ff.). Was aber sind die Kinder der Christen anderes als jene neue heilige Priesterschaft, schon dazu geweiht, Gott geistliche Opfer zu bringen (1. Petr. 2, 5)? Wenn wir nun ihre Räucherpfannen, ihren Geist mit fremdem Feuer erfüllen, geben wir sie damit nicht dem Zorn Gottes preis? Ist es alles, was anderswoher als aus dem Geiste Gottes kommt, einem Christenherzen fremd und muss es sein? Dieser Art aber sind die meisten Torheiten der heidnischen Philosophen und Dichter nach dem Zeugnis des Apostels (Rom.

1, 21f.; Kol. 2, 8f.). Und die Dichtung hat Hieronymus nicht ohne Grund den dämonischen Wein genannt, mit dem der Teufel die unvorsichtigen Geister berauscht und ihnen dann im Schlafe ungeheuerliche Ansichten, gefährliche Versuchungen und abscheuliche Begierden eingibt. Man hüte sich deshalb vor diesem Zaubertrank des Satans.

15. Wenn wir Gott nicht gehorchen, der uns dies zu unsrer Sicherheit rät, so werden die Epheser im Gericht gegen uns aufstehen; sobald denen das Licht der göttlichen Weisheit aufging, verbrannten sie alle vorwitzigen Bücher, die ihnen als Christen künftig nichts mehr nützen konnten (Apg. 19, 19). Und die Kirche der modernen Griechen, die doch die philosophischen und poetischen Bücher ihrer Vorfahren, welche als das weiseste Volk der Erde galten, in ihrer eigenen schönen Sprache besitzen, hat ihre Lektüre unter Androhung des Banns verboten. Und so ist es gekommen, dass Gott sie bisher vor dem Schlamm der antichristlichen Irrtümer bewahrt hat, obgleich sie nach der Überschwemmung durch die Barbaren in große Unwissenheit und Aberglauben gesunken waren. Darin sind sie also völlig nachzuahmen, damit (nach Einführung eines eingehenderen Studiums der heiligen Schriften) die aus dem Heidentum überkommene Finsternis und Verwirrung leichter zu beseitigen ist. Im Lichte Gottes allein sehen wir das Licht (Ps. 36, 10). Ihr also, vom Hause Jakobs, kommt und lasst uns wandeln im Lichte unseres Gottes (Jes. 2, 5).

16. Lasst uns aber sehen, mit welchen Gründen sich die menschliche Vernunft dagegen erhebt. Sie windet sich nach Schlangenart, damit sie sich nicht im Gehorsam des Glaubens unterwerfen und sich Gott hingeben muss. Folgendes wendet sie ein:

17. (I.) Große Weisheit ist in den Büchern der Philosophen, Redner und Dichter niedergelegt. Ich erwidere: Der Finsternis würdig sind die, die sich vom Licht abwenden. Freilich, für die Nachteule ist das Dämmerlicht wie heller Tag, aber die für das

Tageslicht geborenen Tiere wissen es anders. O eitler Mensch, der du in der Finsternis der menschlichen Vernunftschlüsse das helle Licht suchst, hebe deine Augen auf! Vom Himmel herab fällt das wahre Licht, vom Vater alles Lichts. Wenn unter den Menschen etwas aufblitzt oder leuchtet, so sind es nur kleine Fünkchen, die für die im Finstern stehenden schimmern oder etwas vorstellen mögen. Aber wozu brauchen wir, die wir brennende Fackeln in der Hand haben (nämlich das strahlende Gotteswort), solche Funken? Denn redet man noch so viel von der Natur, so leckt man doch immer bloß an der Schüssel und kommt nie an den Brei. Aber in der Heiligen Schrift erklärt der Herrscher der Natur selbst die großen Geheimnisse um seine Werke und deckt die ersten und letzten Beweggründe aller Geschöpfe, der sichtbaren und unsichtbaren, auf. Wenn die Philosophen von den Sitten sprechen, so machen sie es wie die Vögelchen, deren Flügel mit Leim verklebt sind: Sie bewegen sich mit großer Anstrengung und kommen doch nicht vorwärts. Die Schrift aber enthält die wahren Beschreibungen der Tugenden und scharfe Ermahnungen dazu, die Mark und Bein durchdringen, und lebendige Beispiele zu allem. Wenn die Heiden Frömmigkeit lehren wollen, lehren sie Aberglauben, da sie weder von Gott noch von seinem Willen wahre Erkenntnis haben. Finsternis bedeckt die Erde und Dunkel die Völker, über Zion aber geht der Herr auf, und hier erscheint seine Herrlichkeit (Jes. 60, 2). Wenn es also auch den Kindern des Lichts freistehen sollte, einmal unter die Kinder der Finsternis zu treten, um den Unterschied wahrzunehmen und dann selbst freudiger auf dem Weg des Lichts voranzuschreiten und sie in ihrer Finsternis zu bedauern, so wäre es doch ein unerträglicher, für Gott und unsere Seelen beleidigender Wahnsinn, wollten wir jene Funken unserem Lichte vorziehen. »Was nützt es, in weltlicher Gelehrsamkeit voranzukommen und in der himmlischen zurückzufallen? Nichtigen Gebilden zu folgen und die himmlischen Mysterien zu verschmähen? Man hüte sich vor solchen

Büchern und meide aus Liebe zur Hl. Schrift die, welche äußerlich durch ihre Beredsamkeit glänzen und innerlich an Tugend und Weisheit leer bleiben«, sagt Isidor. Siehe, das ist das Lob dieser Bücher: Schalen sind sie ohne Kern! Und Philipp Melanchthons Urteil lautet folgendermaßen: »Was lehren im Allgemeinen die Philosophen, die besten unter ihnen anderes als Selbstvertrauen und Eigenliebe? M. Cicero nimmt in seinem Werk 'De finibus bonorum et malorum' als Wurzel aller Tugenden die Eigenliebe an. Wie viel Stolz und Eitelkeit findet man bei Plato. Mir scheint, es ist nicht leicht, zu umgehen, dass ein an sich großer und starker Geist, wenn er sich auf die Lektüre jener Schriften einlässt, etwas von diesem platonischen Ehrgeiz annimmt. Die Lehre des Aristoteles läuft im Allgemeinen auf eine gewisse Streitsucht hinaus, sodass wir ihn nicht einmal für des letzten Platzes unter den Moralphilosophen würdig erachten.«

18. (II.) Man sagt ferner: Wenn sie die Theologie nicht recht lehren, so lehren sie doch die Philosophie, welche aus dem uns zum Heil gegebenen heiligen Buche nicht geschöpft werden kann. Ich antworte: Die Quelle der Weisheit ist das Wort Gottes im Himmel (J. Sir. 1, 5). Die wahre Philosophie ist nichts anderes als die wahre Kenntnis Gottes und seiner Werke, die nirgends besser als aus dem Mund Gottes gelernt werden kann. Daher fügt Augustin seinem Lob der Hl. Schrift folgendes bei: »*Hier ist die Philosophie, da ja alle Ursache alles Entstandenen in Gott dem Schöpfer ruht. Hier ist die Ethik, denn ein gutes und rechtschaffenes Leben lässt sich von nichts anderem ableiten als von der schuldigen und rechten Liebe zu Gott und dem Nächsten. Hier ist die Logik, da die Wahrheit und das Licht der vernünftigen Seele nur Gott ist. Hier steht es auch löblicher um das Wohl des Staates: Denn der Staat kann nicht besser bewahrt werden als durch den Grund und das Band des Glaubens und der festen Eintracht, indem alle gemeinsamen das Gute lieben, das letztlich und wahrhaftig allein Gott ist.«* Und es haben in diesem

Jahrhundert schon etliche nachgewiesen, dass die Grundlagen aller philosophischen Wissenschaften und Künste in der Schrift wahrhaftiger als anderswo enthalten sind. Der Hl. Geist ist in seinem Lehramt (magisterium) zu bewundern; ist er auch zunächst bestrebt, über das Unsichtbare und Ewige zu unterrichten, so deckt er doch auch allenthalben die Verhältnisse des Natürlichen und Künstlichen auf und gibt uns die Richtschnur für alle weisen Gedanken und Handlungen. Von all dem lässt sich aber bei den Philosophen der Heiden kaum ein Schatten finden. So hat ein Theologe mit wahren Worten geschrieben, die schöne Weisheit des Salomo habe darin bestanden, dass er das Gesetz Gottes in die Häuser, Schulen und Paläste eingeführt habe. Und weshalb sollten wir uns nicht der Hoffnung hingeben dürfen, dass die salomonische, d. h. die wahre und himmlische Weisheit zu uns wiederkehren würde, wenn wir der Jugend statt der heidnischen Schriften das Gesetz Gottes einprägten und für jede Lebensform Regeln vorschrieben? Wir wollen also darauf hinarbeiten, dass uns alles, was uns weise machen kann, zu Gebote stehe, auch auf dem Gebiete jener äußerlichen, sozusagen bürgerlichen Weisheit, die wir Philosophie nennen. Nun gut, es mag unglückliche Zeiten gegeben haben, in denen die Söhne der Israeliten zu den Philistern hinabsteigen mussten, wenn sie eine Pflugschar, eine Hacke, ein Beil oder eine Sense zu schleifen hatten, weil es keinen Schmied gab im Land der Israeliten (1. Sam. 13, 13 u. 20). Aber müssen wir uns denn immer gleich wie die Israeliten einengen und bedrängen lassen? Die Sache hat zum Mindesten diesen einen Nachteil: Wie die Philister dort den Israeliten zwar Hacken gaben, aber unter keinen Umständen Schwerter gegen sich selbst lieferten, so kann man auch von der heidnischen Philosophie die gewöhnlichen Formeln für das Ziehen von Schlüssen und für blumige Redewendungen erhalten; niemals aber wird man Schwerter und Lanzen zur Bekämpfung der Gottlosigkeit und des Aberglaubens bekommen. Lasst uns also vielmehr Davids oder Salomos Zeiten herbeiwünschen, wo die Philister darniederliegen, Israel aber regiert und sich seiner Güter freut.

19. (III.) Aber um des *Stils* willen mögen doch die, welche sich um das Latein bemühen, den Terenz, Plautus und andere lesen. Darauf ist erstens zu antworten: Müssen wir unsere Kinder, damit sie reden lernen, durch Kneipen, Garküchen, Herbergen, liederliche Häuser und dergleichen Kloaken führen? Denn wo führen Terenz, Plautus, Catull, Ovid usw. die Jugend hin als an solche schmutzigen Orte? Was stellen sie anderes dar als Possen, Scherze, Fressereien und Trinkgelage, unsaubere Liebeleien, Unzucht, Ränke, Kniffe und anderes mehr, von dem Christen Auge und Ohr abwenden sollen, wo es ihnen begegnet. Meinen wir denn, dass der Mensch von sich aus noch nicht verderbt genug sei und dass man ihm deshalb von außen her allerlei Abscheulichkeiten vorführen, das Feuer mit Zunder und Blasebalg entfernen und ihn so recht absichtlich ins Verderben treiben muss? Man wird einwenden, dass nicht alles bei jenen Autoren schlecht sei. Ich antworte: Aber das Böse haftet immer leichter, und es ist gefährlicher, die Jugend dahin zu schicken, wo das Gute mit dem Bösen gemischt ist. Denn wer jemandes Leben vernichten will, gibt diesem das Gift nicht rein ein und kann das auch nicht, sondern mischt es unter das beste Essen oder Getränk. Und doch tun die Gifte ihre Wirkung und bringen dem, der sie eingenommen, den Untergang. Gerade so muss jener alte böse Feind seine teuflischen Gifte mit geistreich schmeichelnder Dichtung und Rede versüßen. Und wir wissen das und sollten ihm sein schändliches Rüstzeug nicht zerstören? Weiter kann man einwenden: Nicht alle sind unrein. Cicero, Vergil, Horaz und andere sind tugendhaft und ernst. Antwort: Aber auch sie sind blinde Heiden und wenden den Geist der Leser von dem einen wahren Gott ab zu den Göttern und Göttinnen, zu ihren erdichteten Gottheiten (Jupiter, Mars, Neptun, Venus, Fortuna usw.). Gott aber hat zu seinem Volk gesagt: Anderer Götter Namen sollt ihr nicht anrufen und sollen nicht aus eu-

rem Munde gehört werden (2. Mos. 23, 13). Denn welche chaotische Menge von Aberglauben, falscher Meinung, weltlicher Begierde, die einander wechselweise widerstreiten, [findet man nicht] bei ihnen. Sie erfüllen ihre Schüler mit einem ganz andern Geist, als es Christi Wille ist. Christus ruft aus der Welt heraus, jene tauchen uns ein in die Welt. Christus lehrt Selbstverleugnung, sie Eigenliebe. Christus ruft zur Menschlichkeit, sie raten zum Stolz. Christus sucht die Sanften, sie aber machen wild. Christus empfiehlt die Einfalt der Tauben, sie träufeln tausendfach die Kunst spitzfindiger Erörterungen ein. Christus rät zur Bescheidenheit, sie verbreiten sich in Spötteleien. Christus liebt die Gläubigen, sie zeigen sich zweifelnd, widersprechend und hartnäckig. Mit wenigen und apostolischen Worten zu schließen: Was für Gemeinschaft hat das Licht mit der Finsternis? Was für Einklang besteht zwischen Christus und Beliar? Oder wieso hat der Gläubige teil mit dem Ungläubigen (2. Kor. 6, 14 f.)? Richtig sagt auch Erasmus in seinen Parabolae: Von den welken Blumen halten sich die Bienen fern: Ebenso wenig soll ein Buch angerührt werden, das faule Grundsätze vertritt, und: so wie es am sichersten ist, sich im Klee niederzulegen, weil, wie man sagt, sich dort die Schlangen nicht verstecken, so muss man sich mit solchen Büchern befassen, in denen kein Gift zu befürchten ist.

20. Was haben überhaupt jene Profanen vor unsern heiligen Autoren voraus? Verstehen etwa sie allein sich auf eine elegante Sprache? Der vollendetste Sprachkünstler ist der, welcher sie selbst gesetzt hat: der Geist Gottes, dessen Worte seine Heiligen süßer als Honig, schärfer als ein zweischneidiges Schwert, stärker als das Feuer, das Metalle schmilzt, und schwerer als der Hammer, der den Felsen zerschmettert, erleben und verkündigen. Erzählen denn nur die Heiden denkwürdige Geschichten? Unser Buch ist voll von wahrhaftigeren und viel wundersameren Erzählungen. Können etwa sie allein Tropen, Sentenzen, Anspielungen, Allegorien, Rätsel und Apophthegmata drech-

seln? All das findet sich in höchster Vollendung auch bei unsern Schriftstellern. Krank ist die Vorstellungskraft, welche die Flüsse von Damaskus, Abana und Papar dem Jordan und den andern Wassern Israels vorzieht (2. Kön. 5, 12). Triefend ist das Auge, dem der Olymp, Helikon und Parnaß einen lieblicheren Anblick bieten als der Sinai, Zion, Hermon, Tabor und der Ölberg. Übelhörig das Ohr, dem die Lyra des Orpheus, Homer und Vergil angenehmer klingt als die Zither Davids. Verderbt der Gaumen, dem der erdichtete Nektar, Ambrosia und die Kastalischen Quellen besser schmecken als das wahre himmlische Manna und die Quellen Israels. Verkehrt das Herz, dem die Namen der Götter und Göttinnen, der Musen und Grazien mehr Wonne bereiten als der anbetungswürdige Name Jahwes, des Herrn der Heerscharen, des Heilandes Christus und die mannigfachen Gnadengaben des Heiligen Geistes. Blind die Hoffnung, die sich lieber in den elysischen Gefilden als in den Gärten des Paradieses ergeht. Denn dort ist alles Fabel, Schatten der Wahrheit, hier alles Wirklichkeit, die Wahrheit selbst.

21. Zugegeben, möge es bei ihnen auch elegante Redewendungen, Sprüche und schöne Moralsätze geben, die sich von uns übernehmen ließen. Aber sollen wir wegen jener Redensarten unsere Söhne dorthin schicken? Darf man denn nicht die Ägypter berauben und ihren Schmuck davontragen? Sicherlich darf man, ja man soll es sogar nach Gottes Befehl (2. Mose 3, 22). Denn von Rechts wegen gebührt der Kirche der ganze Besitz der Heiden. Müssen wir uns also daran machen – wird man sagen –, es wegzunehmen? Antwort: Als [die Stämme] Mannasse und Ephraim auszogen, für Israel das heidnische Land zu erobern, gingen sie gewappnet, die Männer allein, und ließen die Schar der Kinder und der zum Kriege untauglichen zu Hause in Sicherheit zurück (Jos. 1, 14). Ebenso wollen wir es halten. Wir Männer, die wir in Bildung, Urteil und christlicher Frömmigkeit schon stark und gefestigt sind, wollen die Aufgabe übernehmen, die heidnischen Schriftsteller zu entwaffnen. Die Jugend

wollen wir solchen Gefahren nicht aussetzen. Denn was soll werden, wenn jene unsere junge Mannschaft niedermetzeln, verwunden oder in Gefangenschaft führen? Ach, traurige Beispiele haben wir ja von so manchen, welche die Philosophie der Heiden von Christus weggezogen und in Gottlosigkeit gestürzt hat. Das Sicherste wäre also, Bewaffnete auszusenden, die den von Gott zur Verdammnis Bestimmten alles Gold und Silber und all ihre Kostbarkeiten entreißen und unter die Erben des Herrn verteilen. O möchte doch Gott heldenhafte Geister erwecken, die alle Blumen der Redekunst in jenen öden Wüsten sammelten und mit Freuden in die Gärten der christlichen Philosophie pflanzten, dass nichts mehr in unserm Hause zu wünschen bliebe!

22. Wenn schließlich der eine oder andere der Heiden doch zugelassen werden soll, so seien es Seneca, Epiktet, Plato und ähnliche Lehrer der Tugend und Sittlichkeit, bei denen weniger Irrtum und Aberglaube zu finden ist. Dies war auch die Meinung des großen Erasmus, der dazu riet, die christliche Jugend mit der Heiligen Schrift selbst aufzuziehen, und hinzufügte: Wenn man durchaus bei weltlichen Büchern verweilen will, dann am liebsten bei solchen, die den heiligen Büchern am nächsten verwandt sind. Aber es wäre wohl gut, auch diese erst dann der Jugend vorzulegen, wenn ihre Herzen im Christentum gefestigt sind, und nur in gereinigter Fassung, d. h. nachdem man die Namen der Götter und alles, was nach Aberglauben riecht, entfernt hat. Unter der Bedingung nämlich hat Gott gestattet, heidnische Jungfrauen zu heiraten, dass ihnen das Haar geschoren und die Nägel geschnitten würden (5. Mos. 21, 12). Man verstehe uns also recht: Wir verbieten den Christen nicht die weltlichen Schriften im ganzen, da wir den himmlischen Vorzug wohl kennen, mit dem Christus seine Gläubigen (N. B.: die bereits Gläubigen) ausgestattet hat: auch mit Schlangen und mit Gift umzugehen, ohne dass es ihnen schadet (Mark. 16, 18). Aber wir bitten und beschwören Euch, recht vor-

sichtig zu sein und nicht die Söhnlein Gottes in ihrem noch zarten Glauben diesen Schlangen vorzuwerfen oder ihnen Gelegenheit zu geben, dieses Gift in verwegenem Selbstvertrauen zu schlürfen. Der Geist Christi hat gesagt, man müsse die Kindlein Gottes mit der lauteren Milch des Gotteswortes ernähren (1. Petr. 2, 2; 2. Tim. 3, 15).

23. (IV.) Aber die, welche des Satans Sache gegen Christus unbesonnen in Schutz nehmen, behaupten auch, die Bücher der Hl. Schrift seien für die Jugend zu schwer verständlich; deshalb müsse man ihr so lange andere Bücher in die Hand geben, bis die Urteilskraft herangereift sei. Aber solche Rede führen Irrende, die weder die Hl. Schrift noch die Treue Gottes kennen, wie ich dreifach nachweisen werde. Bekannt ist erstens die Geschichte des einst berühmten Musikers Timotheus, welcher jeden neuen Schüler zu fragen pflegte, ob er schon bei einem anderen Lehrer begonnen habe. Verneinten sie die Frage, so nahm er sie zu einem mäßigen Preis auf. Bejahten sie sie, so verlangte er das doppelte Honorar, weil sie ihm auch doppelte Arbeit bereiteten: Erst müsste er ihnen austreiben, was sie Falsches gelernt hätten, und dann sie erst die wahre Kunst lehren. Sollen wir nun, die wir doch für das ganze Menschengeschlecht einen offenbarten Lehrer und Meister haben, Jesus Christus, neben dem wir keine andern suchen sollen (Math. 17, 5 u. 23, 8) und der gesagt hat: Lasset die Kindlein zu mir kommen und wehret ihnen nicht (Mark. 10, 14) – sollen wir fortfahren, sie trotzdem gegen seinen Willen anderswohin zu führen? Wir fürchten doch wohl nicht, Christus müsse müßiggehen, weil er sie gar leicht seine Sitten lehre, und zerren sie deshalb erst hie und dort durch andere Lehrstätten und, wie gesagt, durch Kneipen, Schenken und Mistgruben und werfen sie erst verdorben und angesteckt Christus hin, dass er sie wieder zu sich bilde? Wer aber ist damit schlechter beraten als diese armen und an sich hier unschuldigen Kinder? Entweder sie müssen ihr ganzes Leben hindurch darum ringen, das wieder zu verlernen, womit sie in frühem

Alter erfüllt worden sind, oder sie werden von Christus einfach zurückgewiesen und dem Satan zu weiterem Unterricht überlassen. Denn sollte, was dem Moloch geweiht ist, für Gott nicht ein Gräuel sein? Das ist schrecklich, aber nur allzu wahr. Bei der Barmherzigkeit Gottes bitte ich, es möchten endlich die christlichen Behörden und Kirchenvorsteher ernsthaft darüber wachen, dass die christliche Jugend, die für Christus geboren und durch die Taufe ihm geweiht ist, nicht weiterhin dem Moloch geopfert werden darf.

24. Falsch ist auch, wenn ausposaunt wird, dass die Schrift zu erhaben sei und über die Fassungskraft des Kindesalters hinausgehe. Hat Gott etwa nicht verstanden, sein Wort unserm Geiste anzupassen (5. Mos. 31, 11–13)? Bezeugt nicht David, dass das Gesetz des Herrn den Kindlein (merke: den Kindlein) Weisheit biete (Ps. 19, 8)? Sagt nicht Petrus, dass das Wort Gottes die Milch der neugeborenen Kinder sei, ihnen gegeben, dass sie mit ihm wachsen und gedeihen (1. Petr. 2, 2)? Siehe also, zarteste, süßeste und heilsamste Gottesmilch, Nahrung für die neugeborenen Gotteskinder ist das Wort Gottes! Warum sollten wir Gott widersprechen! Vielmehr ist doch die heidnische Lehre eine harte Kost, die Zähne verlangt und diese dann auch noch zerbricht. Deshalb lädt der Hl. Geist durch David die Kindlein in seine Schule ein: Kommt her, ihr Kinder, höret mir zu, die Furcht des Herrn will ich euch lehren (Ps. 34, 12).

25. Allerdings – das geben wir zu – gibt es in der Schrift Tiefen, aber solche, in denen die Elefanten untergehen und die Lämmer schwimmen, wie Gregorius fein gesagt hat, da er auf den Unterschied zwischen den Weisen dieser Welt, die sich voll Anmaßung in die Schrift stürzen, und den Kindern Christi, die mit demütigem und gelehrigem Sinn an sie herantreten, hinweisen wollte. Und warum muss man denn gleich auf die hohe See hinaus? Man kann ja schrittweise vorgehen. Zuerst gehe man an den Ufern der Katechismuslehre entlang. Dann wate man durch seichte Stellen mit Auswendiglernen von heiligen

Geschichten, Sinnsprüchen und Ähnlichem, das die Fassungskraft nicht übersteigt und doch an das nachfolgende Höhere heranführt. So werden sie schließlich fähig werden, die Geheimnisse des Glaubens zu durchschwimmen. Wenn sie von Kind auf in der Hl. Schrift belehrt sind, werden sie leichter vor der Verderbnis der Welt zu bewahren und zum Heil im Glauben an Jesus Christus zu führen sein (2. Tim. 3, 15). Denn auf den, der sich Gott zu eigen gibt und Christus zu Füßen sitzend der von oben kommenden Weisheit sein Ohr leiht, wird sich sicherlich der Geist der Gnade herabsenken, um das Licht der wahren Erkenntnis zu entzünden und mit hellem Scheine die Wege des Heils zu weisen.

26. Ich will ganz davon schweigen, dass jene Bücher, die man statt der Bibel der christlichen Jugend aufdrängt (Terenz, Cicero, Vergil usw.) gerade so sind, wie man es der Hl. Schrift nachsagt: schwierig und für die Jugend nicht recht verständlich. Denn sie sind nicht für Knaben geschrieben, sondern für Männer mit reifem Urteilsvermögen, die in der Öffentlichkeit und auf dem Forum verkehren. Es geht also aus der Sache selbst hervor, dass sie sonst für niemanden nützlich sind. Sicher hat ein erwachsener Mann, der sich mit Mannesaufgaben befasst, von der Lektüre *einer* Schrift des Cicero mehr Gewinn als ein Knabe, der ihn von A bis Z auswendig lernt. Warum verschiebt man also das Kennenlernen nicht bis zur gegebenen Zeit für die, denen es – wenn überhaupt jemandem – von Nutzen ist? Noch mehr aber ist zu beachten, was wir schon einmal gesagt haben, dass in den christlichen Schulen Bürger für den Himmel, nicht für die Erde gebildet werden sollen und dass man ihnen deshalb Lehrer geben muss, die ihnen mehr Himmlisches als Irdisches, mehr Heiliges als Weltliches eingeben.

27. Schließen wir darum mit den Engelsworten: Es kann nicht ein menschliches Bauwerk an dem Ort bestehen, wo sich die Stadt des Höchsten zu zeigen beginnt (4. Esdr. 10, 54). Und weil Gott will, dass wir Bäume der Gerechtigkeit seien und eine

Pflanzung Jahwes, ihm zur Verherrlichung (Jes. 61, 3), dürfen unsere Kinder nicht Bäumchen einer aristotelischen, platonischen, plautinischen oder ciceronianischen Pflanzung sein. Andernfalls ist das Urteil schon gesprochen: Jede Pflanze, die nicht mein himmlischer Vater gepflanzt hat, wird ausgerissen werden (Math. 15, 13). Erschaudere, wenn du nicht aufhörst zu schwatzen und dich wider die Erkenntnis Gottes zu erheben (2. Kor. 10, 5).

26. Kapitel

VON DER SCHULZUCHT

Zucht ist für die Schule notwendig (1). Dabei ist dreierlei zu beachten (2): I. Der Zweck der Zucht (3). II. Der Bereich, in dem sie angewandt werden soll: nicht im Bereich der Studien (4) – wie man zu den Studien anregen kann (5) – sondern im Bereich der Sittlichkeit (6). Begründung (7). IUI. Die Form der Zucht nach der Lehre der Sonne (8). Anwendung dieser Lehre (9). Zusammenfassung (10). Zwei Gleichnisse (11/12). Urteil des Lubinus (13).

1. Das bei den Böhmen volkstümliche Sprichwort: Eine Schule ohne Zucht (disciplina) ist eine Mühle ohne Wasser, ist ein wahres Wort. Nimmt man nämlich einer Mühle das Wasser, so muss sie stillstehen. Und nimmt man aus einer Schule die Zucht fort, so muss alles erschlaffen; so wie auch auf einem Feld, das nicht gejätet wird, alsbald ein der Saat schädliches Unkraut wächst; und so wie Bäumchen, die nicht beschnitten werden, schießen und unnütze Reiser treiben. Jedoch folgt daraus nicht, dass in der Schule Geschrei, Prügel und Schläge herrschen müssen, sondern Wachsamkeit und Aufmerksamkeit bei Lehrern und Lernenden. Denn was ist die Zucht anderes als ein bestimmter Modus, die Schüler wirklich zu Schülern zu machen?

2. Es wird also gut sein, dass der Jugendbildner Zweck, Bereich und Form (finis, materia, forma) der Zucht kenne, damit er weiß, warum, wann und wie er regelrecht Strenge anwenden muss.

3. Zunächst steht, glaube ich, allgemein fest, dass Zucht gegen die geübt werden muss, die Unrecht tun. Jedoch nicht deshalb, weil einer gefehlt hat (denn Geschehenes lässt sich nicht ungeschehen machen), sondern damit er künftig nicht wieder fehle. Sie ist also ohne Leidenschaft, Zorn oder Hass anzuwenden, mit solcher Aufrichtigkeit und so lauterem Sinn, dass der Gezüchtigte selbst merkt, die Strafe sei zu seinem Besten über ihn verhängt und entspringe dem väterlichen Wohlwollen derer, die ihm vorgesetzt sind, und dass er sie deshalb nicht mit anderem Sinne entgegennimmt als eine bittere Medizin, die ihm vom Arzt gereicht wird.

4. Strengere Zucht ist aber wegen der Sitten und nicht wegen der Studien und Wissenschaft anzuwenden. Die Studien üben nämlich, wenn sie recht aufgebaut werden (wie wir schon gezeigt haben), von selbst einen Anreiz auf die Gemüter aus und ziehen, ja reißen durch ihren süßen Reiz alle (die nicht gerade Unmenschen sind) an sich. Wenn dem nicht so ist, so sind daran nicht die Lernenden, sondern die Lehrenden schuld. Und wenn wir nicht verstehen, die Gemüter mit Kunst zu locken, werden wir sicher vergeblich Gewalt anwenden. Prügel und Schläge haben nicht die Kraft, den Gemütern Liebe zur Wissenschaft einzuflößen, gar große Kraft hingegen, in ihnen Widerwillen und Abneigung zu pflanzen. Wenn man also bemerkt, dass ein Geist am Studienüberdruss erkrankt, so soll man das vielmehr durch eine geregelte Lebensweise und sanfte Mittel heilen, als es durch bittere noch zu verschlimmern. Zu solch klugem Vorgehen leitet uns die himmlische Sonne selbst an. Diese brennt nicht gleich im Frühling auf die neuen und zarten Pflänzchen herab und bedrängt und sengt sie nicht gleich von Anfang mit ihrer Glut, sondern sie erwärmt sie langsam und unmerklich, fördert und stärkt sie und lässt sie erst, wenn sie herangewachsen sind und Früchte und Samen reifen, ihre ganze Kraft spüren. Ähnlich geschickt geht der Baumzüchter vor, der die jungen, zarten Bäumchen ganz sanft und sacht be-

handelt und an die, welche noch keine Wunden vertragen können, keine Schabeisen und Gartenmesser anlegt. Auch der Musiker schlägt nicht mit der Faust oder einem Knüppel in die Saiten seiner Harfe, Leier oder Zither, wenn sie verstimmt sind, noch wirft er das Instrument an die Wand, sondern er stimmt es so lange kunstgerecht, bis die Harmonie wieder hergestellt ist. Gerade so müssen wir an die Gemüter, die wir wieder ins Gleichgewicht und zur Liebe zu den Studien bringen wollen, herantreten, wenn wir nicht aus Gleichgültigen Widerspenstige und aus Langsamen Dummköpfe machen wollen.

5. Ist es aber einmal nötig, zu treiben und anzuspornen, so kann das besser auf andere Weise als mit Schlägen geschehen. Bisweilen durch ein raues Wort und einen öffentlichen Tadel, oder auch indem man andere lobt: Sieh, wie gut dieser oder jener aufpasst! Wie richtig er alles erfasst! Du aber sitzest träge da! Oder man muss einen Schüler auslachen: Du einfältiger Tropf, eine so einfache Sache begreifst du nicht? Gehst du mit deinen Gedanken spazieren? Man kann auch wöchentliche oder monatliche Wettkämpfe einrichten um die Sitzordnung oder um Auszeichnungen, wie wir anderswo erörtert haben. Nur muss man darauf achten, dass dies nicht zu reinem Spiel und Scherz und deshalb nutzlos werde, sondern dass der Ehrgeiz und die Furcht vor Tadel und Zurücksetzung wirklich den Fleiß anspornen. Deshalb ist es wichtig, dass der Lehrer dabei ist und dass die Sache ernst und ohne falschen Schein betrieben wird, dass die Nachlässigen gescholten und beschämt, die Fleißigen dagegen öffentlich gelobt werden.

6. Strenger und härter aber ist die Zucht gegen die zu üben, die gegen die Sittlichkeit verstoßen. Erstens wenn irgendein Beweis seines Frevels (impietas) vorliegt, wie Lästerung, Unzucht oder sonstige offenbare Verstöße gegen Gottes Gebot. Zweitens bei Trotz und vorsätzlicher Bosheit; wenn einer die Gebote des Lehrers oder eines andern Vorgesetzten missachtet und obgleich er weiß, was er tun soll, es willentlich nicht tut. Drittens wegen

Stolz und Hochmut oder auch wegen Missgunst und Faulheit, wenn einer sich weigert, einem Mitschüler, der ihn darum bittet, durch Belehrung zu helfen.

7. Denn die Vergehen der ersten Art verletzen die Majestät Gottes, die der zweiten zerstören die Grundlagen aller Tugenden, Demut und Gehorsam; die der dritten hemmen und verzögern rasche Fortschritte bei den Studien. Was gegen Gott geht, ist eine Schandtat, die durch schärfste Züchtigung gesühnt werden muss. Was einer gegen die Mitmenschen und sich selbst begeht, ist ein Unrecht, das durch eine scharfe Zurechtweisung berichtigt werden soll. Was gegen den Priscian verstößt, ist ein Flecken, der mit dem Schwamm eines Tadels weggewischt werden kann. Mit einem Wort: Die Zucht soll darauf abzielen, dass Ehrfurcht vor Gott, Dienstfertigkeit gegen den Nächsten, Lust an den Arbeiten und Aufgaben des Lebens bei allen und in allen Dingen geweckt und durch ständige praktische Übung gestärkt werde.

8. Die beste Form der Zucht lehrt die himmlische Sonne, die den wachsenden Lebewesen (1) immer Licht und Wärme, (2) oft Regen und Wind, (3) selten Blitz und Donner spendet, obgleich auch dies ihnen nützlich ist.

9. Nach ihrem Vorbild wird der Leiter der Schule sich bemühen, die Jugend bei ihrer Pflicht zu erhalten.

1. Durch ständiges Beispiel in allem, wozu angeleitet werden soll, indem er sich selbst als lebendiges Vorbild zeigt. Fehlt das, so ist alles Übrige umsonst.
2. Durch Belehrungen, Ermahnungen, bisweilen auch Tadel, immer jedoch im Bestreben, zu zeigen, dass er alles – sei es nun lehren, ermahnen, befehlen oder schelten – in väterlicher Zuneigung tut und bei allen aufbauen, bei niemandem abreißen will. Wenn der Schüler nicht eine solche Gesinnung recht erkennt und nicht wirklich davon überzeugt ist, so sperrt er sich leicht gegen die Zucht und verhärtet sein Herz gegen sie.

3. Wenn einer jedoch so unglücklich veranlagt ist, dass jene gelinden Mittel nichts ausrichten, so muss man schließlich zu gewaltsameren Heilmitteln übergehen, damit nichts unversucht geblieben sei, bevor einer als hoffnungslos aufgegeben und als für jede Bebauung ungeeigneter Boden im Stich gelassen wird. Vielleicht gilt von einigen noch heute der Ausspruch: Ein Phrygier wird nur durch Schläge gebessert. Und wenn es auch dem Gezüchtigten selbst nichts hilft, werden sich doch wenigstens die andern vor einer ebensolchen Züchtigung fürchten. Man hüte sich nur, wegen jeder beliebigen und kleinsten Ursache zu diesen äußersten Mitteln zu greifen oder damit zu drohen, um nicht die äußerste Strafe zu verbrauchen, bevor es zu äußersten Fällen kommt.

10. Was gesagt wurde und noch zu sagen bleibt, ist in summa dies: Durch die Zucht wollen wir in denen, die wir für Gott und die Kirche aufziehen, ein Gleichmaß der Empfindungen heranbilden und pflegen, das demjenigen gleicht, welches Gott von seinen der Schule Christi anvertrauten Kindern fordert. Sie sollen sich freuen mit Zittern (Ps. 2, 11), ihr Heil mit Furcht und Zittern wirken (Phil. 2, 12) und sich freuen im Herrn alle Wege (Phil. 4, 4), d. h., sie sollen ihre Erzieher lieben und ehren können und wissen, dass sie recht geführt werden, und sich nicht bloß geduldig führen lassen, sondern selbst eifrig nach dem Ziele streben. Ein solches Gleichmaß der Empfindungen kann nicht anders erreicht werden, als wie wir es schon beschrieben haben: durch ein gutes Beispiel, sanfte Worte und stete, sichtbare und aufrichtige Zuneigung. Heftiges Blitzen und Donnern darf nur in außergewöhnlichen Fällen vorkommen und dann nur mit dem Vorsatz, dass die Strenge stets in Liebe einmünden müsse.

11. Es sei mir gestattet, die Sache an einem Beispiel noch zu erklären. Hat je einer gesehen, dass ein Goldschmied bloß durch Hämmern ein hübsches Standbild zuwege gebracht hätte? Nie-

mals! Ein solches wird viel mehr gegossen als gehämmert. Und wenn etwas Überflüssiges oder Unnützes daran geblieben ist, so schlägt ein geschickter Handwerker nicht ungestüm mit dem Hammer drauf, sondern klopft es sachte mit einem Hämmerchen weg, feilt es mit einer Feile oder kneift es mit einer Zange ab. Alles aber tut er vorsichtig, und zuletzt pflegt er es zu schleifen und zu polieren. Und wir bilden uns ein, ein kleines Ebenbild Gottes, ein vernünftiges Geschöpf, mit unvernünftigem Ungestüm bearbeiten zu können?

12. Auch der Fischer, der mit einem großen Netz in tieferen Gewässern Fische fangen will, hängt nicht bloß, um es sinken und am Boden schleifen zu lassen, Blei ans Netz, sondern er befestigt auf der anderen Seite gleichzeitig Korkstücke, die es an der Wasseroberfläche halten. Ebenso wird der, der mit der Jugend die Tugenden fischen will, sie einerseits zwar durch Strenge und Zucht in demütigem Gehorsam darnieder halten, auf der andern Seite sie aber mit Freundlichkeit zu Liebe und Frohsinn erheben müssen. Glücklich, wer ein solches Gleichmaß zuwege bringt. Glücklich die Jugend, die solche Lenker hat.

13. Hierzu passt das Urteil des vortrefflichen gelehrten Eilhard Lubinus, Doktors der hl. Theologie, das er in eine Erörterung über die Verbesserung der Schulen eingeflochten hat. Diese findet sich in der Vorrede zu seiner griechisch-lateinisch-deutschen Ausgabe des Neuen Testament:

»Zudem soll von der Jugend alles, was ihrer Auffassungsgabe vorgelegt wird, so verlangt werden, dass sie es nicht widerwillig und gezwungen, sondern so weit als möglich freiwillig und mit Lust verrichte. Daher sollte man meiner Ansicht nach Rute und Stock, diese Sklavenwerkzeuge, die für Freie nicht passen, in den Schulen nicht mehr brauchen, sondern sie weit entfernen und nur bei Kriechern und Sklaven mit knechtischer Gesinnung anwenden. Diese sind aber in den Schulen frühzeitig zu erkennen und müssen daraus entfernt werden, weil sie nicht nur wie die sklavischen Gemüter oft geistig stumpf, sondern meist dazu noch von böser Sinnesart sind. Wenn ihnen nun noch die Hilfsmittel der Gelehrsamkeit und der Künste gegeben werden, so werden diese nur zu Waffen der Nichtsnutzigkeit und in den Händen dieser Wahnsinnigen zu Schwertern, mit denen sie sich und andere verderben. Es gibt aber andere Strafen, die bei edlen Knaben und freier Gesinnung anzuwenden sind usw.«

27. Kapitel

DIE VIERFACHE ABSTUFUNG DER SCHULE NACH ALTER UND FORTSCHRITT

Die Kinder des Lichts müssen sich die Klugheit der Weltkinder zum Vorbild nehmen (1). Zur Vervollkommnung des ganzen Menschen ist die ganze Jugendzeit von 24 Jahren nötig (2). Einteilung in vier Schulen (3). Die Arbeitspensen unterscheiden sich nicht dem Stoff, sondern der Form nach (4). Der Unterschied der Schulen liegt I. in der Art der Ausbildung (5), II. in den Fähigkeiten, die geübt werden (6), Begründung dieses stufenweisen Vorgehens (7), III. in den Berufszielen, denen die Ausbildung gilt (8). Die vier Schulen entsprechen den vier Jahreszeiten (9) und den vier Wachstumsstufen der Bäume (10).

1. Die Handwerker setzen für ihre Lehrlinge im Voraus eine bestimmte Zeit fest (zwei, drei bis sieben Jahre, je nach der Feinheit oder Vielseitigkeit der Kunst), innerhalb derer das Handwerk erlernt wird, jeder alles, was zur Kunst gehört, gelernt hat und aus einem Lehrling Geselle und Meister werden soll. In gleicher Weise sollte man die Schulordnung einrichten und für die Künste, Wissenschaften und Sprachen angemessene Studienzeiten festsetzen, sodass innerhalb von ein paar Jahren die ganze Enzyklopädie der gelehrten Bildung absolviert wird und aus diesen Werkstätten der Humanität wahrhaft gelehrte, sittliche und fromme Menschen hervorgehen.

2. Um dieses Ziel zu erreichen, brauchen wir zur Übung des

Geistes die ganze Jugendzeit (denn hier wird nicht nur eine Kunst gelehrt, sondern die Gesamtheit der freien Künste mit allen Wissenschaften und einigen Sprachen) von der Kindheit bis zum Mannesalter, das sind 24 Jahre, die in vier Perioden zu teilen sind, welche sich der Natur nach von selbst ergaben. Erfahrungsgemäß wächst nämlich der Körper des Menschen etwa bis zum 25. Jahre, nicht länger; später kräftigt er sich nur noch. Dieses langsame Wachstum (die größeren unter den wilden Tieren sind in ein paar Monaten oder doch in ein oder zwei Jahren ausgewachsen) muss doch wohl die göttliche Vorsehung deshalb der Natur des Menschen zugemessen haben, damit er im ganzen einen größeren Spielraum habe, sich für die Aufgaben des Lebens vorzubereiten.

3. Diese Jahre also des Aufwachsens wollen wir in vier unterschiedene Stufen teilen: Kindheit, Knabenalter, Jünglingszeit und beginnendes Mannesalter und jeder Stufe einen Zeitraum von sechs Jahren und eine besondere Schule zuweisen.

- I. Die Schule der Kindheit sei: der Mutterschoß.
- II. Die des Knabenalters: die Grund- (ludus literarius) oder öffentliche Muttersprachschule.
- III. Die der Jünglingszeit: die Lateinschule oder das Gymnasium.
- IV. Die des beginnenden Mannesalters: Universität und Reisen.

Und zwar soll eine Mutterschule in jedem Hause, eine Grundschule in jeder Gemeinde, jedem Dorf und jedem Flecken, ein Gymnasium in jeder Stadt und eine Universität in jedem Staat oder auch in jeder größeren Provinz zu treffen sein.

4. So unterschiedlich diese Schulen auch sind, so soll in ihnen doch nicht Verschiedenes behandelt werden, sondern vielmehr dasselbe in verschiedener Weise, d. h. alles, was die Menschen zu wirklichen Menschen, die Christen zu wirklichen Christen,

Gelehrte zu wirklichen Gelehrten machen kann, nur jeweils nach der Stufe des stets höher strebenden Lebensalters und Vorbereitungsganges. Denn die Fachgebiete (disciplinae) dürfen nach den Gesetzen dieser natürlichen Methode nicht zerstückelt, sondern müssen stets alle zugleich gelehrt werden, so wie auch ein Baum immer im ganzen, in allen seinen Teilen wächst, dieses und das nächste Jahr und solange er überhaupt stehen wird, auch in hundert Jahren noch.

5. Die Schulen werden sich jedoch in drei Punkten unterscheiden. Erstens wird in den Anfangsschulen alles allgemeiner und einfacher gelehrt werden, in den folgenden mehr im einzelnen und genauer: gerade so wie ein Baum sich jährlich in neue Wurzeln und Äste verzweigt und umso mehr Früchte bringt, je kräftiger er wird.

6. Zweitens werden in der Mutterschule hauptsächlich die äußeren Sinne geübt, damit sie gewöhnt werden, sich auf die sie umgebenden Gegenstände zu richten und sie zu unterscheiden. In der Grundschule werden die inneren Sinne, das Vorstellungsvermögen und das Gedächtnis, mit ihren ausführenden Organen, Hand und Zunge, geübt, und zwar durch Lesen, Schreiben, Zeichnen, Singen, Rechnen, Wägen, Messen und mancherlei Auswendiglernen. Im Gymnasium muss für alle mit den Sinnen aufgenommenen Dinge Verständnis und Urteil herangebildet werden durch Dialektik, Grammatik, Rhetorik und die übrigen Wissenschaften und Künste (reales scientiae et artes), die mit Angabe des »Was« und »Weshalb« zu lehren sind. Die Universitäten schließlich werden hauptsächlich das bilden, was in den Bereich des Willens fällt: die Fähigkeiten nämlich, welche lehren, wie die Harmonie zu erhalten oder wiederherzustellen sei; wobei die Harmonie der Seele das Anliegen der Theologie, die des Geistes das der Philosophie, die der Lebensfunktionen des Körpers das Anliegen der Medizin und die der äußeren Güter das der Jurisprudenz ist.

7. Und dies ist die einzig wahre Methode, den Geist zu bilden,

dass die Dinge zuerst von den äußeren Sinnen, auf die sie unmittelbar treffen, aufgenommen werden. Dann mögen die dadurch angeregten inneren Sinne lernen, die durch die äußere Wahrnehmung eingeprägten Bilder wieder auszudrücken und darzustellen, sowohl innerlich in der Erinnerung als auch äußerlich mit der Hand und der Sprache. Nach dieser Vorbereitung soll der Verstand hinzutreten und in genauer Betrachtung alles miteinander vergleichen und gegeneinander abwägen, um die Gründe aller Dinge ganz kennenzulernen, woraus sich das wahre Verständnis und das richtige Urteil über sie bilden wird. Zuletzt soll der Wille (welcher der Mittelpunkt des Menschen und der Lenker aller seiner Handlungen ist) daran gewöhnt werden, seine Herrschaft über alles rechtmäßig auszuüben. Vor dem Verständnis der Dinge den Willen bilden zu wollen (ebenso wie vor der Vorstellungskraft die Erkenntnis und vor der Sinneswahrnehmung die Vorstellungskraft) ist verlorene Mühe. Das aber tun die, welche die Knaben vor der Erkenntnis der wirklichen und sinnlichen Dinge die Logik, Poesie, Rhetorik und Ethik lehren. Sie verfahren nicht gescheiter als einer, der ein zweijähriges Kind, das auf schwankenden Füßen zu gehen versucht, tanzen lassen will. Wir aber wollen in allen Dingen der Führerin Natur folgen und so, wie sie ihre Kräfte eine nach der andern erschließt, diese zu fördern suchen.

8. Der dritte Unterschied besteht darin, dass die unteren Schulen, die Mutterschule und die Grundschule, die *gesamte* Jugend beiderlei Geschlechts ausbilden. Die Lateinschule soll hauptsächlich Jünglinge vervollkommnen, die nach Höherem als einem Handwerk trachten. Die Universitäten schließlich werden die künftigen Lehrer und Leiter der andern ausbilden, damit es den Kirchen, Schulen und Staaten nie an geeigneten Lenkern fehlt.

9. Diese vier Schularten lassen sich nicht schlecht mit den vier Jahreszeiten vergleichen. Die Mutterschule gleicht dem holden, mit Knospen und mannigfach duftenden Blüten ge-

schmückten Frühling, die Grundschule stellt den mit vollen Ähren und manch frühreifer Frucht prangenden Sommer dar. Das Gymnasium entspricht dem Herbst, wo die reichen Früchte der Felder, Gärten und Weinberge geerntet und in den Scheunen des Geistes gesammelt werden. Die Universität schließlich stellt den Winter dar, wo die geernteten Früchte zu vielfachem Gebrauch zubereitet werden, damit für die ganze übrige Lebenszeit ein Vorrat vorhanden sei, von dem man zehren kann.

10. Diese Methode sorgfältigen Jugendunterrichts kann auch mit der Pflege eines Gartens verglichen werden. Dann wäre das sechsjährige Knäblein, das vom Vater und der Ernährerin mit Sorgfalt wohl geübt wurde, ein sorgsam gepflanztes Bäumchen, welches gute Wurzeln geschlagen hat und nun Zweiglein auszustrecken beginnt. Angehende Jünglinge von zwölf Jahren sind einem schon zweigereichen und Schösslinge treibenden Bäumchen zu vergleichen. Man weiß noch nicht recht, was in ihnen liegt, aber es wird sich bald erweisen. Jünglinge von achtzehn Jahren, die schon in den Künsten und Sprachen bewandert sind, gleichen einem ganz mit Blüten bedeckten Baum, der dem Auge ein liebliches Bild und der Nase angenehmen Duft bietet, dem Mund aber sicherlich Früchte verheißt. Junge Männer schließlich von vierundzwanzig oder fünfundzwanzig Jahren, die durch akademische Studien fertig ausgebildet sind, ähneln einem mit Früchten beladenen Baum, für den die Zeit der Ernte nahe ist, wo die Früchte gepflückt und mannigfachem Gebrauch zugeführt werden.

Dies aber ist nun im Einzelnen zu erörtern.

28. Kapitel

DIE MUTTERSCHULE

Die Anfangsgründe von allen Gegenständen müssen gleich anfangs gelegt werden (1). Aufzählung der Lehrgegenstände der Mutterschule (2–21). Nutzen solcher Ausbildung in früher Kindheit (22). Einzelvorschriften können hier nicht gegeben werden (23). Hinweis auf zwei gute Hilfsmittel: das »Informatorium der Mutter Schul« (24) und den »Orbis pictus« (25/26).

1. Ein Baum treibt alle Hauptäste, die er haben soll, gleich in den ersten Jahren aus seinem Stamm hervor, sodass sie hernach nur noch zu wachsen brauchen. So wird man also all das, womit man den Menschen für den Bedarf seines ganzen Lebens ausrüsten will, ihm hier in der ersten Schule einpflanzen müssen. Dass dies möglich ist, sieht jeder ein, der die Gebiete des Wissens durchgeht. Wir wollen es mit wenigen Worten andeuten und das ganze in zwanzig Abschnitten ins Gedächtnis rufen.

2. Die sogenannte *Metaphysik* nimmt hier überhaupt ihren Anfang. Den Kindern erscheint nämlich zuerst alles in allgemeiner und verworrener Auffassung, da sie von allem, was sie sehen, hören, schmecken und berühren, nur merken, dass es etwas ist, aber nicht unterscheiden können, was im Besonderen es ist. Erst später machen sie langsam Unterschiede. Sie fangen also an, jene allgemeinen Begriffe: Etwas – Nichts, Sein – Nichtsein, so – anders, wo – wann, ähnlich – unähnlich

usw. zu verstehen, welche die Grundlagen der wissenschaftlichen Metaphysik bilden.

3. In den *Naturwissenschaften* (physicae) kann der Knabe in den ersten sechs Jahren so weit gebracht werden, dass er weiß, was Wasser, Erde, Luft, Feuer, Regen, Schnee, Eis, ein Stein, Eisen, ein Baum, Gras, ein Vogel, ein Fisch, ein Ochse usw. ist. Er soll auch Namen und Gebrauch der Glieder seines Körpers, wenigstens der äußeren, kennen. All das wird in diesem Alter leicht gelernt und legt die Anfangsgründe der Wissenschaft von der Natur (naturalis scientia).

4. Die Grundlagen der *Optik* erhält der Knabe, wenn er anfängt, Licht und Finsternis, Schatten und Hauptfarben weiß, schwarz, rot usw. zu unterscheiden und zu benennen.

5. Den Anfang der *Astronomie* wird die Benennung von Himmel, Sonne, Mond und Sternen bilden und die Beobachtung, dass sie täglich auf- und untergehen.

6. In der *Geografie* wird damit begonnen, dass die Kinder verstehen lernen, was ein Berg, ein Tal, ein Feld, ein Fluss, ein Dorf, eine Burg, eine Stadt ist, je nachdem, was sich am Orte, wo sie aufgezogen werden, bietet.

7. Der Grund zur *Chronologie* wird gelegt, indem der Knabe begreift, was Stunde, Tag, Woche, Jahr, Sommer, Winter, was gestern, vorgestern, morgen und übermorgen usw. bedeuten.

8. Der Anfang der *Geschichtswissenschaft* besteht darin, dass man sich erinnern und erzählen kann, was kurz vorher geschehen ist und wie dieser oder jener bei irgendeiner Sache sich benommen hat, auch wenn es nur kindliche Dinge sind.

9. Die *Arithmetik* schlägt Wurzeln, wenn das Kind begreift, was man als wenig und viel bezeichnet und etwa bis zehn zählen kann; wenn es merkt, dass drei mehr sind als zwei, dass drei und eins vier ergibt usw.

10. In die Anfangsgründe der *Geometrie* sind die Kinder eingedrungen, wenn sie verstehen, was man groß und klein, lang und kurz, weit und eng, dick und dünn nennt, ferner was man

als Linie, Kreuz oder Kreis bezeichnet, und sehen, dass dieses nach Spanne, jenes nach Elle oder Klafter gemessen wird.

11. Auch mit der *Statik* wird schon begonnen, wenn sie beobachten, dass die Dinge mit der Waage gewogen werden, und selbst etwas mit der Hand abwägen lernen, um zu erkennen, ob es schwer ist oder leicht.

12. Die erste Unterweisung in der *Mechanik* erhalten die Kinder, wenn man ihnen erlaubt oder sie gar lehrt, immer etwas zu bewegen, z. B. ein Ding hierhin oder dorthin zu tragen, so oder so zu ordnen, aufzubauen und abzubrechen, zu verknüpfen und voneinander zu lösen, was die Kinder in diesem Alter ja gerne tun. Da sich darin ja nichts anderes zeigt als das Bestreben einer geschickten Natur, die Dinge kunstgerecht zuwege zu bringen, darf man sie dabei auf keinen Fall hindern, sondern muss sie im Gegenteil fördern und ständig anleiten.

13. Auch die *Dialektik*, die Kunst der Vernunft, tritt hier schon zutage und treibt ihre ersten Keime, wenn die Kinder bemerken, dass sich Gespräche in Fragen und Antworten abwickeln, und sich gewöhnen, auch selbst zu fragen und auf Fragen zu antworten. Sie müssen nur noch gelehrt werden, geschickt zu fragen und auf ihre Fragen geradeheraus zu antworten, damit sie sich gewöhnen, ihre Gedanken ganz auf das gegebene Thema zu richten und nicht abzuschweifen.

14. Die kindliche *Grammatik* wird darin bestehen, die Muttersprache richtig erklingen zu lassen, d. h. Laute, Silben und Sätze deutlich auszusprechen.

15. Die Anfänge in der *Rhetorik* macht das Kind, wenn es die bildlichen Ausdrücke (tropi et figurae), die in der Alltagssprache vorkommen, nachahmt. Besonders achte man aber auf zur Rede passende Gebärden und eine dem Sinn der Rede angemessene Betonung: dass man z. B. beim Fragen die letzten Silben heben und beim Antworten sinken lässt und Ähnliches, was die Natur beinahe selbst lehrt und was, wenn es falsch gemacht wird, durch verständige Ausbildung leicht verbessert werden kann.

16. Von der *Poesie* werden sie einen Vorgeschmack haben, wenn sie in der frühen Jugend recht viele Verschen auswendig lernen, besonders von moralischem Inhalt, rhythmische oder metrische, wie sie in den verschiedenen Sprachen üblich sind.

17. Den Anfang in der *Musik* werden sie machen, wenn sie aus Psalmen und Hymnen einige leichtere Stellen auswendig lernen; das wird in den täglichen Andachten seinen Platz finden.

18. Mit den Grundzügen der *Haushaltslehre* (oeconomica prudentia) werden sie bekannt, wenn sie die Benennung der Personen, aus denen die Familie besteht, im Gedächtnis behalten: wer Vater, Mutter, Magd, Knecht, Pächter genannt wird; und wenn sie sich die Teile des Hauses merken: Flur, Küche, Schlafzimmer, Stall, und die Hausgeräte: Tisch, Löffel, Messer, Besen usw. samt ihrem Gebrauch.

19. Von der *Politik* kann ihnen nur ein schwacher Vorgeschmack gegeben werden, weil die Klugheit in diesem zarten Alter noch kaum über das Haus hinausreicht. Immerhin können sie merken, dass einige zum Bürgerrat im Rathaus zusammenkommen und Ratsherren heißen und dass unter ihnen wieder dieser im besonderen Bürgermeister, jener Großrat oder Amtmann genannt wird.

20. Vor allem aber muss die Sittenlehre (die *Ethik*) hier ganz feste Grundlagen erhalten, wenn wir wollen, dass mit dem Wachstum der rechten Bildung auch das der Tugenden Schritt halte, z. B.

1. Das der *Mäßigkeit;* die Kinder sollen das Maß des Magens einhalten und nicht mehr Nahrung zu sich nehmen, als zur Stillung von Hunger und Durst nötig ist;
2. der *Sauberkeit* beim Essen, in der Behandlung der Kleider, der Puppen und Spielsachen;
3. schuldiger *Ehrerbietung* gegenüber den Vorgesetzten;
4. jederzeit freudigen und pünktlichen *Gehorsams* gegenüber Geboten und Verboten;

5. strenger Wahrhaftigkeit in allen Aussagen. Nie sei erlaubt, zu lügen oder zu betrügen, weder im Ernst noch im Scherz (denn mit einer unrechten Sache Scherz treiben kann schließlich in ernsthafte Schuld führen).
6. *Gerechtigkeit* werden sie lernen, wenn sie kein fremdes Eigentum wider den Willen des Besitzers anrühren, wegnehmen, zurückhalten, verbergen, niemandem etwas zuleide tun, auf nichts neidisch sind usw.
7. Mehr noch aber lenke man sie zur *Nächstenliebe* (caritas) hin. Sie sollen von ihrem Eigentum bereitwillig ohne Zögern verschenken, wenn einer in Not ist und sie um etwas bittet. Denn dies ist die christlichste unter den Tugenden und uns vom Geiste Christi vor allen anderen ans Herz gelegt; und es wird der Kirche zum Heil gereichen, wenn in diesem Weltalter die eiskalten Herzen der Menschen zu dieser Tugend entflammen.
8. Auch muss man die Kinder zu *Arbeit* und beständigen Beschäftigungen anhalten, solchen ernster und solchen spielerischer Natur, damit sie Müßiggang nicht mehr ertragen können.
9. Sie sollen sich auch daran gewöhnen, nicht immer zu schwatzen und alles, was ihnen auf die Zunge kommt, herausplaudern, sondern, wenn es nötig ist, vernünftig zu *schweigen*, z. B. wenn andere reden, wenn eine ehrwürdige Person anwesend ist oder wenn die Sache selbst Schweigen gebietet.
10. Hauptsächlich aber müssen sie in diesem ersten Lebensalter zur *Geduld*, die man das ganze Leben lang braucht, gebildet werden, damit sie gezähmt sind, bevor die Leidenschaften mit ganzer Kraft hervorbrechen und sich festsetzen; und damit sie sich gewöhnen, sich von der Vernunft, nicht vom Ungestüm leiten zu lassen, den Zorn lieber zu zügeln als ihm nachzugeben usw.
11. Gefälligkeit und *Bereitschaft*, anderen zu *dienen*, ist ein

wunderbarer Schmuck der Jugend, ja des ganzen Lebens. Auch darin müssen also die Kinder in diesen ersten sechs Jahren geübt werden, damit sie nicht unterlassen, da beizuspringen, wo sie hoffen dürfen, sich zum Wohle anderer nützlich machen zu können.

12. Hinzukommen muss aber noch ein *gesittetes Benehmen* (morum civilitas), das darin besteht, dass nichts ungeschickt oder plump, sondern alles mit geziemender Bescheidenheit ausgeführt werde. Hierher gehören die Formen der Höflichkeit, Gruß und Gegengruß, bescheidene Bitte, wenn man einer Sache bedarf, Danksagung nach empfangener Wohltat mit geziemender Verbeugung, Handkuss und Ähnlichem.

21. Endlich können die sechsjährigen Kinder mit dem Studium der Religion und *Frömmigkeit* so weit gebracht werden, dass sie die Hauptstücke des Katechismus, die Grundlagen ihres Christentums auswendig kennen und sie, soweit es ihr Alter erlaubt, auch schon verstehen und in die Tat umsetzen. Sie sollen sich nämlich daran gewöhnen, vom höchsten Wesen erfüllt Gott in allem gegenwärtig zu schauen, ihn als den gerechten Strafer der Bösen zu fürchten und nichts Schlechtes zu begehen, ihn aber auch als den gütigen Belohner der Guten zu lieben, zu verehren, anzurufen und zu lobpreisen, von ihm im Leben wie im Tode Barmherzigkeit zu erwarten, keine gute Tat zu unterlassen, von der sie merken, dass sie ihm wohlgefällig ist, und so gleichsam vor seinen Augen zu leben und, wie die Schrift sagt, mit Gott zu wandeln.

22. So wird man von den Kindern der Christen sagen können, was der Evangelist von Christus selbst sagt: Er habe zugenommen an Weisheit, Alter und Gnade vor Gott und den Menschen (Luk. 2, 52).

23. Dies also werden die Ziele und Aufgaben der Mutterschule sein. Aus zwei Gründen lässt sich aber hier nicht wie bei den folgenden Schulstufen genauer erklären oder gar in tabellarischer

Übersicht zeigen, was und wie viel in den einzelnen Jahren, Monaten und Tagen behandelt werden soll, so wie wir es bei der muttersprachlichen und der Lateinschule vorschlagen werden. Erstens können die Eltern neben ihren häuslichen Arbeiten keine so genaue Ordnung einhalten, wie dies in den öffentlichen Schulen möglich ist, wo nichts anderes als die Jugendbildung betrieben wird. Zweitens treten Begabung und Gelehrigkeit bei den Kindern zu sehr ungleicher Zeit auf, bei einem früher, beim andern später. Einige sind schon mit zwei Jahren sehr sprachgewandt und zu allem aufgeweckt, andere tun es ihnen kaum mit fünf Jahren gleich. Deshalb muss man diese erste Ausbildung im frühen Kindesalter ganz der Umsicht der Eltern überlassen.

24. Zwei Dinge können jedoch hier nützlich sein. Erstens sollte für Eltern und Pflegerinnen ein Lehrbüchlein geschrieben werden, damit sie sich über ihre Aufgaben im Klaren sind. Darin sollte alles einzeln angeführt werden, wozu schon im Kindesalter angeleitet werden kann, bei welcher Gelegenheit ein jegliches aufzugreifen ist und auf welche Weise, mit welchen Worten und Gebärden es eingeprägt werden soll. Ein solches Büchlein will ich noch (unter dem Titel: »Informatorium der Mutter Schul«) verfassen.

25. Zweitens würde ein Bilderbuch, das man den Kindern selbst in die Hand gäbe, die Übungen in dieser Mutterschule fördern. Weil in diesem Alter nämlich hauptsächlich die Sinne zur Aufnahme aller auf sie wirkenden Eindrücke geübt werden müssen, der Gesichtssinn unter ihnen aber der wichtigste ist, wäre es gut, man würde ihm die Hauptgegenstände aus Naturkunde, Optik, Astronomie, Geometrie usw. in der Reihenfolge, die wir bezeichnet haben, darbieten. Hier können Berg und Tal, Baum und Vogel, Fisch, Pferd, Rind, Schaf und Mensch von verschiedenem Alter und Wuchs abgebildet werden. Ebenso Licht und Dunkelheit, der Himmel mit Sonne, Mond, Sternen und Wolken, die Grundfarben; auch die häuslichen und handwerk-

lichen Geräte: Töpfe, Schüsseln, Krüge, Hämmer, Zangen; ferner die Stände, z. B. ein König mit Szepter und Krone, ein Soldat in Waffen, ein Bauer mit dem Pflug, ein Fuhrmann mit dem Wagen, ein Briefbote auf seinem Wege; und zwar soll immer darüber geschrieben werden, was die Abbildung jeweils darstellt: Pferd, Rind, Hund, Baum usw.

28. Dieses Büchlein wird dreifachen Nutzen bringen: Erstens wird es, wie schon gesagt, einen Eindruck von den Dingen vermitteln; 2. wird es die zarten Gemüter reizen, auch andere Bücher zur Unterhaltung vorzunehmen, und 3. das Lesenlernen erleichtern. Denn da über jeder Abbildung der Name des Gegenstandes geschrieben steht, kann man dort beginnen, das Buchstabieren zu lehren.

29. Kapitel

DIE MUTTERSPRACHSCHULE

Alle Kinder sollen vor der Lateinschule die Muttersprachschule besuchen (1). Sechs Gründe dafür (2–5). Das Ziel der Muttersprachschule (6), ein hohes Ziel (7). Geeignete Mittel, dieses Ziel zu erreichen: I. Einteilung in Klassen. II. Bücher für die einzelnen Klassen (8), die nicht dem Stoff, aber der Form nach verschieden sind (9). Anpassung an die jeweilige Altersstufe (10). Anziehende Titel für die Bücher (11). Vermeidung von Fremdwörtern auf der Muttersprachschule (12). Einwände und deren Widerlegung (13–16). Vier methodische Regeln (17). Wert des Abschreibens der Bücher (18). Erlernen lebender Fremdsprachen (19).

1. Dass die gesamte Jugend beiderlei Geschlechts in öffentliche Schulen zu schicken ist, habe ich im 9. Kap. gezeigt. Ich füge nun hinzu: Die gesamte Jugend muss zuerst der muttersprachlichen Schule anvertraut werden. Gegen diese Forderung wird allerdings eine andere Meinung gehalten: Zepper in seiner Politia Ecclesiastica und Alsted im 6. Kap. seiner »Scholastik« raten, nur diejenigen Knaben und Mädchen in die Muttersprachschulen zu schicken, die einmal ein Handwerk ausüben wollen; die Knaben aber, welche gemäß dem Wunsch ihrer Eltern nach weiterer Geistesbildung trachten, nicht in eine Muttersprach-, sondern direkt in die Lateinschule zu bringen. Alsted fügt noch bei: »Man mag darüber anders denken: Ich jedenfalls schlage diesen Weg und dieses Verfahren vor und

möchte es von denen, die ich vortrefflich unterrichtet wünsche, eingehalten wissen.« Mich aber zwingt die Methode meiner Didaktik, [darüber] anderer Ansicht zu sein.

2. Erstens beabsichtigen wir ja, dass alle, die als Menschen geboren sind, gemeinsam zu allem Menschlichen hin unterrichtet werden. Sie müssen also so weit, wie immer möglich, miteinander geführt werden, damit sie sich gegenseitig beleben, anregen und anspornen. Zweitens sollen alle zu allen Tugenden, auch zu Bescheidenheit, Eintracht, gegenseitiger Dienstbereitschaft erzogen werden. Deshalb darf man sie nicht so früh voneinander trennen und einigen wenigen Gelegenheit bieten, sich mehr zu dünken als die andern und diese neben sich zu verachten. Drittens scheint es mir sehr voreilig, schon im sechsten Lebensjahr bestimmen zu wollen, zu welchem Beruf sich ein Kind eignen wird, ob für die Wissenschaft oder für ein Handwerk. Weder die Kräfte des Geistes noch seine Neigungen sind in diesem Alter genügend zu erkennen; später tritt beides besser zutage. Ebenso wie man in einem Garten nicht erkennen kann, welche Pflanzen man ausjäten und welche man stehenlassen soll, solange sie noch klein und zart sind, sondern es erst erkennt, wenn sie größer geworden sind. Und es werden nicht nur die Kinder der Reichen, der Adligen oder Beamten zu solchen Würden geboren, dass ihnen allein die Lateinschule offenstünde, während die andern hoffnungslos ausgeschlossen wären. Der Geist weht, wo er will, und lässt sich die Zeit nicht setzen.

3. Einen vierten Grund sehen wir darin, dass unsere universale Methode nicht bloß die Kenntnis der insgemein so über alle Maßen bevorzugten Lieblingsprache, des Lateins, verlangt, sondern einen Weg sucht, aller Völker Sprachen gleichermaßen zu beleben, damit aller Geist mehr und mehr den Herrn lobe; diese Absicht aber darf nicht durch willkürliches Übergehen der ganzen Muttersprache vereitelt werden.

4. Fünftens bedeutet jemanden eine fremde Sprache lehren

zu wollen, bevor er die eigene beherrscht, ebenso viel wie seinen Sohn reiten lehren wollen, bevor er gehen kann. Es ist besser, der Reihe nach vorzugehen, wie im 16. Kapitel Grds. 4 nachgewiesen wurde. Wie also Cicero gesagt hat, er könne keinen reden lehren, der nicht sprechen könne, so können auch wir unsere Methode dahin zusammenfassen, dass sie niemanden Latein lehren kann, der seine Muttersprache nicht beherrscht, weil diese zu jenem hinführen soll.

5. Schließlich können die Schüler durch den äußeren Bereich der Realbildung (eruditio realis), die wir ja anstreben, ebenso gut mithilfe von muttersprachlichen Büchern, welche die Namen der Dinge enthalten, geführt werden. Danach werden sie das Lateinische um so leichter lernen, da sie die Dinge schon kennen und nur neu benennen müssen und die Kenntnis der Dinge nach ihrem »Was« nur durch die Betrachtung des »Warum« in hübschem Stufengang zu ergänzen brauchen.

6. Indem ich also meine Forderung einer vierfachen Schule weiterhin voraussetze, umreiße ich die Muttersprachschule folgendermaßen: Zweck und Ziel der muttersprachlichen Schule soll sein, dass die gesamte Jugend zwischen dem 6. und 12. (oder 13.) Altersjahr alles erlerne, wovon sie für das Leben bleibenden Nutzen haben kann. Nämlich:

I. die Muttersprache in Druck und Handschrift geläufig lesen;
II. erst sauber, dann auch schnell und schließlich fehlerfrei schreiben gemäß der muttersprachlichen Grammatik, die man den Kindern möglichst einfach vortragen und durch Übungen einprägen muss;
III. rechnen, nach Bedarf mit Ziffern oder Rechensteinen;
IV. kunstgerecht Längen, Breiten und Entfernungen messen;
V. alle gebräuchlichen Melodien singen, begabtere Kinder auch die Anfänge der Figuralmusik;
VI. die Psalmen und geistlichen Lieder, welche in der Kirche

des betreffenden Ortes gesungen werden, großenteils auswendig können, damit sie (wie der Apostel sagt) mit dem Lobe Gottes genährt, sich gegenseitig mit Psalmen, Lobgesängen und geistlichen Liedern belehren und ermahnen und Gott in ihrem Herzen lieblich singen können;

VII. außer den Katechismus auch die Geschichten und wichtigsten Stellen der Hl. Schrift genauestens kennen und hersagen können;

VIII. die Sittenlehre, in Regeln gefasst und durch Beispiele für die verschiedenen Altersstufen erläutert, kennen, verstehen und in die Tat umsetzen;

IX. so viel von den wirtschaftlichen und politischen Verhältnissen wissen, als zum Verständnis dessen, was sie täglich in Haus und Gemeinde vorgehen sehen, nötig ist;

X. einen allgemeingeschichtlichen Überblick über die Schöpfung, Verderbnis und Wiederherstellung der Welt, sowie über ihre Lenkung durch Gottes Weisheit bis auf den heutigen Tag gewinnen;

XI. aus der Kosmografie das Wichtigste wissen vom Himmelsgewölbe, von der Kugelgestalt der in der Mitte schwebenden Erde und der Ausdehnung des Ozeans, von der vielfältigen Form der Meere und Flüsse, von den großen Erdteilen und den wichtigsten Reichen Europas; vor allem aber die Städte, Berge und Flüsse und alles sonst noch Merkwürdige in ihrem Vaterland.

XII. Schließlich sollen sie von den Handwerken allgemeine Kenntnis erwerben, sei es nur zu dem Zweck, dass sie auf keinem Gebiet des menschlichen Lebens völlig unwissend bleiben, sei es dazu, dass dann die natürliche Neigung eines jeden leichter zu erkennen gibt, wohin es ihn am meisten drängt.

7. Wenn nun dies alles in der Muttersprachschule gehörig behandelt wird, so kann den Jünglingen, und zwar nicht bloß denen, die in die Lateinschule eintreten, sondern auch denen, die sich dem Ackerbau, dem Handel oder einem Handwerk widmen, nichts Neues mehr begegnen, wovon sie nicht hier schon einen Vorgeschmack bekommen hätten. Daher wird alles, was der Einzelne später in seinem Beruf (artes) treiben oder im Gottesdienst oder sonst wo hören oder auch in irgendwelchen Büchern lesen wird, nur eine hellere Beleuchtung oder eingehendere Behandlung dessen sein, was er bereits früher kennengelernt hat; und er wird sich wirklich imstande fühlen, alles richtiger zu verstehen, auszuführen oder zu beurteilen.

8. Zur Erreichung dieses Zieles sollen folgende Mittel dienen:

I. Die ganze Schülerschar der Muttersprachschule, die sich sechs Jahre lang mit diesen Dingen zu beschäftigen hat, soll in sechs Klassen unterteilt werden (die möglichst auch räumlich voneinander getrennt sind, damit sie sich gegenseitig nicht stören).

II. Für jede Klasse sollen besondere Bücher bestimmt werden, die das ganze Programm dieser Klasse (den ganzen Stoff der Wissenschaft, Sittenlehre und Religion) erschöpfend enthalten, sodass sie keine andern Bücher brauchen, solange sie durch diesen Bereich geführt werden, mit ihrer Hilfe jedoch unfehlbar ans Ziel gelangen. Diese Bücher müssen auch die ganze Muttersprache enthalten, d. h. die Namen aller Dinge, welche die Kinder ihrem Alter entsprechend fassen können, und die wichtigsten und gebräuchlichsten Redewendungen.

9. Entsprechend der Anzahl der Klassen sollen es also sechs Bücher sein, die sich weniger durch den Stoff als durch die Form voneinander unterscheiden. Alle werden nämlich alles behandeln. Aber die frühen bringen das Allgemeinere, Bekanntere und Leichtere, während die späteren den Verstand zum Spezielleren, Unbekannteren und schwerer Verständlichen hinführen oder für dieselbe Sache eine neue Betrachtungsweise zeigen,

um dem Geist neue Freunde zu eröffnen. Dies wird gleich deutlich werden.

10. Man muss nämlich dafür sorgen, dass alles dem kindlichen Geiste angepasst ist, der seiner Natur nach mehr zum Fröhlichen, Scherzhaften und Spielerischen hinneigt und vor Ernst und Strenge leicht zurückschreckt. Damit nun das Ernste, das später ernstlich nützen soll, gelernt, und zwar leicht und angenehm gelernt werden kann, muss man überall das Nützliche mit dem Angenehmen verbinden, wodurch der Geist ständig gleichsam angezogen wird und sich führen lässt, wohin man will.

11. Man soll die Bücher auch mit Titeln schmücken, die die Jugend durch ihre Lieblichkeit anziehen und zugleich den ganzen Inhalt hübsch kundtun. Solche lassen sich, wie ich glaube, aus dem Bereich der Gärten, jener lieblichsten aller Güter, entlehnen. Warum soll man, da sich die Schule ja mit einem Garten vergleichen lässt, nicht das Buch für die Erstklässler »Veilchenbeet«, das für die zweite Klasse »Rosenhag«, für die dritte »Ziergarten« usw. nennen?

12. Jedoch von diesen Büchern, ihrem Inhalt und ihrer Form an einem andern Ort Genaueres. Ich füge nur noch bei: Weil sie in der Muttersprache abgefasst sind, müssen auch die Fachausdrücke in der Muttersprache gebracht und lateinische oder griechische vermieden werden. Die Gründe hierfür sind erstens, dass wir dafür sorgen wollen, dass die Jugend alles unverzüglich auffasse. Das Fremde muss aber erst erklärt werden, ehe man es verstehen kann. Und dann noch wird das Erklärte nicht einmal wirklich verstanden, sondern man muss nur glauben, dass es das bedeute, was es bedeuten soll, und es haftet schwer im Gedächtnis. Da in der einheimischen Sprache nur die benannte Sache erklärt zu werden braucht, wird sie sofort verstanden und prägt sich dem Gedächtnis leicht ein. Hindernisse und Leiden sollen also diesem ersten Unterricht fern bleiben, damit alles flüssig vorwärtsgehe. Zweitens sollen zudem die heimischen

Sprachen ausgebildet werden, nicht nach der Weise der Franzosen, welche griechische und lateinische, vom Volk unverstandene Ausdrücke beibehalten (Stevinus tadelt sie deswegen), sondern so, dass alles in allgemein verständliche Worte gefasst ist. Dies hat denn auch derselbe Stevinus seinen Belgiern angeraten und in seiner Mathematik schön durchgeführt.

13. Man kann dem zwar entgegenhalten, was auch öfters getan wird, es seien nicht alle Sprachen so reich, dass sie das Griechische und Lateinische vollständig wiedergeben könnten; es würden zudem auch, wenn dies der Fall wäre, die Gelehrten nicht von ihren gewohnten Ausdrücken ablassen. Und schließlich sei es besser, dass die Knaben, die ja doch einmal Lateinisch lernen würden, sich schon hier an die Sprache der Gelehrten gewöhnten, damit sie nicht nachher wieder anfangen müssten, Fachausdrücke zu lernen.

14. Dagegen ist aber zu sagen: Es ist die Schuld der Menschen und nicht die der Sprache, wenn sie dunkel, unvollständig und unfähig erfunden wird, etwas vollkommen auszudrücken. Auch die Römer und Griechen mussten erst die Wörter bilden, bevor sie in den Gebrauch eingingen. Sie schienen auf den ersten Blick rau und unklar, und jene selbst zweifelten, ob sie sich würden glätten lassen. Und doch gibt es nun, da sie gebräuchlich geworden sind, nichts, was treffender wäre, wie z. B. die Worte ens, essentia, substantia, accidens, qualitas, quidditas beweisen. Keiner Sprache wird etwas fehlen, wenn es den Menschen nicht an Eifer fehlt.

15. Was den zweiten Punkt betrifft, so sollen die Gelehrten das Ihre für sich behalten. Wir wollen ja jetzt erwägen, wie die Laien zum Verständnis der freien Künste und Wissenschaften gelangen können, und dazu können wir natürlich nicht in einer fremden, ausländischen Sprache mit ihnen reden.

16. Für diejenigen Knaben schließlich, welche später Sprachen lernen werden, wird es kein Nachteil sein, dass sie die Fachausdrücke ihrer Muttersprache kennen und dass sie Gott

Vater zuerst in ihrer eigenen, statt in der lateinischen Sprache angerufen haben.

17. Drittens ist eine einfache Methode nötig, diese Bücher der Jugend vorzulegen. Wir werden sie im Folgenden entwickeln: I. Es sollen nur vier Stunden täglich Schule gehalten werden, zwei vormittags und zwei am Nachmittag. Die übrige Zeit wird mit häuslichen Arbeiten (besonders bei den Ärmeren) oder irgendwelcher Erholung nützlich verwendet werden können. II. In den Morgenstunden sollen Geist und Gedächtnis, am Nachmittag Hand und Stimme geübt werden. III. Am Morgen wird also der Lehrer die Lektion der betreffenden Stunde, während alle zuhören, vorlesen und wiederholen, was der Erklärung bedarf, möglichst klar und deutlich erklären, sodass niemand umhinkann, es zu begreifen. Dann soll er sie selbst der Reihe nach lesen lassen, und während einer klar und deutlich liest, sollen die andern stumm in ihren Büchern folgen. Wenn dies eine halbe Stunde oder länger getrieben worden ist, werden die Begabteren das Stück auswendig aufzusagen versuchen, später auch die Langsameren. Denn die Lektionen sollen ziemlich kurz sein, dem Zeitraum einer Stunde und der kindlichen Fassungskraft angemessen. IV. In den Nachmittagsstunden, in denen nichts Neues begonnen, sondern das Alte wiederholt werden soll, lässt sich das noch mehr festigen, teils durch Abschreiben aus den gedruckten Büchern, teils durch Wettstreit, wer am raschesten das Behandelte auswendig weiß und wiederholen oder wer am sichersten oder am schönsten schreiben, singen oder rechnen kann.

18. Nicht umsonst raten wir, dass alle Schüler ihre gedruckten Bücher so säuberlich wie möglich abschreiben sollen. Erstens dient es dazu, sich alles richtiger einzuprägen, dadurch, dass die Sinne längere Zeit mit derselben Materie beschäftigt sind. Zweitens werden sie sich durch diese täglichen Schreibübungen Fertigkeit im Schön-, Schnell- und Rechtschreiben erwerben, die ihnen für ihre weiteren Studien und Geschäfte des

Lebens sehr nützlich sind. Drittens haben die Eltern einen sichtbaren Beleg, dass in der Schule getrieben wird, was getrieben werden soll, und können daraus ersehen, wie glücklich die Kinder sich selbst übertreffen.

19. Einzelheiten sparen wir für später auf. Wir wollen vorläufig nur noch hinzufügen, dass, wenn die Schüler Sprachen der benachbarten Völker lernen sollen, dies hier zwischen dem zehnten und zwölften Lebensjahr, d. h. zwischen der Muttersprach- und der Lateinschule, geschehen muss. Am bequemsten werden sie sie lernen, wenn sie dorthin geschickt werden, wo die betreffende Sprache in täglichem Gebrauch ist, und wenn sie die Büchlein der Muttersprachschule, deren Inhalt ihnen nun schon bekannt ist, in der neuen Sprache lesen, abschreiben und auswendig lernen und sich durch Übungen, die sie schriftlich und mündlich daran anstellen, ganz aneignen.

30. Kapitel

DIE LATEINSCHULE

Ziel der Lateinschule: Erlernung von vier Sprachen und der ganzen Enzyklopädie der Künste (1-3). Einteilung in sechs Klassen (4). Rechtfertigung ihrer Reihenfolge: Grammatik (5), Physik, Metaphysik und Mathematik (6-10), Ethik (11), Dialektik (12), Rhetorik (13/14). Geschichtsstudien in allen Klassen (15/16). Die Methode bleibt bei allem die gleiche (17).

1. Für die Lateinschule setzte ich als Ziel, dass in ihr mit Hilfe von vier Sprachen die ganze Enzyklopädie der Künste erarbeitet werden soll. Wir wollen aus den Jünglingen, die wir ordnungsgemäß durch ihre Klassen führen, machen

   I. Grammatiker, die über alle sprachlichen Gesetze im Lateinischen und in der Muttersprache vollkommen, im Griechischen und Hebräischen so viel als nötig Auskunft geben können;
   II. Dialektiker, die im Definieren, Unterscheiden, Begründen und Widerlegen recht geschickt sind;
   III. Rhetoriker, d. h. Redner, die über jeden Stoff gewandt zu sprechen wissen;
   IV. Arithmetiker und
   V. Geometer, sowohl wegen der verschiedenen Bedürfnisse des Lebens, als auch, weil diese Wissenschaften den Geist auch für anderes vortrefflich anregen und schärfen;

Große Didaktik

VI. praktisch und theoretisch fähige Musiker;
VII. Astronomen, die wenigstens in den Grundbegriffen der Theorie und Berechnung der Himmelskörper bewandert sind; ohne sie würden Naturwissenschaften, Geografie und zu einem großen Teil auch die Geschichte dunkel bleiben.

2. Dies waren nun die bekannten sieben freien Künste, die der Magister der Philosophie nach der allgemeinen Meinung beherrschen muss. Damit aber unsere Schüler noch höher hinaufsteigen, sollen sie außerdem sein:

I. Naturwissenschaftler (physici), welche das Gefüge der Welt, die Macht der Elemente, die Unterschiede der Lebewesen, die Kräfte der Pflanzen und Metalle, den Bau des menschlichen Körpers usw. verstehen, sowohl im Allgemeinen, wie sie an sich sind, als in der Anwendung des Erschaffenen für die Bedürfnisse unseres Lebens, eine Kenntnis, welche einen Teil der Medizin, des Ackerbaus und anderer »mechanischer Künste« vorwegnimmt;
II. Geografen, welche das Bild des Erdkreises, der Meere und Inseln, der Flüsse und Menschenreiche in ihrem Verstande tragen;
III. Chronologen, die den Wechsel der Jahrhunderte seit Anbeginn der Zeit den Epochen nach kennen;
IV. Historiker, welche die bedeutenderen Veränderungen des Menschengeschlechts, der wichtigsten Reiche und der Kirche, sowie die verschiedenen Gebräuche und Geschicke der Völker und Menschen usw. großenteils aufzählen können;
V. Ethiker, welche die Arten und Unterschiede der Tugenden und Laster genau beachten, diese zu fliehen, jenen aber zu folgen verstehen, sowohl in der allgemeinen Idee

als auch in der speziellen Anwendung im wirtschaftlichen, staatlichen und kirchlichen Leben.
VI. Auch Theologen sollen sie werden, die nicht nur die Grundlagen ihres Glaubens vertreten, sondern sie auch aus der Hl. Schrift begründen können.

3. In allen diesen Wissenschaften sollen die Jünglinge nach Beendigung der sechsjährigen Studienzeit wenn auch nicht perfekt (denn Vollkommenheit lässt einmal schon ihre Jugendlichkeit nicht zu, da es längerer Erfahrung bedarf, um die Theorie durch die Praxis zu festigen; zum Zweiten ist es unmöglich, in sechs Jahren den Ozean der Gelehrsamkeit zu erschöpfen), so doch eine feste Grundlage für eine künftige vollkommenere Gelehrsamkeit gewonnen haben.

4. Für diesen sechsjährigen Bildungsgang mit seinen verschiedenen Aufgaben ist eine Einteilung in sechs Klassen nötig, die man, von unten angefangen, folgendermaßen benennen könnte:

I. Klasse: Grammatik
II. Klasse: Physik
III. Klasse: Mathematik
IV. Klasse: Ethik
V. Klasse: Dialektik
VI. Klasse: Rhetorik

5. Dagegen, dass wir die Grammatik gleichsam als Pförtnerin vorausschicken, wird hoffentlich niemand etwas einzuwenden haben. Das aber könnte denen, welche der Gewohnheit wie einem Gesetz folgen, merkwürdig vorkommen: dass wir die Dialektik und Rhetorik weit hinter die Realwissenschaften setzen. Aber das muss so sein. Wir haben bereits bewiesen, dass man die *Dinge* vor ihrer *Beschaffenheit*, d.h. die Materie vor der Form darbieten müsse; und dass diese Methode allein geeignet

sei, schnelle und dauerhafte Fortschritte zuwege zu bringen, bei der man zuerst gelehrt wird, die Dinge kennenzulernen, bevor man sie richtig beurteilen oder in schönen Worten schildern soll. Denn wenn man auch jede Art und Weise des Vortrags und der Rede beherrscht, aber die Dinge, die man untersuchen oder empfehlen will, nicht genau kennt, wird man weder mit der Untersuchung noch mit der Empfehlung etwas erreichen. Wie eine Jungfrau ohne Schwangerschaft nicht gebären kann, so kann auch einer einen Gegenstand nicht vernünftig besprechen, den er nicht zuvor kennengelernt hat. Die Dinge sind an sich, was sie sind, auch wenn keine Vernunft oder Sprache sich mit ihnen verbindet. Die Vernunft und die Sprache aber drehen sich nur um die Dinge und sind ganz von ihnen abhängig. Ohne die Dinge werden sie entweder zunichte, oder sie werden zu sinnlosem Schall in törichtem oder lächerlichem Unterfangen. Da also die vernünftige Überlegung und die Rede sich auf die Dinge gründen, muss dieses Fundament notwendigerweise zuvor gelegt werden.

6. Dass die Naturlehre (naturalium scientia; physica) der Sittenlehre vorangehen müsse, ist, wenngleich es viele umgekehrt machen, von gelehrten Männern deutlich erwiesen worden. In seiner Physiologie schreibt Lipsius folgendermaßen: »Ich möchte der Ansicht bedeutender Autoren beistimmen und dafür halten, dass die Physik an erster Stelle gelehrt werde. Die Freude an diesem Teil (der Philosophie) ist größer, sie ist anziehend, fesselnd und von hoher Würde, glanzvoll und Bewunderung weckend. Sie kultiviert den Geist und bereitet ihn zur Aufnahme der Ethik vor.«

7. Kann man darüber im Zweifel sein, ob die Mathematik- der Physik-Klasse folgen oder ihr vorangehen soll. Die Alten freilich begannen das Studium aller Dinge mit der Mathematik. Daher haben sie ihr auch den Namen »Wissenschaften« (μαθήματα) beigelegt, und Plato wollte in seiner Akademie keinen Nichtmathematiker einlassen. Der Grund dafür ist klar: Jene Wissen-

schaften, die sich mit Zahlen und Größen beschäftigen, gründen sich mehr auf die Sinne und sind deshalb leichter und deutlicher; sie konzentrieren und festigen die Vorstellungskraft, und sie befähigen und leiten hin zu andern Dingen, auch solchen, die den Sinnen ferner liegen.

8. Dies ist alles völlig richtig. Wir haben hier aber noch einige weitere Punkte zu beachten. Erstens haben wir ja empfohlen, in der Muttersprachschule die Sinne zu üben und den Geist durch sinnliche Anschauung und auch durch sorgfältige Übung in der Zahlenlehre anzuregen. Unsere Schüler werden also nicht gänzliche »Nichtmathematiker« sein. Zweitens geht unsere Methode immer stufenweise vor. Bevor man also zu den schwierigeren Größentheorien schreitet, kann man bequem die Lehre von den konkreten Dingen, von den Körpern nämlich, einschieben, um die Vorstufe für jene schwerer zu fassenden abstrakten Dinge zu schaffen. Drittens fügen wir dem Pensum der mathematischen Klasse sehr viel aus dem Gebiete der Künste bei, die sich ohne naturwissenschaftliche Kenntnis (naturalium doctrina) kaum leicht und richtig beherrschen lassen. Deshalb schicken wir diese Kenntnis voraus. Sollten aber dennoch die Gründe anderer oder die Praxis selbst zu einem andern Ergebnis führen, so will ich nicht weiter dagegen streiten. Ich habe meinen Standpunkt meiner jetzigen Überzeugung gemäß angegeben.

9. Nachdem sich die Schüler (mit Hilfe des »Vestibulum« und der »Janua«, denen wir die erste Klasse zugewiesen haben) eine mittlere Fertigkeit in der lateinischen Sprache erworben haben, raten wir, ihnen die allgemeinste Wissenschaft vorzulegen – »erste Weisheit« oder gewöhnlich auch Metaphysik genannt (richtiger würde man sie meines Erachtens Prophysik oder Hypophysik, die Lehre von der Vor- oder Unternatur, nennen). Die soll nämlich die ersten und untersten Grundlagen der Natur aufdecken, d. h. die Bedingungen, Attribute und Unterscheidungsmerkmale der Dinge zeigen, und zwar zuerst ihre allge-

meinsten Normen, dann die Begriffe und Axiome, die Ideen und Zusammenhänge. Wenn sie das einmal kennen (was nach unserer Methode bald der Fall sein wird), so kann man dann in alle Einzelheiten eindringen, wobei ihnen das meiste schon fast bekannt vorkommen und, außer der Anwendung des Allgemeinen auf den speziellen Fall, nichts gänzlich neu erscheinen wird. Unmittelbar von diesem Allgemeinen, mit dem man sich etwa ein Vierteljahr beschäftigt (es geht nämlich sehr leicht ein, da es sich nur um die reinen Grundlagen handelt, die jeder menschliche Verstand mit dem ihm innewohnenden Licht von selbst erkennt und aufnimmt), soll man zur Betrachtung (speculatio) der sichtbaren Welt übergehen; und die in der Prophysik gezeigten Naturwunder sollen in besonderen Beispielen aus der Natur mehr und mehr zutage treten. Damit wird sich dann die Klasse der Physik beschäftigen.

10. Von der Betrachtung des Wesens (essentia) der Dinge wird man dann übergehen zu einer genaueren Untersuchung ihrer jeweiligen Beschaffenheit (accidentia), was in der Klasse für Mathematik geschehen wird.

11. Alsdann soll der Schüler den Menschen selbst mit den Handlungen seines freien Willens, gleichsam den Herrn aller Dinge, näher betrachten. Er soll beobachten lernen, was unserer Macht und unserem Willen unterworfen ist und was nicht, auch wie nach den Weltgesetzen alles recht verwaltet werden kann. Dies soll im vierten Jahre gelehrt werden in der Klasse für die Ethik. Aber dies alles nicht mehr bloß beschreibend, als Antwort auf ein »Was«, wie es in der Muttersprachschule beim Anfang geschah, sondern auf das »Warum« eingehend, damit sie sich schon daran gewöhnen, auf die Ursachen und Wirkungen der Dinge zu achten. Man hüte sich jedoch, in diesen ersten vier Klassen schon irgendwelche Kontroversen einzubeziehen, weil wir dies, wie nun folgt, völlig der fünften Klasse vorbehalten wollen.

12. In der Klasse für Dialektik sollen erst einige kurze Vor-

schriften über den Gebrauch der Vernunft vorausgeschickt und eingeschoben werden. Fragen aus der Physik, der Mathematik und der Ethik und was sonst noch Wichtiges vorkommen mag, das unter den Gelehrten zu Kontroversen geführt hat, wird hier gründlich erörtert. Hier soll gelehrt werden, welches der Ursprung einer Diskussion ist, welches ihr gegenwärtiger Stand, welches die These und welches die Antithese ist und mit welchen wahren oder wahrscheinlichen Argumenten man die eine oder andere verteidigen könne. Dann soll man den Irrtum der Gegenbehauptung und seinen Anlass aufdecken sowie das Trügerische in ihrer Begründung und dagegen die Kraft der Argumente setzen, die für die wahre These sprechen usw. oder aber, wenn beide Behauptungen etwas Wahres haben, den Kompromiss zeigen. So wird mit ein und derselben Arbeit einerseits das Vorangegangene auf angenehme Weise wiederholt, andererseits früher Unverstandenes nutzbringend erläutert. Und die Kunst, vernünftig zu denken, Unbekanntes zu erforschen, Dunkles aufzuhellen, Zweideutiges zu scheiden, Allgemeines abzugrenzen, Wahres mit den Waffen der Wahrheit selbst zu verteidigen, Falsches zu zerstören und Verworrenes zu ordnen, wird so fortwährend an Beispielen, d. h. rasch, wirksam und konzentriert gelehrt.

13. Die letzte Klasse ist der Rhetorik gewidmet. In ihr sollen die Schüler in der wahren, leichten und angenehmen Anwendung alles bisher Gelernten geübt werden. Hier wird sich zeigen, dass sie etwas gelernt haben und nicht vergeblich hier gewesen sind. Entsprechend jenem Wort des Sokrates: »Sprich, damit ich dich erkenne« wollen wir nun, nachdem wir bisher hauptsächlich den Verstand zur Weisheit herangebildet hatten, die Sprache ausbilden bis zu weiser Beredsamkeit.

14. Sind also wieder kurze und klare Vorschriften über die Redekunst vorausgeschickt worden, so gehe man weiter zu Übungen, d. h. zur Nachahmung von vorzüglichen Meistern der Beredsamkeit. Dabei soll man jedoch nicht immer an demselben

Stoff hängen bleiben, sondern wieder in alle Gefilde der Wahrheit und der Vielfalt der Dinge, auf die Weiden menschlicher Würde und in die Paradiesgärten der göttlichen Weisheit schweifen, damit die Schüler alles Wahre und Gute, von dem sie wissen, dass es nützlich, angenehm und ehrbar ist, auch schön vortragen und, wo es nottut, mit Macht zur Geltung bringen können. Dazu verfügen die bis zu dieser Klasse gelangten über ein Rüstzeug, welches nicht zu verachten ist; über eine gute Kenntnis von Dingen aller Art und über einen nahezu ausreichenden Vorrat an Worten, Redewendungen, Sprichwörtern, Sentenzen und Geschichten usw.

15. Doch Genaueres hiervon an einem andern Ort – falls es noch nötig ist. Die Erfahrung nämlich wird alles Übrige von selbst lehren. Nur dies eine möchte ich noch hinzufügen: Da die Kenntnis der *Geschichte* bekanntlich den besten Teil der Bildung ausmacht und gleichsam das Auge des ganzen Lebens ist, so soll man sie über alle Klassen dieser sechs Jahre verteilen, damit unsern Schülern nichts verborgen bleibe von allem Denkwürdigen, das von alters her getan und gesagt worden ist. Man muss sich jedoch bemühen, dieses Studium mit Vorsicht zu gestalten, dass es den Schülern die [Gesamt-] Arbeit eher erleichtert als vergrößert und unter den herberen Studien wie eine Würze wirkt.

16. Ich habe mir das so gedacht: Für jede Klasse könnte ein besonderes Büchlein mit einem bestimmten Kreis von Geschichten verfasst werden, und man würde vorlegen

der ersten Klasse einen Abriss der biblischen Geschichten, der zweiten die Geschichte der Natur,

der dritten die der künstlichen Dinge, d. h. die der Erfindungen, der vierten die Geschichte der Sitten, Beispiele hervorragender Tugend usw.,

der fünften die Geschichte der Riten und Bräuche der verschiedenen Völker und

der sechsten eine allgemeine Geschichte der ganzen Welt und

der wichtigsten Völker, insbesondere aber die des Vaterlandes, alles kurzgefasst, aber ohne Wichtiges zu übergehen.

17. Über die Methode, die in dieser Schule angewandt werden muss, will ich hier nur Folgendes sagen: Wir möchten, dass die vier öffentlichen und ordnungsmäßigen Unterrichtsstunden so genützt werden, dass die beiden morgendlichen (nach der Morgenandacht) *der* Wissenschaft oder Kunst gewidmet werden, von der die Klasse ihren Namen hat. Die erste Nachmittagsstunde soll von der Geschichte belegt werden, die zweite von Übungen in Stil, Wort und Schrift, so wie es der Lehrstoff jeder Klasse erfordert.

31. Kapitel

DIE UNIVERSITÄT

Drei Wünsche für die Universität (1/2): I. Eine wirkliche »universitas studiorum« (3). II. Eine wahrhaft universale Methode (4), Regeln dafür (5-7). Nutzen von Buchexzerpten (8/9) und deren Edition (10). Kolloquien (11). III. Akademische Ehrungen nur für Würdige (12). Ausscheidungsverfahren (13). Studienreisen (14). Aufgaben einer Gelehrten-Akademie (15).

1. Zwar erstreckt sich unsere Lehrmethode nicht bis auf die Universität. Aber was hindert uns, auch auf diesem Gebiet anzudeuten, wohin unsere Wünsche gehen? Wir sagten oben, dass den Universitäten die Höhe und Vollendung aller bisher behandelten Wissenschaften sowie der Bereich der »höheren Fakultäten« mit Recht überlassen werde.

2. Wir wünschen daher I., dass daselbst wirklich universale Studien getrieben werden; im ganzen Gebiet menschlicher Wissenschaft und Weisheit soll es nichts geben, das hier nicht angeboten würde; II. dass eine leichte und zuverlässige Methode angewandt werde, um allen, die hierherkommen, eine gediegene Gelehrsamkeit zu vermitteln; III. dass mit öffentlichen Ehren [-titeln] nur diejenigen ausgezeichnet werden, die ihr Ziel glücklich erreicht haben und ihrer Würde und Eignung nach bedenkenlos mit der Leitung der menschlichen Angelegenheiten betraut werden können. Was das im Einzelnen erfordert, möchte ich bescheiden im Folgenden andeuten.

3. Damit die akademischen Studien universal sind, braucht man I. in allen Wissenschaften und Künsten, Sprachen und Fakultäten gebildete und tüchtige Professoren, die aus sich selbst wie aus einer lebendigen Vorratskammer alles hervorholen und allen mitteilen können; II. eine gewählte Bibliothek der verschiedenen Autoren zu freier Benutzung.

4. Die Universitätsarbeit selbst wird leichter und erfolgreicher vorwärtsgehen, wenn *erstens* nur die Begabtesten, die Blüte der Menschheit, ausgewählt und dorthin geschickt werden, die andern aber sich dem Pflug, einem Handwerk oder dem Handel zuwenden, je nachdem, wozu sie geboren sind.

5. *Zweitens*, wenn jeder sich dem Studium widmet, von dem sich aus sicheren Anzeichen schließen lässt, dass die Natur ihn dazu bestimmt hat. Wie nämlich der eine seiner natürlichen Begabung nach ein besserer Musiker, Dichter, Redner, Physiker o. Ä. wird, so eignet sich ein anderer besser zur Theologie, Medizin oder Jurisprudenz. Aber gerade hierin wird allzu häufig gesündigt, indem wir willkürlich aus jedem Holz einen Merkur schnitzen wollen und auf die natürliche Neigung nicht achten. So kommt es, dass wir, wenn wir uns gegen den Willen der Minerva an dieses oder jenes Studium stürzen, nichts Lobenswertes zustande bringen und oft in irgendeiner Nebenbeschäftigung mehr leisten als im eigentlichen Beruf. Es wäre also empfehlenswert, am Schluss der Lateinschule die Geistesgaben einer öffentlichen Prüfung zu unterziehen und von den Leitern der Schule bestimmen zu lassen, welche Jünglinge sich für das akademische Studium eignen und welche lieber einem andern Leben zugeführt werden sollen; ferner, welche sich der Theologie, der Staatswissenschaft oder der Medizin widmen sollen, je nachdem, wohin ihre natürliche Neigung geht oder was die Bedürfnisse von Kirche und Staat gerade fordern.

6. *Drittens* sollte man Jünglinge mit großen Geistesgaben ermuntern, *alles* zu treiben, damit es nie an viel- oder allseitig Gelehrten, an »Pansophen«, fehle.

7. Man soll aber dafür sorgen, dass die Universitäten nur fleißige, ehrenhafte und begabte Leute ausbilden, die Pseudostudiosi aber, die in Müßiggang und Prassen Geld und Zeit vertun und andern ein schlechtes Beispiel geben, nicht dulden. So wird, wo keine Krankheit ist, auch keine Ansteckung sein, da alle ihre ganze Aufmerksamkeit der Arbeit zuwenden.

8. In der Universität müssen alle Arten von Autoren durchgearbeitet werden, so sagten wir. Damit dies nicht allzu mühsam ist und dennoch Nutzen bringt, ist zu wünschen, dass sich die verschiedenen Gelehrten, die Philologen, Theologen, Philosophen und Mediziner usw. bitten ließen, ihren Studenten denselben Dienst zu erweisen, den die Geografen ihren Schülern tun, wenn sie von ganzen Königreichen, Provinzen und Erdteilen Karten entwerfen und große Teile von Land und Meer in einem Überblick vor Augen führen. Warum sollten nicht in derselben Weise, wie die Zeichner Länder, Städte, Häuser und Menschen in Übereinstimmung mit ihren Vorbildern darstellen, auch Cicero, Livius, Plato, Aristoteles, Plutarch, Tacitus, Gellius, Hippokrates, Galen, Celsus, Augustin, Hieronymus usw. dargestellt werden? Nicht nur durch ausgezogene Sätze und Redewendungen (wie dies für einige geschehen ist), sondern durch vollständige, aber auf die Hauptpunkte konzentrierte Zusammenfassungen.

9. Derartige Auszüge aus den Autoren würden schönen Nutzen bringen. Erstens würden diejenigen, die keine Zeit für eine ausführliche Lektüre haben, sich dennoch eine allgemeine Kenntnis von einer Anzahl von Schriftstellern erwerben. Zweitens könnten die, welche sich (nach dem Rate Senecas) mit einem einzelnen Geiste eingehender beschäftigen wollen – denn nicht alles eignet sich gleich gut für alle –, leichter und mit eigenem Urteil ihre Wahl treffen, nachdem sie mehreres probiert und gemerkt haben, dass dies oder jenes ihrem Geschmack besonders zusagt. Drittens werden die, welche selbst die Autoren ganz durcharbeiten müssen, durch eine solche Zusammen-

fassung ausgezeichnet vorbereitet, mit Gewinn zu lesen – so wie es für den, der wandern geht, nützlich ist, wenn er vorher die Erdbeschaffenheit der Gegend an Hand der Karte kennengelernt hat, sodass er alles, was sich nun dem Auge bietet, leichter und sicherer erkennen und mit mehr Genuss betrachten kann. Schließlich werden jene Abrisse allen zu einer kursorischen Wiederholung der Autoren dienen, bei der man immer noch etwas trifft, das haften bleibt und in Fleisch und Blut übergeht.

10. Solche zusammenfassenden Inhaltsangaben können einzeln [im Druck] herausgegeben werden für die Ärmeren oder für solche, welche die dicken Bände nicht durcharbeiten können; man kann sie auch mit dem Autor zusammen edieren, damit der, welcher sich zu seiner Lektüre anschickt, zunächst eine Übersicht über das Ganze erhält.

11. Was die akademischen Übungen betrifft, so weiß ich nicht, ob es nicht vorteilhaft wäre, öffentliche Kolloquien nach dem Muster des Kollegs des Gellius einzuführen; d. h. zu allem, was der Professor öffentlich vorträgt, würde er den Studenten die besten Autoren, die über dieselbe Sache geschrieben haben, zu privater Lektüre zuteilen. Und alles, was er am Vormittag öffentlich vorgetragen hat, würde in der Nachmittagsstunde mit der ganzen Hörerschaft eingehend diskutiert. Dabei würden die Studenten Fragen stellen über etwas, was sie noch nicht ganz verstanden oder woran sie Anstoß genommen haben oder über eine andere, durch Argumente zu stützende Ansicht, die sie bei ihrem Autor gefunden haben u. ä. m. Jeder soll dabei aus der Menge antworten dürfen (wobei eine gewisse Ordnung jedoch gewahrt werden muss) oder erklären und darüber befinden, ob die Frage befriedigend behandelt worden ist. Der Professor als Vorsitzender muss die Kontroverse schließlich beilegen. So kann man das, was viele gelesen haben, zu einem Ergebnis zusammenfassen, sodass einerseits alles dem gemeinsamen Nutzen zukommt und sich andererseits alles auch dem Verstande

tief einprägt und so ein wirklich zuverlässiger Fortschritt in Theorie und Anwendung der Wissenschaften zustande kommt.

12. Die Erfüllung des an letzter Stelle genannten Wunsches, den längst alle trefflichen Männer hegen, scheint an Hand dieser gemeinschaftlichen Übungen gar nicht so schwierig: dass nämlich nur die Würdigen zu öffentlichen Ehren kommen sollen. Dies wird man meines Erachtens erreichen, wenn die Auszeichnung nicht vom persönlichen Gutdünken eines Einzelnen abhängt, sondern vom öffentlichen Befinden und Zeugnis aller. Einmal im Jahr soll deshalb in den Universitäten durch Abgeordnete des Königs oder des Staates, in den niedern Schulen durch ihre Schulleiter, eine Visitation vorgenommen und untersucht werden, wie gründlich aufseiten der Lehrenden und Lernenden gearbeitet worden ist. Diejenigen, deren Gewissenhaftigkeit (diligentia) besonders hervorragt, sollen als öffentliches Zeugnis ihrer Tüchtigkeit (virtus) die Würde eines Doktors oder Magisters erhalten.

13. Damit dabei keine Täuschung möglich ist, wird es bei der Disputation zur Erlangung eines Grades am besten sein, wenn sich der Kandidat (oder mehrere zugleich) ohne seinen Promotor in die Mitte stellt. Dann sollen die Gelehrtesten und schon in der Praxis Bewährten nach ihrem Ermessen alles Mögliche einwenden, was sie für geeignet halten, seinen Fortschritt in Theorie und Praxis zu ergründen. Sie können z. B. verschiedene Textfragen stellen (aus der Hl. Schrift, aus Hippokrates, aus den Rechtsquellen), nämlich, wo dies oder jenes geschrieben stehe, inwiefern [der Kandidat] diesem oder jenem beipflichte; ob er einen Schriftsteller kenne, der anderer Ansicht sei und welchen; welche Argumente dieser dagegensetze, wie die Frage zu lösen sei u. Ä. Aus dem praktischen Gebiet soll man ihm verschiedene Fragen über das Gewissen, über Krankheitsfälle und über Rechtsangelegenheiten vorlegen, wie er in diesem oder jenem Falle vorgehen würde und warum gerade so. Und man soll ihm mit vielen Möglichkeiten und verschiedenen Fällen zu

Leibe rücken, bis sich zeigt, dass er verständig und wirklich von Grund auf über die Dinge urteilen könne. Darf man da nicht hoffen, dass diejenigen, denen ein so öffentliches, ernstes und strenges Examen bevorsteht, gewissenhaft arbeiten werden?

14. Über die Reisen, die in diesen letzten sechs Jahren oder am Ende derselben stattfinden sollen, brauche ich nicht mehr zu sagen, als dass die Ansicht Platos mir gefällt und mit der meinen übereinstimmt, dass nämlich die Jugend nicht eher reisen darf, als bis die ganze Unbändigkeit des feurigen Jugendalters ausgeschäumt und die zum Reisen erforderliche Klugheit und Fähigkeit sich eingestellt habe.

15. Ich will hier nicht weiter daran rühren, wie nötig eine Schule der Schulen, eine Akademie (»collegium didacticum«) irgendwo gegründet werden sollte oder, wenn dafür keine Hoffnung besteht, doch unter den Gelehrten, die auch damit der Ausbreitung des Gotteslobs sich widmen wollen, in heiliger Überzeugung, wenn auch in leiblicher Trennung, unterhalten werden müsste. Ihre vereinigte Arbeit müsste dahin zielen, die Grundlagen der Wissenschaften mehr und mehr aufzudecken, um das Licht der Weisheit zu läutern, es glücklich und erfolgreich über die Menschheit auszubreiten und die Lage der Menschen durch neue, nützliche Erfindungen immer weiter zu verbessern. Denn wollen wir nicht immer auf derselben Stelle treten oder gar Rückschritte machen, so müssen wir stets den Fortgang des wohl Begonnenen bedenken. Weil dazu aber weder ein einzelner Mensch noch ein einziges Zeitalter hinreicht, müssen mehrere mit- und nacheinander das Begonnene fortsetzen. Dieses allgemeine Kollegium würde für die übrigen Schulen sein, was der Magen für die Glieder des Körpers: eine Lebenswerkstätte, die ihnen Saft, Kräfte und Leben zuführt.

16. Kehren wir aber zu dem zurück, was noch über unsere Schulen zu sagen ist.

32. Kapitel

DIE VOLLKOMMENE ALLGEMEINE SCHULORDNUNG

Zusammenfassung des bisher Ausgeführten (1) durch einen Vergleich der neuen Lehrmethode mit der Buchdruckerkunst (2-5). Das Papier (6): die Schüler (7/8). Die Typen: Lehrbücher (9-15). Druckerschwärze: der Lehrer (16). Presse: die Zucht (17). Weitere Analogien von Buchdruck und Erziehung (18-26). Schluss (27).

1. Von der Notwendigkeit und der Art und Weise einer Reform der Schulen haben wir ausführlich gesprochen. Es wäre nun wohl angebracht, aus unseren Wünschen und Ratschlägen die Summe zu ziehen. Das sieht folgendermaßen aus:
2. Wir möchten die Lehrmethode zu solcher Vollkommenheit führen, dass zwischen ihr und der bisher üblichen und gewohnten ein ebensolcher Unterschied besteht wie zwischen der einst gebräuchlichen Kunst, Bücher mit der Feder zu vervielfältigen, und dem später entdeckten und jetzt verwendeten Typendruck. Die Buchdruckerkunst mag zwar schwieriger, kostspielig und mühsamer sein, eignet sich aber doch weit besser, Bücher schnell, hübsch und genau herzustellen. Ebenso dient diese neue Methode, obschon sie anfangs durch ihre Schwierigkeiten abschreckt, wenn sie einmal eingeführt ist, der Ausbildung einer viel größeren Zahl und bringt zuverlässigeren Fortschritt und mehr Freunde als die hergebrachte Methodenlosigkeit.

3. Es lässt sich leicht ausdenken, wie unnütz die ersten Versuche des Typendrucks erscheinen mussten neben dem üblichen und schon damals sehr freien und gewandten Gebrauch der Feder. Aber die Erfahrung lehrte, wie viele Annehmlichkeiten diese Erfindung mit sich brachte. Erstens können zwei junge Männer durch den Druck mehr Exemplare eines Buches anfertigen als vielleicht zweihundert in derselben Zeit mit der Feder. Zweitens unterscheiden sich diese Manuskripte nach Zahl, nach Form und Anwendung ihrer Blätter, ihrer Seiten und Zeilen, während die gedruckten einander genau entsprechen, sodass sie sich ähnlicher sind als ein Ei dem andern – ein hübscher und prächtiger Anblick! Drittens bleibt unsicher, ob die von Hand geschriebenen Exemplare fehlerlos sind, wenn man nicht jedes einzelne durchsieht, vergleicht und sorgfältig verbessert, was sehr viel Arbeit und Verdruss bereitet. Bei den Gedruckten werden dadurch, dass ein Exemplar verbessert wird, alle übrigen, und mögen es mehrere Tausend sein, gleich mit verbessert. Das mag einem, der nichts von der Kunst versteht, unglaublich scheinen, ist aber wirklich wahr. Viertens eignet sich nicht jedes Papier dazu, mit der Feder beschrieben zu werden, sondern nur stärkeres, das nicht aufsaugt. Was man jedoch unter die Presse bringt, wird gedruckt, auch dünnes und durchlässiges Papier, Linnen usw. Schließlich können mit den Typen auch diejenigen hübsche Bücher herstellen, die mit der Hand nicht schön schreiben können, weil sie ja nicht mit der eigenen Hand, sondern mit kunstgerecht dazu verfertigten Typen arbeiten, die nicht [von der rechten Form] abweichen können.

Ganz Ähnliches wird sich zeigen, wenn einmal alles, was zu [unsrer] neuen allgemeinen Form des Unterrichts gehört, eingerichtet ist (ich behaupte nämlich nicht, dass es bei uns schon so sei, ich verkündige hier nur die universale Methode). Dann werden erstens mit weniger Lehrern weit mehr unterrichtet werden als bei der heute üblichen Art. Zweitens werden sie gründlicher gebildet sein, drittens von feiner Gelehrsamkeit und anmutigem Geiste. Viertens kann man diese Pflege auch schon solchen angedeihen lassen, die mit weniger fähigem Geiste und langsameren Sinnen begabt sind. Und schließlich werden [nun] auch die mit Erfolg lehren können, welche die Natur nicht zu guten Lehrern gemacht hat, weil es nicht mehr so sehr von der Begabung jedes einzelnen abhängt, was zu lehren ist und auf welche Weise, sondern vielmehr die Bildung vorbereitet ist und mit fertigen, an die Hand gegebenen Mitteln der Jugend eingeträufelt oder eingegossen werden kann. Denn wie jeder Organist irgendwelche Kompositionen leicht vom Blatt spielen kann, die er vielleicht nicht hätte komponieren und nicht mit der Stimme oder auf der Orgel aus dem Kopf vortragen können, so kann auch ein Schullehrer alles unterrichten, wenn er den ganzen Stoff und alle Unterrichtsweisen wie auf einem Notenblatt vor sich hat.

5. Wir wollen an der Ähnlichkeit mit der Buchdruckerkunst festhalten und durch den Vergleich noch ausführlicher erörtern, worin die treffliche Mechanik (machinatio) dieser Methode besteht. Dabei wird sich zeigen, dass die Wissenschaften beinahe in derselben Weise dem Verstande eingeschrieben, wie sie äußerlich auf das Papier aufgedruckt werden. Deshalb wäre es gar nicht unpassend, wenn man – auf das Wort Typografie anspielend – für die neue Lehrmethode den Namen »Didachographie« bilden würde. Doch führen wir nun die Sache Punkt für Punkt aus:

6. Die Buchdruckerkunst hat ihre besonderen Materialien und ihren besonderen Arbeitsgang. Die wichtigsten Materialien sind: Papier, Typen, Druckerschwärze und Presse. Die Arbeit besteht in: der Zubereitung des Papiers, dem Setzen der Typen nach der Vorlage, dem Auftragen der Schwärze, dem Verbessern der Fehler, dem Drucken, Trocknen usw., was alles seine bestimmten Regeln hat, deren Befolgen den Arbeitsgang erleichtert.

7. In der Didachografie (wenn wir den Ausdruck beibehalten

wollen) verhält es sich folgendermaßen. Das Papier sind die Schüler, deren Verstand mit den Buchstaben der Wissenschaften gezeichnet werden soll. Die Typen sind die Lehrbücher und die übrigen bereitgestellten Lehrmittel, mit deren Hilfe der Lehrstoff mit wenig Mühe dem Verstande eingeprägt werden soll. Die Druckerschwärze ist die lebendige Stimme des Lehrers, die den Sinn der Dinge aus den Büchern auf den Geist der Hörer überträgt. Die Presse ist die Schulzucht, welche alle zur Aufnahme der Lehren bereit macht und anspornt.

8. Papier jeglicher Art ist brauchbar. Aber je reiner es ist, desto klarer ist der Druck, den es erhält und zeigt. So lässt auch unsere Methode alle Begabungen zu, fördert jedoch die Glänzenderen mit mehr Erfolg.

9. Die Behandlung und Anwendung der metallenen Typen findet ihre Analogie in unsern Schulbüchern, so wie ich sie mir wünsche. Wie nämlich die Typen erst gegossen, poliert und zum Gebrauch hergerichtet werden müssen, bevor der Druck der Bücher beginnen kann, so müssen auch die Lehrmittel der neuen Methode erst geschaffen werden, ehe die Methode angewandt werden kann.

10. Es ist eine große Anzahl von Typen nötig, wenn sie für die Arbeiten ausreichen soll. Das Gleiche gilt von den Büchern und Lehrmitteln, denn es ist lästig, widerwärtig und schädlich, eine Arbeit anzufangen und durch den Mangel des Notwendigsten am Fortgang gehindert zu sein.

11. Eine vollkommene Druckerei besitzt alle möglichen Sorten von Typen, damit nichts fehlt, was einmal gebraucht werden könnte. Ebenso müssen unsere Bücher alles erschöpfen, was zur vollständigen Wartung (cultura) des Geistes gehört, damit jeder durch diese Helfer alles Wissenswerte lernen kann.

12. Damit die Typen zum Gebrauch immer bereit sind, lässt man sie nicht irgendwo herumliegen, sondern ordnet sie säuberlich in Kästchen und Fächer. So sollen auch unsere Bücher den Lehrstoff nicht verworren vorlegen, sondern alles so genau

wie möglich auf die jährlichen, monatlichen, täglichen und stündlichen Pensen verteilen.

13. Von den Typen nimmt man nur die aus den Kästchen heraus, die man zur gegenwärtigen Arbeit braucht; die andern bleiben unberührt. So sollen den Knaben auch nur *die* Schulbücher in die Hand gegeben werden, die sie in ihrer Klasse gerade brauchen, damit sie nicht durch andere abgelenkt und verwirrt werden.

14. Schließlich hat der Setzer eine Richtnorm, mit der er die Buchstaben zu Wörtern, die Wörter zu Zeilen, die Zeilen zu Kolumnen ordnet, dass nichts aus dem Maße herausfalle. So müssen auch den Jugendbildnern Normen (normae) an die Hand gegeben werden, nach denen sie ihre Arbeit einrichten können. D. h., es müssen zu ihrem Gebrauch Unterrichtsbücher verfasst werden, welche allgemein festlegen, was zu jedem Zeitpunkt und wie es getrieben werden muss, sodass kein Irrtum unterlaufen kann.

15. Es wird also zweierlei Lehrbücher geben: Realbücher für die Lernenden und didaktische Bücher für die Lehrenden, damit sie jene [erstgenannten] recht anzuwenden verstehen.

16. Der Druckerschwärze entspricht in der Didaktik die Stimme des Lehrers, so sagten wir. Denn wie die Lettern, die an sich trocken sind, mithilfe der Presse sich zwar dem Papier eindrücken, aber nichts als eine farblose Vertiefung hinterlassen, die bald wieder verschwindet, jedoch mit Schwärze gefärbt sehr klare und fast unauslöschliche Schriftbilder drucken – so ist auch das, was den Knaben von ihren stummen Lehrern, den Büchern, geboten wird, stumm, dunkel und unvollkommen. Aber wenn die Stimme des Lehrers hinzukommt (der den Lernenden alles vernünftig und ihrer Fassungskraft entsprechend erklärt und die Anwendung zeigt), wird alles lebendig und prägt sich dem Geist tief ein, sodass sie dann wirklich verstehen, was sie lernen und wissen. Wie sich aber die Druckerschwärze von der Schreibtinte unterscheidet, indem sie nämlich nicht aus Was-

ser, sondern aus Öl ist (der Drucker, der etwas Besonderes leisten will, verwendet reines Walnussöl, mit Kohlenstaub vermischt), so muss auch die Stimme des Lehrers wegs einer angenehmen und leichten Lehrmethode gleich dem feinsten Öl in den Geist der Lernenden eindringen und mit sich zugleich den Lehrstoff eindringen lassen.

17. Was schließlich in der Buchdruckerei die Presse tut, das kann in der Schule allein die Zucht bewirken, nämlich dass ein jeglicher die Bildung annehme. So wie dort jedes Papier zum Buch werden muss und der Presse nicht entgehen kann (wenngleich das härtere Papier stärker und das weichere weniger stark gepresst wird), so muss sich auch jeder, der sich in der Schule will bilden lassen, der allgemeinen Zucht unterwerfen. Die Stufen dieser Zucht sind: Erstens: ständige *Aufmerksamkeit* [des Lehrers]; da man sich nämlich nie auf den Fleiß oder die Unschuld der Knaben verlassen kann, die ja doch Söhne Adams sind, muss man ihnen mit den Augen folgen, wohin sie sich auch wenden. Zweitens: *Tadel*, womit man die, welche gegen die Zucht verstoßen, sogleich auf den Weg der Vernunft und des Gehorsams zurückruft. Endlich: *Züchtigung* für die, welche sich durch einen Wink oder eine Mahnung nicht belehren lassen. Aber alles muss mit Vorsicht gebraucht werden und zu keinem andern Zweck als dem, alle anzuregen und zu ermuntern, mit Geschick alles anzugreifen.

18. Ich habe schon gesagt, dass bestimmte Arbeitsgänge und ein bestimmtes Verfahren nötig seien. Ich will auch das noch kurz berühren.

19. So viel Exemplare von einem Buch entstehen sollen, so viele Bogen lässt man gleichzeitig mit demselben Text und demselben Schriftsatz bedrucken. Und dieselbe Bogenzahl wird durch das ganze Buch hindurch von Anfang bis Ende durchgehalten, nicht vergrößert und nicht verkleinert. Sonst gäbe es fehlerhafte Bücher. Analog dazu verlangt auch die Methode unsrer Didaktik notwendigerweise, dass die gesamte Schüler-

zahl gleichzeitig zum Unterricht nach gleichbleibenden Prinzipien dem gleichen Lehrer übergeben und schrittweise vom Anfang bis zum Ende gebildet werde und dass niemand nach Schulbeginn noch zugelassen oder vor Ende der Schule entlassen wird. Dadurch kann erreicht werden, dass *ein* Lehrer für eine größere Anzahl Schüler ausreicht und dennoch alle ohne Ausfall oder Lücke alles lernen. Daher ist es nötig, alle öffentlichen Schulen einmal im Jahr zu öffnen und zu schließen (meines Erachtens lieber im Herbst als im Frühling), damit das Pensum jeder Klasse einmal jährlich ablaufe und (mit Ausnahme der gar zu Schwachen) alle gleichzeitig zum Ziele geführt und zusammen in die nächste Klasse versetzt werden, so wie man in der Druckerei, nachdem man für alle Exemplare den Bogen A gedruckt hat, zu B, C, D usw. übergeht.

20. Gut gedruckte Bücher haben deutlich voneinander abgesetzte Kapitel, Spalten und Paragrafen mit bestimmten Zwischenräumen sowohl gegen den Rand hin als auch zwischen den Zeilen (teils aus [technischer] Notwendigkeit, teils der Übersichtlichkeit wegen). So müssen auch in der Lehrmethode bestimmte Perioden der Arbeiten und der Ruhe vorgesehen werden und bestimmte Pausen für eine angemessene Erholung. Wir haben jährliche, monatliche, tägliche und stündliche Pensen. Wenn diese eingehalten werden, so muss jede Klasse ihren Kreislauf vollenden und ihr jährliches Ziel erreichen. Mit gutem Grund lässt sich empfehlen, täglich nur vier Stunden dem öffentlichen Unterricht zu widmen, zwei am Vormittag und zwei am Nachmittag. Wenn dazu noch der Samstagnachmittag frei bleibt und der Sonntag ganz dem Gottesdienst geweiht wird, so kommen wöchentlich 22 Stunden zusammen; das macht, wenn man die notwendige Ferienzeit abrechnet, jährlich etwa 1000 Stunden. Und wie viel kann in diesen gelehrt und gelernt werden, wenn man nur immer methodisch vorgeht!

21. Wenn der Satz für den Druck bereit ist, nimmt man die Papierstöße und breitet die einzelnen Bogen flach übereinan-

der, damit sie gleich zur Hand sind und die Arbeit nicht verzögert wird. In gleicher Weise soll der Lehrer die Schüler so in seinem Blickfeld hinsetzen, dass er stets alle sieht und alle ihn sehen. Wie dies eingerichtet werden muss, haben wir Kap. 19, Probl. 1 besprochen.

22. Damit das Papier aufnahmefähiger wird für den Druck, pflegt man es anzufeuchten und einzuweichen. Gleicherweise müssen in der Schule die Schüler stets zur Aufmerksamkeit ermuntert werden, in der Weise, die wir im selben Kapitel angedeutet haben.

23. Ist dies geschehen, so werden die metallenen Typen mit Druckerschwärze eingefärbt, damit sie ihr Bild klar wiedergeben. So muss der Lehrer das Pensum der betreffenden Stunde mit seiner Stimme durch Vorlesen, Wiederholen und Erklären stets so deutlich machen, dass die Schüler alles klar erfassen können.

24. Sodann wird ein Bogen nach dem andern unter die Presse geschoben, sodass die wirkliche, metallene Form ihr Bild jedem einzeln aufdrückt. So soll der Lehrer, nachdem er jeweils den Sinn der Sache genügend erläutert und an einigen Beispielen gezeigt hat, wie leicht sie nachzuahmen sei, das gleich von den einzelnen fordern, damit sie sich anstrengen, ihm überall zu folgen, wo er vorangeht, und aus Lernenden Wissende zu werden.

25. Dann wird das bedruckte Papier der Luft und dem Wind ausgesetzt, damit es trocknet. In der Schule durchlüftet man den Geist mit Wiederholungen, Prüfungen und Wettbewerben so lange, bis man sicher sein kann, dass sich alles festgesetzt hat.

26. Zuletzt werden alle bedruckten Bogen wieder gesammelt und geordnet, damit man sieht, ob die Exemplare vollständig seien, nicht zu bemängeln und zum Verkauf oder Versand, zum Einbinden und Benutzen bereit. Dieselbe Wirkung haben die öffentlichen Examina am Ende des Jahres, in denen die Inspekto-

ren der Schule die Fortschritte der Schüler auf ihre Zuverlässigkeit und Kontinuität hin prüfen, um herauszufinden, ob wirklich gelernt worden ist, was hätte gelernt werden sollen.

27. Dies soll nur ganz allgemein gesagt sein. Nähere Einzelheiten bleiben anderen Gelegenheiten vorbehalten. Für jetzt genügt es, gezeigt zu haben, dass in derselben Weise, wie die Erfindung des Buchdrucks die Zahl der Bücher, dieser Träger der Bildung, vervielfältigt hat, durch die Erfindung der Didachografie oder Allmethode (παμμεθοδεία) die Gebildeten selbst vermehrt werden können – ein großer Schritt zur Besserung aller menschlichen Angelegenheiten nach jenem Wort: »Eine große Zahl von Weisen ist für die Welt ein Glück« (Weish. 6, 24). Und weil wir ja christliche Bildung verbreiten wollen, dürfen wir hoffen, mit den Wissenschaften und guten Sitten allen Christus geweihten Seelen schließlich auch die Frömmigkeit selbst einzupflanzen, gemäß der göttlichen Verheißung: Voll ist das Land von Erkenntnis des Herrn, wie von Wassern, die das Meer bedecken (Jes. 11, 9).

33. Kapitel

ERFORDERNISSE ZUR PRAKTISCHEN ANWENDUNG DIESER UNIVERSALMETHODE

Gute Gedanken kommen leider nicht immer zur Ausführung (1), auch im Schulwesen nicht (2/3). Hindernisse, die einer Schulreform im Wege stehen (4–8). Die Bücher müssen geschaffen werden durch ein Gelehrtenkollegium (9) mit öffentlicher Hilfe (10). Feierliche Ermahnung der Eltern (11), der Erzieher (12), der Gelehrten (13–15), der Geistlichen (16/17), der Behörden (18–20). Bitte an Gott (21).

1. Ich glaube, jeder, der unsern Darlegungen bis hierher aufmerksam gefolgt ist, wird einsehen, wie gut es um die christlichen Königreiche und Staaten bestellt wäre, wenn Schulen eingerichtet würden, wie wir sie wünschen. Wir müssen nun noch beifügen, was zu tun ist, damit diese Betrachtungen nicht bloß Betrachtungen bleiben, sondern irgendwann einmal Wirklichkeit werden können. Nicht zu Unrecht ist Johann Caecilius Frey erstaunt und unwillig darüber, dass im Verlauf so vieler Jahrhunderte niemand es gewagt hat, den barbarischen Gebräuchen in Schulen und Universitäten abzuhelfen.

2. Seit über hundert Jahren sind viele Klagen laut geworden über die Unordnung in den Schulen und in der Lehrmethode. Ganz besonders aber wurde in den letzten dreißig Jahren besorgt über eine Abhilfe beraten. Aber mit welchem Erfolg? Die Schu-

len sind durchweg geblieben, wie sie waren. Wenn jemand privat oder in einer besonderen Schule etwas unternahm, so kam er nur wenig vorwärts. Entweder wurde er vom Gelächter Unwissender empfangen oder vom Neid Übelwollender erdrückt; oder er erlag schließlich der Last der Arbeit, da er keine Hilfskräfte fand. So blieb bisher alles erfolglos.

3. Man muss also einen Weg suchen und finden, die Maschine, die für die Bewegung gut genug konstruiert ist oder doch auf guten Grundlagen aufgebaut werden könnte, mit Gottes Hilfe in Bewegung zu setzen, indem man vorsichtig und entschlossen wegräumt, was die Bewegung bisher gehindert hat oder sie noch hindern könnte, wenn man es nicht beseitigte.

4. Solche Hindernisse lassen sich verschiedene anmerken. Erstens fehlen z. B. Menschen, welche die Methode beherrschen und die überall eröffneten Schulen wirklich mit dem wünschbaren Nutzen leiten können. (Auch über unsere Janua, die schon in den Schulen eingeführt ist, hat ein Mann mit sicherem Urteil geklagt, sie habe unter dem Mangel an geeigneten Leuten zu leiden, die sie der Jugend einprägen könnten.)

5. Und wenn es derartige Lehrer gäbe und sie imstande wären, nach den gegebenen Anweisungen ihre Aufgaben zu erfüllen, wovon soll man sie dann unterhalten und in allen Städten und Dörfern und wo immer Menschen für Christus geboren und erzogen werden, ernähren?

6. Wie kann man ferner dafür sorgen, dass die Kinder der ärmeren Leute für den Schulbesuch freie Zeit erhalten?

7. Vor allem aber scheint der Hochmut der in der herkömmlichen Weise Gebildeten zu fürchten zu sein, die mit Vergnügen auf den alten Saiten falsch spielen, alles Neue verschmähen und hartnäckig bekämpfen oder Ähnliches vielleicht weniger Schlimmes [sich leisten]. Dem kann jedoch abgeholfen werden.

8. Eins ist von besonders großer Bedeutung. Fehlt es, so kann die ganze Maschine nutzlos werden, ist es vorhanden, so kann sie laufen: nämlich ein hinreichender Vorrat an »panmethodi-

schen« Büchern. Denn so leicht es ist, bei vorhandenem Gerät für den Buchdruck Leute zu finden, die es zu gebrauchen verstehen und gebrauchen wollen und die es sich etwas kosten lassen, gute und nützliche Bücher zu drucken, sowie solche, die derartig billige nützliche Bücher wieder kaufen: So leicht ist es auch, Gönner, Förderer und Helfer der allgemeinen Didaktik zu finden, wenn einmal ihre Hilfsmittel bereitstehen.

9. Daher steht und fällt die ganze Sache mit der Beschaffung panmethodischer Bücher. Diese aber hängt ab von der Einmütigkeit im Hinblick auf das heilige Ziel und von der Zusammenarbeit vieler geistreicher und gelehrter Männer, welche eine solche Arbeit nicht scheuen. Denn dies wäre nicht das Werk eines Mannes, der womöglich noch anders beschäftigt ist und der ja nie alles, was in der Panmethodik vereinigt werden muss, kennt. Ja, es wäre vielleicht nicht einmal das Werk eines einzigen Menschenalters, wenn es wirklich zur höchsten Vollkommenheit gebracht werden soll. Es ist also dazu eine kollegiale Arbeitsgemeinschaft notwendig.

10. Zur Berufung einer solchen bedürfte es der Autorität und Freigiebigkeit eines Königs oder Fürsten oder eines Staates, ferner eines ruhigen Ortes, einer Bibliothek und was sonst noch dazu gehört. Es ist ferner nötig, dass es sich niemand einfallen lässt, diese heiligen, auf die Mehrung des Ruhmes Gottes und des Heils der Menschheit gerichteten Bestrebungen zu bekämpfen. Alle sollen vielmehr wünschen, Diener der göttlichen Güte zu sein, die sich uns auf neue Weise freigiebiger mitteilen will.

11. Ihr teuersten *Eltern* also, deren Treue Gott seine kostbarsten Kleinode, seine lebendigen Ebenbilder anvertraut hat, entbrennt, wenn ihr hört, dass diese heilsamen Pläne besprochen werden. Bittet den höchsten Gott um einen glücklichen Ausgang. Dringt mit Bitten, Vorschlägen und Wünschen in die Großen und Gelehrten und lasst nicht ab, inzwischen eure Kinder fromm in Gottesfurcht zu erziehen und so jener umfassenden Bildung würdig den Weg zu bereiten.

12. Auch ihr, *Bildner* der Jugend, die ihr der Pflanzung und Bewässerung der Pflänzlein des Paradieses getreulich eure Arbeit widmet, bittet mit ernstlichem Flehen darum, dass diese Mittel zur Erleichterung eurer Mühen möglichst schnell beschafft und allgemein in Gebrauch genommen werden können. Denn da ihr berufen seid, den Himmel zu pflanzen und die Erde zu gründen (Jes. 51, 16), was kann euch Angenehmeres begegnen, als dass ihr eure Arbeit reiche Frucht tragen seht? Diese eure himmlische Berufung und das Vertrauen, das die Eltern in euch setzen, indem sie euch ihre Kinder (pignora) überlassen, sei Feuer in eurem Gebein, das euch – und durch euch andern – keine Ruhe lässt, bis das ganze Vaterland vom Lichte dieses Feuers entflammt und hell erstrahlt.

13. Und ihr *Gelehrten* schließlich, die Gott mit Weisheit und der Kraft begabt hat, solches zu beurteilen und gute Gedanken mit umsichtigem Ratschlag noch zu verbessern, seht zu und zaudert nicht, auch mit euern Funken, Fackeln und Blasebälgen dazu beizutragen, dass dies heilige Feuer geschürt werde. Jeder bedenke das Wort unseres Herrn Christus: Ein Feuer auf die Erde zu bringen bin ich gekommen, und wie sehr wünschte ich, es wäre schon entfacht (Luk. 12, 49). Und wenn *Er* will, dass sein Feuer brennen soll: Wehe dem, der dazu beitragen könnte, diese Flammen anzufachen, und weiter nichts herzubringt als etwa den Qualm der Missgunst, des Neides und der Widersetzlichkeit. Denket daran, welchen Lohn er den guten und getreuen Knechten verheißt, welche die ihnen zum Handeln anvertrauten Pfunde so anlegen, dass sie andere damit gewinnen, und welchen Lohn er den Trägen androht, die ihr Pfund vergraben (Matt. 25)! Hütet euch also, nur Gelehrte zu sein, und führt euern Kräften entsprechend auch andere zum selben Ziel. Auch das Beispiel Senecas soll euch anspornen, welcher sagt: Ich möchte alles, was ich weiß, auf andere übertragen; und: Wenn mir die Weisheit unter der Bedingung gegeben würde, dass ich sie verschlossen halten und nicht verkünden sollte, so würde

ich sie zurückweisen. Missgönnt also der gesamten Christenheit die Wissenschaft und Weisheit nicht, sondern sprecht mit Mose: Wollte Gott, dass alle im Volke des Herrn Propheten wären (4. Mos. 11, 29)! Und da wir wissen, dass für die Jugend gehörig sorgen gleichzeitig bedeutet: die Kirche und den Staat bilden und neu gestalten, sollten wir dann müßig dabeistehen, während andere Hand anlegen?

14. Ich beschwöre euch, *ein* Geist muss uns antreiben, es nicht zu verschmähen, Gott und der Nachwelt unsere Dienste zu widmen. Jeder von uns muss beitragen, was er kann, zur Erreichung des gemeinsamen und Heil bringenden Zieles mit Rat, Ermahnung, Verbesserung und Aufmunterung. Keiner glaube, es, gehe ihn nichts an. Denn wenn auch einer annimmt, er sei nicht für die Schule geboren, wenn er keinen kirchlichen, politischen oder ärztlichen Beruf ausüben kann, darf er sich deshalb doch nicht des gemeinsamen Strebens nach Verbesserung der Schulen enthoben glauben. Denn wenn wir die Treue in unserm Beruf und gegen den, der uns berufen hat, und gegen die, zu denen wir gesandt sind, bewähren wollen, so sind wir gewiss verpflichtet, nicht nur selbst Gott, der Kirche und dem Vaterland zu dienen, sondern auch dafür zu sorgen, dass solche nie fehlen, die nach uns dasselbe tun werden. Sokrates gereichte es zum Lob, dass er, obgleich er in einem hohen Amte dem Vaterland hätte nützliche Dienste leisten können, es vorzog, sich dem Unterricht der Jugend zu widmen. Er erklärte nämlich, dass der dem Staate mehr nütze, welcher viele für die Leitung tauglich mache, als der, welcher sich selbst an der Leitung beteilige.

15. Auch darum bitte ich und beschwöre euch im Namen Gottes, dass kein noch so Gelehrter das eben Gesagte verachte, weil es von einem weniger Gebildeten kommt. Denn manchmal sagt auch ein Kohlbauer etwas Brauchbares, und was du nicht weißt, das weiß vielleicht dein Eselein (sagt Chrysippus). Und Christus sagt: Der Wind weht, wo er will. Du hörst sein Sausen wohl,

aber du weißt nicht, woher er kommt und wohin er fährt. Ich beteuere vor dem Angesicht Gottes, dass mich keine geistige Vermessenheit noch Ruhmesdurst oder privater Vorteil dazu getrieben haben, diese Sache aufzugreifen; sondern die Liebe zu Gott und der Wunsch, die privaten und öffentlichen Angelegenheiten der Menschen zu bessern, spornen mich an, das, was ein verborgener Trieb mir beständig eingibt, nicht in Schweigen zu verbergen. Wenn sich also einer unseren Wünschen, unserem Verlangen, unseren Ermahnungen und Versuchen widersetzt, obgleich er sie fördern könnte, so wisse er, dass er damit nicht uns, sondern Gott, seinem Gewissen und unsrer gemeinsamen Natur, welche will, dass die öffentlichen Güter zu gemeinsamen Recht und Nutzen da sein sollen (communis juris [!] et usus), den Kampf ansagt.

16. Auch an euch, *Theologen*, wende ich mich. An euch wird voraussichtlich viel liegen, da ihr mit eurer Autorität unser Vorhaben leicht fördern oder hemmen könnt. Wenn ihr das Letztere vorzieht, wird sich erfüllen, was Bernhard zu sagen pflegte, nämlich Christus habe keine ärgeren Feinde als die, welche sich um ihn scharen, und die, welche unter ihnen herrschen. Aber wir wollen Besseres und euer Würdigeres erhoffen. Ihr werdet bedenken müssen, dass der Herr dem Petrus nicht nur seine Schafe zu weiden übergab, sondern auch seine Lämmer, und zwar zuerst die Lämmer (Joh. 21, 15). Die Hirten weiden ihre Schafe ja leichter, wenn die Lämmer schon für die Weide des Lebens an die Herdenordnung und den Hirtenstab der Zucht gewöhnt sind. Wer lieber ungezähmte Zuhörer will, verrät nur Ahnungslosigkeit. Welcher Goldschmied preist sich nicht glücklich, wenn ihm das Gold von den Bergleuten rein geliefert wird? Welcher Schuhmacher möchte nicht möglichst gut gegerbtes Leder bekommen? Lasst uns also ebenfalls Kinder des Lichtes sein, in unserer Sache mit Umsicht vorgehen und wünschen, dass die Schulen uns möglichst sorgfältig vorbereitete Hörer liefern.

17. Aber es soll in eurem Herzen kein Neid aufsteigen, ihr Diener des lebendigen Gottes. Ihr seid ja für andere die Führer zur Liebe, die nicht eifert, sich nicht aufbläht, nicht das Ihre sucht und das Böse nicht anrechnet. Missgönnt es keinem, sage ich, der etwas tut, das euch nicht in den Sinn gekommen ist. Wir wollen vielmehr einander zum Vorbild nehmen, dass (wie Gregorius sagt) wir alle, des Glaubens voll, uns bestreben, für Gott zu erklingen als Instrumente der Wahrheit.

18. Zu euch komme ich, die ihr im Namen Gottes den menschlichen Dingen vorsteht, ihr Herrscher der Völker und Verwalter der Staaten, an euch richtet sich meine Rede vor allem. Ihr seid wie Noah, euch ist zur Erhaltung des heiligen Samens in der schauerlichen Sintflut menschlicher Verirrungen der Bau der Arche von Gott aufgetragen (1. Mos. 6). Ihr seid jene Fürsten, die vor allen andern zum Bau des Heiligtums ihre Gaben spenden müssen, damit die Künstler, welche der Herr mit seinem Geiste erfüllt hat, Großes auszudenken, ihre Arbeit ausführen können (2. Mos. 36). Ihr seid David und Salomo, die zum Bau des Tempels des Herrn die Baumeister berufen und ihnen von allem Notwendigen die Fülle geben (1. Kön. 6 und 1. Chron. 29). Ihr seid die Hauptleute, die Christus liebt, wenn ihr seine Kleinsten lieb habt und ihnen »Synagogen« erbaut (Luk. 7, 5).

19. Um Christi willen bitte ich euch und beschwöre euch beim Heil der Nachkommenschaft, die wir erhoffen, merkt auf! Es geht hier um eine ernste, um eine furchtbar ernste Sache, die den Ruhm Gottes und das gemeinsame Heil der Völker betrifft. Ich bin von eurem Pflichtgefühl überzeugt, ihr Väter des Vaterlandes. Wenn etwa einer käme und guten Rat verhieße, wie mit wenig Kostenaufwand alle unsere Städte befestigt, die gesamte Jugend militärisch ausbildet, alle Flüsse schiffbar gemacht und mit Handel und Reichtum bevölkert, oder auf welche Weise der Staat und die einzelnen Bürger zu größerer Blüte und Sicherheit gebracht werden könnten: So würdet ihr dem Ratgeber nicht nur euer Ohr leihen, sondern wüsstet ihm auch Dank dafür,

dass er so treu um euren und der Eurigen Vorteil besorgt ist. Hier handelt es sich aber noch um *mehr.* Es wird hier der wahre, sichere und zuverlässige Weg gewiesen, eine ganze Fülle solcher Menschen beizubringen, die einer nach dem andern ohne Ende dem Vaterland mit solchen und ähnlichen Ratschlägen zu dienen imstande sind. Wenn Luther seligen Andenkens recht gehabt hat, als er die Städte Deutschlands aufforderte, Schulen zu errichten, und schrieb: »Wenn *ein* Goldstück ausgegeben wird zum Bau von Städten, Burgen, Befestigungen und Arsenalen, so müssen *hundert* daran gewendet werden, einen einzigen Jüngling recht zu unterrichten, der, wenn er ein Mann geworden, andere zu Tugendhaftem anführen kann. Denn ein guter und weiser Mann (so fährt er fort) ist das kostbarste Kleinod des Staates, an welchem mehr liegt als an glänzenden Palästen, an Haufen Goldes und Silbers, an eisernen Toren und ehernen Schlössern usw.« (damit stimmt überein, was Salomo, Pred. 9, 13 ff. sagt) – wenn wir dies also für ein weises Urteil halten, dass man keinen Aufwand scheuen dürfe, auch nur *einen* Jüngling richtig zu erziehen, was müssen wir erst sagen, wenn allen zu einer allgemeinen Bildung und zu einer zuverlässigen Veredelung des Geistes die Türe geöffnet wird? Wenn Gott seine Gaben nicht bloß tropfenweise einzugeben, sondern in Strömen auf uns zu regnen verheißt? Wenn sein Heil so nahekommt, dass sein Ruhm nun unter uns auf Erden wohnen soll?

20. Machet eure Tore weit, ihr Fürsten, und die Türen der Welt hoch, dass der König der Ehren einziehe (Ps. 24, 7). Bringet dem Herrn, ihr Gewaltigen, bringet dem Herren Lob und Ehre. Jeder von euch sei ein David, der dem Herrn schwur und gelobte dem Gott Jakobs, nicht in das Zelt seines Hauses zu gehen, noch auf das Lager seines Bettes zu steigen, seinen Augen keinen Schlaf zu gönnen und seinen Wimpern keinen Schlummer, bis er dem Herrn eine Wohnung fände, eine Ruhestätte seinem Zelt (Ps. 132, 2–5). Scheuet keine Kosten, schenket dem Herrn, und er wirds euch tausendfach vergelten. Denn obgleich er mit

Recht fordert und spricht: Mein ist das Silber und mein ist das Gold (Hag. 2, 8), bezeugt er doch seine Güte, indem er hinzusetzt (das Volk zum Bau seines Tempels ermahnend): Prüfet mich hierin, ob ich nicht über euch die Fenster des Himmels öffne und Segen über euch ausgieße bis zum Überfluss (Mal. 3, 10).

21. Du aber, Herr, unser Gott, gib uns ein fröhlich Herz, Deinem Ruhme zu dienen, ein jeder nach seinem Vermögen. Denn Dein ist die Herrlichkeit, die Kraft, der Ruhm und der Sieg. Alles im Himmel und auf Erden ist Dein. Dein, o Herr, ist das Reich, und Du herrschest über alle Fürsten. Dein ist Reichtum und Ruhm, Macht und Gewalt. In Deiner Hand steht es, ein jegliches groß und stark zu machen. Und was sind wir schon, die wir aus Deiner Hand nur alles empfangen? Gäste und Fremdlinge sind wir vor Dir wie alle unsere Väter. Gleich einem Schatten sind unsere Tage auf Erden und ohne Dauer, Herr unser Gott, alles was wir schaffen zur Ehre Deines heiligen Namens, kommt aus Deiner Hand. Gib Deinen »Salomos« ein ungeteiltes Herz, dass sie alles tun, was Deinen Ruhm fördert (1. Chron. 29, 11ff.). Stärke, was Du in uns gewirkt hast, o Herr (Ps. 68, 29). Lass Deine Knechte Dein Walten schauen und ihre Kinder Deine Herrlichkeit. Die Huld des Herrn unseres Gottes sei über uns, und das Werk unserer Hände wolle er fördern (Ps. 90, 16f.). Auf Dich, Herr, haben wir gehofft und werden nicht verderben in Ewigkeit.

AMEN

ANMERKUNGEN

GRUSS AN DEN LESER

»Sisyphus-Arbeit«: Sisyphos ist eine Gestalt der griechischen Mythologie, die dazu verdammt ist, auf ewig einen Felsen einen Berg hinaufzuwälzen, welcher, kurz vor dem Erreichen des Gipfels, jedes Mal wieder den Hang hinabrollt.

»Welches größere und bessere Geschenk könnten wir dem Gemeinwesen machen«: Über die Bedeutung der guten Bildung für die Ausgestaltung eines intakten Gemeinwesens äußert sich der römische Staatsmann und Schriftsteller Marcus Tullius Cicero (106. v. Chr. - 43 v. Chr.) in seiner Abhandlung *De divinatione* 2.2.4.

»Und Philipp Melanchthon schreibt«: In der hier von Comenius zitierten Weise lässt sich der Reformator Philipp Melanchthon (1497-1560) in einem am 19. September 1544 verfassten Brief an Joachim Camerarius (1500-1574) aus: *Corpus Reformatorum* (Philipp Melanchthon: *Opera omnia*, Halle 1834 ff.) V, S. 481.

»das Wort Gregors von Nazianz«: Gregor von Nazianz (329-390), Bischof von Sasima, schilderte die Bedeutung der Erziehung in seiner *Oratio sec. apolog.* 16.

»Ich denke an Leute wie Ratke, Lubin, Helwig, Ritter, Bodin, Glaum, Vogel, Wolfstirn und andere, die uns vielleicht nicht bekannt geworden sind«: Comenius weiß sehr genau, dass einige seiner hochgelehrten Zeitgenossen ebenfalls bahnbrechende Entwürfe einer modernen Didaktik vorgelegt haben. Sein eigenes Thema trifft also vollkommen den Nerv der Zeit. Anerkennend hebt er hier die Namen der aus seiner Sicht wichtigsten Unterrichtsrefomer hervor: Wolfgang Ratke (1571-1625); er veröffentlichte 1614 in Gießen seinen wegweisenden *Bericht von der Didactica, oder LehrKunst: Darinnen er Anleitung gibt, wie die Sprachen gar leicht und geschwinde können ohne sonderlichen Zwang und Verdruß der Jugend fortgepflantzet werden*; Eilhardus Lubinus (1565-1621); dieser Rostocker Poetik- und Theologieprofessor veröffentlichte eine pädagogische Abhandlung in der von ihm besorgten Ausgabe des Neuen Testamentes *Novi Jesu Christi Testamenti Graeco-Latino-Germanicae editionis pars prima ... Cum praeliminari ... epistola, in qua consilium de Latina lingua compendiose a pueris addiscenda exponitur*; Christoph Helwig (1581-1617); dieser Professor aus Gießen arbeitete mit Wolfgang Ratke eng zusammen und legte 1619 auch eine eigene Didaktik vor *Libri didactici grammaticae universalis Latinae, Graecae, Hebraicae, Chaldaicae, una cum generalis Didacticae delineatione et speciali ad colloquia familiaria applicatione*; Stephanus Ritter (1589-1630): *Nova Didactica, das ist wohlmeinender und in der Vernunft wohlbegründeter Unterricht, durch das Mittel und Weis die Jugend die lateinische Sprach mit viel weniger als sonsten anzuwendeten Müh und Zeit fassen und begreifen möge*, 1621; Elias Bodinus: *Bericht von der Natur- und vernunftsmessigen Didáctica oder Lehrkunst: Nebenst hellen und sonnenklaren Beweiß, wie heutigen Tages der studirenden Jugend die rechten fundamenta verruckt und entzogen werden*, Hamburg 1621; in Gießen lehrte von 1616 bis 1621 Philipp Glaum, der in der hessischen Universitätsstadt eine eigene Lernmethode zum raschen Wissenserwerb entwickelte: *Disputado Castellana de methodo docendi artem quamvis intra octiduum*, Gießen 1621. Der Göttinger Gelehrte Ezechiel Vogel publizierte 1628 *Ephemerides totius linguae latinae unius anni spatio duabus singulorum dierum profestorum horis juxta praemissam didacticam ex vero fundamento facili methodo docendae et discendae*; Jacob Wolffstirn legte 1619 vor *Schola privata, hoc est nova et compendiosissima ratio informandae pueritiae a primis litterarum (linguae Latinae et Germanicae) elementis usque ad perfectam grammatici sermonis Cognitionem*, Bremen 1619.

»Vor allem aber ist hier Johann Valentin Andreae zu nennen«: Besonders schätzt Comenius den württembergischen Hofprediger Johann Valentin Andreae (1586-1654) und dessen Schrift *Theophilus sive Consilium de Christiana religione sanctius colenda, vita temperantius instituenda et literatura rationabilius docenda*, Stuttgart 1649.

»als Janus Caecilius Frey im Jahre 1629 in Paris seine gescheite Didaktik veröffentlichte«: Der in Paris lebende badische Philosoph und Leibarzt der

Katharina von Medici Janus Cäcilius Frey verfasste die von Comenius geschätzte Schrift *Via ad Divas scientias artesque, Linguarum notitiam, sermones extemporaneos nova et expeditissima*. Sie erschien allerdings schon 1628.

»wie sie nach Tertullian bezeichnet werden mag«: Als Lernkunst bezeichnete Quintus Septimius Florens Tertullianus (nach 150 – nach 220), der erste lateinische Kirchenschriftsteller, die Didaktik in *De anima liber* 24.

»Die Nächstenliebe gebietet uns, so sagt Lubinus in seiner Didaktik«: In seiner oben erwähnten Ausgabe des Neuen Testamentes, S. 16 c.

»IHM, der aus dem Munde der Kinder sein Lob bereitet«: *Psalm* 8, 3.

EINLEITUNG

»Narden und Safran, Zimmet und Myrrhen«: Die *Große Didaktik* zitiert durchgängig aus der Bibel, aus dem Alten Testament und aus dem Neuen Testament gleichermaßen, wobei an etlichen Stellen im Text ein Beleg für die jeweils zitierte Bibelstelle angeführt wird. Das geschieht jedoch nicht immer. Hier etwa findet sich ein Zitat aus: *Hoheslied* 4, 14. Im folgenden werden die von Comenius nicht eigens genannten Bibelstellen aber noch, soweit kenntlich, in den Anmerkungen aufgeführt.

»in dem wir doch leben, weben und sind«: *Apostelgeschichte* 17, 28.

»Vermag wohl ein Mohr seine Haut zu ändern«: Flitner übersetzte hier im Jahr 1954 noch ganz unbefangen die von Comenius benutzte lateinische Vokabel »Aethiops« (Äthiopier) mit dem heute zwar verpönten Wort »Mohr«, das aber zu Lebzeiten des Comenius und noch Jahrhunderte danach als vollkommen treffende Bezeichnung für einen dunkelhäutigen Menschen im Deutschen ganz geläufig war. Das lateinische »Aethiops« leitet sich wiederum ab vom griechischen αἰθίοψ (in der Antike hergeleitet von αἴθειν aíthein, deutsch ›brennen‹ und ὤψ óps, deutsch ›Gesicht‹) als Bezeichnung aller dunkelhäutigen Bewohner einer riesigen Region, die neben dem heutigen Äthiopien noch die historischen Gebiete Nubien, Sudan und Teile Libyens umfasste, eigentlich das gesamte damals bekannte (Nordost-)Afrika.

»so holt ihn ein Seigneur fort«: Öffentliche Schulen litten in der Frühen Neuzeit vielfach darunter, dass die dort tätigen Lehrer oftmals von Adligen als Hauslehrer abgeworben wurden und fortan nur noch für den privaten Unterricht für sehr wenige privilegierte Schüler zuständig waren.

»Vernichtet das Böse mit dem zweischneidigen Schwert der Rede, das euch gegeben ist«: Vgl. *Offenbarung* 2, 12.

»und lasse uns in seinem Lichte das Licht sehen«: *Psalm* 36, 10.

VOM NUTZEN DER LEHRKUNST
»wie Cicero in dem erwähnten Zitat bezeugt«: Cicero: *De divinatione* 2.2. 4.

»Der Pythagoräer Diogenes sagt, dem Bericht des Stobaeus, das gleiche«: Comenius bezieht sich hier auf den im 5. Nachchristlichen Jahrhundert lebenden griechischen Autor und Kompilator antiker Weisheiten Johannes Stobaios und dessen *Anthologion* (Florilegium) – wo aber die Aussage über die Erziehung der Jugend nicht Diogenes, sondern dem Pythagorasschüler Diotogenes zugesprochen wird.

»Wo aber Gott die Mittel in die Hand gibt, hieße es ihn versuchen, wollte man Wunder fordern«: *Matthäus* 12, 39; *Lukas* 11, 29.

»Nie haben Reben gute Frucht getragen, die nicht gut gezogen waren«: Vgl. *Matthäus* 11 f..

»Joh. Val. Andreae«: Johann Valentin Andreae: *Theophilus*, Stuttgart 1649, S. 16.

1. KAPITEL
»Als Pittacus einst seinen berühmten Ausspruch ›Erkenne dich selbst‹ getan hatte«: Pittakos (650 v. Chr. – um 570 v. Chr.) galt als einer der sieben Weisen Athens. Der Sinnspruch und die zughörige Geschichte wurden dargestellt in der Aphorismensammlung des holländischen Humanisten Erasmus: *Adagia* 1.6.95.

2. KAPITEL
»Aus einem Tropfen väterlichen Blutes«: Im 17. Jahrhundert war die Auffassung verbreitet, dass auch das Sperma als Lebenssaft ein Teil des menschlichen (und tierischen) Blutkreislaufs war, den der Engländer William Harvey (1578–1657) im Jahr 1628 erstmals beschrieb.

»nach dem Zeugnis des Festus«: Der römische Lexikograph Sextus Pompeius Festus, der in der zweiten Hälfte des 2. Jahrhunderts lebte, beschrieb den Tod als ein Fortgehen (»abitio«) in seinem Wörterbuch *De verborum significatu*.

5. KAPITEL

»von Natur aus Kinder des Zorns«: *Epheserbrief* 2f..

»In diesem Sinne hat Ludovicus Vives gesagt«: Der spanische Humanist Juan Luis Vives (1492-1540) äußerte sich im genannten Sinne im ersten Buch der Schrift *De concordia et discordia in humano genere* und *Liber de pacificatione* aus dem Jahr 1529.

»was Seneca schreibt«: Seneca, *Epistulae* 92. 29-30. Bei dem Einschub in Klammern handelt es sich um eine Erklärung von Comenius

»Dem Menschen ist ferner der Wissensdrang eigepflanzt«: Gemäß dem berühmten Auftakt der Metaphysik des Aristoteles verfügen alle Menschen von Natur aus über einen Appetit (ὄρεξις) nach Wissen: Aristoteles, *Metaphysik* I, Anfang.

»wie Bernhard sagt«: Über die einsam meditierenden Gottsucher lässt sich der Zisterziensermönch Bernhard von Clairvaux (1090-1153) aus in seinen *Epistulae* 106. 2.

»alles nach Maß, Zahl und Gewicht geordnet«: *Buch der Weisheit* 11, 20.

»Es ist so, wie Seneca sagt«: *De benificiis* 4.6.6.

»die *Erde* mit der die Schrift oft unser Herz vergleicht«: Im Gleichnis vom Sämann vergleicht Jesus im Neuen Testament an verschiedenen Stellen den für die gute Saat aufnahmefähigen Boden mehrfach mit dem für Gottes Wort empfänglichen Herzen des Menschen (vgl. *Matthäus* 13, 1-9; *Markus* 4, 1-9; *Lukas* 8, 4-8).

»Aristoteles hat den Geist des Menschen mit einer *leeren Tafel* verglichen«: Aristoteles *De anima* (Περὶ ψυχῆς) III. 4.

»So sagt Cicero«: Cicero, *Tusculanae disputationes*, 3.1.2. Der Einschub in Klammern wurde von Comenius vorgenommen.

»schreibt Aristoteles«: Aristoteles, *De caelo* (Περὶ οὐρανοῦ) I, 3.

»Und Seneca sagt«: Seneca, *Epistulae*, 95.50.

»Plato sagt«: Sinngemäß beschreibt Plato Gott als das höchste Gut im vierten Kapitel des Dialogs *Timaios*.

»bestätigt Cicero«: Cicero, *De natura deorum* 1.42.117.

»wie Laktanz schreibt«: Der christliche Kirchenvater Lactantius (240 n. Chr. – 320 n. Chr.) bezog die Vokabel »religio« auf das lateinische Verb religare »anbinden, zurückbinden, festhalten, an etwas festmachen« zurück, vgl. Lactantius, *Divinarum institutionum* 4.28. Es handelt sich hierbei jedoch um eine Deutung, für die ein etymologischer Beweis letztlich fehlt.

»wie konnte dann Christus von den Kindern predigen, ihrer sei das Reich Gottes«: Vgl. *Matthäus* 19, 13-15; *Markus* 10, 13-16; *Lukas* 18, 15-17.

»Bekannt ist auch jener Vers des Horaz«: Horaz, *Epistulae* 1.1.39.

6. KAPITEL

»Denn die Dinge sind dunkel und die Sprachen verwirrt worden«: Die im alttestamentlichen Buch *Genesis* (11, 9) erzählte Geschichte vom Turmbau zu Babel deutet die Existenz der verschiedenen Sprachen der Völker als Gottes Strafe für den frevelhaften und vermessenen Wunsch der Menschen, einen Turm zu bauen, »dessen Spitze bis an den Himmel reiche«.

»Es gibt Beispiele dafür, dass Menschen, die in ihrer Kindheit von wilden Tieren geraubt und unter ihnen aufgezogen wurden«: Die hier von Comenius wiedergegebenen Berichte von sogenannten ›Wilden Kindern‹ oder ›Wolfskindern‹ haben Pädagogen zu allen Zeiten fasziniert. Am bekanntesten ist heute – wohl gerade auch wegen des darauf bezugnehmenden Spielfilms *L'Enfant sauvage* (1970) von François Truffaut – die Geschichte des Victor von Aveyron (um 1788-1828), einem im Wald bei Saint-Sernin-sur-Rance im Département Aveyron über viele Jahre nackt und allein lebenden Jungen, der erst 1798 im Alter von etwa zehn Jahren eingefangen und dann vom Arzt Jean Itard (1774-1838) aufgenommen und eingehend untersucht wurde. Außer der Geschichte des Victor von Aveyron und jener von Comenius beschriebenen Episode, die vom sogenannten Bamberger Kalbsjungen handelt, der im 17. Jahrhundert am Hof des Fürstbischofs von Bamberg lebte, sind bis heute über 50 vergleichbare Fälle dokumentiert worden. Die Fälle der Frühen Neuzeit wurden ausführlich erörtert in: Hansjörg Bruland: *Wilde Kinder in der Frühen Neuzeit. Geschichten von der Natur des Menschen*, Stuttgart 2008.

»Dasselbe Ereignis erwähnt Camerarius«: Die Stelle bei Dresser konnte nicht nachgewiesen werden; Der Rechtsgelehrte Philipp Camerarius (1537-1624) beschreibt sie in seinen *Operae Horarum Subcisivarum, Sive Meditationes Historicae* I, 75, Frankfurt 1602.

»Gulartius berichtet in seinem Buch«: Der reformierte Theologe Simon Goulart (1543-1628) berichet über diese Zusammenhänge unter der Rubrik »Enfans nourris parmi les loups« in *Thrésor d'histoires admirables*, Paris 1600/10.

»So wahr ist es, was Plato schreibt«: Plato, *Gesetze* 6.12.

»wie einmal jemand sagte, eine goldene Scheide, mit einem bleiernen Dolch darin«: Diogenes Laertius, *De vitiis philosophorum* 6.65.

7. KAPITEL
»Daher sagt Cicero«: Cicero, *Cato maior de senectute* 21.78.

»sagt Seneca«: Seneca, *Epistulae* 36.4.

8. KAPITEL
»wie Josephus berichtet«: Flavius Josephus, *Antiquitatum Judaicarum*, 1.106.

»Schulen errichtet, Synagogen genannt«: Es ist seltsam, dass Comenius hier von den immer auch als Schulen dienenden Synagogen der Juden in der Vergangenheitsform berichtet, als hätten diese nur bis zum Auftreten des Jesus von Nazareth Bestand gehabt. Als der böhmische Pädagoge seine *Große Didaktik* in Amsterdam in den Druck gehen ließ, gab es gerade dort eine wichtige jüdische Gemeinde von europaweiter Bedeutung, die sich sogar mitten in der Stadt eine großartige neue Synagoge errichtete, die 1675 eingeweiht wurde. Auch wenn die *Große Didaktik* frei von antijüdischen Vorurteilen ist, ist das gänzliche Übersehen der Bedeutung des Judentums für die europäische Bildungsgeschichte des Mittelalters und der Frühen Neuzeit doch ein Blinder Fleck in diesem Buch.

»Von Karl dem Großen bezeugen die Geschichtsbücher«: In dem Mahnschreiben »Admonitio generalis« von 789 befahl der damalige Frankenkönig und spätere Kaiser eine flächendeckende Gründung von Domschulen in seinem gesamten Herrschaftsbereich. Diese Entscheidung erwies sich in der Folge als eine bedeutende Grundlage für die weitere Entwicklung des europäischen Schulwesens.

»Ein starkes Pferd eilt davon«: Ovid, *Ars amatoria* 595.

9. KAPITEL

»Dass bei Gott kein Ansehen der Person gilt, hat er selbst oft kundgetan«: Vgl. z. B. Römerbrief 2, 11: »Denn es ist kein Ansehen der Person vor Gott«. So auch 2. Chronik 19,7; *Apostelgeschichte* 10,34; *Kolosserbrief* 3,25; 1. *Petrusbrief* 1,17.

»So wahr ist also der Ausspruch des Poeten«: Vergil, *Georgica* 1.145.

»denn ein jedes ist zu seiner Zeit vortrefflich«: *Jesus Sirach* 39 f..

»den Ausspruch Juvenals«: Juvenal, *Saturae* 6.448-50.

»oder was Euripides den Hippolyt sagen lässt«: Euripides, *Hippolytos* 5.640.

10. KAPITEL

»Pythagoras mit der Arithmetik«: Pythagoras von Samos (um 570 v. Chr. - nach 510. v. Chr.) war einer der bedeutendsten vorsokratischen Philosophen und Mathematiker der griechischen Antike.

»Agricola mit dem Bergbau«: Der sächsische Mineraloge Georgius Agricola - latinisiert aus Georg Bauer - (1494-1555) gilt als einer der Begründer der modernen Geologie.

»Longolius - der doch nur das Ziel hatte, ein vollkommener Ciceronianer zu werden«: Christophorus Longolius (ca. 1490-1522) - latinisiert aus Christophe de Longueil - war ein französischer Humanist, der mit Erasmus darüber sritt, ob man das Latein des Cicero genau nachahmen müsser oder besser zeitgemäß umgestalten solle.

»Denn weise hat der gesprochen, welcher sagte, die Schulen seien Werkstätten der Menschlichkeit«: Hier handelt es sich um ein Selbstlob des Comenius, denn das Wort von den Schulen als »officinae humanitatis« hat er selbst geprägt.

»Nichts im Leben ist süßer als das Philosophieren«: Hier könnte es sich um eine Anspielung auf entsprechende Aussagen in Platos Apologie des Sokrates handeln.

»Ein gutes Gewissen ist ein dauerndes Freudenfest«: Vgl. *Sprüche* 15, 15 in der Übersetzung von Martin Luther: »Ein guter Mut ist ein tägliches Fest«.

11. KAPITEL

»Doktor Luther spricht in seiner Mahnschrift«: Der Reformator Martin Luther ist für den evangelischen Pädagogen Comenius eine Autorität. Sein Name wird in der gesamten *Großen Didaktik* wiederholt genannt. Hier bezieht sich die Anspielung auf die schulpolitischen und didaktischen Thesen aus Luthers Schrift *An die Burgermeyster und Radherrn allerley Stedte ynn Deutschen landen*, die allerdings schon – anders als bei Comenius angegeben – im Jahr 1524 erschien. Der aus der Schrift zitierte Satz findet sich in der Weimarer Ausgabe *D. Martin Luthers Werke*, Bd. 15 (Predigten und Schriften 1524), S. 44f.

»Der berühmte Eilhard Lubinus«: Eilhardus Lubinus, *Novi Jesu Christi Testamenti*, Rostock 1617, S. 7.

»Brächte doch Jupiter mir die vergangenen Tage zurück«: Vergil, *Aeneis* 8.560.

12. KAPITEL

»ein großes Schiff, das hundert Männer nicht von der Stelle bewegen konnten«: Der griechische Mathematiker Archimedes von Syrakus (287 v. Chr. – 212 v. Chr.) entwarf für den König Hieron II. von Syrakus um 240 v. Chr. ein gewaltiges Schiff, die Syrakusia, das zu den größten Wasserfahrzeugen des gesamten Altertums zählte. Wegen seines außerordentlichen Gewichts des Schiffes konnte es zunächst nach seiner Fertigstellung nicht zu Wasser gelassen werden. Schließlich erfand Archimedes einen Seilzug, mit dessen Hilfe das Schiff von nur sehr wenigen Männern ins Wasser gezogen werden konnte.

»mit Ausnahme dessen von Kastilien«: Der Auftraggeber des Kolumbus war König Ferdinand II. von Aragón (1452-1516), der von 1474 bis 1504 gemeinsam mit seiner Frau Isabella als Ferdinand V. auch König von Kastilien und León war.

»Johannes Faustus, der Erfinder der Buchdruckerkunst«: Comenius betrachtet offensichtlich den Verleger Johannes Fust (auch Johannes Faust oder Faustus genannt), der von 1400 bis 1466 lebte, als Erfinder des Buchdrucks, also nicht Johannes Gutenberg (1400-1468), dessen Mitarbeiter Fust war.

»Berthold Schwarz, der Erfinder des Schießpulvers«: Die Gestalt des von Comenius hier angeführten, angeblich alchemistisch tätigen Franziskanermönchs Berthold Schwarz wird heute von Historikern in das Reich der Lgenden verwiesen. Vgl. dazu James Riddick Partington: *A history of Greek Fire and Gunpowder*, Baltimore 1999 (Kapitel 3: The Legend of Black Berthold).

»Aber nicht aus jedem Holze lässt sich ein Merkur machen«: Wohl entnommen aus der berühmten Aphorismensammlung des Erasmus: *Adagia* 2.4.45.

»da der eine wohl wollte, aber nicht konnte, der andere konnte, aber nicht wollte«: Diese Anekdote stammt wohl aus dem *Florilegium magnum seu Polyanthea* von Joseph Lang (vgl. Abschnitt ›Discipulus‹), Frankfurt 1621, S. 865.

»Aristoteles jedenfalls hat verkündet«: Vgl. dazu die Ausführungen zu Aristoteles in den Anmerkungen zum 5. Kapitel.

»Ein Beispiel in Themistokles«: Der griechische Historiker und Schriftsteller Plutarch (45-125 n. Chr.) führte diese Episode in seinen berühmten Parallelbiographien großer Griechen und Römer an (in der Biographie des Themistokles, Kapitel 2).

»Plutarch überlieferte diese Geschichte«: Plutarch, *Alexander* (Kapitel 6). Der von Comenius gebrachte Zusatz stammt jedoch nicht von Plutarch, sondern aus Langs *Florilegium* (s. o.), Abschnitt ›Educatio‹.

»dass sich für jegliches Übel in der ganzen Natur ein Gegenmittel finden lässt«: Die Lehre von den natürlichen Gegenmitteln (antidota) spielt seit dem Wirken des Arztes Aelius Galenos von Pergamon, der im zweiten nachchristlichen Jahrhundert lebte, in der europäischen Medizin eine bedeutende Rolle.

»Faulen Boden soll man nicht bebauen, noch berühren, sagt Cato«: Dieser Ausspruch des Staatsmannes, Feldherrn und Schrifsteller Marcus Porcius Cato, genannt Cato maior (234 v. Chr. - 149 v. Chr.), entstammt dem etwa 150 v. Chr. verfassten Buch über den Ackerbau *De agri cultura* 5.6.

»ein Wort Plutarchs«: Vgl. Plutarch, *De educatione puerorum*, 4. Kapitel.

13. KAPITEL

»Mischung von Salpeter und Schwefel«: Um das Schwarzpulver genannte Schießpulver herzustellen, muss man Salpeter und Schwefel im richtigen Verhältnis von 75% zu 10% vermengen – unter Beigabe von 15% Holzkohle.

»Mit Hilfe der Archimedischen Maschine«: Vgl. die zugehörige Anmerkung zum 12. Kapitel über das große Schiff des Hieron.

14. KAPITEL

»Als Daedalus ihn nachahmen wollte«: Der Techniker und Erfinder Daedalos ist eine Gestalt der griechischen Mythologie. Für sich und seinen Sohn Ikaros fertigte er aus Vogelfedern und Kerzenwachs kunstvoll Flügel an, mit denen sich beide in die Lüfte erheben konnten. Für Ikaros hatte diese Unternehmung einen fatalen Ausgang, da er sich zu Nahe an die Sonne bewegte. Das Wachs, das die Feder gut verklebt hatte, schmolz dahin, und Ikaros stürzte in der Nähe von Samos ins Meer, das heute wegen dieser Erzählung Ikarisches Meer genannt wird.

»Dass die Kunst allein durch Nachahmung der Natur etwas vermag«: Vgl. Aristoteles, *Metaphysik* IV.3.

»Unter der Leitung der Natur kann man unmöglich irren«: Vgl. Cicero, *De officiis* 1.28.100.

»Das Leben ist kurz, die Kunst aber lang«: Der hier dem griechischen Arzt Hippokrates zugeschriebene Satz ist in der Antike ein durchaus geflügeltes Wort, das im lateinischen Wortlaut in indirekter Rede in Senecas Schrift über die Kürze des Lebens »De brevitate vitae« (1.1) überliefert ist.

15. KAPITEL

»Was die Kürze des Lebens betrifft, so beklagen sich Aristoteles und Hippokrates darüber«: Es ist Seneca (*De brevitate vitae* 1.2) der Aristoteles diesen Ausspruch zuschreibt, welcher seinerseits auf Hippokrates zurückzuführen ist. Vgl. dazu auch die entsprechenden Amerkungen zum 14. Kapitel der *Großen Didaktik*.

»Weise aber entgegnet Seneca«: Seneca, *De brevitate vitae* 1.2.

»Ein nicht unbekannter Autor«: Der Arzt und katholische Universalgelehrte Hippolyt Guarinoni (1571-1654) schrieb die zitierten Sätze in seiner Schrift über *Die Grewel der Verwüstung menschlichen Geschlechts*, Ingolstadt 1610, Kapitel IV.

»Pico della Mirandola erreichte nicht einmal das Alter Alexanders«: Der italienische Humanist und Giovanni Pico della Mirandola (1463-1494), der zu seiner Lebenszeit wegen seiner herausragenden Universalbildung bewundert wurde, verstarb bereits in seinem 32. Lebensjahr.

»Hier muss ich die im gleichen Sinne gesprochenen goldenen Worte Senecas anführen«: Alle Zitate finden sich in Senecas *Epistulae* 93. 1-8.

»Bete um einen gesunden Verstand in einem gesunden Körper«: Comenius zitiert hier die berühmte Wendung »mens sana in corpore sano« des römischen Satirikers Juvenal aus den *Saturae* 10. 356.

»das bekannte Verschen«: Der Spruch ist im epischen Lehrgedicht »Werke und Tage (Ἔργα καὶ ἡμέραι)« des griechischen Dichters Hesiod zu finden (V, 361f.), das um 700 v. Chr. entstand.

»Deshalb hat Seneca recht«: Seneca, *De brevitate vitae* I. 3.

16. KAPITEL

»Es ist nämlich nutzlos, Vorschriften zu erlassen, wenn man nicht vorher beseitigt, was ihnen im Wege steht, sagt Seneca«: Seneca, *Epistulae* 95.38.

»Der große Joseph Scaliger«: Joseph Justus Scaliger (1540-1609), der lange an der Universität Leiden in Holland wirkte, war einer der größten Altphilologen und Gelehrten der Frühen Neuzeit. Er war der Sohn des italienischen Humanisten, Dichters und Naturphilosophen Julius Caesar Scaliger (1484-1558).

»Ganz richtig schreibt Hugo«: Hugo von St. Victor, *Ecclesiasten Homilia* XVII.

17. KAPITEL

»Eben deshalb hat Aristoteles das Freilegen zu den Voraussetzungen aller Dinge gerechnet«: Aristoteles, *Physik* I.8 und I.9.

»Mit Recht sagt deshalb Seneca«: Diesen Ausspruch übernahm Comenius wohl aus Joseph Langs *Florilegium magnum*, Abschnitt ›Institut‹ (Frankfurt 1621, Sp. 1496).

»Und Cicero sagt«: Cicero, *Tusculanae disputationes* II, 5, 13.

»Daher sagt Isokrates«: Zitiert wird hier ein Ausspruch des attischen Rhetors Isokrates (436 v. Chr. - 338 v.) aus Precepta ad Demonicum § 18.

»Quintilian: Der Lerneifer wurzelt im Willen«: Der römische Rhetoriklehrer Marcus Fabius Quintilianus (35 n. Chr. - 96 n. Chr.) äußerte diese Auffassung in seinem Lehrwerk *Institutio oratoria*, I, 3, 8.

»so dass das Angenehme mit dem Nützlichen verbunden ist«: Dieses berühmte Lehrprinzip formulierte klassisch der römische Dichter Horaz in seinen *Epistulae* 2. 3. 343.

»nach denselben grammatischen Regeln (z. B. denen des Melanchthon oder des Ramus)«: Sowohl die *Grammaticae graecae institutiones*, 1518, des deutschen Reformators Philipp Melanchthon (1497-1560) und als auch die *Scholae grammaticae libri* II, 1559, des französischen Humanisten Petrus Ramus (1515-1575) zählten noch im 17. Jahrhundert zu den wichtigsten Grammatiken Europas.

»ein Gefäß mit enger Öffnung (dem sich der kindliche Geist vergleichen lässt): Vgl. Quintilian, *Institutio oratoria* 1. 2. 27.

18. KAPITEL

»Nach Hieronymus soll man solches Wissen auf Erden lehren, das bis in den Himmel hinein Bestand hat«: Der Kirchenvater Sophronius Eusebius Hieronymus (347-420) äußerte sich in dieser Weise in seinen Epistulae 53.9.

»und sich wie die Krähe bei Aesop mit fremden Federn zu schmücken«: Diese Erzählung findet sich im Werk des im 1. nachchristlichen Jahrhundert lebenden römischen Fabeldichter Phaedrus, der sie in seinem Konvolut äsopischer Fabeln wiedergibt: Phaedrus, Fabulae Aesopicae 1. 3.

»Diesen ruft Horaz zu«: Horaz, Epistulae 1. 19. 19.

»mit Ausnahme dessen von Cnapius Polonus«: Der polnische Jesuit und Philologe Grzegorz Knapski (1561-1638) gab den bedeutenden Thesaurus Polono-Latino-Graecus (Krakau 1621) heraus.

»Wahr ist das Wort Quintilians«: Quintilian, Institutio oratoria 11. 2.1.

»Wahr spricht auch Ludovicus Vives«: De tradendis discipl. lib. III. Opera, Basel 1555, Bd. I, S. 468.

»Und in seiner »Einführung in die Weisheit« sagt er«: Vives, Introd. ad sapient. 180-183, Opera, Basel 1555, Bd. II, S. 77.

»Dein Wissen ist nichts, wenn nicht ein anderer weiß, dass du weißt«: Persius Flaccus: Saturae 1. 27.

»Der geistreiche Joachim Fortius bezeugt«: Joachim Sterck van Ringelberg (latinisiert Joachim Fortius); (um 1499-1531) war ein flämischer Universalgelehrter, De ratione studii in: H. Grotii et aliorum Dissertationes de studiis instituendis, Amsterdam 1645, Abs. De ratione docendi.

19. KAPITEL

»So gilt hier das Wort Senecas«: Seneca, Epistulae 29, 1.

»Der Geist eines verständigen Mannes ist kostbar«: In den Sprüchen Salomos heißt es in 17,27 in der Übersetzung von Martin Luther: Ein Vernünftiger mäßigt seine Rede, und ein verständiger Mann wird nicht hitzig.

»22. Eine solche tägliche Übung der Aufmerksamkeit«: Die falsche Nummerierung des Originaldrucks (Nr. 21 ist ausgelassen) wurde hier beibehalten.

»Hippokrates, der sich hineingeschlichen hatte«: Diese Episode findet sich bei dem römischen Gelehrten Gaius Secundus Plinius Maior in seiner Hauptschrift *Naturalis historiae* 29. 1. 2.

»Und über die Regeln sagt Seneca ausdrücklich«: Seneca, *Epistulae* 38, 1.

»Darauf ist hinzuwirken (sagt Seneca im 9. Brief)«: Seneca, *Epistulae* 9, 20.

»laut Seneca«: Seneca, *Epistulae* 84, 2.

»wie Augustin sagt, wir fortschreitend schreiben und schreibend fortschreiten«: Comenius zitiert hier ein Wort des Kirchenlehrers Aurelius Augustinus (354-430) aus dessen *Epistulae* 143.2.

»damit erfüllen wir den Wunsch D. Luthers«: Vgl. dazu die entsprechende Anmerkung zu Kapitel 11.

»Welche Torheit, sagt Seneca, bei solchem Zeitmangel noch Überflüssiges zu lernen«: Seneca, *Epistulae* 48. 12.

»ohne die Gunst der Minerva«: Die römische Göttin Minerva symbolisiert als Hüterin der Weisheit die Befähigung zur Wissenschaft.

20. KAPITEL

»Daher der Ausspruch des Plautus«: Zitiert wird hier ein Ausspruch des römischen Komödiendichters Titus Maccius Plautus (um 254 v. Chr. – um 184 v. Chr.) aus dem Stück *Truculentus* 5. 489.

»Horaz, was vom Ohr zum Geist gelangt«: Horaz, *Epistulae* 2. 3. 180.

»Makromikrokosmos des Robert Fludd«: Comenius bezieht sich hier auf die 1626 in Frankfurt veröffentlichte Schrift *Utriusque cosmi, majoris sc. et minoris, metaphysica, physica atque technica historia* (1. T: *Macrocosmi*, 2. T: *Microcosmi historia*) des englischen Naturphilosophen und Mediziners Robert Fludd (1574-1637), vgl. dort den Abschnitt ›Philosophia vere Christiana seu meteorologia‹.

»Wissen heißt, ein Ding aus seinen Ursachen begreifen«: Aristoteles, *Metaphysik* I, Kapitel 2.

21. KAPITEL
»sagt Vives«: Dieses Zitat konnte nicht zugeordnet werden.

»Lang und schwierig wird der Weg durch Vorschriften, kurz und erfolgreich durch Beispiele«: Dieser Lehrsatz lässt sich bei Quintilian finden, hingegen aber bei Seneca, *Epistulae* 6, 5.

»Wort des Terenz: Geh voran, ich werde folgen«: Dieses Wort des römischen Komödiendichters Publius Terentius Afer (zwischen 195 und 184 v. Chr. – 159 oder 158 v. Chr.) stammt aus seinem Stück *Andria* 1. 1. 144).

»reich an Schätzen«: Diese Wendung findet sich bei Vergil, *Aeneis* 1. 14.

»Wenn Cicero sagt«: Dieses Wort des Cicero findet sich in seiner Abhandlung *De divinatione* 2. 42. 87.

»Daher verlangte der Musiker Timotheus«: Diese Begebenheit wird ausgeführt in Quintilians *Institutio oratoria* 2. 3. 3.

22. KAPITEL
»die »Janua Linguarum« (das Tor zu den Sprachen)«: Johann Amos Comenius: *Janua linguarum reserata, sive Seminarium linguarum et scientiarum omnium*, Lissa (Leszno) 1631. Dieses Lateinlehrbuch hatte Comenius schon 1629 verfasst, doch dauerte es bis zur Veröffentlichung noch zwei weitere Jahre.

»Denn selbst Cicero beherrschte nicht die ganze lateinische Sprache«: Ciceros Eingeständnis findet sich in seiner Schrift *De finibus bonorum et malorum* 3. 2. 4.

»Cicero sagt, er könne keinen reden lehren, der nicht sprechen könne«: Cicero, *De oratore* 3. 10. 38.

»mein ›Vestibulum‹«: Comenius veröffentlichte 1632 eine vereinfachte Version seiner *Janua Linguarum*, die er *Januae linguarum reseratae vestibulum* nannte oder verkürzt auch nur *Vestibulum* (deutsch: Vorhalle).

»Der polnische Jesuit Gregorius Cnapius«: Vergleich die entprechende Erläuterung zu Knapski in den Anmerkungen zu Kapitel 18.

23. KAPITEL
»Senecas Wort«: Seneca, *Epistulae* 88. 1.

Schön sagt Vives«: Juan Luis Vives, *Introductio ad sapientiam* 1.

»wer seine Pferde recht aufzieht, sagt Laktanz«: Hier handelt es sich, anders als Comenius sich zu erinnern glaubt, vielmehr an ein Wort von Plutarch aus der Schrift *De audiendo*.

»So wird sich der Ausspruch des Seneca bewähren«: Seneca, *Epistulae* 31. 4.

24. KAPITEL
»drei Dinge, so sagt D. Luther, machen den Theologen aus«: In der Vorrede zur Ausgabe seiner deutschen Schriften von 1539 benennt Luther »oratio, meditatio, tentatio« als (WA 50, 659) die Hauptwirkungsbereiche des Theologen.

»Gott hat durchs Gesetz geboten, ihm alle Erstlinge zu weihen«: Vgl. *Exodus* 22, 29 und 23, 19.

»die Geschichte von Lazarus und dem reichen Mann«: Lukas 16, 19 ff.

»das Wort des Hyperius«: Von der Bedeutung des Studiums der Bibel spricht der reformierte Theologe Andreas Hyperius (1511–1564) im zweiten Buch seines Werks *De theologo seu ratione studii theologici libri IV*, Basel 1559.

»Schön hat sich seinerzeit Erasmus darüber ausgesprochen«: Erasmus, *Opera* (Leiden 1704), Sp. 140.

»Erasmus sagt in seinem Lehrbuch der Theologie«. Gemeint ist hier die 1520 erschienene Schrift *Ratio seu methodus compendio perveniendi ad veram theologiam* des Erasmus von Rotterdam.

»So wie Abraham es tat«: *Genesis* 22, 16–18.

»Fulgentius teilt die Wohltaten Gottes in drei Klassen«: Fulgentius (um

467–533), Bischof im nordafrikanischen Ruspe, nimmt diese Zuordnung vor in seinen *Epistulae* 2. 12. 21.

»in Ewigkeit bestraft wie der reiche Mann«: Vgl. *Lukas* 16, 19 ff.

»Verstoß gegen Priscian«: Der byzantinische Grammatiker Priscianus Caesariensis (er lebte um 500) war der Verfasser der berühmten Institutiones grammaticae, die von der Spätantike bis in die Zeit des Comenius als das autoritative Werk der lateinischen Grammatik gewürdigt wurde.

»(da Gott den Hochmütigen widersteht)«: *1. Petrusbrief* 5, 5.

»an dem der Vater Wohlgefallen hat«: *Matthäus* 3, 17; *Markus* 1, 11.

»das der Welt Sünden trägt«: *Johannes* 1, 26.

»Auf Christus den Eckstein«: *Epheserbrief* 2, 20.

25. KAPITEL

»Chrysostomus sagt«: Johannes von Antiochia, Erzbischof von Konstantinopel, der im 3. Jahrhundert n. Chr. lebte, wurde im 6. Jahrhundert der Beiname »Chrysostomos« (Goldmund) gegeben, weil er so gut zu predigen verstand. Hier bezieht sich Comenius auf den Kommentar des Chrysostomos zum 2. Timotheusbrief, *Homilie* 60. 1.

»Und Cassiodor«: Der römische Staatsmann und Schriftsteller Cassiodorus Senator (485–580) nannte die Bibel in seiner *Expositio in Psalterium*, Ps. 15, den einzigen literarischen Stoff, der zur Bildung zur Weisheit alles an Erkenntnis bot.

»eine königliche Priesterschaft«: Im *1. Petrusbrief*, 2, 9, werden die Christen mit diesen Worten angesprochen: »Ihr aber seid ein auserwähltes Geschlecht, eine königliche Priesterschaft, ein heiliges Volk«.

»Wer hat denn den Kaiser Julian vom Christentum abwendig gemacht?«: Der römische Kaiser Julianus Apostata, ein Neffe Kaiser Konstantins des Großen, regierte 361–363. Als Schüler der neuplatonischen Philosophie wandte er sich vom Christentum ab.

»Wer hat Papst Leo X. so seines Verstandes beraubt, dass er die Geschichte von Christus für eine Fabel hielt?«: Leo X. amtierte im eigentlichen Reformationsjahrzehnt als Papst (1513–1521) und wurde von den Protestanten als der Hauptwidersacher Luthers noch im Nachhinein mit den zum Teil widersinnigsten Vorwürfen geschmäht.

»Von welchem Geiste angehaucht hat Bembo dem Kardinal Sadolet von der Lektüre der heiligen Bibel abgeraten«: Auch hier handelt es sich um nicht belegte Vorwürfe. Pietro Bembo (1470–1547) und Jacopo Sadoleto (1477–1547) waren in der Reformationszeit zwei bekannte italienische Humanisten und Kardinäle.

»Dago nicht neben die Bundeslade stellen«: Dagon war eine in Syrien und Mesopotamien verehrte Gottheit. Die hier von Comenius wiedergegebene Episode wird beschrieben im 1. Samuel 5, 2.

»Und die Dichtung hat Hieronymus nicht ohne Grund den dämonischen Wein genannt«: Hieronymus, Epistula ad Damasum, 144.

»sagt Isidor«: Der Benediktiner Isidor von Sevilla kompilierte in Westeuropa um 600 das Wissen des Antike. Das ihm hier zugeschriebene Wort findet sich in Isidoris Hispalensis Sententiarum L. III 13. 2. 3.

»M. Cicero«: Cicero, De finibus bonorum et malorum 3. 5. 16.

»Und Philipp Melanchthons Urteil lautet folgendermaßen«: Corpus Reform. XXI, Sp. 101f. (Theol. hypotyposes, de peccato).

»Daher fügt Augustin seinem Lob der Hl. Schrift folgendes bei«: Vgl. Aurelius Augustinus, Epistulae 137. 7.

»Richtig sagt auch Erasmus in seinen Parabolae«: Erasmus, Parabolae sive similia, Abs. Ex Aristotele, Plinio, Theophraste, Clericus I, 606 c. und 615 f.

»Dies war auch die Meinung des großen Erasmus, der dazu riet, die Jugend mit der Heiligen Schrift selbst aufzuziehen«: Vgl. zum selben Sachverhalt die entsprechenden Erläuterungen zu den Anmerkungen in Kapitel 24.

»Die Geschichte des einst berühmten Musikers Timotheus«: Vgl. zum selben Sachverhalt die entsprechenden Ausführungen zu den Anmerkungen in Kapitel 21.

»wie Gregorius fein gesagt hat«: Diese Äußerung enstammt wohl den *Moralium libri* des Benediktiners und Papstes Gregor der Große.

26. KAPITEL
»Was gegen den Priscian verstößt«: Vgl. die zughörige Erläuterung in den Anmerkungen zu Kapitel 24.

»Ein Phrygier wird nur durch Schläge gebessert«: Dieser Ausspruch wird von Cicero in seiner Gerichtsrede *Pro Flacco* 27. 65 zitiert.

27. KAPITEL
»Grund- (ludus literarius) oder öffentliche Muttersprachschule«: Die Wendungen »ludus literarius« oder auch »schola vernacula« wären wortwörtlich wohl am ehesten mit »Spiel- und Muttersprachschule« zu übersetzen; durch die Ausführungen des Comenius wird jedoch klar ersichtlich, dass hier eine Schulstufe gemeint ist, für die sich im Deutschen spätestens seit dem 20. Jahrhundert der Begriff »Grundschule« einbürgerte, den daher Flitner in seiner Übersetzung bevorzugte.

28. KAPITEL
»wie die Schrift sagt, mit Gott zu wandeln«: *Genesis* 5, 22–24.

»Ein solches Büchlein will ich noch (unter dem Titel: Informatorium der Mutter Schul«) verfassen«: Comenius verweist hier auf seine *Schola infantiae sive de provida juventutis primo sexennio educatione*, an der er parallel zu *Großen Didaktik* arbeitete und die unter dem deutschen Titel »Informatorium der Mutter Schul« bereits 1633 erschien, also lange vor der Drucklegung der lateinischen *Didactica magna*.

»Ein Bilderbuch, das man den Kindern selbst in die Hand gäbe«: Über dieses dann unter dem Titel *Orbis sensualium pictus* erschienene Bilderbuch vgl. das Vorwort des Herausgebers.

29. KAPITEL

»Zepper in seiner Politia Ecclesiastica«: Der reformierte Theologe Wilhem Zepper (1550-1607), der als Hofprediger und Professor im nassauischen Herborn wirkte, forderte im sechsten Kapitel seiner Abhandlung *De politia ecclesiastica* (Herborn 1607), überall dort keine Muttersprachschulen neu zu gründen, wo es bereits Lateinschulen gibt.

»Alsted im 6. Kap. Seiner ›Scholastik‹«: Der Pädagoge und reformierte Theologe Johann Heinrich Alsted (1588-1638) forderte im sechsten Kapitel seiner *Encyclopaedia Septem tomis distincta* (Herborn 1630), dass nur diejenigen Schüler eine Muttersprachschule besuchen sollten, die sich im Beruf den mechanischen Künsten widmen wollten.

»Wie also Cicero gesagt hat«: Cicero, *De oratore* 3. 10. 38.

»(wie der Apostel sagt)«: *Kolosserbrief* 3, 16.

»(Stevinus tadelt sie deswegen)«: Der flämische Physiker und Mathematiker Simon Stevin (1548-1620) verfasste seine Schriften überwiegend in seiner niederländischen Muttersprache.

»Dies hat denn auch derselbe Stevinus seinen Belgiern angeraten und in seiner Mathematik schön durchgeführt«: Simon Stevin: *Problemata geometrica* (Antwerpen 1583).

30. KAPITEL

»In seiner Physiologie schreibt Lipsius folgendermaßen«: Der flämische stoische Philosoph und Philologe Justus Lipsius (niederländisch: Joest Lips), 1547-1606, entwickelte diese Gedanken in seinen *Physiologiae Stoicorum libri tres*, Antwerpen 1604.

»Entsprechend jenem Wort des Sokrates«: Der Feldherr und Schriftsteller Xenophon (zwischen 430 und 425 v. Chr. - 354 v. Chr.), ein Schüler des Sokrates, überlieferte dieses Wort seines berühmten Lehrers in den *Memorabilia* 1. 6. 15.

31. KAPITEL

»höheren Fakultäten«: Gemeint sind damit gemäß der mittelalterlichen Universitätsordnung jeweils die theologische, die medizinische und die juristische Fakultät.

»aus jedem Holz einen Merkur schnitzen«: Vgl. zu diesem Sprichwort die entsprechenden Erläuterungen in den Amerkungen zu Kapitel 12.

»gegen den Willen der Minerva«: Vgl. dazu die entpsrechenden Ausführungen in den Amerkungen zu Kapitel 19.

»Pansophen«: Gemeint sind damit enzyklopädisch gebildete Menschen.

»Nach dem Rate Senecas«: Seneca, *Epistulae* 2, 2.

»öffentliche Kolloquien nach dem Muster des Kollegs des Gellius«: Die Noctes Atticae – zumeist essayartige Notizen über Kurioses und Wissenswertes – des im 2. Jahrhundert n. Chr. lebenden römischen Schriftstellers Aulus Gellius sind zum Teil in Form von fiktiven Kolloquien abgefasst.

»die Ansicht Platos«: Vgl. Plato, *Gesetze* 12. 5.

33. KAPITEL

»Nicht zu Unrecht ist Johann Caecilius Frey erstaunt«: Diese hier angeführte Klage des badischen Philosophen und medizinischen Schrifstellers Janus Caecilius Frey durchzieht sein 1628 in Paris veröffentlichtest Buch Via ad divas scientias artesque. Vgl. dazu auch die entsprechenden Erläuterungen in den Anmerkungen zum Gruß an den Leser.

»Auch das Beispiel Senecas soll euch anspornen, welcher sagt«: Vgl. Seneca, *Epistulae* 6, 4.

»Sokrates gereichte es zum Lob, dass er«: Xenophon, *Memorabilia* 1. 6. 15.

»und was du nicht weißt, das weiß vielleicht dein Eselein (sagt Chrysippus)«: Dieses Wort des griechischen Stoikers Chrysipp von Soloi (279 v. Chr. – 206. v. Chr.) findet sich bei Erasmus, *Adagia* 1. 6. 1.

»Und Christus sagt: Der Wind weht wo er will«: *Johannes* 3, 8.

»Was Bernhard zu sagen pflegte«: Bernhard von Clairvaux, *Sermones de sanctis* 1. 3.

»Kinder des Lichtes«: Vgl. *Lukas* 16, 8.

»Liebe, die nicht eifert«: Vgl. *1. Korintherbrief* 13, 4.

»wie Gregorius sagt«: Der Benediktinermönch Gregorius (540–604), der von 590 bis zu seinem Tod als Papst Gregor I. amtierte, beschrieb die Menschen als klangvolle Instrumente der Weisheit in seinen *Moralium libri* 30. 27. 81.

»Wenn Luther seligen Andenkens recht gehabt hat«: Martin Luther, *An die Burgermeyster und Radherrn*, WA. 15, 30 und 34.

EDITORISCHE NOTIZ

Johann Amos Comenius befasste sich seit spätestens dem Ende der 1620er Jahre mit ersten Überlegungen zur Niederschrift einer großangelegten Didaktik, die von Anfang an als umfassender Neuentwurf einer zeitgemäßen Unterrichtslehre angelegt war. Zunächst formulierte er seine Gedanken probeweise ausschließlich in seiner tschechischen Muttersprache, um in einem ersten Schritt nur einen auf Böhmen und Mähren beschränkten Leserkreis anzusprechen. Demgemäß verfasste er bis 1633 eine *Didaktika česká*. Erst danach übertrug er seine Prämissen auch ins Allgemein-Menschliche, weitete die tschechische Vorlage entsprechend aus und übersetzte diese bis 1638 ins Lateinische, die Sprache der internationalen Gelehrten. Zur Publikation dieser ambitionierten lateinischen Didaktik kam es jedoch zunächst nicht, da der mit dem Verfasser befreundete brandenburgische Historiker Joachim Hübner im November 1639 gravierende Einwände gegen diese Schrift erhob. Er monierte, dass der Titel der Didaktik, die verkündete, als eine »Vollständige Kunst, alle Menschen alles zu lehren«, zu großsprecherisch daherkomme und dass sie begrifflich nicht immer akkurat argumentiere. Erst 1657 entschloss sich Comenius zu Beginn seines holländischen Exils selbstbewusst dazu, seine große lateinische Didaktik trotz Hübners Vorbehalten im ersten

Teil des ersten Folianten seiner gesammelten und von seinem Gönner Laurentius de Geer sowohl gesponserten als auch herausgegebenen Werke unter dem Titel *Didactica magna* in Amsterdam im Verlag von Cunradus & Gabriel à Rov in den Druck gehen zu lassen.

Ende des 19. Jahrhunderts machte der sächsische Altphilologe und Gymnasiallehrer Friedrich Karl Hultgren die *Didactica magna* einem erweiterten Leserkreis zugänglich, als er den Text der Amsterdamer Erstausgabe im Jahr 1894 von Siegismund & Volkening in Leipzig in einem kostengünstigen Neudruck verlegen ließ, von dem er hoffte, dass dieser in möglichst viele Privat- und Schulbibliotheken Eingang finden würde. Allerdings wies Hultgrens verdienstvolle Edition eine Reihe von falschen Lesungen und Auslassungen auf. Die erste moderne kritische Gesamtausgabe der *Didactica magna*, die eine weitaus größere Sorgfalt walten ließ und Hultgrens Nachlässigkeiten bereinigte, besorgte im Jahr 1913 für die Zentralvereinigung der Lehrer in Mähren der tschechische Comenius-Experte Jan Novák, der dem lateinischen Text im synoptischen Druck auch noch die tschechische Originalfassung zwecks besserer Vergleichbarkeit zur Seite stellte (Das Manuskript der tschechischen Urfassung der Didaktik war lange verschollen, wurde erst 1841 wiederentdeckt und befindet sich heute im Prager Nationalmuseum). Obgleich noch eine weitere gute kritische Ausgabe der *Didactica magna* im Rahmen der von Vojtěch Balík, Marie Kyralová und Stanislav Sousedík ab 1969 an der tschechoslowakischen Akademie der Wissenschaften betreuten Gesamtausgabe der Werke des Comenius mit Kommentaren in lateinischer und tschechischer Sprache erschien, behielt die Edition von Novák dennoch den Rang einer Standardausgabe.

Die beste deutsche Übersetzung neuerer Zeit, die von dem Tübinger Erziehungswissenschaftler Andreas Flitner – unter der von ihm ausdrücklich hervorgehobenen großen Mithilfe seiner Frau Sonja Flitner-Christ – im Jahr 1954 angefertigt und unter dem Titel *Große Didaktik* bei Küpper in Düsseldorf veröffentlicht wurde, basiert denn auch auf der Ausgabe von Novák. Drei Jahre später erschien im Berliner Verlag Volk und Wissen eine zum Gebrauch in der DDR bestimmte deutsche Übertragung der *Didactica magna* des in Halle wirkenden Erziehungswissenschaftlers Hans Ahrbeck. Als schon 1960 die zweite Auflage von Flitners Übertragung erscheinen konnte, nutzte der Tübinger Professor diese Gelegenheit, um noch einmal einige kleinere Korrekturen an seiner Übersetzung vorzunehmen, die er nicht zuletzt auch manchen Hinweisen von Ahrbeck verdankte. Wegen ihrer philologischen Meriten und der noch heute überzeugenden sprachlichen Eleganz wurde Flitners leicht nachgebesserte Übersetzung von 1960, die in zwei weiteren unveränderten Auflagen nochmals bei Küpper erschien und dann seit der fünften Auflage ab 1982 von Klett-Cotta in Stuttgart verlegt wurde, auch für die vorliegende Edition gewählt. Zu den Vorzügen der Übersetzung von Flitner gehört, dass sie auch die Marginalien der Erstausgabe des lateinischen Textes an den Anfang eines jeden Kapitels stellt, in recht freier Übersetzung als eine Art Inhaltsverzeichnis, noch dazu mit den Nummern der entsprechenden Paragraphen versehen. Außerdem sind an manchen Stellen die lateinischen Originalvokabeln in Klammern eingefügt worden, wodurch etwa sichtbar wird, dass sich hinter dem deutschen Wort »Bildung« im Lateinischen Originaltext entweder »eruditio« verbirgt, was eine überaus vollendete Gelehrsamkeit kennzeichnet, oder aber »formatio«, womit eher der geistige Formungsprozess gemeint ist.

Zurückgegriffen wurde in der vorliegenden Ausgabe der *Großen Didaktik* auch auf die präzisen Anmerkungen zu Flitners verbesserter Übertragung von 1960, die der Übersetzer im selben Jahr ebenfalls anfertigte, wobei diese Kommentierung jedoch vom jetzigen Herausgeber nach Bedarf verändert, ergänzt und um neu gewonnenes Wissen zu Comenius und zum Kontext seines umfangreichen Werkes erweitert wurde. Vorangestellt wurde dem Text der *Großen Didaktik* zudem ein neues Vorwort. Im Literaturverzeichnis sind neben den wichtigsten Ausgaben der *Großen Didaktik* und den bis heute gebräuchlichsten deutschen Übersetzungen dann noch die wichtigsten Titel der neueren, vornehmlich deutschsprachigen Literatur aufgeführt, deren Lektüre mit Blick auf die weitergehende Interpretation und Einordnung der didaktischen Prinzipien des Comenius und ihrer internationalen Rezeption gute Dienste leisten kann.

LITERATURVERZEICHNIS

Johann Amos Comenius: Didactica magna, in: Opera didactica omnia. T. 1. Pars 1, Amsterdam 1657.

Johann Amos Comenius: Didactica magna, hg. von Friedrich Karl Hultgren, Leipzig 1894.

Johann Amos Comenius: Didactica magna, in: Jana Amose Komenského Veškeré Spisy, Band 4, hg. von Jan Novák, Brünn 1913, S. 20-454.

Johann Amos Comenius: Didactica magna, in: Johannis Amos Comenii Opera Omnia – Dílo Jana Amose Komeského. hg. von Vojtěch Balík, Marie Kyralová, Stanislav Sousedík, Bd. XV/1, Prag 1969.

Johann Amos Comenius: Große Didaktik, in neuer Übersetzung hg. von Andreas Flitner, Düsseldorf 1954 (2. bearb. Aufl. 1960)

Johann Amos Comenius: Große Didaktik, hg. und eingeleitet von Hans Ahrbeck, Berlin 1957 (2. bearb. Aufl. 1961).

Johann Amos Comenius: Böhmische Didaktik. Zur 300. Wiederkehr seines Todestages ins Deutsche übersetzt und hg. von Klaus Schaller, Paderborn 1970.

Johann Amos Comenius: Orbis sensualium pictus. Nachdruck der lat.-dt. Erstausgabe von 1658 hg. von Karl Hitzgard, Dortmund 1978.

Milada Blekastad: Comenius. Versuch eines Umrisses von Leben, Werk und Schickal des Jan Amos Komenský, Oslo 1969.

Gerd-Bodo von Carlsburg und Helmut Wehr: Der Weltverbesserer: Comenius (1592-1670), in: Ewald Kiel und Klaus Zierer (Hg.): Geschichte der Unterrichtsgestaltung, Bd. 1, Baltmannsweiler 2011, S. 43-57.

Veit-Jakobus Dieterich: Johann Amos Comenius. Ein Mann der Sehnsucht 1592-1670: Theologische, pädagogische und politische Aspekte seines Lebens und Werkes, Stuttgart 2003.

Veit-Jakobus Dieterich: Jan Amos Comenius. Mit Selbstzeugnissen und Bilddokumenten, Reinbek 2005.

Dieter Fauth: Comenius – im Labyrinth seiner Welt, Zell am Main/Würzburg 2009.

Andreas Flitner: Leben und Werk des Comenius, in: Johann Amos Comenius: Große Didaktik, hg. von Andreas Flitner, Stuttgart 2018 (11. Aufl.), S. 229–243.

Joachim Friedrichsdorf: Umkehr: Prophetie und Bildung bei Johann Amos Comenius, Idstein 1995.

Klaus Goßmann u. a. (Hg.): Auf den Spuren des Comenius. Texte zu Leben, Werk und Wirkung, Göttingen 1992.

Uwe Hericks: Comenius der Pädagoge, Hohengehren 2004.

Uwe Hericks: »Alles dem Ganzen gemäß«. Die Idee einer Schule für alle bei Comenius, in: Eckhard Rohrmann (Hg.): Aus der Geschichte lernen, Zukunft zu gestalten. Inklusive Bildung und Erziehung in Vergangenheit, Gegenwart und Zukunft, Marburg 2013, S. 15–30.

Franz Hofmann: Ein Leben im Dienst der Wahrheit, der Gerechtigkeit und des Friedens. J. A. Comenius' Vita, in: Gerhard Arnhardt et al. (Hg.): Jan Amos Comenius. Über sich und die Erneuerung von Wissenschaft, Erziehung und christlicher Lebensordnung, Bd. 1, Augsburg 2014, S. 142–195.

Werner Korthaase u. a. (Hg.): Comenius und der Weltfriede. Comenius and World Peace, Berlin 2005.

Wilhelm Kühlmann: Pädagogische Neuansätze des 17. Jahrhunderts, in: Notker Hammerstein (Hg.): Handbuch der deutschen Bildungsgeschichte. 15. bis 17. Jahrhundert. Von der Renaissance und der Reformation bis zum Ende der Glaubenskämpfe, Bd. 1, München 1986, S. 168–181.

Jan Milič Lochman: Comenius. Fribourg 1982.

Andreas Lischewski: »Omnia sponte fluant ...« Johann Amos Comenius über die Selbsttätigkeit und Freiwilligkeit. Eine Provokation, Dettelbach 2010.

Peter Menck: Bilder – Bildung – Weltbild, in: Carsten Heinze und Eva Matthes (Hg.): Das Bild im Schulbuch, Bad Heilbrunn 2010, S. 17–32.

Peter Menck: Die paneuropäischen Schulbücher des Johann Amos Comenius, in: Annemarie Augschöll (Hg.): Europa und Bildungsmedien. Europe and Educational Media, Bad Heilbrunn 2019, S. 219–232.

Gerhard Michel: Die Welt als Schule. Ratke, Comenius und die didaktische Bewegung, Hannover 1978.

Gerhard Michel und Jürgen Beer: Johann Amos Comenius Leben, Werk und Wirken. Autobiografische Texte und Notizen, Sankt Augustin 1992.

Daniel Murphy: Comenius. A Critical Reassessment of His Life and Work, Dublin 1995.

Hans-Joachim von Olberg: Die Vorgeschichte und Erfindung der Didaktik, in: Raphaela Porsch (Hg.): Einführung in die Allgemeine Didaktik. Ein Lehr- und Arbeitsbuch für Lehramtsstudierende, Münster 2016, S. 51–71.

Jan Patočka: Comenius und die offene Seele, in: Klaus Schaller (Hg.) Jan Amos Komenský – Wirkung eines Werkes nach drei Jahrhunderten, Heidelberg 1970, S. 61–74.

Erwin Schadel (Hg.): Johann Amos Comenius – Vordenker eines kreativen Friedens. Deutsch-tschechisches Kolloquium anlässlich des 75. Geburtstages von Heinrich Beck, Frankfurt am Main 2005.

Erwin Schadel: Johann Amos Comenius. Didactica magna, in: Winfried Böhm, Birgitta Fuchs, Sabine Seichter (Hg.): Hauptwerke der Pädagogik. Paderborn 2019, S. 78–80.

Klaus Schaller: Die Pädagogik des Johann Amos Comenius und die Anfänge des pädagogischen Realismus im 17. Jahrhundert, Heidelberg 1962.

Klaus Schaller: Johann Amos Comenius. Ein pädagogisches Porträt, Weinheim 2004.

Klaus Schaller: Johann Amos Comenius (1592–1670), in: Heinz-Elmar Tenorth (Hg.): Klassiker der Pädagogik. Von Erasmus bis Helene Lange, 2. Aufl., München 2010, S. 45–59.

Klaus Schaller: Vom »gebührlichen Gebrauch« des Wissens. Bemerkungen zur Aktualität der Pädagogik des J. A. Comenius, in: Pädagogische Rundschau 64/2 (2010), S. 141–156.

Věra Schifferová: Bemerkungen zur Idee der Ganzheitlichkeit bei Comenius, in: Wouter Goris (Hg.): Gewalt sei ferne den Dingen! – Contemporary Perpectives on the Works of John Amos Comenius, Wiesbaden 2016, S. 189–198.

Johannes Schurr: Die Begründung der neuzeitlichen Pädagogik durch Johann Amos Comenius. In: Vierteljahresschrift für wissenschaftliche Pädagogik 60 (1984), S. 31–45.

Petr Zemek, Jiří Beneš und Beate Motel (Hg.): Studien zu Comenius und zur Comeniusrezeption in Deutschland. Festschrift für Werner Korthaase zum 70. Geburtstag, Uherský Brod 2008.

REGISTER

A

Abraham 63, 99, 113, 296, 304, 409
Adam 60, 98f., 299, 378
Aesop 211, 406
Agricola, Georgius 126, 400
Akademie, Gelehrten- 360, 367, 372
Alexander der Große 75, 148, 166, 282, 402, 404
Alsted, Johann Heinrich 347, 413
Andreae, Johann Valentin 50, 69, 394, 396
Anschauung 23-25, 36, 38f., 189f., 193, 201, 247-251, 345, 361
Antiochus 299
Arbeit, praktische 261
Archimedes 125, 141, 401
Aristoteles 41, 92, 97, 146, 165, 191, 212, 282, 294, 304, 314, 369, 397f., 402-405, 408
Augustinus 163, 236, 241, 294, 314, 369, 407, 411
Ausflüchte. Siehe Entschuldigung
Aveyron, Victor von 398

B

Begabung 37, 139, 145, 147-151, 244, 345, 368, 375f.
Belohnung 193f.
Bembo, Pietro 310, 411
Bernhard von Clairvaux 91, 388, 397, 415
Beschämung. Siehe Scham
Bier. Siehe Ernährung (Trinken) und Alkohol
Bilder im Unterricht 193, 201, 249-251
Bodinus, Elias 50, 393f.
Branntwein. Siehe Alkohol
Buchdruckerkunst 141, 155, 157, 373, 375, 402

C

Camerarius, Joachim 393
Camerarius, Philipp 104, 399
Cassiodor 305, 410
Catull 303, 308, 316
Celsus, Aulus 369
Chrysippos 387, 414
Chrysostomos, Johannes 305, 410
Cicero 48, 68, 94, 97, 109, 161, 191, 236, 263f., 270f., 303, 310, 314, 316, 322, 349, 369, 393, 396-400, 403, 405, 408, 411-413

D

Daedalos 403
Damen. Siehe Frauen
Defoe, Daniel 28
Dewey, John 40
Dichtung. Siehe Poesie
Diogenes 64, 68, 396, 399
Diotogenes 396

E

Eltern 26, 63 f., 67, 113–115, 146, 169, 189, 192 f., 284, 345, 355, 383
Entzücken. Siehe Freude
Enzyklopädie 178, 215, 333, 357
Epiktet 288, 319
Erasmus von Rotterdam 293 f., 317, 319, 396, 400, 402, 409, 411, 414
Euripides 122, 400

F

Ferdinand II., König von Aragón 402
Festus, Sextus Pompeius 76, 397
Flaccus, Persius 406
Flavius Josephus 114, 399
Fludd (de Fluctibus), Robert 251, 407
Fortius, Joachim 219, 406
Fortschritt 36, 38, 100, 110, 212, 221, 223 f., 226, 238, 242, 263, 289, 328, 360, 371, 373, 381
Freiheit 13 f., 20, 34, 49, 304, 311
Frey, Janus Caecilius 50, 383, 394 f., 414
Frieden 9–11, 19
Friedrich V. von der Pfalz 10
Frühstück. Siehe Mahlzeiten
Fulgentius 298, 409
Fust (Faustus), Johannes 402

G

Gajusová, Jana 12
Galenos von Pergamon 403
Geer, Laurentius de 43, 418
Gehorsam 33, 61, 86, 106, 109, 283, 328, 330, 342, 378
Gellius, Aulus 369 f., 414
Geschichtsunterricht 358, 365
Gesundheit 13–15, 85 f., 128, 166, 169–171, 298
Gewohnheit 61, 115, 280, 359
Glaum, Philipp 50, 393 f.
Goethe, Johann Wolfgang von 25
Grammatik 31, 41, 136, 178 f., 181, 196, 198, 202, 212, 261 f., 335, 357, 359
Gregor der Große 321, 389, 412, 415

Gregor von Nazianz 48, 393
Gruppenunterricht 27, 230, 233 f.
Guarinonius, Hippolytus 166
Gulartius, Simon 104, 399

H

Harmonie 17, 20, 22, 87 f., 94–96, 133, 150, 202, 251, 280, 327, 335
Harvey, William 396
Hausherrin. Siehe Mutter
Havel, Václav 16
Helwig, Christoph 49, 393 f.
Hesiod 404
Heulen. Siehe Weinen
Hieron II. von Syrakus 141, 155, 401
Hieronymus 207, 312, 369, 406, 411
Hippokrates 162, 165, 237, 369, 371, 403 f., 407
Hirn. Siehe Gehirn
Homer 318
Horaz 100, 211, 250, 316, 398, 405–407
Hübner, Joachim 12, 30, 417
Hugo von St. Victor 188, 405
Hyperius, Andreas 293, 409

I

Ikaros 403
Isidor von Sevilla 314, 411
Isokrates 192, 405

J

Jesaja 56, 304
Jesus Sirach 88, 121, 169, 239, 307, 400
Josua 305, 310
Julianus Apostata 310, 410
Juvenal 122, 400, 404

K

Karl der Große 114, 400
Knapski, Grzegorz (Cnapius Polonus) 211, 276 f., 406, 409
Kolumbus, Christoph 141, 402
Konstantin der Große 59, 410
Körper 13, 19, 24 f., 75 f., 79 f., 82, 84, 87, 89, 95, 101, 103, 108, 116, 120, 140, 150, 153 f., 156, 165, 167–170, 182,

209, 218, 238, 250, 255f., 282, 334f., 358, 404
Krankheit 17, 146, 165, 167, 169, 224, 369
Künste 125, 184, 259, 266, 279, 335, 357f., 361

L

Laktanz (Lactantius) 97, 281, 398, 409
Lang, Joseph 402, 405
Lateinstudium 275
Lateinunterricht 136f., 196, 272, 274
Lebensmittel. Siehe Ernährung
Lehrbücher 49, 121, 188, 223, 235, 239, 243, 269, 272, 274f., 373, 376f.
Lehrer 21f., 33, 37f., 41, 140, 182, 189, 191-193, 195, 200f., 208, 223, 225-230, 244, 253, 374, 379, 384, 396
Leibesübungen. Siehe Sport
Leo X., Papst 310, 411
Lipperhey, Jan 26
Lipsius, Justus 360, 413
Livius 369
Longolius, Chr. 126, 400
Lubinus, Eilhardus 49, 51, 133, 137, 325, 330, 393-395, 401
Lukian 308
Luther, Martin 32, 42, 134, 242, 289, 390, 401, 406f., 409, 411, 415

M

Mädchenerziehung 28, 31, 45, 119, 121f., 134, 336
Martial 308
Medizin. Siehe auch Arznei
Melanchthon, Philipp 48, 196, 314, 393, 405, 411
Menschenbildung, Allgemeine 30f., 36, 72, 110, 176
Methode 9, 21, 23, 32, 35, 38, 133, 135, 137, 139, 149f., 159, 173f., 178, 189, 192-194, 202f., 205, 211-214, 223, 226f., 238, 248, 252, 255, 259-277, 279-285, 287-289, 291-296, 298f., 301, 335, 337, 348, 354, 357, 367, 374, 379
Musik 20, 95, 244, 342

N

Nahrung 80, 86, 116, 140, 168f., 175, 182, 198, 215, 218, 238, 342
Natur als Lehrmeisterin 20, 36f., 39, 47, 97, 159, 161, 164, 173, 175, 177, 179f., 182f., 185f., 188-191, 194f., 197-202, 206-209, 213-215, 217f., 223, 229, 239, 251, 336, 341, 403
Nebukadnezar 98
Nestor 108

O

Ordnung 9, 33-36, 45, 48, 57, 65, 80, 106, 115, 125, 127, 129, 136, 145, 153-156, 161, 177, 180, 186, 191, 217, 257, 370
Ovid 294, 303, 308, 310, 316, 400
Oxenstierna, Axel 12, 42

P

Paulus 58, 264
Phaedrus 406
Philipp von Mazedonien 148
Pico della Mirandola 166, 404
Pittakos 71, 396
Plato 97, 105, 236, 288, 314, 319, 360, 369, 398f., 414
Plautus 250, 294, 303, 308, 310, 316, 407
Plutarch 148, 369, 402f., 409
Priscian 300, 328, 410, 412
Pythagoras 90, 125, 400

Q

Quintilian 192, 214, 261, 405f., 408

R

Ramus, Petrus 196, 405
Ratke (Ratichius), Wolfgang 49, 393f.
Reichtum. Siehe Vermögen
Richelieu, Kardinal 12, 42
Ritter, Stephanus 49, 393

S

Sadoleto, Jacopo 411
Salomo 56, 59, 64, 75, 84, 94, 130, 230, 307, 315, 389-391, 406

Scaliger, Joseph Justus 181, 404f.
Schachtius, Lucas 43
Schwarz, Berthold 142, 402
Seneca 64, 88, 92, 97, 110, 165, 167, 171, 180, 191, 230, 238, 240f., 243, 279, 282, 288, 319, 369, 386, 397-399, 403-409, 414
Sisyphos 47, 393
Sokrates 64, 288, 296, 363, 387, 401, 413f.
Spiel (im Unterricht) 20, 23, 39, 67, 133, 221
Sprachunterricht 178, 196, 269-277
Stevin 353, 413
Stobaios, Johannes 396
Strafe 233, 279, 326, 329, 331

T

Tacitus 369
Terenz 261, 294, 303, 316, 322, 408
Tertullian 51, 395
Themistokles 148, 402
Tibull 303

U

Universität 334-337, 367-369, 371, 383

V

Vergil 263, 316, 318, 322, 400f., 408
Vergnügliches Lernen 135, 192-194, 330
Verstandeserziehung 127
Vives, Juan Luis (Ludovicus 88
Vives, Juan Luis (Ludovicus) 214, 259, 280, 397, 406, 408f.
Vizovská, Magdalena 10
Vogel, Ezechiel 50, 393f.
Vorbild 21, 60, 125f., 129, 135, 231, 284, 300, 328, 333

W

Wasser. Siehe Ernährung (Trinken) und Abhärtung
Wechselseitiger Unterricht 219, 230-234
Wein. Siehe Alkohol
Werkstätten der Menschlichkeit (Schulen) 39f., 126, 401
Willis, Thomas 18
Wolffstirn, Jacob 50, 393f.
Wolfskinder (\ 101
Wörterbücher 136, 178, 196, 275, 397
Würde 13, 15, 19f., 72, 84f., 135, 360, 364, 367

Z

Zeiteinteilung 165, 170, 185, 199, 365
Zepper, Wilhelm 347, 413
Zucht 101, 105f., 135, 150, 180, 284f., 305, 325-330, 373, 376, 378
Zygmunt III. Wasa 11

www.klett-cotta.de

John Locke
Einige Gedanken über Erziehung

Hrsg. von Jürgen Overhoff
Aus dem Englischen von
Joachim Kalka, mit einem
Vorwort von Jürgen Overhoff
320 Seiten, broschiert
ISBN 978-3-608-98633-4
€ 26,- (D) / € 26,80 (A)

Das Glück des Lernens: zeitlose Ratschläge für eine moderne Erziehung

Wie erziehen wir Kinder und Jugendliche richtig? Wie können wir eine nachwachsende Generation dazu anleiten, freiwillig, gerne, nachhaltig und mit Freude zu lernen? Was ist gute Bildung? Der Aufklärer John Locke vermittelt bis heute grundlegende Einsichten, die über die Jahrhunderte hinweg nichts von ihrer pädagogischen Bedeutung eingebüßt haben. Ein klassisch-modernes Plädoyer für eine spielerische, fröhliche und emanzipatorische Erziehung zur Mündigkeit.

Klett-Cotta